浮沉

崔曼莉

著

人民文学出版社

图书在版编目（CIP）数据

浮沉. 1/崔曼莉著. —北京：人民文学出版社，2021
ISBN 978-7-02-015815-7

Ⅰ.①浮… Ⅱ.①崔… Ⅲ.①长篇小说—中国—当代 Ⅳ.①I247.5

中国版本图书馆 CIP 数据核字（2019）第 242799 号

责任编辑	赵　萍　王昌改
装帧设计	陶　雷
责任印制	苏文强

出版发行	人民文学出版社
社　　址	北京市朝内大街 166 号
邮政编码	100705
印　　刷	三河市鑫金马印装有限公司
经　　销	全国新华书店等
字　　数	418 千字
开　　本	890 毫米×1290 毫米　1/32
印　　张	15.875　插页 2
版　　次	2021 年 9 月北京第 1 版
印　　次	2021 年 9 月第 1 次印刷
书　　号	978-7-02-015815-7
定　　价	59.00 元

如有印装质量问题，请与本社图书销售中心调换。电话：010-65233595

新版序
我的小说与我

  二〇一〇年的春天,我正在休整。八年不间断地写作,一部中短篇小说集与两部长篇小说(《琉璃时代》《浮沉》)消耗了大量的心力,我第一次感觉到累。

  本来计划休整结束后,我兵分两路,一是继《琉璃时代》之后完成另一部民国长篇,同时,静候着《浮沉》第三部的到来。

  我清楚记得构思好《浮沉》第二部的大致内容后,我一直没有动笔。当时出版社与读者们都催得急,我也不便解释。有一天,我从上海乘火车回南京,当时是下午,车厢内光线明亮,车身轻轻摇晃着,很是舒服。也不知为什么,突然有一小段时间,光线暗了下来,不仅是窗外,窗内的也变得昏暗朦胧。一瞬间,我的心悸动起来,既幸福又带着微微的疼痛。我坐在座位上,略微缩起身体,尽量减弱冲击。小说中的人物、情感、命运扑面而来。我知道我可以动笔了。

我的每一部小说,都是我一见钟情的爱人。我不知道如何解释这种相遇,总之除了构思与写作,这种相遇是我小说的生命之源。我从不认为小说是死的,我认为它们是活的,不仅活而且活活泼泼,充满了能量。

　　它们引领着我,给予我小说创作中所有的需要,而我则通过文字,一点一点将它们呈于人世间。

　　如果没有这种感觉,我宁愿不动笔。

　　就在那个春天的一个傍晚,我去超市买东西,父亲来电话,让我回南京。他说小舅走了。我莫名其妙地一阵愤怒,质问他什么叫走了。

　　父亲说,母亲和舅舅们一起去踏青,在高速公路上出了车祸,小舅走了,大舅在抢救,母亲正被救护车送往南京。他让我赶紧买票回家。

　　记得那一晚我反复给父亲打电话,我怀疑母亲已经不在了,他怕我扛不住,所以欺骗我。我不停地告诉他我可以的,我能行,直到我听到急救医生说,母亲还活着,这才稍稍安心。

　　事隔十年,我到现在依然感觉如在梦中,似乎有人拍下我的肩膀,我就能醒过来。那场车祸没有发生,小舅还活着,生龙活虎地与我聊天。大舅更活着,已经搬到北京画画,如他当初所说,为人父为人夫的责任都完成了,作为艺术家,他要把人生最后的时间都献给艺术,当一个文艺老青年。

小舅是我的故事会，我们俩坐下来东南西北，比着说故事。大舅是艺术会，东说西说，总离不开书画。我出生时，他们都没有成家。我像一个小尾巴，在外婆家跟着他们玩耍。大家坐在一起，总有说不完的话，不仅说不完，还要比着说，比谁说得更有趣，谁说得更精彩。他们心里有忧愁，但从不表现，我则无忧无虑，笑得从板凳摔进桌肚里。

　　人生很多底色，就在那样的聊天中渐渐建立了。而外公与大舅的争论，永远是聊天里不可少的内容：什么是如锥画沙？什么是入木三分？碑学与帖学、二王与钟繇、用笔与结体、继承与创新……

　　中国艺术的千古之争，父子俩论起来没完没了，我和小舅互相挤眼睛，趁机多喝茶、吃点心。

　　后来两个舅舅各自成家，相聚少了。再后来我离开家乡来了北京。外公外婆高寿去世后，大舅常自嘲，说父母走了，他是面对死亡的第一梯队。大家听了哈哈乐，说我们是长寿家族，他这个队要排很多年的。

　　我们在有常里过得太久了。日日生活、年节聚会，老人们老到不能再老了，就离开人世。我们忘记了世事无常，人生的伤心之外，还有不可测。

　　一夜不曾合眼，我飞回南京。下飞机打给父亲，父亲的第一句是大舅走了。

我在赶往医院的路上充满愤怒,我不像去照顾母亲,倒像去打仗,要在死神带走两位舅舅之后,为抢夺母亲而战。

车窗外江南春色翠绿娇艳,我的心沉入一片白色茫茫。我的眼睛和心灵产生了分离,我陷入漫长的噩梦,并且再也没有能力醒过来。

夏天之后我回到北京,精疲力尽。

此后秋天、冬天、春天。我不断接到母亲、舅母们的电话,话说来说去,如同她们的悲伤一样,怎么说也说不完。

第二年春天,南方暴雨,母亲于深夜给我发了一条信息,她说她开始写字了,家里的书画不要断了。

不要断了。

外公与大舅对我的教育纷纷回到眼前。我虽然走了一条文学之路,但艺术启蒙与熏陶是我的文学基础。我有一支笔,没有写字画画,却可写小说。我要把那些争论写进小说,写成小说。这不是他们的故事,也不是我的故事,而是一个不要断了的故事。

我把宣纸铺在地上,写下巨大的两个字"风舞"。

从这两个字开始,我重读中国古代书论与画论,重新拿笔恢复书画训练。这不是为了疗伤,更不是为了写外公与大舅的命运,而是为"不要断了"。

"不要断了"是多么重要的事情。艺术也罢文学也罢,文明最基本和最重要的事,从来都是"不要断了"。

梁启超说,知识分子研究学问,既要精微又要博杂,更要用平实的语言将这些知识传播给大众。

如果这个语言是一个故事、一本小说呢?

"不要断了"是一代又一代人努力的结果。这其中有大师与学子们的薪火传递,有大学的建设与教育,还有很多家长们带着孩子奔波在少年宫、培训班、书画展……而在江南的某些年的某些时刻,是父子俩对坐桌前,不停地探讨与实践。当这一切变成激情与爱,潮水一般向我涌来,我的努力,则是以我之笔写下一部小说。

此后九年,我不停地对书画进行学习、研究与实践,同时一遍又一遍创作并修改小说开头、小说语言、小说结构、小说的一切又一切。

很多人问我,你还写《浮沉》三吗?

还有人问我,你还写作吗?

我张了张嘴,不知从何答起,只说,在写。

不要断了,不能断了。

我有责任,更有发自心底的爱意与执着。

感谢人民文学出版社再版我的《浮沉》一、二部,《琉璃时代》与《卡卡的信仰》,这对我是莫大的鼓励。同时以这篇小文作为再版自序,说说我的这些年。没有写完的小说我一定会写完,而完成的作品不论好坏,在当时我都尽力了。

现在再看它们,缺点有的,遗憾有的,但是,没有后悔。

大概这就是青春吧。

崔曼莉

2021 年春

本书为虚构作品，如有雷同，纯属巧合。

第 一 章

今晚又失眠了，乔莉艰难地睁开眼，看了看窗外蒙蒙的光亮，可能不到六点吧，唉，七点钟就要起床上班了。她闭上眼，默默地数着：一只羊、两只羊。她翻了个身，宽松的睡衣裹住了身体，这是谁发明的数数方法啊，一点也不起作用！

丁零零！她不禁打了个战，这么快就到点了。她看了看闹钟，才六点半啊。丁零零！是手机！乔莉跳下床，赶到写字台边，谁会这么早打电话啊?！她看了看号码，不太熟，却也不陌生，她拿起电话："喂！"

"安妮啊，我是瑞贝卡，你赶紧看新浪！"

"原来是你啊，"乔莉吐出一口气，"你干什么，这么早？"

"我用手机打你一直没接，就用家里电话打了。你打开电脑了吗？"

乔莉顺手打开了笔记本电脑，点开了新浪，刹那间，她的脑子像僵住了一样，只觉得四下一片空白，瑞贝卡又甜又快的声音像一小股水流一样冲过了耳际，只有感觉，没有声音！

新浪头条新闻是："赛思集团大中华区总裁程轶群将在八点召开新闻发布会，宣布退出赛思中国，转跳法国巴黎时尚中国北京办事处！"

乔莉把新闻网页往下拉，又对了对时间，没有错，是今天的，就在一个小时之前发出的消息。她怀疑自己是在做梦，这不可能是真的，上个周五晚上，程轶群还让她抓紧时间把需要报的发票都填好，把下周的会议安排交给他，一切都像平常一样，怎么可能五十多个小时过后，赛思中国最大的执行官就要对外宣布离职呢？

"安妮，你看了吗？今天上午的发布会啊，还有，他怎么转跳一个什么巴黎时尚中国北京办事处啊，你听说过那家公司吗？怎么回事呀，周五我们不是还看见他的吗？"

乔莉终于听到了瑞贝卡的声音，她颤抖着问："新闻发布会在哪儿？"

"我不知道啊。"

"你怎么会一早就上网？"

"我有个同学在新浪上班，他告诉我的，还埋怨我不早点儿透些口风，我自己还糊涂呢。"

"立即给他打电话，问他新闻发布会的地址。"

"好的！"瑞贝卡听到她斩钉截铁的吩咐，不禁立即应好，旋即问，"你要干吗啊？"

"你别管了，立即打电话，五分钟之后给我结果！"

"好吧！"瑞贝卡不悦地应了一声，挂断了电话。

乔莉没有心思应付瑞贝卡的小性子，她打开网页，搜索相关的信息，现代人的手可真快啊，短短的一个小时，几乎所有和IT相关的网媒都转发了这个消息。她吐出一口气，打开窗帘，屋外已是光明一片。乔莉用手摸了摸脸，看着手机，已经十分钟了，这个瑞贝卡！丁零零，电话响了起来，她立即摁了接听键，瑞贝卡道："好远啊，在上地那边呢！"

"你把详细地址发个短信给我，"乔莉道，"谢谢，亲爱的，我请你吃饭。"

"你要去吗？"瑞贝卡吃惊地道，"你疯了?!"

"我到了公司告诉你。"乔莉匆匆挂断电话,打开衣柜,取出今天要穿的衣服,然后飞速地洗澡、吹头、化妆,半个小时后,她已经把自己妆饰成典型的IT界白领女性,提着手提电脑包,朝家旁边的地铁站匆匆赶去。

北京的地铁差不多两分多钟一站,乔莉边看着手表边计算着时间,她住在东边,到上地要先坐地铁再转城铁,现在还未到高峰,但已经有不少上班族在地铁中了。此时刚刚是初秋,天气已经有些凉爽,乔莉望着窗外飞速掠过的流动广告,思绪已经飞到了三个月前。

虽然在赛思中国做了一年的前台,她还是第一次迈入总裁办公室。这间办公室十分整洁,她注意到一张小小的全家福放在办公桌台角,虽然没有放在显眼之处,但是那个精致的相框和一家四口的笑脸给她留下了深刻的印象。总裁程轶群正在接一个电话,他放下听筒,顺着她的目光轻轻一晃,随即笑了:"这是我的全家福。"

乔莉赶忙也笑了笑,两个人常在门口相见,总裁春风般的笑容和乔莉甜美清脆的问候都是彼此久已熟悉的,一个是公司最大的执行官,一个是除了打扫卫生的阿姨之外级别最低的前台,乔莉不知道他为什么叫她进来。就在二十分钟前,她已经在收拾东西准备离开了,程轶群进公司的时候,瞄了她一眼,她忙把箱子放下,向他打了个招呼,本以为这是最后一次见面,想不到……

"你辞职了?"程轶群打量着她,以前没有机会打量这个女孩,公司里的人当面喊她安妮,背过脸就喊小前台,要不是看见她在收拾东西,问了人事部,还真没想到她会辞职,"你是前台里年龄最小的一个吧?"

乔莉点点头:"我二十五,虚岁二十六。"

"为什么想离开?"

"我不想做前台。"

"哦？"

"我希望有一个事业发展的机会。"

"想做什么？"

"我想做销售。"

程轶群不禁又打量了她一眼，还以为她想转做行政或者秘书，没想到她居然想跳到销售："找到合适的地方了？"

"是一家小公司，"乔莉看了程轶群一眼，已经明白了他的意思，解释道，"赛思是中国最好的外企之一，我做了一年前台，学到了很多东西，可是我不能永远做一个前台。虽然那家公司很小，可是我能积累销售的工作经验。要离开赛思我也很遗憾，毕竟这里有很多东西我还没有学到。"

程轶群有些意外，这个小前台平时接起电话来有条有理，没想到口才也这么好，他微微一笑："说说你做前台时学到了什么？"

"赛思公司一共有五大部门，不算中国其他地方，北京销售部十六个人、市场部十个人、财务部八个人、人事部九个人、技术部四十个人、研究院三十二个人、后勤服务六个人，人事、财务、后勤都是管理公司、为其他员工服务的，技术与研究院是为了支持公司的销售与市场，市场部是花钱的，为了公司的产品与品牌，那么算起来，公司挣钱就是靠销售部门，也就是说，十六个人要负担公司所有的经济，我觉得他们很了不起。"

程轶群心中不禁讶然，通过一张前台联系单，这个小姑娘便琢磨出这些问题，看来是个有心人。他保持着轻松宽和的微笑，问道："你希望在赛思做销售？"

乔莉点点头："我找过销售总监，但是我没有工作经验，所以很难，我就想……"她看了看程轶群，他脸上春风般的微笑鼓励了她，她一咬牙，道，"我先到其他公司，等我积累了工作经验再返回赛思。"

程轶群脸上的笑容更深了，像一个长辈关心晚辈般地道："有了工作经验去哪儿都一样，为什么要回赛思？"

"因为只有在赛思，才有可能卖出几百万甚至上千万美元的产品，"乔莉道，"我要做这个行业最好的外企中销售业绩最好的人。"

真是想不到啊，程轶群暗想，从飞连克集团跳到赛思三年时间，居然是一个小小的前台让他有了"很有意思"的感觉。回顾这一年时间，这个女孩每次见到他，都是彬彬有礼，很少在她的眼中看到其他前台或女员工见到老总时眼前一亮的模样。俗话说，眼睛是心灵的窗户，这个女孩的眼神既聪明又有一股坚毅，甚至，似乎有一股不卑不亢的尊严，让人在亲近的时候不得不对她保持礼貌。

不知道她能不能创造一个奇迹。自从程轶群二十年前从台湾来到大陆，从事IT产业管理工作，他看到了太多的传奇故事，有起有落、有浮有沉，就连他自己也一跃成为赛思公司大中华区的总裁，如果当初留在台湾，他可能永远没有这样的机会。二十年前的大陆，根本没有像样的人才，或者说，那个时候的人才，还没有和国际接轨。

现在的赛思中国，所有的重要岗位都由他的亲信担任，从三年前即将空降赛思开始，他就把许多跟了他多年的台湾同乡一步一步地带入赛思中国，这是他管理公司的方式，当然，他也交代总监们从公司内部提拔优秀员工。时光流逝，现在不是二十年前了，许多海外归来的大陆人才，与本地人才的成长都不可小视。这个小小的前台嘛，程轶群决定给她一个机会，这倒不是什么男女之情，而是从事多年的管理工作，让他对人有了一种独特的眼光，他相信这个女孩将来会比同等条件下的人成就更高。

"转去做销售，确实有些不可能，"程轶群道，"我现在还缺一个秘书，你有没有兴趣在这个岗位上用你自己的方式去多学些东西，等以后有机会了，我推荐你去销售部学习？"

乔莉感觉自己的心脏一下子急速跳动起来，虽然有些预感，但是她没有想到，总裁会亲自挽留她，并表示出对她的支持与欣赏。做总裁秘书，虽然干的都是琐事,但是她理解程轶群说的"用自己的方式学习",她一定可以学到在前台位置上学不到的东西,而且只要有总裁推荐,她一定会进入销售部,谁都知道,销售部的台湾总监是程轶群最铁的亲信。

"谢谢您,程总,"乔莉稳住心神,用结束的语气道,"我一定会好好干的!"

程轶群再次欣赏地点点头,这个女孩非常有分寸感,她的确占用了他不少时间,在这个职位上,他和谁谈十分钟,都是非常宝贵的。时间资源过去便不再拥有,必须用在最有效的地方。他礼貌地笑了:"我相信你的能力!"

"西直门地铁站到了!"喇叭里的声音打断了乔莉的回忆,她匆匆下了车,朝13号线奔去,已经七点三十六分了,不知道能不能在八点前赶到新闻发布会现场。程总为什么要离开?为什么事先没有任何一点征兆与消息?如果他走了,她还能转到销售部门吗?无数个问号在她心中打转,她恨不能一步飞到现场,哪怕是面对媒体说的官话,她也要亲耳听一听。

上地终于到了,乔莉弄不明白,为什么要给这个地铁站起名为"上地"。上帝真的可以主宰我们的命运吗?此时正是上班高峰期,打车的人密集地站在马路边,她必须抢到一辆车。这时,她注意到有辆车停在路边,似乎在接人,她赶忙跑过去,朝车内客气地笑道:"您接人吗?去哪儿呀?"

司机瞟了一眼她嫣然微笑的脸,不置可否地点点头。

"我要去金鹏大厦,不知道和你们顺不顺路,能载我一段吗?"

司机有些为难地看着她,这时,背后传来一个冷冰冰的声音:"请让让。"

她转过头,一个西装革履的青年男人站在车门边,他提着电脑包,满脸的不耐烦与高傲。

出师不利，乔莉只得往旁边让开，脸上还保持着微笑，那男人上了车，冷冷地斜了她一眼："去金鹏？"

乔莉赶紧点点头，男人道："上车吧。"

乔莉赶紧上车，嘴里不停地道："谢谢！"

男人不理她，朝里挪了个位置，乔莉坐在右边，忍不住打量了那个男人一眼，是个白而轮廓分明的人。乔莉最不喜欢傲气的男人了，要不是搭车，才懒得理他呢。男人似乎很疲惫，根本不理会乔莉的目光，一路上把头向后仰着，闭着眼睛。

车在一个十字路口停下，一个卖报纸的少年蹿了上来，沿着几辆汽车兜售报纸，那孩子也就十四五岁年纪，穿着一件破旧的圆领衫。乔莉摇下车窗，递出一元钱，少年将找的五毛钱和报纸递进来，乔莉笑了笑，摇上车窗，一捏报纸便感觉不对了，这报纸的分量很轻，她翻了翻，笑了，原来只给了她半份。坐在前排的司机早已看出了端倪，忍不住道："这小子经常在这儿卖，报纸全是半份的。"

乔莉将报纸递给司机："您有空翻着玩吧。"

司机接过来："你不看？"

"我不看，"乔莉叹道，"也挺不容易的，小小年纪出来卖报纸。"

听到这儿，旁边的男人微微睁开眼，瞟了瞟乔莉，旋即又闭上了。车转过弯，沿着北方宽阔的大道又开了十分钟，来到金鹏楼下，乔莉急急忙忙地下了车，道声谢后拔腿便跑。等她行色匆匆地跑进大厅，询问到新闻发布会的地址，再坐电梯上楼，赶到三十层的大会议厅，已经是八点三十分了。

三十层会议厅的大门敞开着，程轶群熟悉的声音从里面传出来："中国的时尚产业将会有巨大的发展空间，一个正在发展中的拥有十四亿人口的国家，时尚产业的前景是非常可观的。我虽然一直从事IT管理工作，但对时尚产业一直很留心，我的夫人和女儿都是时尚爱好者。巴黎时尚集团是法国最大的时尚产业集团之一,我从事大中华区的管理工作,是将兴趣与工作结合起来,感觉非常兴奋!"

乔莉顺着后门走进去,坐在角落里,屋子里灯光闪闪,程轶群穿着西装,神采奕奕地坐在台上,丝毫看不出有什么离愁别绪。

"程总,您一直是从事 IT 业管理工作,"一个记者问,"您的经验对现在的工作有帮助吗?"

程轶群呵呵一笑:"我至少可以有三个方面的经验:一来我有组织经验,可以将公司很好地组织管理,做大做强,赛思这几年的发展有目共睹;二来我有推广的经验;三嘛我有对未来进行战略布局的经验,这些经验来自飞连克和赛思,他们都是很好的公司……"

程轶群侃侃而谈,台下的记者不禁被他的热情与魅力感染,不时响起一片片掌声。乔莉眼看自己陷入一种欢庆的气氛,不由得摇了摇头:是自己想错了吗?还是事情就是这样的?不不,她否定了这里的感觉,事情绝对没有表面上这样简单。她想起来北京前父亲交代的话:"什么事情都要符合人之常情,如果过了这个线,你就要小心。"

这样突如其来的离开,本身就背离了一个公司的常情。这时,一个记者问:"您是什么时候决定离开赛思的,怎么这么突然?"

"我是一个月前决定离开的,"程轶群看了看台下市场部与公关部的人马,笑道,"公司的同事都知道得很晚,不少人在昨天才听到内部传言,感谢他们将保密工作做得很好。"

一个月前,乔莉的脑袋像马达开动了一样飞速运转,一个月前没有什么特别的事情发生呀,市场部可能也是周末才接到指令,不然这么大的消息,不可能是铁板一块,什么风都没有吹出来。

乔莉感到手机一阵震动,她打开一看,是瑞贝卡的信息:"你在现场?"

乔莉回了一个:"在。"

瑞贝卡问:"市场部的都在那边?"

乔莉回了一个:"是。"

瑞贝卡又问:"销售总监在吗?"

乔莉叹了口气,这个瑞贝卡,时刻不忘这位台湾钻石王老五,乔莉回了个"不在",便没有回信了。这时记者招待会已宣布结束,不少记者还拿着相机拍着照片,程轶群一律微笑着保持合作。乔莉等人群散开,挤上前去,道:"程总。"

程轶群朝她点点头,乔莉也不敢多说话,跟着公司的人往楼下走,市场部的人也顾不上管她。走到电梯旁的时候,一个记者还要采访程轶群,他示意两个部门的人先走,又回答了几句。乔莉一直站在旁边。记者问完后转身朝会议厅方向走去,乔莉四下看了看,只剩下她和程轶群两个人了。

"程总,"乔莉道,"您真的要走?"话一出口她就后悔了,这不是废话吗?

程轶群点点头,用食指揉了下眉心,这个动作乔莉很熟悉,每当有一大堆烦琐的事务让程轶群不耐烦时,他就会这样,但是即使这样,他的脸上也保持着精神的微笑,这是乔莉仔细观察的结果。她觉得这个男人现在背着沉重的包袱,是不是在这个职位上,包袱永远是这么重?"程总,"乔莉顾不得了,等回到公司还不知道有多少事情要处理,她横下心道,"您走了,我还能去销售部吗?"

程轶群打量了她一眼,笑道:"我找机会安排一下。"

中午时分,乔莉与瑞贝卡坐在食堂里,下午要召开全公司大会,估计程轶群要发表离职感言。公司今天气氛格外怪异,没有人讨论此事,也没有人提及此事,但是所有人都心不在焉、无心办事,每每眼神相碰,都觉得彼此的脸有些怪异,好像都被捉奸在床了似的,鬼鬼祟祟既惧怕事情宣

— 9 —

扬，又要装得若无其事。

"那个台湾来的彼特，估计干不长了，"瑞贝卡小声道，"你看，市场总监一个人在那边吃饭，我们过去吧。"

"你也变得太快了吧，"乔莉惊讶地悄声道，"你早上不是还问彼特在不在吗？"

瑞贝卡不屑地撇撇嘴："你进来都一年多了，怎么还没有看清楚，程总和彼特都是负责挣钱的，市场部负责花钱，表面上归程轶群管，实际上被美国人控制着，要不然，总部怎么会派个香港总监。"

回想公司一直传言市场总监与销售总监不和，程轶群几次想搞掉他都没有办法。乔莉摇摇头："怎么，程总走了，你也要移情别恋？"

"咳，"瑞贝卡将圆润的小嘴一抿，"你可不要乱说话，我什么时候喜欢过彼特，我只是很欣赏他，同时，我还很欣赏斯科特。"

乔莉再次惊讶，这个瑞贝卡，不过二十六岁年纪，也是大学毕业在外企做了好几年的，怎么变化起来比父亲下面的"老机关"还要快。她笑道："你的彼特要跟着程总离愁别绪，你不美人相陪吗？"

"关我什么事？"瑞贝卡拉下脸，"他不过是个台湾来的总监，我有那么看得上吗？"

"那个香港来的呢？"乔莉见她着恼，笑道，"他可是有家庭的哟。"

"你这个人，"瑞贝卡冷冷地看了她一眼，"程轶群走了你不走吗？！"说完，她端起盘子，走到市场总监斯科特面前。乔莉看着斯科特笑眯眯地请她坐下，两个人有说有笑地吃了起来，不禁感到奇怪，程轶群要走我也要走，什么意思嘛？

下午会议，她和瑞贝卡坐在后排，瑞贝卡一本正经地拿着笔和本子，也不理乔莉。乔莉低声道："开你几句玩笑，生气了？"

"开会呢！"瑞贝卡严肃地说了一句，便埋头于本子上了。

不知道她为什么这么生气，乔莉隐隐觉得，瑞贝卡有点儿想和自己划清界限，真没有想到，程轶群的离职旋涡居然会把自己卷进去。这时程轶群正在台上大讲去年带领公司人马去美国拉斯维加斯开年会的情景，这个活动的盛景乔莉在公司可没少听说，市场部、销售部、技术部的人在那儿大玩了一趟，财务部的小出纳没有去成，嘀咕了很长时间。台上的程轶群仿佛又回到了去年最红火的岁月，讲到动情处，这个知天命的男人深深地把自己感动了，可惜台下的员工并没有专心在听，乔莉觉得，他们都在筹划着自己的未来。"那真是我最难忘的场面啊！"程轶群感慨道。话音未落，会议室的门打开了，一个衣着光鲜的美国人走了进来。乔莉不知他是谁，程轶群的脸上立即收住了感动，满面春风地站起来道："下面欢迎从美国总部赶来的副总裁瑞恩马丁先生讲讲公司下面的发展。"

台下的人窃窃私语，这大概就是接手程轶群暂管公司的 VP（副总裁）了，乔莉听见瑞贝卡跟旁边的人说道："关键时候他们肯定派美国人来，他们永远不会信任中国人。"

那个人道："他们早晚还得招一个中国人管大中华区，不知道是谁了。"

瑞恩马丁用英语在台上说了起来，笔挺的西服也难掩他脸上的疲倦，刚刚坐了十几个小时的飞机，就进入工作状态。乔莉看了看程轶群，他专心地听着，时不时点头微笑，好像这个美国人不是派来暂管他的工作，而是替他筹谋将来一样。乔莉摇摇头，再看销售总监，这位钻石王老五根本没有在听，一个劲儿地在电脑上敲着什么。俗语说一朝天子一朝臣，他是肯定干不长了，乔莉想起自己进销售部的事情，心里也不禁打起鼓来。

这一天飞一样地过去了，乔莉回到家，自己开火做饭。不管任何时候，她都不会在吃上马虎，自幼的教育便是"食不厌精，脍不厌细"。来到北京独立生活之后，眼见一些女同事为了买一两万的 LV 勒紧裤腰带，或者为了减肥什么都不吃，乔莉觉得不可理解，一个名牌皮包和所谓的身

— 11 —

材能和健康相提并论吗？乔莉上高中的时候，受班里女生的影响，也开始减肥不吃饭，她记得父亲语重心长地和她谈了一次。从那以后，乔莉渐渐学会了两件事情：第一，健康是无价之宝，留得青山在，就不怕没柴烧；第二，要打好自己手中的牌，身材也一样，与其羡慕别人，不如把握自己的长处，建立自己的风格。

糖醋泡椒虾、青菜豆腐炒肉片、西红柿鸡蛋汤。吃罢饭，收拾了碗筷，她照例去小区散步。小区里的不少狗都认识她，玩一玩散散心，她找了块平坦的地方开始跳绳，十五分钟下来，已满身大汗，然后上楼洗澡，时针已经指向晚上，她稍微歇了一会儿，便上了床，明天到底怎么样？她摇摇头，现在她已经不能再做什么，一切得看天意，那还有什么可担心的，乔莉闭上眼，沉沉睡去。

第二天一早，她迈入办公室，刚刚收拾了桌子，电话便响了，销售总监在电话里简短地说道："乔莉，到我办公室来。"

乔莉迅速地答应了一声，理理衣衫，朝销售部走去。看来程轶群没有失信，她在心里泛起感动，如此时刻还兑现了对底层员工的承诺，这个老板的确非同一般。她坐在彼特面前，这个台湾人今年三十七岁，一直未婚，圆圆胖胖的娃娃脸看起来只有三十岁的模样。他笑容可掬地道："乔莉呀，现在公司虽然有这么大的变动，但是我们的销售业绩还是需要增长的，除了我们团队中的老员工，我们也需要新鲜血液的加入。你从前台做起，对公司的情况比较了解，现在我们销售部正好空出一个职位，你想不想试一试？"

乔莉连忙表示自己想试试，彼特让她把东西搬过来，坐在一个靠中间的位置上，又叫来一个小伙子，道："这是刘明达，北大毕业的高才生，在我们这儿做售前，就配给你了。"

刘明达看着乔莉，不觉眼前一亮，这个漂亮的小前台、小秘书居然会到销售部来，总监还把自己配给她做售前支持，看来是月下老人要作美了，丘比特之神要显灵了，自己前天独自在家里对着生日蛋糕许下的"娶个天仙妹妹样的老婆，生个比天仙妹妹还漂亮的女儿"的愿望就要实现了！刘明达嘿嘿笑着，自己都觉得自己活像《西游记》里见到嫦娥的天蓬元帅，他朝乔莉点点头，悄悄背过脸，将一大口口水咽进了肚子里。

乔莉回到办公桌，开始收拾东西，瑞贝卡奇怪地问："你要走了？"

"我去销售部。"乔莉一边摞东西一边道，"他们那边缺一个人。"

"什么？！"瑞贝卡叫一声，不敢相信地看着乔莉，现在这种时候，这丫头没滚蛋反而升了一步，她咬住牙看着乔莉，心道好你个乔莉，事前不露一丝口风，看来昨天新闻发布会巴巴地赶过去就是为了这事儿了。她后悔自己告诉乔莉这件事情，早知道什么都不说，让她活活闷死在秘书这个职位上。她的脸上绽放出笑容，将自己桌上一个漂亮的卡通小熊递给乔莉："安妮，这是我送给你的，到了那边可要记得我哟。"

乔莉暗自叹口气，看来风又吹回来了，她也笑道："我当然记得。"

"中午我们一起吃饭哟，"瑞贝卡道，"我请你去吃水煮鱼，我们庆祝一下。"

乔莉也确实高兴，道："我请你吧，谢谢你这几个月的关心。"

"中午小四川见哟！"瑞贝卡笑眯眯地目送乔莉远去，柔情蜜意地叮嘱一句，转过脸，便将一个本子恶狠狠地摔在桌子上。这时，程轶群恰巧从外面进来，听见砰的一响，看了瑞贝卡一眼，瑞贝卡赶紧笑了笑，那意思是说，我不小心把本子掉在地上了。

乔莉坐在销售办公区的格断里，偌大的屋子空空荡荡，所有的销售都出去了。她仔细研究分给她的北方区的几个客户名单，心里既想大干一场，又觉得无从下手，一片茫然。这几天，她把原来看过的销售指导方面的书又翻了 N 遍，什么《销售必读 20 招》《商道是天》等等，看得晕头转向，不知为什么，她觉得这些书写得不尽然，真的像他们说的那样吗？

"你在干什么?"刘明达不知什么时候到了跟前,见她盯着客户名单发愣,道,"看也没有用啊,你得去见人。"

"我打电话了,"乔莉道,"他们都说没有空,再说,他们都是大公司的负责人,说没有空也是正常,还有两个,我连秘书这一关都没过。"

"咳咳,"刘明达见四下无人,随即坐下来,摆出专家的口气说,"这可不行,不见客户你怎么卖东西,我跟你说,要卖东西就必须了解客户的真实需要,要了解我们产品的真实特性,你对这些了解多少?"

乔莉摇摇头。刘明达道:"还是呀,你得学学技术,要懂这些,不然见到客户你怎么说啊?你放心好了,你不就是想和他们建立联系吗?这几家客户的总工我都熟,回头我帮你联系,跟他们约时间。"

乔莉眼前一亮:"真的?!"

"当然,"刘明达见乔莉脸上的阴霾一扫而空,一双眼睛晶晶亮地盯着自己,男人的成就感顿时上升到第九层境界,他飘飘然地将一本《程序员手册》递给乔莉,"你先看看这个,打打基础,客户那边我去搞定。"

"谢谢你!"乔莉感动地道。这时,她看到刘明达的脸上闪过一丝尴尬,一抬头,便看见穿着套装、化着精致妆容的琳达站在一边,用不悦的眼神盯着他们。刘明达站起身,原来他坐了琳达的椅子,他一边将椅子推回原处,一边道:"琳达,不好意思啊!"

"Study?"琳达瞟了一眼乔莉手上的《程序员手册》,嘴角泛出一丝嘲笑,"Good!"

除了销售总监,琳达是公司里业绩数一数二的大销售,见她面露不屑,刘明达也觉得没什么底气,匆匆说了几句便告辞了。琳达斜着眼睛看了乔莉一眼,这小秘书跟了程轶群三个月,临走他竟然还要把她弄到销售部来。不过,估计程轶群也是顺水人情,像这样一窍不通的白痴,能卖出一分钱东西吗?除非台湾人大撤军的时候把她也带上,要不然,她就是新销售总监上任后第一个炮灰。

琳达今年已经三十七了，还没有找到合适的结婚对象，见乔莉轻抹脂粉的脸上洋溢着青春的味道，不禁浑身不舒服：仗着自己年轻漂亮，就想转做销售，省省吧！她不想再待下去，拿了东西扬长而去，全然忘记了十年前的她也是从乔莉的境遇中一步一步走上来的。

乔莉见琳达要走，连忙微笑着打招呼，琳达理也不理地走了，乔莉心中一阵怅然，琳达的销售业绩那么好，要是能请动她指点一二该有多好。乔莉翻开《程序员手册》，那些内容又陌生又枯燥，她叮嘱自己不许偷懒，不许畏难，一页接着一页糊里糊涂地翻了下去。

刘明达毕业于北大，技术方面确实过硬，性格又很活泼，到赛思做了一年的售前，颇得一些客户总工的喜爱。他也真帮忙，陆续约了两三个总工、一两个技术部主管出来和乔莉见面，茶没少喝、饭没少吃，每一次都是刘明达主阵，和他们谈技术、谈职场、谈打球，甚至谈人生。乔莉更多时候是面带微笑地坐在旁边当听众，两个星期过去了，乔莉依然没有一丝进展，她郁闷至极。

实在扛不住了她就给父亲打电话，父亲说事缓则圆，劝她不要着急，凡事慢慢来。乔莉却知道销售是用数字说话的，现在，她的人事关系全部转到了销售部，如果长时间卖不出东西，她就要走人了。进入赛思集团的销售部，这可是千载难逢的好机会，如果被自己白白浪费了，那多可惜。而更可怕的是，如果离开赛思去新的公司应聘，别人听说她是因为卖不出一分钱东西才离开的，那谁还愿意雇用她呢？

"爸，我是不是太逞强了？"乔莉闷闷地道，"我不应该主动要求到销售部来。"

"一个人学游泳难免要呛几口水，这算什么。"老乔在电话里和蔼地道。

"这个机会不好，"乔莉道，"老的销售总监要走，新的销售总监还没有来，许多人根本没心思做事情，我想请教都找不到人。"

"学习是靠自己的，多留心就成了。"

"他们人都不在办公室，我怎么留心嘛？"

"你就静观其变，"老乔道，"已经告诉你了，不要着急。"

"你以为这是机关政治斗争啊，"乔莉不耐烦地道，"这是销售！"

"销售也一样，"老乔的语气有一丝不悦，"心急吃不得热豆腐，你刚去几天，就说出这样的话，随便动摇自己的信念，这怎么能做成事情？！"

乔莉觉得自己的话重了，嘟起嘴道："爸，对不起。"

"没什么，"老乔道，"快去工作吧，现在是上班时间。"

乔莉合上手机，转出楼道，回到座位上，还没有坐定，瑞贝卡像弱柳拂风一样摇摇摆摆地走了进来，见办公区里只坐着一个乔莉，她扑哧一笑道："安妮呀，告诉你一个好消息，我要去市场部了！"

"真的？！"乔莉高兴地道，"恭喜呀，你去那边做什么职位？"

"哎哎，"瑞贝卡道，"他们那边早就想让我过去了，斯科特说，要先从市场助理做起，我是说了，市场助理太小了，我是不会做的，他一再请我帮忙，还保证很快就会升，我这才去的。"

"市场助理也很好啊，"乔莉道，"能从基础开始，一点一滴学东西。"

"告诉你一个秘密，"瑞贝卡将头贴近乔莉，压低了声音道，"听说好几个猎头都在帮彼特安排面试，他是做不长了，你要早做打算。"

"我做什么打算？"乔莉讶然道。

"你是程轶群安排到销售部的，明显是彼特的人嘛，他一走，新来的总监会用你吗？你动脑子想想。"瑞贝卡道，"我们同事一场，关系又这么好，我呢，经验又比你丰富，有些话不说出来，我就对不起朋友了。我提醒你呀，彼特对你的印象可是十分好的，以前就赞过你漂亮，你只要找他，表示和他一起走，他肯定会带上你的。"

"怎么可能？"乔莉摇头笑道，"我什么经验都没有，他带我干吗？"

"你傻呀，"瑞贝卡道，"你去找他呀。不过，我可要提醒，找他的时候要注意,别惹他女朋友。"

"他有女朋友了?"乔莉奇道,"我怎么没听说?"

"要不说你是职场老新人呢,干了一年多了,连这些都听不到。他女朋友是北影厂的一个什么女演员,我最看不上这些人了,娱乐圈小明星,能有什么好东西,听说那个女人盯他盯得很紧,你要有技巧一点。你想呀,你多年轻漂亮,只要你守在彼特身边,他又喜欢你,这个钻石王老五还能跑到别人的手掌心去?女人嘛,就是这样,关键要找个好老公,难道像琳达那样,一把年纪了还是孤身一人,你不是没有男朋友嘛……"

乔莉默默地叹了口气,看来瑞贝卡前来不是要与自己分享升职的快乐,是示威兼挑事儿的。一是告诉自己她也去市场部了,不再是小秘书了;二是要挑起自己和北影厂小演员的纷争,这样一来,她坐山观虎斗,一雪没有把彼特拿下的前耻。乔莉不禁笑了,她看着瑞贝卡上下翻飞的红润的嘴唇,心想:这女人到底有没有脑子?彼特顺水给了程轶群一个人情,怎么会带我走?人家谈人家的恋爱,我为什么要插进去?你就是想挑事儿,也得做得高明一些啊。还是在她的心目中,我就是个没脑子的笨蛋?

乔莉见瑞贝卡越说越无边际,心头怒火渐渐升了上来,她竭力克制着自己,但是已经感觉这火像小火山一样,在心里一股一股往上蹿。突然,刘明达跑了进来,看见瑞贝卡和乔莉坐在一处,瑞贝卡不知说些什么,乔莉的脸一阵红一阵白,似乎有什么不对。刘明达走过去笑道:"在聊什么啊?"

"讨厌!"瑞贝卡吓了一跳,转头对乔莉笑道,"上次是你请我,今天我请你,中午我们去小四川庆祝啊。"

"好,"乔莉道,"我中午去那儿等你。"她压住自己,看着瑞贝卡一扭一扭地走出了销售部,心想,自己和她几个月的同事之谊算是完蛋了。刘明达坐在瑞贝卡坐过的椅子上,悄声道:"听说彼特要走了,在安排面试呢。"

"你们有完没完!"乔莉喝道。她看着刘明达不明所以的脸,立即道歉:"对不起啊,本尼,我实在太累了。"

"你不舒服?"刘明达关切地问。

听见他温言问候,乔莉的脸上浮起了无限的委屈:"没什么,就是太累了。"

"可是,"刘明达为难地道,"那个晶通电子集团,就是那个大国企的总工,我给你约出来了,今天晚上喝茶,你还能去吗?"

"去!"乔莉一咬牙道,"为什么不去?!"

"那个总工有个特别的爱好,他喜欢文学,"刘明达为难地道,"你说一个搞技术的人,喜欢什么文学,这方面你行吗?"

"没事儿,"乔莉道,"我下午准备一下,晚上去谈。"

"这方面我不行,"刘明达道,"晚上就看你的了。"

乔莉的父亲是个"老机关",是个哲学爱好者,乔莉自小受他教育,没有迷上哲学,但是对文学还是知道一些。晶通电子的总工姓方,叫方卫军,是个五十多岁的男人,很迷恋苏联文学,这年月还有几个小姑娘懂苏联文学啊?也亏得乔莉父亲的熏陶,乔莉把知道的那几个"斯基"都谈了一通,引得方总工连声叫好,只恨不能引为知音了。

刘明达在旁边又得意又觉得酸溜溜的,这仙女可是自己的,要不是还没有到那份儿上,他一定拉着乔莉早点撤了。虽然这样的谈话毫无结果,不过乔莉还是觉得愉快了许多,每一天都进步一点点,哪怕只有一厘米,她也觉得是进步了。和方总工告别后,她和刘明达沿着马路散步,北京的秋天多么舒爽啊,乔莉觉得心情好了许多,话也多了起来。

这可真有点恋爱的味道了,刘明达觉得整个人都飘了起来:"你做前台那会儿可严肃了,"他笑道,"我们都觉得你不好接近。"

"我？严肃？"乔莉笑道，"怎么可能？"

"现在好多了，"刘明达道，"你累不累？我送你回家吧。"

乔莉隐隐觉得有些不妥，道："我自己走吧，你也累了，明天还要上班呢。"

刘明达也不勉强，怕惊动了乔莉，能一直保持这么近的距离就是好的开始。他为乔莉拦下一辆出租，乔莉坐上车，回到了家里。

第二天一早，她到了公司，刚进门就看见两个前台在窃窃私语，她笑道："有什么新鲜事呀？"

两个前台都是新招进来不久的，也弄不明白公司里各人的背景，对谁都很客气，见乔莉问，一个悄声道："程总刚刚下去了，他今天是最后一天。"

"今天走了就不再来了吗？"

"刚才他告别的时候是这么说的。"

乔莉将电脑往台子上一放："暂存一下。"说完便往电梯口跑。此时正是上班的高峰，那电梯在每一层都要停良久，乔莉心急如焚，好不容易电梯门开了，琳达、瑞贝卡有说有笑地从里面走出来，乔莉打了招呼，站了进去。

瑞贝卡笑着朝她问好，琳达只当没看见，乔莉也不以为意，按下了关门键。电梯上得慢，下时倒很快，直接到了一楼。乔莉冲出大厦的大门，哪里还有程轶群的影子，只有不息的进进出出的人流，每个人都衣着光鲜，行色匆匆，带着职业人特有的表情。乔莉低下头，默默地向远处告了一个别，然后，朝电梯走去。

程轶群离开之后，公司里倒也风平浪静，什么都没有变。美国来的 VP 安排好 CFO（首席财务官）暂管公司之后，便回了美国，大家都在等待新总裁的上任。如此过了两个月，乔莉也耐下了性子，踏踏实实地陪着方总工研究苏联文学，刘明达不知从哪儿听来的销售理念，告诉她占用客户时间是非常重要的事情，现在可能显不出来，将来能派大用场。

方卫军也非常欣赏乔莉，认为她对苏联文学的爱好是出自真心的，要不然，怎么从来不拐弯抹角地打听项目和改制的事情，一个劲儿地谈论这些呢，这倒有些忘年交的味道了。方卫军渐渐和乔莉熟识了，有一次聊起他和晶通电子总裁王贵林的关系，原来这两人一同插队、返城、考大学，是历尽患难的兄弟。刘明达知道后大为欣喜，认为这对乔莉来说，是突破性的一步。

程轶群离任之后，销售总监彼特很快离开了公司，接着又走了几个人，刘明达说琳达也在找工作，乔莉也感觉到了，她根本无心上班，偶尔来也就是晃一下，眨眼人便没了。到底谁会是新任总裁？每个人都很好奇，能接手这个位子的人在职场屈指可数，有人说可能是从飞连克挖人，就像当年挖程轶群一样。有人说可能从SK（SILTCON KILO）挖人，SK和赛思是打了多少年的竞争对手，都属于企业规模最大、员工人数最多、海外背景最深厚的外企，SK的现任总裁汪洋刚刚四十五岁，正是年富力强的好时候，不少人都猜测他最有可能被挖到赛思。

这天乔莉刚刚到公司，还没有坐定，刘明达便跑了过来："听说新总裁已经定了。"

"是谁？"

"你猜？"刘明达得意地摆了个小谱，一张脸快活地展示出"我很牛，你佩不佩服我吧"的表情。

乔莉微微有些不快，她实在不喜欢男人轻佻，不要说男人了，就是女人和孩子，她也不喜欢。她严肃地道："我猜不出来。"

刘明达立即收敛了笑容，心道这位仙女为什么这么严肃呢。他轻咳一声，摆出专家的姿态道："是SK的前任总裁，叫何乘风，这个人当年在SK执掌大权，赛思可没少吃亏，那几年他是风光无限啊，现在的总裁汪洋就是他一手提拔上来的,美国人这招真厉害,把他找来了,SK的情况他比谁都清楚,这下有好戏看了。"

"何乘风,"乔莉皱起眉,"我好像隐隐约约听过。"

"我读研那会儿他可红了,经常在媒体上发言,是职场的明星,"刘明达道,"这几年沉下去了,你读的不是IT专业,以前可能没在意。"

"他是台湾人还是香港人?"乔莉问。

"是美国的ABC。"

"ABC……"乔莉若有所思。

刘明达问:"在想什么?"

"没想什么。"乔莉道,"你说,我们新来的销售总监也会是ABC吗?"

"不知道,"刘明达道,"不过既然总裁定下来了,我们的总监也就快了。"

如果说程轶群的笑容是三月春风,那么何乘风的笑容就是冬日暖阳。这个人个子不高,年纪与程轶群相仿,看起来却比程轶群显得要大一些。他无论说话、走动、与公司员工聊天,都透着一股热情。程轶群的亲民是众所周知的,就连扫地的阿姨都觉得他亲切无比,但是他的亲民始终是从上往下的,是一个最高上级的谦虚与和悦,而这个何乘风呢,他似乎不知不觉间就能拉近你和他的距离,让你产生信任与愉快。

这天,乔莉刚刚打开邮箱,便看见一封邮件,发件人是何乘风。她的心微微一跳,打开一看,果然是向全体员工介绍新的销售总监。她把脸稍稍凑近电脑屏幕:Frank Lu(陆帆)之前在瑞恩集团担任销售总监工作,在他的领导下,瑞恩的销售额在两年内成长迅猛,超过200%,销售业绩十分突出;瑞恩之前,他曾在浮克曼集团担任销售经理;在美国California Silicon Soft Inc.(美国加州硅软有限公司)担任销售;一九九四年获University of California at Berkeley(加州大学伯克利分校)计算机硕士学位,一九九二年获清华大学计算机学士学位；喜爱打高尔夫，品红酒，是法国沃夫红酒协会的会员。

弗兰克，陆帆，一九九二年大学毕业，乔莉算了一下，那他大概三十八九岁。这人可真行，是个大陆出去的海归，打高尔夫、品红酒。海归好啊，至少比台湾人、香港人、ABC更好沟通一些。这时电话响了，乔莉拿起话筒，刘明达神秘地道："安妮，新来的总监今天已经上班了，你当心点，听说他已经在找人谈话了，现在就在和琳达谈。"

"琳达，"乔莉悄声道，"她不是在找工作吗？"

"现在的工作哪这么好找，"刘明达道，"看见总裁邮件了吗？我们的总监和他是校友，都是伯克利毕业的。"

难怪，乔莉在心里想，原来有这层关系。刘明达又道："如果总监找你谈话，你要突出这段的工作业绩，就说和客户做了许多沟通，维护了良好的客户关系，千万别露怯！"

"我知道了，"乔莉道，"他不会这么快找我吧？"

"不清楚，"刘明达道，"他不是已经和琳达谈了吗？"

陆帆坐在总监办公室里，正在听琳达向自己做介绍。在瑞恩的时候，他就听说赛思的销售中有一个很厉害的女人，长得也很漂亮。台湾的销售总监离开她没有跟着走，说明了很多问题，很明显，她在向自己表忠心，那就听着吧，这个沙场老兵能不能成为自己的好兵，就先从这一步开始吧。

"老板，我听说晶通电子马上开始改制，会有一笔大单子，"琳达见话说得差不多了，话锋一转道，"现在公司负责这个客户的是乔莉，她原来是公司的前台，做了前任总裁三个月的秘书，程总离任前她调到了销售部，虽然她很积极也很上进，又聪明伶俐，但她毕竟客户经验太少，又没有打过单子，所以我想，能不能让我来负责这个客户，我一定能为公司争

— 22 —

取到最大的业绩。"

晶通电子,陆帆的大脑飞速地运转,这个大国企最近改制的消息越传越猛,如果真的改制,赛思至少应该争取到上千万的单子,SK、飞连克,就连瑞恩这样中型的公司,都在紧盯着。看来前任总监是无心办事,加上自己来得比较晚,空出了两个月的时间,才让这块肥肉落到一个小前台的手上。前台、秘书,谁知道怎么进的销售部?但是不管怎么样,要谈过了再说。想到这儿,他笑了笑道:"我知道了,今天很高兴我们能有这样的机会面对面交谈,希望以后我们可以通力合作,为赛思创造好的业绩。"

琳达知道他不可能马上答应自己,但是一个毫无销售经验的前台、一个前任总裁留下的炮灰,这笔单子是无论如何也不会交给她的。她微微笑着站起身,和弗兰克握了握手,转身走了出去。

陆帆并没有马上找乔莉,而是又谈了几个人,直到傍晚的时候,他才打了电话,让乔莉去他的办公室。乔莉压住心慌,又照了照镜子,对着自己连说了三遍"你能行"之后,才鼓起勇气朝陆帆的办公室走去。千万不能露出马脚,要有个销售的样子,她一再叮嘱自己,保持微笑,保持充满信心、充满朝气的模样。直到她的手触到办公室的门把手,她这才镇静下来。怕什么呢,一个销售总监就怕了,将来怎么打大客户?想到这儿,她落落大方地打开门,一眼就看见了陆帆,陆帆也看见了她,两个人同时愣住了!

这不是那次在上地同意她搭车的男人吗?想不到他已经三十八九了,看起来不像啊,如此年轻。陆帆也盯着她,原来那个又搭车又买报纸的女孩就是她啊,乔莉,小前台、小秘书,现在他麾下的小销售。他笑了笑:"坐下吧。"

乔莉关上门,在他对面的椅子上坐下。陆帆道:"我首先向你道歉。"

乔莉睁大了眼睛:"道歉?"

"那几天由于有事，我四十八小时没有休息了，所以态度不太好。"

乔莉笑了："那有什么，您太客气了。"

"说说你怎么从前台转到销售的？"陆帆温言问道。

乔莉说了事情的经过，陆帆顺着她的叙述理出一个线索，一个前台学到什么并不重要，一个有心人却是难得的，这是一个非常好的开始。看来，她在外企没有什么背景，家也不在北京，从前台到秘书到销售，完全是程轶群对她的赏识，加上一个特别的机会。想不到，他们同在一天把握住了命运的机会。陆帆想起遇见乔莉的那天，他经营了两年的小公司终于结束了不死不活的境遇，他赶往上地去见何乘风，是何乘风鼓励他重新再来，并且愿意为他提供一个更好的机会与平台，他也答应重入外企，成为何乘风进入赛思的左膀右臂。

两年的独立经营，让陆帆学到了许多在大公司学不到的东西，以往他看一个人，注重学历、背景以及工作经验，现在，他更在意一些微小的地方，准确地说，是品质与才干。乔莉那天买报纸的细节，以及刚才的叙述，都给他留下了一个好印象，但这个女孩是不是可造之才，能不能留在销售部，还要看她的努力与表现。现在的赛思，就像一股压在冰封的表面下的暗流，谁能不被暗流卷走，谁又能在暗流中把握机会，都要看各自的本领与修行。

陆帆不动声色地问道："你来销售部已经三个月了，能不能告诉我，销售分为几个层次，最高层次是什么？我们应该怎么想，怎么做？"

"层次？"乔莉晕了，她从来没有听人这样说过，她买的那些书里也没有，只有什么"销售七十二绝技"，什么"紧抓客户"……她强装镇静地总结道："首先要把握客户需求，根据客户需求来制定我们可以提供的产品，然后要占用客户的时间，建立良好的关系，最后，把握合适的机会签订合同，再提供好的售后服务，为下一次的销售做好准备。"

陆帆微微笑了，难为她能把这些外行话在一个瞬间组织起来，第一第二地表达清楚，也好，这说明她还是一张白纸，可以从一个正确的途径来学习。他又问道："晶通电子现在怎么样了，你这段时间都做了什么？"

"我一直和他们的总工在联系，"乔莉看不出陆帆对刚才自己的那番话的态度，是说错了还是说对了？见问到具体工作，她更加紧张了，但她还是把话说得很有条理："我基本上每个星期都有十个小时左右的时间与总工在一起，建立一个感情基础，同时也占用了他一定的时间。另外，我还学习晶通电子的相关产品知识，除了软件编程的基础，我还在看产品指南，以及所有行业产品的相关手册。"

"十个小时，"陆帆道，"你们在一起都谈什么？"

"他、他喜爱苏联文学，有时、有时也谈项目。"

"什么项目？"

"他们要改制。"

"嗯，所以呢？"

"所以，也要等他们改制的结果，以及他们打算怎么发展，来制定计划。"

看来他们除了谈苏联文学，就没谈别的，陆帆笑了："你看了多少本产品手册？"

"很多！"乔莉开始细数这些手册的名单，陆帆摆摆手："了解产品是非常好的事情，但是你能告诉我，卖一个软件和卖一根冰棍的本质区别在哪儿吗？"

"什么？软件？冰棍？"乔莉真正开始头晕了，这是什么问题啊，她觉得自己越答越远，根本没有办法明白这个总监心中的答案。

看着她的窘态，陆帆轻松地笑了笑："你别紧张，万事开头难，你现在的售前是刘明达？"

乔莉点点头，陆帆道："换了吧，我把强国军配给你，他是老售前，经验丰富，凡事向他多请教。"

"好的,"乔莉道,"谢谢老板。"

陆帆示意她出去,心里在晶通电子上面画了一个大大的问号与惊叹号。这个项目看来是个好机会,现在赛思的业绩一塌糊涂,如果不能尽快开展业务,不要说他,就连何乘风也无法向美国人交代。是时候赶紧深入了解晶通了,至于到底是留在乔莉那儿,还是转给其他销售,都等了解过后再说。乔莉是没有客户经验,但是如果这个盘子足够大,安在她的头上恐怕操作起来会更加方便,像琳达这样的老销售,如果捞不到她期望的好处,就会制造无穷无尽的麻烦。陆帆理了理头绪,又开始接着叫人。

屋外的天色渐渐暗了下来,乔莉回到办公桌前,收拾好东西,电话响了,刘明达关切地问:"刚才一直没人听电话,你去谈了?"

乔莉嗯了一声。刘明达问:"结果怎么样?"

"一般吧。"乔莉道,"对了,以后你不用再支持我了,他把强国军配给我了。"

"什么?!"刘明达的声音一下子高了起来,"他什么意思啊,我们不是合作得好好的吗?"

"我不知道,"乔莉沮丧地道,"他最后决定的。"

刘明达没有吱声,心中的愤怒、嫉妒一阵阵往上冒,这些搞销售的,没有一个是好东西,肯定是看中了乔莉年轻漂亮,所以把他踢开,换个老头子过来,然后自己再下手。这个天仙妹妹是他先看上的,凭什么让给其他人,仗着他是销售总监,就敢假公济私?!慢着,他头脑里闪过一个念头,不会是乔莉也看上了总监,主动请求把强老头调过来,表明一下清白吧?他疑惑地问:"你、你说了什么?"

"我没说什么,"乔莉没有明白他的话,"回答得不是很好。"

"我是说,"刘明达轻咳一声,"你是不是说了售前什么?"

乔莉一下子明白了他的所指,心往下这么一沉,觉得一股小家子气扑面而来。她忍住不快,道:"我们没有谈售前,他最后突然决定的。"

"我不是这个意思，"刘明达感觉到了乔莉的语气，连忙缓和道，"你不要多心，怎么样，晚上我请你吃饭，我们大吃一顿，高兴一下。"

如果没有刚才的对话，乔莉就会去了，但是现在，她婉言谢绝道："不了，我有点累，想回家了。"

刘明达只得挂上了电话，他觉得愤怒与郁闷无处发泄，对着电脑键盘一个劲儿地猛敲起来。坐在旁边的强国军看了他一眼，又无声无息地将头埋在电脑上，继续自己的工作。

第二天，强国军接到了他成为乔莉售前的邮件，强国军盯着邮件看了半天，把每一个字的前后排列都仔细地看了一遍，仿佛能从里面看出发件人措辞时的真正含义。进入职场二十年，他看过的起浮变化已经太多，如果说刘明达是刚刚开上跑车不足三个月的新司机，强国军就是开了二十年红旗的老驾驶员，所谓宁慢十分、不抢一秒。强国军认为，只有小心、小心再小心，才能保住万年船，何况他的船上驶的可不止他一个人，妻子在一个国营单位，效益平平，儿子明年就要高中毕业，一切都需要钱。

新总监陆帆是什么意思呢，难不成也把他当成了前任总监的余孽，想慢慢清除出赛思？否则，自己和琳达干得好好的，为什么要和刘明达调换？这个乔莉一无背景、二无经验，只凭着年轻敢闯，就想在销售岗位干出点什么成绩吗？强国军既不看好她，也不敢立即背弃她，万一她将来有什么奇迹翻了身，现在为难她，就等于绝了自己的后路。跟着琳达，每年总能超额完成任务，拿上一大笔奖金，跟着这个小姑娘，奖金就不指望了，如果她干不出成绩滚蛋，千万别牵连到自己头上，给陆帆一个借口把自己清理出局。唉，资本主义大锅饭也不好吃啊。虽说外企门槛高，像赛思这样的大企业，只要你能进去，基本上等于捧上了金饭碗，工作环境舒适，待遇也高，不会轻易裁人，只要你踏踏实实、小心翼翼地做人、做事，似乎就能做到退休的那一天。可是，江湖风雨总是难测，强国军心想，自己也是经历了几朝的老员工了，希望这一次也能安然无事。

乔莉在换售前的开始几天，也着实兴奋了一回，强国军是出了名的老售前，技术过硬、脾气温和，是人人说好的好好先生，听说许多客户也对他很满意，从道理上讲，陆帆给她换了强国军，是给了她一线生机。可是没过多长时间，乔莉就发现，强国军就像一堵看不见砖石的墙，不管她去请教什么，他都客客气气地回答清楚，但是她过后细细琢磨，发现这些话从某种程度上来说，都没有什么意义。她虚心请教是不是见见客户，他回答得更加谦虚，说见客户行啊，我是你的售前，你需要我做什么尽管说，我一定细心准备，为销售工作做好服务。

刘明达虽然年轻，到底愿意出力相助，不像强国军……可是总监刚刚这样安排，也不好立即去找他，再把刘明达换回来，乔莉只能忍耐，而琳达因为强国军被换，也是一肚子不高兴，自己用得顺手的人，说换就换，连个招呼也不打。不过，她到底是老销售、老员工了，也不认为换售前就是针对自己，可能陆帆另有安排，她先凑合用着刘明达。这个刘明达虽然有时候说话、做事不着调，但他也有他的好处，他性格活泼好动，这在技术人员中并不多见。最重要的是，他和晶通电子的总工方卫军私交不错，乔莉迈向晶通第一步就是靠他打通的。虽然总工在企业里面不能拍板买货，但是他的意见拍板的人还是要听的，何况这个方卫军和晶通总裁王贵林是交情过硬的老朋友，要不是乔莉太笨，这会儿关系早就打到老总那边了，也没必要天天陪着总工谈苏联文学。

琳达暗自思量，乔莉占着晶通电子已经快三个月了，什么进展都没有，要是再这样下去，不出两个月，销售总监就得换人，公司的 quota（销售定额）会压得他喘不过气来，到时候还是要用她这样熟悉赛思规矩的老销售。她现在最担心的倒不是乔莉，而是陆帆将他自己的人员调入赛思，如果这个人够能力、够关系，那么晶通电子这样的大单肯定落不到自己的手上了。可是如果陆帆要等自己的人调入赛思，恐怕还有一段时间，而晶通电子这样的大单从立项到收单怎么都要八九个月的时间，如果现在还不动手，让 SK 等强有力的竞争对手抢了先机，也会有无穷无尽的麻烦。这个新来的销售总监到底打的什么算盘，到现在还按兵不动？思来想去，最好的办法就是静观其变，一方面强国军是跟了她两年的老售前，让他跟着乔莉熟悉一下晶通电子也好，这样除了刘明达，自己又多了一条线。销售做得久了，琳达有时候觉得自己的灵活程度已经无法形容，说实话，如果地球核心里藏着她想要的单子，只要给她一条缝，她就能钻入最深的地底，直到打单完成。

在不动声色的等待之前，她还需要做一件事，就是稳定刘明达的军心。看得出来，刘明达对乔莉有好感，但是谁会和钱有仇呢？再说这年月，没有钱又有哪个女孩看得上？她决定找个机会，和刘明达开一场交心会，这个交心会她不止一次和人开过，效果大同小异，无论男女，几乎无人不吃这一套。当年她刚开始干销售的时候，她的销售总监告诉她，人只要做通了思想工作，干什么都成。这句有点马列的话，成了她十年销售生涯最受益的信条。

这天，她和刘明达陪客户吃完饭，她借口不舒服，想找个地方喝点茶，于是带着刘明达来到一个叫"庭园咖啡"的地方。这个地方十分隐秘，位于后海附近的一座四合院里。四合院大门长年紧闭，门边挂着类似于门牌的一个小小的木片，上写"庭园"二字，一般人根本发现不了，只有老顾客才知道。刘明达第一次来这种地方，十分新鲜，他跟着琳达走进摆放着许多精致盆景的庭院，坐在工艺精良的木制沙发上。琳达嘻嘻一笑道："这里特别舒服，所有的东西都是从法国进口的，连沙发和沙发上的布艺都是。"

刘明达稳住心神，表现出经常出入这种场所的模样，琳达见了暗暗好笑。服务员把茶水单递上来，刘明达一看就愣了，一杯摩卡咖啡在外面的咖啡馆最多卖个几十元，在这儿要二百八，一杯绿茶则要三百七。刘明达心想，这他娘的什么地方，比五星级酒店还贵。琳达翻了翻酒水单，张口要了杯上等龙珠，六百八，刘明达觉得心里一紧，心道你可真敢花公司的钱啊，我一个月才挣八九千，你一杯茶就用掉了将近十分之一！你花我也花，刘明达咬咬牙，点了杯最贵的咖啡，三百六。

一会儿，服务员非常周到地把茶水送了上来，刘明达一看，不说别的，就说这茶具，绝对是普通地方看不到的，从颜色、做工、款式，都透着一个字：贵！要是两个字：太贵！要是三个字：非常贵！他抚摸着这难得一见的茶具，闻着沁人心脾的咖啡与茶混合起的香气，感觉到一种有尊严的满足，他的心随着这些华贵的物品慢慢沉静下来。这时，他才有心情环顾四周，发现这里的环境不是一般的好，无论一景一物，都是经过精心挑选的，就连服务员的举止都显得十分有教养，模样也十分姣好，外面的世界远远比不上。

"喜欢这儿吗？"琳达问。

"哦哦，"刘明达道，"还行。"

"像你这样北大毕业的高才生，一毕业就进入赛思，"琳达决定先给他几顶帽子，"前途自然无量啦，像这样的地方现在还能和你一起来喝，再过几年，你就看不上喽。"

"哈哈，哪里哪里，"刘明达听到这话，觉得四肢百骸、五脏六腑都受用起来，笑道，"你太过奖了。"

"我一点都没有过奖，真的，"琳达无比真诚地说，"我几次都想把你调过来，可惜原来的销售总监不放，凭着你的才干，对产品的理解，我们联手一起做，超额完成任务肯定是没有问题的，到时候，你的奖金至少也要比现在翻个两三倍嘛。"

"两三倍"，刘明达听到这话，想起强国军这两年跟着琳达，奖金在售前中拿得很高，不过，他岂是这两三倍的奖金就能收买的，他觉得这会儿谈钱有些不悦，坐着没有吱声。琳达看了他一眼，道："这几万块的奖金对强国军那样的人来说，可是很重要的，他要养家糊口，但你不同了，你是少年才俊，高级人才，不过呢，天下没有人和钱有仇，这个钱你不赚也是别人赚了，现在的世道，没有钱万万不能啊，房子、车子、票子，缺一不可，你没有钱，有些事情就要吃亏。"

琳达将身体朝前欠了欠，手指轻轻抚摸着茶杯："做销售的，最会先下手为强，你可要当心啊。不过呢，女人的心思还是女人最明白，唉，都说女人心海底针，可是谁又真正知道女人的苦处呢？"

"琳达姐，"刘明达听到这话，已经猜到琳达的所指，语气立即变了，"您给支支招啊。"

"我有什么招，我有高招，还不是把自己耽误了，"琳达自谦了一下，旋即道，"不过呢，女人的想法都一样，想嫁一个既爱自己，又能给自己带来好的物质基础的男人，我当年就是找不到两全其美的人，才拖到现在。你不一样，你人品好、有才干，唯一就是物质基础差了点。"她看了看刘明达，"我们现在是合作者了，说句不怕你不受用的话，你就是这点差了点，要是你在北京有房有车，物质宽裕，她对你的态度就会不一样。这也不能说她有错，你想想，一个人在北京生活容易吗？没有房没有车，感情再好也没有家啊。何况，我看乔莉的家里也很宝贝她的，独生女儿一个，肯定也希望她找个条件好点、对她又好的男人。"

"对对对，"刘明达叹了口气，"现在房价那么高，我也没有办法。"

"依我说，找到喜欢的人太难了，像我现在这样，不缺房不缺车，可是看到男人都没有感觉。你不同，你找到自己喜欢的人，只要努力赚钱就行了，赚钱简单，尤其是我们这样，守着赛思这样的大外企，你还怕挣不到钱吗？"

"琳达，"刘明达道，"我真没有想到，你这个人原来很爽直的。"

"我看乔莉，就像看到我自己，"琳达长叹一声道，"我也是想成人之美吧，希望你们不要像我，到了三十六七岁还是单身一人，早日成就幸福吧。"

"那我现在做什么?"刘明达道,"你不要客气。"

"乔莉现在还是需要人帮她的时候,你只管去帮助她,感情的事情就是这样,不处怎么有感情呢?至于我这边,你不用多管,有工作需要我自然会找你,没有呢,我就多放你一点时间,你多陪陪乔莉,乔莉工作上有什么不懂的,你可以悄悄地来问我,我给你支招儿。"琳达微微一笑道,"我手上现有几个单子要签,你放心吧,签下来的业绩都是我们的。"

这一句"我们的"说得刘明达温暖万千,谁说职场无情,看看这样的好同事。他看着坐在自己对面风韵犹存的琳达,用一种真心的语气道:"琳达,你真善良,你周围的男人都是有眼无珠啊,如果我再大十岁,一定追你!"

呸!琳达在心里鄙视道,你就是再老二十岁,凭你的智商恐怕也追不上我。她哈哈一笑:"有你这句话我就高兴了,你放心,有我的就有你的,我们一起发财。"

就在所有人都摸不清陆帆真实的想法时,陆帆一点也没闲着。他花时间拜访了所有重要的代理商,又仔细研究了手下几个销售的 pipeline(销售预期项目)。今年的销售形势比以往都要严峻,由于去年的任务涨得太快,前任销售总监把很多单子打了很大的折扣,草草地签给了客户,剩到今年的只有难啃的硬骨头。陆帆虽然早有心理准备,等一一了解清楚后,还是暗暗惊心:这帮人留下这么个烂摊子,难怪跑得比奔丧还快!陆帆感到这场仗并不好打,他已经开始游说原来的一个助手到赛思来帮忙,如果此人能来,恐怕还有一两分把握。现在的队伍跑的跑、走的走,能用的人少得可怜,任务压得这么紧,人只有这么几个,陆帆感到压力巨大无比。不过,经过两年的独立经营,他已经习惯了面对烂摊子。他一面着手摸清内部队伍,一面加紧人才的引进,从这个意义上说,他理解了当初何乘风诚心诚意请他到赛思帮忙的举动，如果没有真心相助的人才，现在谁接管赛思，谁就会比历任总裁死得都难看。

即便把现在能把握的几个大单都拿到手，今年也会有两三千万美元的缺口。眼下唯一的机会就是晶通电子这个未知数。有消息说国资委给晶通电子一次性注资七个亿支持改制，这笔钱至少能有一小半拿来做技术改造。如果消息属实，晶通电子确实愿意投资做技术改造，那么这笔钱就是今年最大的，也是唯一的机会了。陆帆心里明白，何乘风刚来，这几个月算是他和总部的蜜月期，无论他做什么，总部都会全力支持，可再过几个月拿不出业绩，大家都得走人。赛思在全球的业务中，美欧市场早已成熟，业务发展也没有任何悬念，这几年最大的增长全部在中国大陆。虽然中国的业务不过赛思全球的百分之十几，可对于赛思股票的升降可是举足轻重的，当然，这也决定着总部那些 executives（高级管理人员）的期权和腰包。是时候该亲自去拜访一下晶通电子了。想到这里，他拿起话筒，拨通了乔莉的电话。

第 二 章

　　七亿人民币的资金即将注入晶通，但是事情的进展却远没有乔莉想象的迅速。她安排强国军与方总工吃了饭，喝了茶，详细地谈了晶通电子的客户需求与企业的技术现状。看起来如果真的改制，这会是一笔无比巨大的业务，但是怎么把这个单子拿到手呢？她心里一点底儿也没有。刘明达提醒她通过方卫军去晶通电子的总部走一走，见见晶通电子的总裁，但是方卫军说，以她的身份似乎还差了一些，最好是让她的老板出面，可能还有些机会。本来她想请示一下陆帆，没想到老板主动找上她了。她简单地汇报了一下情况，陆帆听完后询问强国军："你感觉客户需求是什么？有多大的盘子？"

　　"晶通电子一旦决定技术改造，从软件到硬件都有可能更新换代，"强国军不急不慢地道，"比如他们的企业管理系统还是九十年代初的，如果上了最新的 ERP（企业资源计划）系统，对于他们的管理与制度改革都会有很大帮助，这个盘子最小也有几百万美元，如果做得好，可能会有几千万美元。"

　　陆帆点点头，对乔莉道："我陪你去趟晶通电子，你和方总工商量一下，看看怎么安排。"

"他们的总厂在石家庄，"乔莉看着陆帆，确定他是想去那儿后，高兴地道，"我和方总工商量一下，看看什么时候。"

陆帆鼓励地点了点头。说实话，他并没有指望乔莉能通过方总工顺藤摸瓜，打通各种关节，只不过想借此锻炼锻炼她，也探一探她和方总工的关系是否像她自己说的这么近。而强国军的经验在此时是十分重要的，摸清客户的真正需求才好对症下药，开展业务工作。他正想就有关细节进一步询问，有人敲了敲门，陆帆坐正身体，道："进来！"

门开了，一个眉眼有两分清秀、三分不耐烦的年轻人走了进来。他穿着一身阿玛尼的男装，乍一看倒像个时尚界人士，而非外企普通销售人员。陆帆觑了觑眼，自从上初中时有些假性近视后，他就养成了觑眼的毛病。这个毛病只有他心里清楚，这几乎是一种不自然的反应，只要遇见他本能地喜爱或者反感的人，他都会如此。这是销售部唯一一个没有和他谈过话的人。这个周祥，原来读的是机械专业，姐夫是河北省组织部副部长，得此关系，顺利地进入外企，做了几单业务，年纪只比乔莉大两岁，在乔莉之前是销售部最年轻的人。

"老板，"周祥笑嘻嘻地道，"我陪客户去美国培训了，昨天刚回来，今天特地来向你报到！"

"我知道，"陆帆道，"你走了有一个多月，怎么样，事情顺利吗？"

"顺利，"周祥道，"那几个人被哄得服服帖帖，没有一点问题。"

陆帆微微一笑，心想你就是培训也用不了一个半月，只怕是自己借机又玩了两个星期，休了个长假。他刚想让周祥出去，等下再进来，周祥像发现了新大陆一般，看着乔莉道："小前台，你还在销售部啊，可以嘛！"

乔莉的脸红了，她笑了笑，什么也没有说。周祥看了看强国军，又道："怎么，还把我们老强派给你了？可以可以，后生可畏啊，美女就是占便宜。"

陆帆在心里皱了皱眉，表面上却像被周祥的"活泼"感染似的笑了，他对乔莉与强国军道："行了，你们先出去吧，我和周祥聊几句。"

"别别别，"周祥道，"老板，你和他们谈。"说完，他转身要走，却又停住了，道，"我听说乔莉在打晶通电子，有什么需要我帮忙的，老板尽管说话，我一定尽心尽力地完成任务。"

陆帆点了点头，目送他出去，接着，他沉默了几秒钟，看了看没有任何反应的乔莉。她清澈的眼神让他有一丝不忍，但社会就是如此，她既然已在局中，就不由她的年龄与经验说话。所有的人都是棋子，所有的人也都是摆布棋局的人，这里没有孩子，就算是孩子，也得和成人一视同仁。

如果自己想调来的人能在十天内报到，那么乔莉的存在就毫无意义，可以把她调回秘书岗位，有机会再让她回销售部，或者让她带几个实在没有人要的客户，暂时糊弄一段时间。依陆帆的感觉，这个女孩是有才能的，可惜现在的局面不可能有人去专门当她的老师，一切要靠她自己。如果自己的铁杆助手不能在预期时间内到达，那么还必须把乔莉放在晶通电子的最前沿。琳达已经蠢蠢欲动，再加上一个周祥，给谁都不好摆平，而且自己对他们也不了解，个人能力、社会关系、做事的方法与水平，都还没有完全把握，贸然给了其中任何一个，如果不妥，这个单子再想抽回来就不大可能了，就是有可能，也会惹出一堆麻烦，唯有乔莉，可以任意摆布，没有什么风险。

"你出去吧，"他对强国军道，"我和乔莉谈谈。"

强国军平静地退了出去，陆帆笑了笑："怎么样，有信心吗？"

"有！"乔莉道。

陆帆感觉到这个回答还有几分底气，似乎还没有气馁，心想要么这女孩还算坚强，要么就是她头脑有些简单，这些天来，强国军对她不冷不热，琳达等人对她则冷嘲热讽，这位职场新人估计没少受气。

乔莉担心陆帆不放心自己，连忙道："老板，您放心吧，不管这件事情有多少困难，我都能克服。晶通电子原来是个业绩很差的国企，每年都靠银行贷款发工资，我听方总工说，他们以前去 SK 等地方买设备，都没有受到过太大的礼遇，只有我们赛思，对他们一直不错，只要我们拿出合理的产品配置和报价，通过技术部门交给他们的总裁，一定能把合同拿下来。"

陆帆真想笑了，如果这姑娘觉得几百万美元乃至几千万美元的单子这样就能搞定，那真正是她的不幸，呵呵，也是她的幸运，否则，她怎么还有勇气坚持下去，糊里糊涂地勇往直前呢？

"有信心就好，"陆帆道，"去把周祥叫进来吧，我找他。"

乔莉愉快地走了出去，老板帮忙拜访晶通电子，加上方总工在中间美言，事情真是出奇顺利啊。她连忙给方卫军打了电话，方卫军的态度还是那么和蔼："你们总监能去是好事啊，下个星期我回石家庄，到时候我们一起走吧。"

"好！"乔莉见方卫军也如此爽快，心情更加美好了。此时快到中午，她拿起饭卡下来五楼食堂，还未走到门口，有人拍了她一下。她回过头，只见瑞贝卡穿着一身灰色套装站在后面，画得浓淡有致的脸虽谈不上美丽，倒也是典型的白领丽人。

"瑞贝卡，忙吗？"乔莉笑道。

"忙死了，"瑞贝卡轻轻皱起眉头，"我现在手上有八个项目，全部要我来做，你知道啦，我的老板经常要飞来飞去，一会儿美国，一会儿英国的，唉，所有的事情都是我来做，那些公关公司和广告公司的人也没有水准，什么事情都要我亲自指导，唉，我快要崩溃了！"

"八个项目？"乔莉道，"我一个项目都头晕了，你忙八个？"

瑞贝卡将身体稍稍朝左转，露出右领上夹着的一个非常别致可爱的小玩意儿。乔莉见了不禁问："这是什么？"

"这是 Apple（苹果公司）最新的 MP3，一个公关公司送的，说实话，他们写的软文水平也太差了,看在这个 MP3 的分上,我也只得受累帮他们改改了。"

乔莉心想,谁这么倒霉撞在瑞贝卡的枪口上,不死也得脱层皮了。她微微一笑,沉默不语。

"哎,"瑞贝卡道,"听说你老板是个未婚人士,你知道吗?"

"我不知道啊,"乔莉摇摇头,"他没有结婚吗?"

"这个人的背景很复杂的,"瑞贝卡道,"就连瑞恩的人也搞不清爽,听说何总发给全公司的信只是一部分,他还开过公司,你在销售部没有听说过什么?"

"我没有听说,"乔莉笑道,"他结没结婚关我什么事啊。"

听了这话,瑞贝卡哼了一声,心想你乔莉装什么纯情,我就不相信你对着钻石王老五一点都不动心。这时,陆帆和周祥肩并肩走了过来,瑞贝卡道:"嗨,陆总,乔(周祥),吃午饭呀。"

"瑞贝卡呀,"周祥的嘴角一挑,笑道,"怎么,不陪你的戴老板(市场总监)吃饭了?"

"呸,"瑞贝卡道,"什么你的我的,大家都是同事嘛。"

"你是市场部的瑞贝卡?"陆帆道,"叫我弗兰克吧,现在是午休时间。"

"弗兰克呀,"瑞贝卡道,"听说你是红酒专家,什么时候给我们讲讲呀。"

"安妮,"周祥见瑞贝卡与陆帆双双走远,对乔莉道,"你也学着点儿,既然不想当前台,就得有点儿手腕嘛。"

乔莉冷冷地看了他一眼,拿着卡独自朝前走去,周祥有些尴尬,在心里骂道:不知好歹的蠢货,白白长了一张不错的脸蛋,将来有你后悔的。

乔莉打了饭菜,找了个角落坐下。瑞贝卡和两个女孩与陆帆、周祥围坐在厅中的一张圆桌上,边吃边聊边笑着。乔莉吐了口气,一种孤独与惆怅从心中升起。此时是北京时间中午十二点三十分,美国加州时间晚上九点三十分。她很快地吃完饭,快步走上楼,给远在大洋彼岸的"树袋大熊"发了封邮件:你在做什么,我刚刚吃完饭,有点郁闷。

这个在网上认识了快一年的网友,并没有像平常一样很快回她的邮件。大约二十分钟后,吃完饭的同事陆续回来了,乔莉再次查看邮箱,依然空空如也,没有任何音讯。

她心不在焉地坐着,突然,座位上的电话响了起来,她吓了一跳,赶紧接听了电话,刘明达关切地问:"你中午出去吃了?"

"没,"乔莉道,"吃的食堂。"

"怎么没有看见你?"

"我吃得快,早就上来了。"

"哦,晶通电子怎么样?"

"还行,"乔莉见问到这事,提起了精神,"方总工让我们下个星期去石家庄,见晶通的老总。"

"你们,"刘明达问,"你和谁?"

"我和老板,"乔莉道,"方总工觉得我一个人去分量太轻了,他不好让老总来见我们。"

刘明达阴阴地笑了几声:"他说得也对,你们星期几走?"

"时间还没有定,"乔莉道,"听他的通知。"

刘明达沉默了,挂上了电话,不一会儿,又打了过来,这次他的声音一下子又变得热情洋溢起来:"安妮,这是你第一次见大客户,服装准备好了吗?"

"服装?"乔莉如梦初醒,"我还没有准备呢,我正在做竞争分析报告。"

"这可不行啊,服装也是有说服力的。这样吧,周末如果有时间,我帮你参谋参谋。"

"不用了，"乔莉本来听他阴郁的声音有些不快，此时见他爽快起来，心情也顺了些，"服装我自己会安排，谢谢你提醒，有时间我请你吃饭。"

"好啊，"刘明达道，"有饭吃当然好，我等你通知喽。"

晚上九点，乔莉完成了部分竞争分析报告，她关上电脑，伸了个懒腰，销售区的格断里空无一人。她觉得有些头痛，用力转了转脖子，真累啊，不过也真有挑战。晶通电子的改制即将引发几大外企销售之间的战争，而她正好处于战争的最前沿，这在几个月前，还是可望而不可即的事情，现在，她就在阵地之上，前方似已硝烟弥漫、战火升腾，而她已准备就绪，只待机会一到，便投入战场，为自己打响胜利的第一枪。

嘀嘀，手机响了，是父亲老乔的短信："还好吗，方便电话吗？"

乔莉赶紧给家里打了过去，这几天忙得乱七八糟，忘了和父母通电话了。老乔细细地问了她工作上的事情。她得意地说了晶通如何如何，老乔虽然没有在外企工作过，但毕竟是老机关了，深知处事之不易，如果乔莉说此事进展得艰难，反倒符合人之常情，能让他安心，但乔莉一副志在必得、手到擒来的口气，反而让老乔担忧不已。他见女儿正在兴头上，也不好泼她凉水，只是静静地听着。

"爸爸，等这笔业务完成了，我给你和妈妈买个大液晶电视机，妈妈不是说原来的电视太小，配不上现在的大客厅吗？"乔莉叽叽喳喳地道，"买个43，不，56英寸的，我掏钱哟，再给你换一台新笔记本，双核处理器的。"

"丫头啊，"老乔道，"都说事情成于密、败于疏，你的销售生涯刚刚开始，不要多想成了怎么样，多想想事情过程中的细节，哪些是符合人之常情的，哪些是于世事不符的……"

"爸爸，"乔莉不等他说完就打断了他，"你就不要担心了嘛，要是事事都符合人之常情，世界上就没有奇迹了，凡事都要靠自己努力争取，靠人之常情有什么用嘛。"

老乔深知女儿的性格遇强则强，便不再理论，只是将她的上司、同事、晶通的总工等人详细地问了一遍。乔莉也一一告诉了父亲。老乔听罢，又思量了一会儿，在电话中道："这件事情干成了是大功一件，你不可居功，要把它让给你的老板，只有这样，他才会让你坚持做完，如果这件事情干不成，他会把责任全部推到你头上，所以，不管成败，你都要紧紧拉住他，这样到时候，就算是你错他也有部分责任，你才能躲过一劫。"

听到父亲这般说，乔莉不禁一愣，爸爸说得有道理啊，难怪琳达和周祥冷嘲热讽，陆帆都坚持让自己接手这个业务。她细想父亲话中的含义，觉得空调风正对着自己裸在衣袖外的手臂，凉凉的让人心颤。她握着听筒道："爸爸你放心，我会紧紧依靠老板的。"

"记住，"老乔道，"凡人只可三分话，不可全抛一片心。刘明达对你不错，恐怕是另有他图，你现在又不愿意随便恋爱，要注意和人保持距离，若是让他误会了，只怕会对你不利，但也不可太远，不可小家子气，这样会伤了别人的自尊。"

"我明白的，"乔莉见父亲如此费神，一来不想让他再担心，二来也希望自己努力，便道，"你不用担心，多陪陪妈妈吧。"

"你妈要和你说话。"老乔说完，便把听筒递给了乔莉的母亲。乔莉的母亲在电话中细问她这几天忙不忙，为什么没给家里打电话，又说在家里如何想念她，不管多忙也要电话，或者发个短信之类。乔莉听了父亲的话，心中已有警觉，此时想仔细思量一下，又不便打断母亲的话，便和她聊了一会儿，好不容易才挂上了电话，她看了看时间，已经快十点了。

晚饭只吃了一碗泡面，她感觉有些饿了，忙收拾了东西，提着电脑走出公司大门。此时电梯口空无一人。她按下下楼键，正百无聊赖地等着，忽然传来一阵脚步与说话声,从楼梯口转出三个人,乔莉一看,忙打招呼道:"何总、老板,嗯……"她看着何乘风与陆帆身边的这个人,不知如何称谓。

"呵呵,你是销售部的安妮吧,中文名叫乔莉,"何乘风热情地笑道,"这位是欧阳先生,即将来我们赛思工作,你现在还可以称呼他欧阳先生。"

"欧阳先生。"乔莉见此人戴着一顶外企人员鲜见的圆边帽,挡住了部分眉眼,看不清任何表情,只觉得阴沉沉的有点吓人,但是看刚才何乘风与陆帆的表情,都似乎和他是老朋友。她笑着称呼了一声,那人哼了一声,算是答过了。

电梯来了,乔莉不得已和他们上了一个电梯,电梯呼呼地下落,她觉得有些尴尬,灵机一动笑道:"何总,过几天台风来了,您可要当心呀。"

"台风来了?"何乘风闻言一愣,随即笑道,"你是怕我乘风归去啊。"

糟糕,什么乘风归去嘛,乔莉心道自己开错了玩笑,脸上一红,陆帆也笑了起来,望着乔莉道:"台风的名字叫沙丽,难不成是你的亲戚?"

乔莉心知陆帆为她解围,听他说得有趣,也不禁笑了起来。三个人在电梯里其乐融融,唯有那个欧阳先生面无表情地站着,像个机器人一般,透着冰冷的味道。

出了大楼,乔莉与他们别过,步行去地铁站。何乘风看着她娇小的身影消失在黑夜中,转头问陆帆:"就是把她放在晶通?"

陆帆点点头,何乘风道:"SK和瑞恩都在忙着立项,我们已经晚了,不能再晚下去,"他又对欧阳道,"晶通在石家庄,有些事情就麻烦你多费心了。"

欧阳点点头,陆帆道:"下周我和安妮去晶通,那几个人能保证让我见到吗?"

欧阳又点了点头,陆帆看看何乘风,两个人都感觉松了一口气。

这个周末对乔莉来说显得格外漫长。她准备好了两套出差的衣裳，都是典型的白领女性套装，一套黑色的长袖衬衫与米色长裤，另一套是套裙，感觉柔和一些。她几乎迫不及待地想上战场了，要去晶通见最大的老板呢！如果能摸准老板的心思，离成功就近了好几步。而对陆帆来说，这个周末的时间永远都不够用，他点开了乔莉给他发的竞争分析报告，看了一眼便关上了，他反复研究自己亲自写的竞争分析报告，害怕有任何一点遗漏与疏忽。

SK从总裁到销售总监都曾是何乘风的手下，对他们，何乘风十分了解，也向陆帆做了详细的介绍。SK的销售风格偏向于集团作战，十分看重市场影响力与政府关系的问题，销售前期舍得动用大量的财力物力，对于晶通电子这样的大国企，SK的竞争力十分强大，占尽了地利人和，而赛思由于内部调整，又错过了天时，如今已是步步落后了。至于瑞恩，陆帆曾经亲自在那里做过销售总监，对他们的情况既熟悉又了解，现任的销售总监虽是陆帆走后调来的，但陆帆很清楚，瑞恩由于公司规模不大，手段十分灵活，只要能达成目标，几乎是无所不用其极。对于管理混乱、已经多年亏损，又属于政府管辖范围内的晶通电子，自然有很多漏洞可以钻。这场大仗在外企范围内，他可以说知己知彼，可是，他面对的人远远不止SK与瑞恩，晶通的情况由于自己介入太晚，现在还完全谈不上了解，而能在石家庄地区有所作为的代理商，他也没有完全摸清底细，除此之外还有政府关系的问题。何乘风真有先见之明，请来了欧阳做赛思的副总，此人一到，政府关系与代理商这块，就会有一定的保障，可惜自己要的人迟迟不能报到。陆帆让自己保持平静的心态，再次给狄云海发了邮件，邮件只有三个字：虎虎虎。

不一会儿，邮件有回复：十五日后到京，十六日后准时上班。云海。

陆帆长叹一声，十五天，他还有十五天才能来到，谁知道这十五天会发生什么？

　　就在乔莉急急等待、陆帆不分昼夜地研究分析报告时，刘明达亦心神不宁地等待着。按照他的想法，乔莉不管怎么样，也应该在周末请他吃顿饭，一来感谢他的帮忙，二来也要请教请教他，去晶通怎么谈，见了老总怎么说话，衣服要穿哪些，是不是得体……从周六早上到周日下午，他既想主动给她打电话，又觉得心中憋气，恨恨地不肯主动。好不容易熬到周日下午，他实在忍不住，给乔莉打了电话。乔莉倒很开心，和他说了些衣服如何准备的话，他心想怎么着你也得开口请我吃饭吧，谁知道乔莉只字没提，这下刘明达气得非同小可，心道你刚刚傍上了总监就翻脸不认人，理也不理我了，好啊，你不理我，将来总有求我的时候，当下应付了几句，挂断了电话。乔莉感觉他有些不快，却不明白他不快在哪里。此时她的全部心神已扑入了晶通，满心期盼着晶通之行的顺利。到了晚上，乔莉再次确认收拾好的行装、躺在床上准备休息的时候，才想起自己说过请刘明达吃饭的话。

　　原来是为这个生气，乔莉想，这是自己做得不好，等回来吧，请他吃顿好的，谢谢他这一段的帮忙。

　　她翻了身，感觉毫无困意，这可不行，明天要和老板去石家庄呢，她在心中命令自己，快点睡快点睡，明天早点起。说来也怪，越是明天重大的事情，她在晚上越是能睡得好，不一会儿，她的"自我命令"起了作用，逐渐沉入了梦乡。

　　…………

　　"乔莉，快点，这就是我们的老总。"方卫军向她介绍道。乔莉伸出手，和他紧紧握着。"你就是乔莉，哈哈哈，长得像条鱼嘛，还是条会飞的鱼。"乔莉听到这话，不觉心中有气，怎么能这样形容人呢，还是一个国企的大老总。这时，她觉得面前的人越来越圆，越来越圆，最后圆成了一条胖头鱼，在空中飞了起来。乔莉目瞪口呆地望着那条鱼，突然发力追了起来，那鱼也灵活，顺着厂区的各种房子在空中窜来窜去，乔莉追着追着一扭头，忽然看见了陆帆，乔莉大叫："老板，抓住那条鱼，它是晶通的总经理！"

"我来了！"陆帆大喝一声，脚下像踩了风火轮一般飞奔起来，眨眼工夫便追上了那条鱼，那鱼儿扭着胖胖的脑袋，滑溜溜的似乎很不好抓，乔莉不知怎的，手中便握了一根钢叉，一抬手便扔给了陆帆，陆帆反手接了，对准鱼便叉了下去，那大鱼登时老实了，在钢叉下扭头摆尾地道："我签合同！我签合同！"

…………

呵呵呵，乔莉在梦中又惊又喜，猛地一睁眼，四周黑暗一片，窗外已有淡淡亮色。她看了看时间，已经六点半了，离她定的闹钟只差十五分钟。她长吐一口气，原来是一场梦啊，她仔细回想了梦中的情景，不禁乐了起来，真是个好兆头，上来便把晶通的老总"叉"住了，她回想陆帆脚不沾地在空中飞奔的情景，觉得更加可笑。这下哪里还有睡意，再说时间也快到了，她爬起来，一边乐一边洗澡、吹头，将自己收拾妥当，拿着行李出了门。

七点四十五分，她已经到了公司楼下，与陆帆约的是八点。她穿着一条黑裤子，上面是一件淡咖色衬衫，头发好好地束在脑后，十分清新干练。七点五十分，陆帆到了，看见乔莉他点了点头，乔莉想起梦中的场景不禁暗自发笑。陆帆见她面露喜色，就像一条自以为即将咬到肉骨头的小狗，不免又好气又好笑。两个人就这样带着各自的微笑上了车，七点五十五分，启程向石家庄而去。

这是乔莉第二次与陆帆同车，陆帆忙了整整一个周末，不免有些困倦，将头靠在靠垫上休息。乔莉回想起上次搭车，他也是这样，两人再次

— 45 —

同车,依然无话,不过这是乔莉第一次以销售的身份出差,虽然只是坐车,仍然觉得处处透着新鲜。她是杭州女孩,对北方并不熟悉,石家庄也是第一次去,陆帆闭目养神正好给了她观望窗外风景的机会,可惜沿途看下去,并没有什么变化,她自己也困了起来,渐渐地合上了眼睛。

不知过了多久,她觉得车行得缓了,睁眼朝外看去,原来已经到了高速公路的收费站。陆帆还是那样,委顿地缩在座位上,她担心地问:"老板,你不舒服吗?"

陆帆哦了一声:"我睡一会儿。"

乔莉不吱声了,掏出小镜子照了照,将头发与妆容一丝不苟地整理完毕,继续看着窗外。车下了高速,向市区驶去,乔莉见石家庄有些街道槐树成荫、月季灿烂,与她之前对北方城市的想象完全不同。车行不多远,便到了新华区,陆帆坐起身来,用手轻轻抹了抹脸,整个人都精神起来。他看了看乔莉,见她也是容光焕发的模样,便不再多说什么。

二人到了晶通电子的厂门口,方卫军已经满面微笑地站在那儿了。本来说好同路,他因为有事周末提前赶了回来,今天一大早便到厂里等他们。乔莉环顾厂门,见大门并不宽敞,甚至有些破败,厂内的道路还是水泥地,很像八十年代末九十年代初的景象。

方卫军挥手让门卫放他们进来,自己打开副驾驶的车门,坐了上去:"厂子里地方大,我们往前开吧。"

车往里开了一会儿,还没有到办公区,乔莉不由惊叹晶通电子占地面积之大。此时已是上班时间,路上几乎看不见行人,偶尔有几个穿着同样制服的工人路过。乔莉见那制服从款式到颜色都还是十年前的模样,旧旧的泛着灰蓝,心下大奇。方卫军似乎感觉到了,呵呵笑道:"我们晶通是个老厂了,很多地方都很简陋,见笑了。"

"整个厂占地面积有多大?"陆帆问。

"也没有多大,"方卫军道,"整个厂区加起来九平方公里。"

"九平方公里,"乔莉道,"都在市区吗？"

"是啊,"方卫军道,"工厂建设得早,都在市区。"

说话间,车在一幢旧旧的二层楼前停住了,方卫军领着他们下了车:"这是六十年代盖的办公楼,一直没有换过,几任厂长都在里面办公。"

陆帆与乔莉跟着方卫军走进长长的过道。这里所有的办公室都是两门对开,中间隔着两人宽的过道,楼里静悄悄的,也不见什么人,有几间办公室的门开着,里面的人不是看报便是喝茶,不见一丝繁忙。三个人上了二楼,走到最顶头的一间办公室,门没有关,方卫军领着他们走进去,一个矮胖的男人站起来迎接他们。方卫军道:"这是我们的厂长,准确地说是我们晶通电子集团的总经理或者总裁,呵呵,怎么理解都成,就是我们的一把手,我们晶通电子所有员工的太阳,我们的王贵林王总。"

乔莉没想到方卫军拍起马屁来如此行云流水,在她的印象中,方卫军总是一本正经地用理想主义的语气谈论苏联文学,或者像个长者般和蔼可亲,方才这番介绍,与以往的印象大不相同,真有点倒胃口。她再看王贵林,见他圆圆胖胖的身体上顶着一个圆圆胖胖的脑袋,圆圆胖胖的脑袋上睁着一双圆圆胖胖的眼睛,不知怎的,活像昨晚梦中那条飞奔而去的胖头鱼,乔莉死命咬住嘴唇,生怕自己忍不住,扑哧一声笑出来。

方卫军介绍了陆帆与乔莉,陆帆与王贵林握手客套。陆帆见乔莉只与王总握了个手,什么话也不说,诧异地打量了她一眼,只见她面露古怪的笑意,心下当即有些不满,这么大的一项业务,岂能儿戏,见了客户如此不专业,还想继续做销售吗？他不露痕迹地与王贵林寒暄,眼睛紧紧地盯了乔莉一眼。

乔莉察觉到陆帆的不满,收敛了心神,专心听王贵林介绍晶通电子的历史。他长篇大论地从五十年代建厂开始,一直讲到目前的改制,似乎对工厂很有感情。陆帆全神贯注地听着,不时点点头,或者微笑一下。半个小时后,王贵林结束了他的报告,对方卫军道:"方总工,你带他们下去参观一下我们的工厂，有个感性认识嘛。"

乔莉闻言一愣，难道只听你一个人说话，连我们介绍产品、询问何时立项的机会都不给？她盯着陆帆，意思是要不要主动出击，陆帆却不理会她的眼神，依言站起身，让乔莉把相关资料留给王总。乔莉取出资料放在办公桌上，那里面还有一支金笔作为礼物，打着赛思的标志。乔莉心想，这资料是自己精心准备的，本来想在胖头鱼跟前大大地露一手，没想到就这样偃旗息鼓了。她跟着陆帆客气地告辞后离开了厂长办公室，走到门口时，她忍不住又回头打量了王贵林一眼，只见那人靠窗而坐，浑身上下都笼罩在光晕之中，宛如一尊胖胖的塑像，看不出任何感情。

这趟工厂游，用去了大半天的时间。中午一点，方卫军才领着他们走进工厂食堂，本来陆帆要请他去外面吃，他执意不肯，只说简便为好。陆帆也不坚持，跟着他进了食堂。食堂这时已过了高峰期，工人们懒懒散散地坐在长条桌前。有人看见方卫军，立即朝他点头微笑，甚至站起身来打招呼，有人却恶狠狠地翻他一个白眼，甚至朝地上吐痰以示厌恶。乔莉见工人们对方卫军的好恶如此分明，不禁暗自奇怪，心想这方总工表面上看起来是一套，估计背后又是一套，不然何以如此会拍马屁，工人们又为何对他如此态度分明呢？

方卫军对众人的态度不以为意，有人笑他就回应，有人白眼他就像看不见一般。三个人穿过食堂大厅，走进一个小门，乔莉只觉眼前一亮，这儿和外面相比，干净整洁了许多，也增加了服务人员。方卫军介绍说，这儿是厂里的小食堂。三个人找了张空饭桌坐下，点了四个菜一个汤，菜还没有上，只见隔壁饭桌站起来一个人，打着饱嗝走了过来，他一边走一边笑，人未到桌边就招呼道："方总工，陆总，好啊？"

乔莉抬起头，看见一个三十岁左右的男人，五官十分难看，但难看得十分有特点，几乎是让人过目不忘。陆帆也朝他点头微笑，方总工笑道："你们认识？"

"我以前是陆总的手下，"长相奇特的男人道，"可惜时间太短，只有两个月，没有学到什么本领。"

"这是顾海涛，我在瑞恩时候的同事，"陆帆介绍道，"这是乔莉，现在和我在赛思工作。"

顾海涛朝乔莉点点头，乔莉凭直觉，感到这个男人既灵活又油滑，但是十分自卑，或者说，他十分冷漠。女人的直觉是不可理喻的，但是往往女人们就是愿意相信直觉，她们嫌理性分析太费脑子，不如动用从远古时期就遗传下来的第六感轻松省事。果然，在顾海涛与方卫军和陆帆的攀谈中，乔莉发现，他与方卫军说话的时候就带有石家庄口音，与陆帆说话的时候就是纯正的北京口音，而与自己说话的时候什么口音都不带，乔莉明白，自己只是赛思的小销售，他懒得动脑子去和乔莉套关系。

一根舌头的发音也如此费尽心思，乔莉觉得这顾海涛真是个搞关系的能手。不一会儿，顾海涛就和方卫军聊起了苏联文学，乔莉越听越是懊丧，原以为自己打入了敌人的心脏，今天一听，原来打入敌人心脏的远不止自己，或者说，敌人的心脏原来是敞开的大门，不管谁打，只要舍得时间工夫，都能打进去。

陆帆饶有兴趣地听着，这顿饭是方卫军请他和乔莉，最后却变成了顾海涛与方卫军交流文学心得。陆帆暗自打量乔莉的神色，便知她的进度只会比顾海涛差，绝不会比顾海涛好。他见乔莉神情委顿，心道这小妞儿也太嫩了，凡事太容易流于表面，谈苏联文学有什么关系，他愿意谈就让他谈好了，正好省了他们的心力，得以洞察晶通本身的细枝末节。

此时周围的人都差不多用完了午饭，只有顾海涛坐的那桌人没有散去，陆帆猜想他们可能是瑞恩的技术支持人员。还有两个小桌上坐着几个工人，仍在喝酒聊天，陆帆发现他们的眼神也时不时向自己这边投来，有的很热情，有的很愤懑，爱恨一望便知，甚至不用望，你只需坐着，便能感觉到他们目光中的善意与恶意。

方卫军也瞟见了那几个工人，见其中有人面露不满，他似乎有些担忧，几句话岔开了顾海涛的话题，邀他们去看看工会。四个人出了食堂，方卫军又不肯去工会了，说去看看图书室，陆帆道："今天下午我们还有点事情，不如您先忙，有空了再联系。"

方卫军一迭声地答应了，顾海涛却站着不动，那意思是跟定了方卫军。陆帆示意乔莉与他一同离开，乔莉等走远后悄声道："老板，我们就把方总工留给顾海涛了？"

陆帆微一思量，悄声笑道："方总工不是肥鱼，顾海涛也不是馋猫，你怕什么？"

"方总工不是，有人是。"乔莉嘀咕道。陆帆问她谁是，她把昨晚梦见胖头鱼的事情细细说了出来。陆帆这才明白她为何失态，真真是哭笑不得，边走边道："回宾馆休息吧，你下午把上午的谈话、参观做个小结，我要出去一下，晚饭你等我电话。"

"您要见人吗？"乔莉问。

陆帆没有吱声，继续走路，乔莉猜想他有些事情可能不想让自己知道，也闭了嘴老老实实地走路。陆帆见她虽然还没有摸着门路，但挺乖觉，所思所想也都非常乐观，只是滑稽了些，但滑稽也比苦闷好，要知道销售的压力非常大，乐观会在无形中帮上大忙。

陆帆计划了下午的时间，从下午两点到晚上十点，他要见四个人，这四个人都非常重要，其中有一个是代理商，暂时让乔莉认识一下也无妨，如果方便，就安排在晚饭时间了，但饶是如此，陆帆还是把乔莉的时间推后了四十分钟，这样便有了单独与代理商谈话的机会。瑞恩目前还不足惧，SK 的进程与晶通的真实意图就要从这四个人的身上寻出端倪了。

乔莉用了一个下午的时间整理了与"胖头鱼"见面的诸多细节，还有中午与方卫军午饭以及顾海涛加入的所有场景，她仔仔细细地分析总结，先在一张信纸上反复记录，最后一点点打入电脑的竞争分析报告中。从做前台开始，她就练出了从最有限的资源中挖掘最大内容的本领，上帝给了她一双善于观察的眼睛和超强的记忆力，只要是她见过一面的人，不管隔多长时间，她都能一口叫出名字，并且说出见面时的种种情形。

等表格填完，天已经黑了，她伸了个懒腰，倒在床上休息了一会儿，陆帆会去哪儿了呢？又见了什么人？乔莉满心好奇，"胖头鱼"的表现实在是出乎她的意料，陆帆的表现也让她意外不已，乔莉觉得这很像小时候和父亲下围棋，在父亲眼中清清楚楚、明明白白的棋局，到了自己这儿，不是当局者迷，就是旁观者不清。乔莉笑了笑，显然，她又当了一次糊涂虫，不过她一点儿也不沮丧，只要她还在局中，她就有机会。她试着把自己放到陆帆的位置上，一个行军打仗的将军，带着一个从未上过战场的小卒，来到军前，会干什么呢？让小卒子冲上前送死，那肯定不行，让小卒子老老实实地站着，那也太笨了。嗯，如果是自己，一定让小卒子向敌人认为最会去的地方冲锋，以吸引注意力，自己再出奇兵，向关键点进攻。乔莉忽地想起了，为什么琳达和周祥对自己冷嘲热讽，陆帆仍然坚持让自己打晶通电子，看来，自己不过是个马前卒，陆帆是想亲自操刀来做这笔业务，所以，自己的一切行为只要是围绕晶通的，陆帆一定会支持，而父亲说得没错，有了自己当马前卒，只要晶通没有打下来，陆帆就可以说她经验不足、办事不力，让她当一个整只的替罪羊。

事到如今，自己还有别的选择吗？乔莉继续盘算着，不，她不想有别的选择，到目前为止，陆帆还算一个称职的上司，她宁愿继续这个赌局，只要她跟着陆帆把晶通打下来，这就是奇功一件，就算陆帆把所有的功劳都算在自己身上，她这个马前卒也要论功行赏，以安军心，否则，以后谁还会给他卖命呢？如果赌输了，她不过是离开赛思，再去找别的工作，但是，她也在这场战争中学到了宝贵的经验，积累了做销售的知识，这些东西才是真正属于自己的，是比钱更重要的吃饭的本钱。

她觉得自己已经成功了一半,她甚至觉得自己是无比幸运的幸运儿,当销售不满三个月,已经当上了这场大仗的马前卒,不管成与败,她都是收获者,而不是失败者。她微笑着闭上眼,想趁陆帆叫她吃饭前小睡一会儿,以养精神。

电话响了,她拿起话筒,陆帆通知她在酒店的中餐厅订一个三人位,一个小时之后去中餐厅等他。乔莉依言办理了。然后,她也睡不着了,睁着眼睛躺在床上,三个人,一个是陆帆,一个是自己,还有一个是谁呢?

她突然觉得这是个有趣的游戏,就像下棋,需要时常离棋盘远一些,以观大局,以总结前路,观察后路,分析之后的来来往往,而决定现在的人生。

反正不睡了,她干脆坐起来,用笔在纸上写下:代理商、政府官员、晶通电子。陆帆第一次到石家庄,不可能抛下公务去见什么亲戚,要见的人肯定是紧紧围绕晶通电子的。现在围绕晶通的,除了晶通电子本身的人,就是代理商,而像晶通这样的大国企,政府也有相当的影响力,还会有第四种人是陆帆要见的吗?乔莉摇摇头,感觉不太可能,那么,今天晚上会是什么人和自己一起吃饭呢?晶通电子的人?代理商?政府官员?乔莉思考着,政府官员最不可能,他们比较难约,除非有相当的场合,或者不同一般的私交,否则不可能跟着初次见面的陆帆跑到宾馆来吃饭。晶通电子的人?胖头鱼不可能,方总工看样子一定是被瑞恩的人绊着,自己以前总觉得他是学理工科的,特别严谨诚实,现在看来,完全不是这么一回事,他应该不会这样跑出来吧。那么,剩下的人就是代理商喽,乔莉在代理商的上方画了一颗五角星,嗯……她忽然想,何不把这件事情变得更有趣些,自己和自己赌一把?如果晚上来的人是代理商,就奖励自己一杯可乐;如果是其他人,就罚自己两个星期不许喝可乐。乔莉计算已定,快活地笑了起来。为了保持身材,也为了不让自己对某件事物上瘾,她一直很克制喝可乐的习惯,这下好了,喝与不喝都有了合适的理由。

陆帆就算做梦也想不到,他第一次带出来的小马前卒,会运用下棋的知识把他的行踪盘算了个十之五六。就在他让乔莉订餐的时候,他已经到了酒店门口,在大堂等候石家庄最大的代理公司恒星的总监张亚平。张亚平今年四十八岁,以前他当瑞恩销售总监的时候也和他打过一些交道,谈不上熟与不熟,不过这个人是出了名的老奸巨猾,用以前瑞恩销售们的原话说,这个张亚平如果没有好处,他连他叫张亚平的事实也会矢口否认。

今天一个下午,他已经马不停蹄地拜见了三个人,让乔莉猜中了两个,一个是政府官员,一个是晶通电子的副总,还有一个是无业游民,是欧阳在他来石家庄之前指名要他见的,最后一个,就是恒星的张亚平了。

十八点十分张亚平如约而至,他穿着合体的衬衫与长裤,显得十分儒雅,一见面就和陆帆紧紧地握手,叙说这两年没有和他见面,是如何想念,又说起当年在瑞恩合作时无关痛痒的细节,居然娓娓道来,分毫不差。陆帆心想,如果不是自己在瑞恩当总监的时候,听手下人多次说起如何吃了张亚平的亏,真是要把他当成那种没有受到污染的单纯的知识分子了。

陆帆看了看表,示意他不要再多废话。张亚平也不以为意,呵呵一笑道:"你难得来石家庄,又兼了赛思销售总监的大任,一定是为了晶通电子吧。"

陆帆看了看他:"你已经知道了?"

"天下没有不透风的墙,晶通电子想要改制发展,技术就必须更新,它现在已经是一个香饽饽了,从 SK 到瑞恩,谁不盯着,赛思怎么可能袖手旁观呢?"

"你有什么好建议?"

"我跟你说,想要拿下晶通电子,就必须看清楚谁是晶通改制背后的真正的领军人物,这很关键。晶通只要改制成功,七个亿的资金就会注入,签字付钱的是不是现任老板,恐怕还很难说。"

"哦，"陆帆的眼前跳出了下午于副总那张踌躇满志的脸，道，"你认为呢？"

"王贵林这个人，在位多年，谈不上好也谈不上坏，而他的二把手于志德却是个厉害人物。这个人是工科出身，业务能力强，技术水平也不一般，他的老婆，"张亚平压低声音，把头朝陆帆的位置抵过去，显得关系很铁地道，"是前任副省长的女儿，背景够够，他现在又正当年，刚满四十七岁，从政界到商界，都很看好他。"

"方卫军呢？"陆帆问。

"他呀，是属墙头草的，"张亚平笑道，"早些年王贵林不得志的时候，他也不怎么搭理他，后来王贵林上了台，他又去巴结，好不容易当上了总工，不过他技术上还是可以的，在同龄人中比较难得，对业务很刻苦。"

陆帆点点头，心想这一趟石家庄没有白来，从下午那三个人嘴里探得的信息，和现在张亚平说的基本一致，大家都把目光集中到了于志德的身上，这些消息他知道了，SK与瑞恩肯定也早知道了，恐怕于志德那边，已经堆了不少SK与瑞恩的产品介绍了。他知道张亚平上来就把这些消息告诉他，是卖一个乖，因为这些消息他不说，赛思也有办法搞到手，何况这听起来都是公开的秘密了。像张亚平这样的大代理商，如果没有切实的利益，说什么都是扯淡，你借重他越多，付出也就会越多，他也肯定会在其中大挑是非，搅动SK与赛思开仗，这样他好浑水摸鱼，多捞些好处。

他压住性子，不问SK的举动，张亚平也闭口不谈。两个人又谈了一会儿，只见一个穿着粉色套裙的女孩走了过来。陆帆还是第一次看见乔莉穿粉色衣裳，她化着淡妆，颈上系着一个粉色花朵形丝巾，虽然是套裙，却显得十分可爱与温柔。

张亚平顺着陆帆的目光看去，自然也看到了乔莉。两个男人礼貌地站了起来，陆帆介绍道："这是乔莉，负责晶通电子的销售，这位是恒星的总监张亚平，河北最有影响力的代理商。"

"呵呵，不敢当。"张亚平得体地伸出手，与乔莉握了握，乔莉嫣然一笑，大大方方地坐下了。张亚平继续道："乔小姐，到赛思几年了？我们以前见过吗？呵呵，我现在年纪大了，有时候记不住人，要是这么漂亮的小姐我没有记住，那真是老了，要退休回家了。"

"我到赛思一年半了，"乔莉道，"刚刚转做销售不久，以前您肯定没见过。"

这只老狐狸，上来就把话套清楚了，唉，这个乔莉，一点也没有脑子。陆帆不动声色地坐在旁边，张亚平笑了笑，心道难怪陆帆对晶通这么上心，看来是想亲手打这个单子，不过这个小销售长得挺漂亮，人也单纯，安在她的头上一定是指东不打西，指南不打北，但愿不要着了旁人的道儿，打到自己的头上。

三个人点了菜，等点饮料的时候，乔莉开心地道："给我一杯可乐。"

"可乐？"张亚平道，"乔小姐不喝酒吗？"

"我不会喝酒，"乔莉道，"而且，我特别想喝可乐。"

"特别？"张亚平见她说得有趣，问，"为什么？"

"我知道晚上要见一个人，就告诉自己，如果这个人长得帅呢，我就不减肥了，痛痛快快地喝杯可乐，如果长得不帅呢，就随便喝什么，就是不喝可乐。"

被一个这么年轻漂亮的姑娘，用这么坦率的方式恭维自己"帅"，张亚平觉得像干了一大杯冰啤酒那么爽快。他不再强求乔莉喝酒，关心地问："你喝冰的还是不冰的？"

"冰的，"乔莉看着张亚平笑道，"您喜欢喝冰的吧，啤酒？"

张亚平惊讶了："你怎么知道？"

"帅哥都爱冰啤，"乔莉笑了，其实她是猜的，每次同事或者朋友聚会，她发现男同事们通常爱喝冰啤，"何况像您这样的大帅哥。服务员，给我们的张先生两瓶冰啤。"

— 55 —

张亚平笑着朝服务员点头答应，陆帆坐在旁边，又好气又好笑，这个乔莉，你说她有脑子，她的反应有时候真像铁板一块，你说她没脑子，她还真能超常发挥。陆帆不禁想起一句话，大意是说天才和傻瓜只是一线之隔。想到这儿，他看着乔莉微笑起来，不管怎么样吧，她还挺开心的，她一来氛围就不同了，这也好，为饭局加点调料。

乔莉开始发挥了几句之后便沉闷了下去，她在观察张亚平，总结了与方卫军打交道的经验之后，她觉得自己需要多听多想，而不是急于表现。这使得席间的气氛并没有像陆帆判断的那样，充满欢声与笑语。陆帆有些奇怪乔莉的沉默，但是也不以为意，而乔莉见陆帆没有暗示她调节气氛，也不做任何改变，倒是张亚平，说了不少IT界的小故事，让氛围比较融洽。

乔莉对张亚平的故事报以甜美的微笑，心中却暗自猜疑，为什么他不提晶通的事情呢，他既然是石家庄的大代理商，对晶通、SK、瑞恩都会有一定的了解，找他了解情况最合适不过了，陆帆也奇怪，他不提他也不问，难道巴巴地来一趟就为了听笑话吗？

她忽然明白了，这两个人一个想透露SK的消息，一个想打听SK的消息，但是谁也不愿意先开口，这也好比下棋，你先开口未必有先机，反而让对方拿住了想法，确定了你想要什么。乔莉看着陆帆闲闲搛菜，心中又想，他是真正坐镇的将军，对方的来头也不小，那我这个马前卒何不投石问路，我七七八八瞎问一气，张亚平就算不想答，也得绕几个圈子。想到这儿，她张开嘴，却又停住了，如果张亚平以为这是陆帆指示我做的，岂不坏了老板的先机。

思来想去，她站起身，假装去洗手间，走到厅外的偏僻处，给陆帆发了条短信："老板，我想询问他SK的进展，可以吗？"

陆帆感觉到手机一阵震动，打开来一看，心中愣了愣，让乔莉去问确实比他先开口要好，不过张亚平会不会认为这是自己指使的？他觉得乔莉有点抢节奏，虽然SK的情况他从欧阳介绍的无业游民嘴里探听到一二，但是他很想再从张亚平的嘴里套出点什么，他实在觉得那个无业游民有些离谱，也很不习惯欧阳做事的那个套路。

他简单地回了一个字："问。"

乔莉不一会儿回来了，头发有些湿，似乎用水轻轻抹过了。陆帆这时候才发现，这个女孩的身上似乎有些办事滴水不漏的味道，如果刚才没有接到那个短信，仅从她抹湿的头发、精心整理过的丝巾上看，绝对不会怀疑她没有去洗手间，而是站在某个地方发短消息。

乔莉又等了一会儿，上最后一道汤的时候，她给张亚平盛了一碗。张亚平感动地道："谢谢，应该是我们为美女服务嘛。"

"您讲了那么多笑话，我来给您讲一个，"乔莉笑道，"您一边喝汤一边听，好不好？"

"好好好，"张亚平笑道，"我洗耳恭听。"

"我们公司楼下呢，有个小饭店，我们几个同事经常去吃饭。有一天中午，我们到了那儿一看，哎呀，原来的服务员不见了，换成了一个胖胖的小姑娘，一看就是从老家刚来的样子，满脸通红地站在店里，也不招呼客人，也不收拾碗筷，傻乎乎的，我们就喊，'服务员'，喊了两遍她才反应过来，连忙跑过来问：'你们结点啥子账。'"

乔莉把最后一句"结点啥子账"，用半生不熟的四川话学出来，虽然一点不像，却自有一种滑稽，张亚平与陆帆都笑了起来。乔莉不慌不忙地道："后来嘛，我们去吃饭，点菜的时候就喊：'服务员结账！'买单的时候就喊：'服务员点菜！'"

张亚平呵呵乐着，陆帆却听出来了，这分明是要往正题上引了，他不禁惊讶地看着乔莉。乔莉轻叹一声，道："张总，这个笑话虽然可笑，可是我却觉得，这是任何入行的新人都会遇到的情况，职场新人不好做啊，老同事们在看着你，领导在看着你，客户在看着你，唉，其实自己何尝不是看着自己。"她这番话虽是有的放矢，却也是有感而发，说得十分真诚，就连陆帆听了，也微微有些感动。张亚平听了这话，却觉得这女孩不简单了，这分明是要让自己提携了，自己怎么提携，无非是多透露信息，方方面面多加照顾。他看了看陆帆，心道难怪你绝口不提SK，原来在这儿等着我。

乔莉也不知自己的故事讲得怎么样，事到如今，她已是箭在弦上不得不发了，她微笑道："张总，我能问问您SK在晶通电子方面的进展吗？"

"这我不太好说，"张亚平笑道，"你们和SK都是我的大主顾，我谁也得罪不起，呵呵，不过我听说SK和于副总的关系很好，估计进展得不慢吧。"

"好了好了，"陆帆对乔莉道，"我知道职场新人不容易，你也不用见着张总就喊苦吧。"他见张亚平不肯再多言，埋头吃起菜来，便阻止了乔莉，对张亚平道，"这个乔莉虽然年轻，却喜欢请教，是个有心人。"

"强将手下无弱兵，"张亚平笑道，"有你这个名帅在旁指点，她一定会进步很快的。"

乔莉的脸红了，她估计自己又一次犯了错误，却不知错在哪里。这场饭局载笑载言地完成了，乔莉与陆帆把张亚平送走，两个人默默不语地往回走，快到房间时，陆帆道："你进来坐坐吧，现在时间还早，我们聊聊。"

乔莉依言进去，陆帆拿起茶壶要去烧水，乔莉忙抢过来。陆帆坐在沙发上看着她忙碌，等她忙完，陆帆示意她在旁边的沙发坐下，微笑着问："说说你今天错在哪儿了？"

"我不应该抢先发问，"乔莉叹了口气，"我又自作聪明了。"

陆帆哈哈笑了："你常自作聪明吗？"

乔莉忽然觉得这时的气氛不像老板与下属了，她笑道："是的，我常常犯这个错。"

"这也是好事，"陆帆道，"等到年纪大些，自然就能耐得住性子了。"

乔莉不说话，长长的睫毛挡在眼帘上。陆帆忽然问："你喜欢做销售吗？"

乔莉点点头。

陆帆觉得有些不可思议："为什么？"

"有挑战性呀，"乔莉道，"就像下棋打仗，多有意思。"

"你觉得很有乐趣？"陆帆有些不能确定，这个看起来挺漂亮的女孩怎么会喜欢这些呢？

"有乐趣，"乔莉飞快地回答，"毛主席说与人斗、与天斗、与地斗，其乐无穷。"

"斗争的目的是什么呢？"陆帆慢慢地问。

"没有目的，"乔莉笑道，"比如下棋，今天输了明天赢，目的是什么？"

"哦，"陆帆微微一笑，"可是那句话是主席说的。"

"所以他是主席，我不是，"乔莉略一停顿，又道，"不过让我当主席嘛，我也不反对。"

陆帆盯着她，心想程轶群还是有眼光，这个女孩果然不是瑞贝卡之流，她还没有完全露出野心勃勃的面目，不过，在她的心中已经有这样的东西了，也许她不知道，也许她只是装的，但是一个不想当将军的士兵永远都不能成为好士兵，他要再考考她。陆帆叹了口气，道："如果张亚平始终不愿意说出 SK 的进展，我们怎么办？"

乔莉眨了眨眼："你说他为什么不能说？"

"没有好处。"

乔莉又眨了眨眼："他的好处从哪儿来的？"

"我们或者 SK 给他的差价，或者客户那边的猫腻，渠道多种多样。"

"我们和 SK 一定要依靠他吗？"

"不一定,但是也不能和他成为敌人。"

"那也不能我们一直求着他,他总有求着我们的地方吧?"

"折扣,不过,那个条件不能随便开。"

乔莉一边在头脑中计算,一边嘟着嘴巴道:"他来应酬我们,就是为了做生意,嗯,现在嘛,SK、我们、瑞恩都有可能和晶通做生意,瑞恩比我们和SK规模都小,嗯,他当然想拿下我们或者SK的,但是呢,现在不知道谁家能打下晶通,谁家给他的利益最大,嗯,所以他当然一家也不想得罪,"她忽然面有喜色,"他奇货可居,我们也奇货可居啊,我们要么可以让SK觉得他是我们的死党,是百分之百和我们联系在一起的,要么呢,就装着认为他已经和SK融为一体,不再信任他了,去开发其他的代理商,哪怕是小代理,这样一来,他岂不是要着急了,要么退而和我们结盟,要么就要出卖SK,换取信任。"

如果不是亲眼见到、亲耳听到,陆帆永远不敢相信,这是坐在自己对面、穿着粉色套装、眨着眼睛微微笑着的乔莉说出来的话,她既然能说出这样的话,第一天在车上相遇时,又怎么能说出那样天真善良的话呢?陆帆看着她,突然觉得有些心痛,或者说,是一种轻微的痛苦。乔莉浑然不觉,开口又道:"《孙子兵法》有死间计一说,这个张亚平嘛,倒是可以试试。"

"什么叫死间?"陆帆问。

"怎么说呢,简单地说就是派出去要给敌人发现的间谍,让敌人发现后呢把他杀了,然后误信我们的假情报是真情报,总之,是一种被牺牲的间谍。"

"你喜欢?"陆帆面无表情地问。

"不喜欢。"乔莉笑道,"怎么,SK如果不再信任张亚平,会杀了他吗?我们销售,又不是真的打仗。"

陆帆盯着她看了一会儿,慢慢地道:"我不管是谁教了你这些,我希望你都能忘记它,销售不是战争,商场也不是战场,战争之上,不是你死就是我活,而商场,是需要双生双赢的。"

乔莉皱起眉:"我不明白。"

"你没有敌人,"陆帆道,"也不需要消灭敌人,你要尊重对方,帮助对方获取利润,前提是,他必须和你合作。"

"恒星我能明白,"乔莉不解地道,"可是SK呢?瑞恩呢?"

"他们也是一样,"陆帆道,"我的第一个问题你还没有给我答案。"

"第一个问题?"乔莉赶紧想了想,"哦,是卖软件与冰棍。"

陆帆点点头。乔莉思考着陆帆刚才的话:"你是说,买冰棍是因为能解渴。"陆帆又点了点头。乔莉道:"如果旁边也有个人卖冰棍呢?"

"我们的价格公道、味道更好。"

乔莉想了想:"如果人家就是卖得便宜呢?"

陆帆没有回答,反问道:"如果你的竞争对手卖得不仅便宜,而且还是客户的亲戚;如果不仅是亲戚,买一个冰棍还可以送一分钱的礼物;如果旁边还有几个人说,你的冰棍其实很差,不如别人的好呢?"

乔莉张口结舌:"那、那我还卖什么呀?"

陆帆接着问:"如果你还不能确定,站在你面前的几个人里面,到底是谁要买冰棍解渴呢?"

"我、我我……"乔莉结巴了半天,道,"我找出那个人,一个问题一个问题地解决。"

"那你得快,"陆帆道,"不然他就会买其他人家的冰棍。"

乔莉看着陆帆,问一句废话:"为什么?"

"因为口渴,"陆帆道,"因为客户有客户的想法与难处。"

乔莉闷闷地坐着,一句话也不说,陆帆观察着她,经过这番对话,这女孩能悟出一点东西吗?如果时光倒退十年,不,也许只要五年,他今天也不需要跟她费这些唇舌,商场如战场,她敢去拼去搏斗,有手段够胆量,就一定能成功,但是人活着要与时俱进,在商业规范越来越明晰的今天,只用老办法是不能解决新问题的。乔莉突然站了起来:"老板,我要回去了,我想好好考虑考虑。"

陆帆微笑了,她没有被打倒,也没有被搞糊涂,显然,她已经听懂了一些意思,开始试图理解与接受了。陆帆示意她离开,等她关上门,他不禁打开手机,看着她发给他的短消息,他第一次觉得,把晶通安在乔莉的头上,也许是正确的。

陆帆打开电脑,习惯地查看邮件,没有云海的回信,看来他还在忙碌。陆帆轻轻吐出一口气,瑞恩派出了一个能钻会打的销售,SK呢,耳闻SK把晶通给了一个名叫薄小宁的人,这人是个高干子弟,家庭很有背景,具体能力还不清楚,但晶通改制在即,陆帆觉得SK不可能把这样一单业务给一个寂寂无闻的小卒,背后操作一定另有其人。

他默默地查邮回邮,突然,一个新的邮件跳了进来,里面只有三个字:睡了吗?

陆帆眉头一紧,在他离开瑞恩之后,也和前妻结束了四年的婚姻,前妻闪电般地嫁给了她的同事,接着离开了职场,成为一个专职太太。可惜,她的新婚姻生活似乎也不能如意,总是突然冒出来,向他说一些伤感的话。陆帆每次都觉得,自己无话可说,既不想安慰她,又觉得不能不安慰她。当年的浓情蜜意早已是过眼云烟,可是云走了烟散了,到底还是留下了痕迹,这痕迹是什么,陆帆不知道,他已经无法燃烧爱情,或者说,他已经激情全无。

陆帆回了两个字:睡了!邮件一发出他就后悔了,既然睡了怎么还能看邮件、回邮件呢?良久,他盯着显示屏,几乎是凭直觉,他感到她一定会回信。突然,屏幕一亮,邮件又跳了出来,仍是三个字:我想你。

陆帆今天晚上第二次觉得疼痛,这感觉让他异常沮丧,他觉得自己的平静被打破了，被女人用她们的方式放肆地攻了进来，不过问他的意愿，不在乎他的感受。他愤懑地拍了一下桌子，盯着显示器，双手几乎是机械地，像在公司回复一些无关痛痒的邮件那样，回了极其客气的话：早些睡吧，保重身体，晚安。

他不想再看见第三封回信，直接关了电脑。他觉得头疼，觉得自己被某种情绪包裹住了，那些东西像烧熔了的糖蜜，尝一口是甜的，冷了之后是脆的，最后就缠得你遍身都是，无法清洁与归零。陆帆直接躺到了床上，闭上眼睛，这是个很好的解脱方法，因为他时常困倦，只要闭上眼，他就会进入梦乡，进入没有烦恼的世界。

与此同时，乔莉却在另一个房间等候着回信。离开陆帆的房间后，她想了许久，她自从进入公司之后便梦想的销售竞争，火一般炙热与严酷的战场，被陆帆的这番话真正拉开了序幕，但是，她并没有想象中的兴奋，甚至没有想象中那种激动的感觉，她觉得有些沮丧，是的，卖软件和卖冰棍有什么区别呢？你要卖，别人也要卖，就算你的口味好，那你怎么告诉面前要买的人，你的最好最棒，关键是，最适合他？这些都还在其次，关键是，你怎么知道他到底要什么？最好的口味，最棒的服务，还是其他种种好处？

还有，陆帆的话她始终想不明白，都说商场如战场，怎么能说没有敌人的话呢？OK，代理商可以是朋友，客户可以是朋友，SK 呢？瑞恩呢？

晶通电子到底要什么？陆帆说得没有错，要快，可是从何快起，张亚平说的于副总到底是什么样的，他要什么，他真的能在最后的合同上拍板签字吗？她捧着茶杯，呆呆地对着电脑。难道今天下午陆帆出去就是见这个于副总吗？他有没有见到这个人，为什么不向她透露一个字呢？如果陆帆不是她的上司，如果不是太晚了不好打扰，她恨不能立即敲开老板的门，询问出个一二。她实在按捺不住，为了稳住自己，她打开电脑，给大洋彼岸的树袋大熊写邮件，她和大熊认识的大半年里，她说了许多不能告诉身边朋友的话。两个人似乎挺有默契，但是都很忙，有时隔一两个星期才能在网上详聊一次。她在邮件中写了一句话：大熊，如不忙速上网，我很想找你聊聊。安妮。

邮件发出去许久，没有回音。突然，电脑一跳，她激动地一看，原来是刘明达的，刘明达问她在石家庄好不好，工作顺不顺利，又说公司来了个新的副总裁，看模样很不好说话，明天下午开大会，介绍给全体员工。新的副总裁，乔莉想起在电梯上遇到的那个戴帽子的男人，多半就是他了。她定了定心神，给刘明达回了个邮件，只说顺利，谢谢他的问候。但是树袋大熊的回信迟迟没有来，乔莉叹了一口气，她告诉自己不要急，站起身洗了个澡，换上睡衣，又打开电脑看了一眼，还是没有回信，看来今天晚上是等不到他了。乔莉只得关上电脑上了床，在黑暗中继续她的思维。也不知道为什么，晶通电子的总裁王贵林的形象突然跳入了脑海，那个模糊的形象在乔莉的心中划过一道光亮，她觉得这个人已经不重要了，便不再多想，不一会儿，就沉入了梦乡。

第二天一早，乔莉与陆帆踏上了回北京的路程，路上两个人还是没有什么交谈，陆帆靠在后面休息，乔莉望着窗外的风景。路过一个收费站的时候，突然遇到了堵车，几十辆车堵在收费站前，生生堵住了十几条车道，横七竖八地乱排一气，不少司机赌气地按着喇叭，嘟嘟的笛声响成一片。

陆帆被笛声吵醒了，睁开眼四下看了看。突然，他看见旁边的一辆车的后座上并排坐着两个人，那车大约想抢道，所以与自己成四十度斜角，正好把里面人的模样看得一清二楚。那两个男人一个很年轻，大约二十七八岁，一个四十出头，是他在瑞恩时交过几次锋的老对手：SK的销售总监付国涛。陆帆朝后一缩，躲在了乔莉身后，听说SK负责晶通业务的是个年轻人，如果没有猜错，他也许就是薄小宁，那么在幕后操纵的，就是付国涛了。

正是冤家路窄，他操作这个案子也就算了，没想到，自己带着乔莉前往晶通，他也带着薄小宁在石家庄活动。他轻轻碰了碰乔莉，乔莉回过头，见他躲在自己身后，不禁一愣，陆帆轻声道："记住你旁边车子里的两个人，他们是SK的销售。"

乔莉闻言一惊，赶紧转过头看去，恰好那两个男人也在看她，彼此都看了一看，乔莉觉得那个年轻男人面容很和善，那个中年人看起来十分斯文，眼神却很倨傲，似乎是个很不好讲话的人。陆帆继续道："那个年轻人叫薄小宁，应该是负责晶通的销售，那个年长一些的叫付国涛，是SK的销售总监。"

乔莉回过头，轻声道："他们也来石家庄了？"

"看样子像。"陆帆道，"挡住他们，我不想现在碰面。"

乔莉依言挡住，心道SK也派了个总监打晶通，这下是半斤遇到八两，洪七公遇到了欧阳锋，大家倒也旗鼓相当，只不过不知道自己和那个年轻人比怎么样，她轻轻别过脸，又瞟了那个年轻人一眼。

陆帆像是猜到了她的心思，闷声说道："那个薄小宁很有政府背景，父母都是部级以上的干部。"

乔莉没有说话，心想高干子弟怎么了，高干子弟就要高人一等吗？他们靠的是父母，又不是自己。陆帆又像是猜到了她的心思，继续道："每个人生来就有不同，有的人家庭背景好，有的人自身能力强，没有谁对谁错、谁高谁低，你不要介意。"

乔莉觉得这话听起来颇有父亲的风范，不由微微一笑："我不在意。"

"不在意就好，"陆帆道，"你的经验不如他，家庭背景也不如他，比的是悟性与能力。你要是先在心里落下了病根，别别扭扭、不高不低，做起事来就会受影响，要有平常心，要相信自己，也要相信我的眼光，还有前任总裁程轶群的眼光。"

乔莉没有想到，陆帆会说出这样的话，心中不禁一阵发热，她低声道:"老板,我会努力的。"

陆帆伸手轻轻在她背后拍了拍,像大人对孩子鼓励时那样,这次面对面的相逢,他不能让乔莉输了信心与士气,他必须既提醒她又激励她。不过,另一层担忧在他心里涌了上来,如果SK派出薄小宁,周祥借此做文章,据理力争晶通的项目,他还真有点麻烦。但现在晶通电子在石家庄也成了一只热乎的烤山芋,谁闻了都觉得香,谁都想吃上一口,虽然周祥有政府背景,但在还不能确定到底哪块政府背景能决定晶通的生死时,急于派出有政府背景的销售,也许不是一件好事情。

前方的路通了,车一辆接一辆地离开了收费站,道路又恢复了有序状态,陆帆与乔莉乘坐的车先SK一步通过了收费站,但是SK的车开得飞快,不久便超过了他们,飞一般地朝北京驶去。陆帆笑了笑,既像对乔莉又像对自己道:"记住,这就是付国涛的性格,永远争第一,永远不甘人后。"

乔莉默默地听着,半晌道:"先发未必制人,后发制人也许更好。"

陆帆闻言一笑,他就是欣赏她的这股灵性,凡事一点就通,不用说第二遍。

就在乔莉与陆帆赶回北京的当天下午,赛思召开了北京员工的全体大会,会上宣布了欧阳贵副总裁的任命,并请欧阳贵副总裁发表讲话。

欧阳贵仍然戴着一顶帽子,帽檐还是那么低,挡住了眉毛与小半个眼睛,他的脸色十分严峻,不带一丝笑容,本来就有些长的脸显得更长,阴森森地架在台子上。

"我知道你们都是有文化的人,也都对外企的要求与管理模式十分熟悉,就不多啰唆这些了。今天我们开门见山地说点话,我叫欧阳贵,负责管理销售,我最欣赏的员工只要有两条就够了:第一条忠心!第二条敬业!用通俗的话讲,就是又红又专!"

此言一出，台下所有的人都愣了，赛思进中国十多年，从没有听过这么带有"专制"色彩的话，乔莉觉得就是父亲的机关，现在也未必能听到这些了。她瞟了瞟身边的销售，琳达面无表情，周祥满脸不屑，刘明达正在看着她，二人四目相对，刘明达悄悄地做了个鬼脸，耸了耸肩。台上欧阳贵还在发言，他的语速十分缓慢，那声音像从喉咙里用力刮出来的，带着冰冷的刀片似的锋利："又红又专的，我们重视；只红不专的，我们培养；只专不红的，我们影响；又不红又不专，就不要怪我欧阳某人不客气……"

乔莉看了看台上的何乘风，他双眼含笑，似乎一点也没有介意欧阳贵的言论。台下的不少员工都面上色变，周祥轻声哼道："靠，难道他是'竹联帮'的。"

不一会儿，欧阳贵结束了讲话，何乘风带头鼓起掌来，其他的员工也纷纷鼓掌。何乘风也发表了演说，接着散会。何乘风与欧阳贵等几个大总管一同走出了会议室，他们还有一个小会。等他们一走出去，整个会议室便热闹起来，不少人都在私下"探讨"欧阳贵的言论。瑞贝卡笑容可掬地对乔莉道："安妮呀，恭喜你哟，有这样一位老板的老板。"

"我说瑞贝卡，"刘明达道，"你老板的老板还不一定是谁呢，没准儿也是这样一位。"

"哼，"瑞贝卡冷冷地道，"我们再不济也得混一个美国人吧，我们可是市场部。"

"哟，"旁边的周祥听不下去了，"市场部了不起呀？"

"我不是这个意思，"瑞贝卡见周祥脸色不好看，立即笑道，"我是说市场部管花钱，事事都得受上面管，比不上销售部，都是精英嘛。"

周祥见她嘴上服软，冷笑一声，扬长而去。

瑞贝卡受了周祥的气，回头见琳达与几个销售部的人还在，也不敢再对乔莉与刘明达说什么，跟着市场部的人走了。刘明达拉着乔莉，示意她也快走，忽然感到琳达正似笑非笑地盯着自己，脸一红，便把手松开了。

乔莉并没有注意到刘明达的变化，她甚至没有在意瑞贝卡的嘲讽，这几个月来，对于嘲讽她已经习惯了。早在上初中的时候，她就学会了面对这些。那时候她刚刚十三岁，从一个普通小学考上了市重点中学，第一次摸底考试，她考了全班倒数第三，由于她所在小学英语教学水平很差，以至于她的英文成绩只有 27 分。她一下子成为班上的落后分子，同桌的女孩不愿意与这样的差生一起学习，申请调动座位，住在家附近的同学不愿意与她同路上学，而她每每有英语问题向老师请教时，老师也是一脸的不耐烦。这些打击对乔莉非比寻常，她还是一个孩子，不能理解人的势利与社会习俗，她十分痛苦，觉得活着是一种耻辱，甚至想到了死。最后老乔发现她情绪异常，悄悄翻了她的日记，当在女儿的日记中看到"我不想活了"的字眼时，老乔被女儿的脆弱吓坏了。他帮乔莉请了几天假，在家中与女儿进行了艰难的、类似于大人之间的谈话。老乔说，比如一个圆麦圈，悲观主义者说，天啊，一个麦圈中间还要有个洞，上帝太不公平了！而乐观主义者却说，啊！一个圆麦圈，中间还有个洞，方便拿取，还可以透过它看看世界，太棒啦！

乔莉第一次学会了与困难、与类似于社会中的某些东西、与自己做斗争，她拼命学习，不管同学与老师多么冷淡，她都报以微笑，一个学期之后，她以全班第三名、英语全年级第一名的成绩震惊了所有人。当老师开始把她当成学习的典型，当同学们围拢过来、把友谊的花朵抛向她的时候，她就明白了，人只有自强不息才是正确的，在自己没有强大之前，就没有理由计较别人的态度，或者说，乔莉明白了，她要做的只有不停地努力，她也只关心自己有没有努力，至于他人的态度，她根本无所谓。

这个在学生生涯中的小小的成功，帮助乔莉度过了大学岁月。乔莉常想，那件事情对自己的影响非常深远，以至于在职场上，她依然能感觉到那股力量。瑞贝卡的闲言闲语，琳达与周祥的冷眼，刘明达的忽冷忽热，甚至今天这位副总裁黑手党老大似的发言，都不能阻挡她前进。除非她自己放弃，否则谁也不能够阻挡她，问题是，她为什么要放弃呢？这盘棋才刚刚开始。

拿下晶通电子……怎么拿下呢？现在晶通本身也越来越复杂，除了胖头鱼，还有一位于副总，也就是说，晶通到底由谁当家，还没有定论，如何针对这个局面做文章呢？乔莉呆呆地盯着电脑，心中盘算着，正想得出神，电话突然响了，她吓了一跳，拿起话筒，刘明达悄声道："安妮，我刚才听说周祥去找陆帆了，你要当心啊，他想抢晶通。"

"知道了。"乔莉答了一句，心中更加烦恼。真是前有狼后有虎，周祥在石家庄有政府关系，经验也比她丰富，而 SK 派出去的也是这样一个人，如果陆帆改主意把晶通分给周祥，自己就不能参加这场战役了。不过，乔莉隐隐地觉得，陆帆不一定会把晶通派给周祥，她感觉陆帆是个深谋远虑的人，用周祥肯定有好处，但肯定也有不好的地方，凡事都没有十全十美，就像用她乔莉，只要有缺点就肯定有优点，二者必然统一。

刘明达说得没有错，周祥是在找陆帆，他不是不知道陆帆想自己打晶通电子，可是以他目前的业务成绩来看，只有分到晶通电子，他才可能名正言顺甚至得意扬扬地在赛思做下去，这个季度的业务量现在根本完不成了，如果陆帆不同意把晶通给他，他就要给自己找下一个东家了。

陆帆也知道周祥的心思，但是现在，他既不想把晶通给他，也不能让他出去另找工作。周祥在石家庄的政府关系说大不大，说小也不小，如果他离开赛思，在目前这个局面下，SK 和瑞恩肯定会挖他，当下之计，只有稳住他了。陆帆笑了笑，对周祥道："晶通这个单子，迟早是你的，你不用担心，再等一等。"

"我不明白，"周祥道，"晶通改制肯定会受到政府部门的影响，现在派我去，正是用人的时候，为什么还在等？"

"晶通的一把手王贵林和二把手于志德都在争改制后的位子,二虎相争必有一伤,现在派你去,你不同于普通的销售,你的姐夫是河北省的组织部长,手握重权,请问你到底站在哪一边?"陆帆真诚地道,"你姐夫虽然有权,却也不能滥用,万一你站错了队,帮错了忙,不仅对赛思有影响,对家里人也不好。我的意思是,先让乔莉替你探路,一旦晶通改制后的实权人物确定,我们再把晶通派给你,到时候,你才能真正如鱼得水,一举拿下晶通。"

周祥想了想,觉得陆帆的想法也很周全,倒不像虚与委蛇。陆帆见他脸上的神色平和,知道被说动了心,又道:"凭乔莉的能力,就算我再帮她,她一个刚刚进门的销售,怎么可能拿下晶通电子?何况,我在河北又没有什么政府资源,就算帮,也只能给点建议性的意见,出面去见见晶通的老板,具体的事情我也没有精力一步步筹划。现在晶通的事情刚刚起头,你什么都不要管,让乔莉先去忙,等她忙了一段一筹莫展时,我再把晶通派给你,这样你也给了职场新人机会,又帮了公司与职场新人的忙,既得利又得名,何乐而不为呢?"

周祥心头一亮,看着陆帆笑了,用心悦诚服的语气道:"老板,那这件事情我就等你的好消息了。"

"好,"陆帆道,"有空也联络联络你姐夫,问问晶通的情况,你现在不管这个业务,他对你说话就不一定谨慎,听听有什么消息。"

周祥这下不得不佩服陆帆的老辣沉稳,本来他还觉得陆帆把晶通交给乔莉,多少是因为自己是前任总监提拔上来的,是前朝臣子,不像乔莉是今朝新人,何况乔莉也算个美女,姓陆的未必不给点好处好下套尝鲜,现在看来,陆帆的心思全在业务上,而且心思周密布局清楚,果然是个厉害角色。周祥带着诚悦的心情离开了陆帆的办公室,他前脚刚出门,后脚陆帆就给乔莉打了一个电话。

乔莉接起电话,喂了一声,便听见陆帆在电话中道,"安妮,你不要说话,是我,陆帆。"乔莉嗯了一声,陆帆接着道,"从现在开始,我要你对所有人都封锁和晶通电子有关的消息,不管公司任何人向你询问,你都要推说不清楚,或者顾左右而言他,不管和晶通什么人见了面、吃了饭,甚至给了什么材料,你都要一律全部封口,我要所有人都不了解你在晶通上面的进展,你明白了吗?"

乔莉又嗯了一声,陆帆长叹一声,慢慢地道:"如果有一天,你自己不想再打晶通,就主动把消息透露出去,我相信很快就会有人来找我的。"

"您放心吧,"乔莉见琳达在旁边看了看自己,便道,"您要的东西我马上准备,我一定全部照办。"

陆帆挂上电话,感到事情暂时平稳了,他打开日程表,看了看周末的安排,上面是两个空格,他轻轻在空格上敲下晶通两个字,晶通晶通,现在目标不明,要怎么操作?突然,他听到一阵奇怪的铃声,这声音非常陌生,可是听起来十分近,似乎就在自己的抽屉里。他忽然想起离开石家庄之前,那个无业游民给了他一个手机和号码,告诉他以后用这个联络。他连忙打开抽屉取出电话,果然,显示的是他的号码。

"喂。"陆帆接通了电话。

"陆总监,"那个有些尖厉的声音响了起来,"我是李才厚。"

"李先生您好,有什么请说。"

"晶通的于志德这个周末去北京。"

陆帆只觉得精神一振:"什么时候?"

"星期六一早。"

"有人随行吗?"陆帆问。

"没有,"李才厚道,"他女儿在人大读书,他经常去看她。"

"他女儿叫什么名字?"

"于卓然,人大新闻系。"

"谢谢。"陆帆忽然道,"王贵林周末有什么安排?"

"他?"李才厚愣了愣,"他没有安排,这个人深居简出,几乎没有业余活动。"

"明白了。"陆帆再次感谢后挂上了电话。他想了一会儿,把乔莉叫进了办公室,把于卓然、人大新闻系这两条资料交给她:"这是晶通副总于志德的女儿,在人大读书,我要你想办法查到她的宿舍,最好能去人大深入了解一下,看看她的情况。"

"于志德的女儿?"乔莉想了想,"是张亚平说的于副总的女儿吧,她和晶通有关系吗?"

"于志德周末去人大看她,"陆帆简明扼要地道,"你顺便也准备一点资料,周末我们和他碰面。"

"你已经说好了?"乔莉惊喜地道,"什么时候?"

"我没有说好,"陆帆干巴巴地道,"你先准备着。"他等乔莉走后也出了办公室,先到茶水间喝了杯咖啡,才慢慢地朝欧阳贵的办公室走去。

虽然陆帆和何乘风是校友,虽然何乘风与欧阳贵是老朋友,但在进入赛思之前,陆帆也只是耳闻这样一个人。据说他曾经当过大学老师,后因为某种原因在大西北坐了三年牢,出狱后下海经商,发了一笔横财,后被一家外企聘为中国"买办",不久又离开了。这是个神秘莫测的江湖人物,陆帆没有想到何乘风会把他请到赛思,而何乘风为什么会和这样一个人成为朋友,他们之间又有什么样的故事,陆帆一无所知。陆帆不太喜欢欧阳贵身上的某种气质,但是他尽量隐忍着,在外企,尤其是赛思这样的大企业,员工们都是受各种文化影响长大的人,每个人的思维惯性与做事方式都存在着极大的差异,唯一相同的,是对这个企业管理模式的服从,以及按照企业的工作流程工作。

陆帆敲了敲门,欧阳贵像刀片刮出的声音又刮了一下:"进来!"陆帆走进去，不由联想到李才厚尖厉沙哑的声音，真是奇怪，这些所谓"道"上的人连声音都有某种类似之处。欧阳贵正俯在办公桌上，抬头见是陆帆，便示意他坐下。陆帆直截了当地道："李才厚来电话了，于志德周六会去人大看女儿。"

"时间和名字告诉你了？"欧阳贵更直接地问。

陆帆点点头。欧阳贵微一沉吟："王贵林呢？"

陆帆第一次感觉到两个人思维的一致，道："他说这个人深居简出，周末几乎没有活动。"

欧阳贵笑了笑，这是陆帆第一次看见他笑，他的下巴和脸颊都没有动，只有嘴角向上轻轻抽动了一下，而且他的眼睛，没有任何笑意，陆帆一下子领悟了为什么有人说笑得比哭还难看，大概就是这个意思了。欧阳贵将长长的下巴微微上抬，一只手放在了办公桌上，这让他显得非常自信，甚至非常有权势，这种气势陆帆在何乘风的身上也曾经体会过。欧阳贵问："现在一个是红队，一个是蓝队，你站哪队？"

"我哪一队都不站，"陆帆冷冷地道，他不想自己的气场被欧阳贵压下去，调整了一下坐姿，"等一等吧。"

"坐山观虎斗？"欧阳贵哈哈地笑了，"不管哪队赢了都能喝口汤，可是站对了，就能吃上肉，你站哪队？"

陆帆看着他，两个人目光相对，谁也不愿意先挪开，猛地，陆帆意识到这是在办公室，欧阳贵是他的上司，他微微低下头，用尊重的语气道："我不知道。"

"你了解王贵林吗？"

"听说他上过战场，在对越南的战争中负过伤，复员后在机关待了一小段时间，然后就去了晶通，在那儿待了十几年，当厂长的时间并不长，大约只有两年半。"

"于志德呢？"

"他是正规大学毕业生，电子专业，家里有些关系，毕业后进了机关，然后下企业锻炼，这一炼也炼了七八年，去年被选上的副厂长，分管业务。"陆帆看了看欧阳贵，"他夫人是省里高级干部的女儿，夫妇俩只有一个女儿，现在在人大。"

"SK和瑞恩都瞄上了于志德，"欧阳贵的嘴角又向上抽了抽，"大家都要站蓝队，可是红队上过战场，杀过人、带过兵，"他看着陆帆，"你怎么看？"

"那是多年前的事了，"陆帆了解欧阳贵想说什么，但是他不愿意完全认同，"何况改制牵涉面很广，也不是个人力量能够左右的。"

欧阳贵默默无语，他知道有一种生活一般人无法体会，只有拥有最强韧的神经的人才能在那种环境里生存、成长，得以磨炼。王贵林不是个厌包，不然，他不可能一步一步爬到今天。现在的于志德风头太劲，王贵林也太过隐蔽，这不是什么好兆头。他很奇怪这些所谓的销售，从SK、瑞恩到面前的陆帆，为什么他们这么急于去打于志德的关系，而对另一个强手视而不见？

"蓝队要打，红队也要打，"欧阳贵道，"你带的那个小销售，叫乔莉的，她怎么样？"

"她很聪明。"

"聪明？"欧阳贵道，"我看是老实吧，让她留意一下红队。"

陆帆点了点头，心里有些压火，虽然他承认欧阳贵是个人物，可以后他事事插手，自己如何开展工作？欧阳贵又道："稳住周祥，不能让他在这个时候离开赛思。"陆帆点点头："我已经和他谈过了。"

欧阳贵看着陆帆："晶通是我们进入赛思后的第一个大客户，要是跑了单，我们都没有面子，也对不起老何。"

陆帆心头微微一震，没想到欧阳贵还是个重义气的人，不过坐在外企的办公室，讲着这样的话，总是有些奇怪。欧阳贵又道："你推荐的人叫狄云海吧,他什么时候能来上班?"

"还有十天,"陆帆道,"十天他就到了。"

"这个人简历我看了,教育是够了,能力怎么样?"欧阳贵问完立即又道,"你看上的人不会差,在用人问题上,我百分之百支持你。依我看,你和乔莉两个分开,她站红你站蓝,你在明处吸引SK和瑞恩的注意力,与他们一道争取于志德,打个难解难分,让乔莉在暗处找王贵林,把赛思的产品详细地介绍给他,慢慢套取他的信任。"

"你是说……"陆帆若有所思,"可能最后王贵林会取胜?"

"派任何一个人去找王贵林,都会引起SK和瑞恩的警觉,唯有乔莉不会,"欧阳贵没有回答陆帆的问题,"她除了熟悉我们的产品,对石家庄的政府关系、企业改制详情一无所知,也就是说,就算王贵林想借助我们的力量,他也用不上。派乔莉是最安全、保险的一个,派你、琳达、周祥任何一个都不妥。而你去打于志德,一来他自己有政府资源,二来他风头正劲,不可能对我们多有借助,这样即便是站队,也不会牵扯进官场,何况除了我们,SK与瑞恩都有相对的资源,他轻易地借助任何一家,就表示将来要加倍偿还,他不会这么傻,他现在一定是希望我们三家狗咬狗咬得起劲,他慢慢地挑选一家,能帮他捞到最大的好处。而你一去站蓝队,就表示了赛思的立场,这至少会混淆SK和瑞恩的注意力,乔莉那边正好得个空。"

好一招明修栈道、暗度陈仓,陆帆在心中思量,如果乔莉去打王贵林站错了队,大家只会取笑一个小销售没有眼光,但是如果她站对了,就给赛思留下一条后路。可是,既然欧阳贵想得到,那么SK与瑞恩呢?

欧阳贵道:"你不要担心乔莉,你还有一员大将可以用。"

"一员大将,"陆帆狐疑地道,"您是说狄云海?"

"不,"欧阳贵指了指自己的长下巴,"我。"

陆帆又惊又喜,又有一丝怀疑:"您要亲自去打红队?"

"不，"欧阳贵道，"如果乔莉需要我，我就去几次，现在我配合你全力去打于志德，先把这场仗打得热闹起来。"

陆帆放心了，其实欧阳贵的想法也正是他的想法，只是他还没有思虑成熟，也担心把乔莉一个人放在王贵林线上会孤掌难鸣，缺少实力与经验，现在好了，有乔莉在前、欧阳贵在后，不仅不用担心乔莉在外面会出差错，就连公司内部的问题也一并摆平了，看来欧阳贵是在百分之百地支持自己。不过，他觉得欧阳贵对乔莉的评价很有意思，一个老实的人，她能算吗？

后顾之忧一除，他只待和SK与瑞恩摆起阵仗，先他娘的打一番。他相信，以SK和瑞恩的习惯与做事方法，最多会派出人员兼顾王贵林，却不可能动用一个副总裁去支持这条线上的小销售，而以欧阳贵的经验与手段，红队这条线上只要有人竞争，一定会被他全部搞掉。这场仗明里是他和SK、瑞恩对垒蓝队，乔莉孤身犯险，与他们对垒红队，实际上，却是蓝队平手，红队以大欺小，不管怎么算，赛思就先胜了一盘。

乔莉接到陆帆的指示，就开始想办法联系人大新闻系，在网上搜索了几遍，无意中发现了一篇网络新闻稿件，是写大学生就业实习的，署名恰好是于卓然。她灵机一动，给市场部的同事打电话，询问赛思是不是搞过一次叫作"外企实习面面谈"的活动，曾经在北大、人大、清华做过三次讲座，乔莉问他们下次活动是什么时间，他们说不知道，可能会是明年。乔莉觉得有个由头就够了，于是开始给人大打电话，打着调查研究大学生实习就业的旗号寻找于卓然。一扛上学生就业实习的旗号，她找起人来方便了许多，但是校方不愿告诉她于卓然的地址与电话，只说可以帮她把于卓然约到人大新闻系的办公室，让她们两个人谈谈。

乔莉表示了感谢，请他们约好时间通知自己，然后向陆帆做了简短的汇报，陆帆只说约好了你就去见见，你是女孩，了解女孩比较方便。

果然,人大那边又来了电话,约了周四的下午两点。乔莉依约而去,为了防止迟到,她特意提早了半个小时,一点半便坐进了人大新闻系的办公室。办公室里还坐着两个老师,乔莉和他们打了招呼,这两个人对学生实习就业倒是很感兴趣,和乔莉攀谈起来,乔莉幸好做前台的时候对实习生还比较熟悉,这时也能一一应对。

一直等到两点二十,一个剪着一道弯、留着厚厚的刘海的女孩才走进了办公室,她将一沓资料紧紧地抱在胸前,戒备地看着乔莉。乔莉将自己的名片递给她,说在网上看到她的文章,赛思集团每年都会有实习生来实习,也很想知道大学生们对这件事情的反应,所以特意来找她聊聊。

于卓然一声不吭地听着,表情没有一丝松动,还不如旁边的老师有兴趣,最后她突然打断了乔莉:"那篇文章不是我写的,是我的一个同学写的,我当时正好要交作业,就抄了抄,顺便发到了网上。"说完,她斜起眼睛瞟着乔莉,满脸的不屑与不耐烦。

乔莉没有想到会是这样的局面,旁边的老师觉得有些不妥,道:"于卓然,赛思集团既然有需要,你也可以谈谈你的想法嘛。"

"我没有想法。"于卓然一下子站起身,将乔莉的名片扔还给她,那名片终究是一张纸,摇摇晃晃地栽到了地上。于卓然愤懑地道:"你们这帮销售,不就是想卖东西吗,想卖东西你们找我爸爸去,跑到我这儿废什么话呀!"

乔莉的脸腾地就红了,她不敢相信地看着这个只比自己小六岁的女孩,如果不是乔莉身着职业装,她穿着学生装,两个人看起来只差着两三岁,应该是一同玩耍的朋友。乔莉觉得自己被深深地刺伤了,她进入职场这么长时间,还没有什么东西这样刺伤过她,但是这个刚刚年满二十岁的在读女大学生的不屑与羞辱深深地伤害了她。她慢慢弯下腰,捡起名片,轻声道:"我是在销售部门,但是也在配合市场部门做这个调查,如果让你有什么误会的,请你原谅。"

于卓然冷冷地看了她一眼，又朝两个老师点了点头，似乎是想打个招呼，便离开了办公室。乔莉看见两个老师尴尬的表情，迅速调整好自己，笑道："愤怒青年嘛，我当年比她还厉害。"

两个老师闻言连忙配合地笑了，乔莉不好再逗留，连忙让了出来。她觉得有些头痛，真是出师不利，只是想接触了解一下，没想到碰了这么大的钉子。不过，她转了转念头想，也不能怪于卓然，她还是个孩子，却因为父亲的关系要受"这帮销售"的打扰。乔莉苦笑着，她说得没错，自己确实是个销售。现在，乔莉担心于卓然会不会因此表示对赛思的不满，等到周末的时候告诉于志德，看来，她不得不把这个"好消息"汇报给陆帆了。

乔莉拨通了陆帆的电话，陆帆听她说完没有任何表示，只是说："嗯，我知道了，你先回公司，我等你。"

乔莉有些不安，担心自己破坏了周末和于志德的接洽，她一路赶回公司，风风火火地在茶水间喝了杯咖啡，准备往陆帆的办公室走，还没出门就遇上了刘明达。刘明达问："你去哪儿了，一个下午都不在？"

"我去银行了，"乔莉略一迟疑，撒了个谎道，"有事儿？"

"没事儿，"刘明达见四下无人，问，"晶通的事情怎么样了？"

"能怎么样，准备资料呗。"

"给谁？"

"不知道，只是叫准备资料，"乔莉见刘明达的脸上浮起狐疑的神色，叹口气道，"现在所有的事情都归弗兰克管，我只能服从命令听指挥。"

刘明达嘿嘿一笑："你们石家庄之行怎么样啊？你说请我吃饭，也一直没有动静。"

"就那个样子，"乔莉露出一筹莫展的表情，"吃饭好啊，今天晚上？"

刘明达又笑了笑，点点头。乔莉这才得以赶到陆帆的办公室，一进门她吓了一跳，屋子里不仅坐着陆帆，还坐着何乘风，她想出去，陆帆指指空位子，示意她坐下。

"人大的情况你再讲一遍。"陆帆道。

"弗兰克。"乔莉为难地看着陆帆，心想这下惨了，在全公司的总裁面前出丑。陆帆面无表情："你说得详细一些。"

乔莉只得讲了一遍，何乘风微微笑着，身体向前略略倾斜，听得很入神。陆帆等她讲完道："你和强国军准备一下资料，我要你想办法接近王贵林。"

"胖头鱼？！"乔莉讶然道，说完便后悔了。陆帆低下头假装没有在意，乔莉道："他周末也来北京吗？"

"不来，"陆帆道，"你最好周末去一趟石家庄，周六去周日回，想办法见见他，但是记住，不要告诉别人你的行踪，公司里的人也不要讲。"

乔莉站起来，犹豫地看着陆帆。陆帆道："还有什么事情？"

"嗯，"乔莉道，"他算肥鱼吗？"

陆帆一愣，猛地想起和乔莉在晶通食堂门口打的那个"方总工不是肥鱼，顾海涛也不是馋猫"的比喻，他觉得乔莉这个提问非常有趣，也还算切中主题，笑了笑道："他算不算肥鱼还不知道，但我要你当一只馋猫。"

乔莉也笑了，转身走了出去。何乘风呵呵笑道："什么馋猫和肥鱼？"

陆帆把这个典故讲了，何乘风笑道："看来你这个老师当得不错。"陆帆笑而不语，何乘风道："云海什么时候能来？"

"还有七天，如果把今天也去掉，还有六天。"

"下个星期我们可能会有一位新的市场总监，你负责销售部，要和他多沟通，争取工作上合作愉快。"

"市场总监，"陆帆道，"什么人？"

"从香港公司调过来的。"

"香港人?"陆帆问。

"香港人。"何乘风答。

两个人彼此看着,突然一起哈哈大笑了起来。

乔莉回到办公桌前,打开电脑,一封邮件引起了她的注意。她打开邮件,一朵漂亮的雪莲花从碧蓝的水中冉冉升起,在屏幕上逐渐打开,变成一朵盛开的花朵,突然,无数的烟花从海水中喷涌而出,电脑随之发出噼噼啪啪的声音,烟花过后,一只懒懒的树袋大熊躺在花心中,手里捧着一束玫瑰,玫瑰花上写着几个字:祝你快乐!

乔莉扑哧一声笑了起来,一种暖洋洋的幸福感随着大熊闪动的黑乎乎的眼珠传遍了全身,这个树袋大熊,总是知道她需要什么,总是出其不意地给她鼓励与欢乐。

"笑什么呢?"突然,一个声音在她脑后响了起来,她想挡,已经来不及了。陆帆站在她的背后,瞄着她的电脑屏。

"没、没什么,"乔莉嘿嘿一笑,"祝福邮件。"

陆帆心想这是哪个傻小子的杰作,看把这姑娘乐得,眉眼都飞起来了,到底年轻好啊,还有这等闲情,他轻轻咳了一声:"晚上有空吗?"

"有空。"乔莉张口便答。陆帆道:"我和几个地方上的官员吃饭,你也去吧。"

"我?!"乔莉道,"我去合适吗?"

"合适,"陆帆道,"只是一般的宴请。"他看看她,解释道,"你要多见人,多去各种地方,这样才能见怪不怪,镇定自如。"

乔莉释然了,觉得陆帆的表情非常和蔼,老板的亲自关怀,加上树袋大熊的邮件,让她心里暖融融的。她直到收拾完东西,准备跟着陆帆走的时候,才想起了和刘明达的约会。怎么办?乔莉异常烦恼,刚才怎么会忘记有这档事儿了呢,她只得给刘明达拨了电话,把约会改到了明天,没有想到刘明达不以为意，爽快地答应了。原来明天是周末，刘明达觉得明天约会比今天能占有更多时间，让人感觉更有深意。乔莉哪里知道他的心思，听他心情不错，便放了心。她放下电话，提起包，刚要走的时候，电话又响了。刘明达问："你晚上到底有什么事情呀？"

"老板要陪几个朋友吃饭，我也要去。"

刘明达一听便一肚皮气，他阴阳怪气地道："请什么朋友吃饭要你作陪啊？"

"我不清楚，"乔莉道，"我要走了，拜拜。"

刘明达喂了一声，乔莉已经挂上了电话，刘明达一肚子懊恼，不禁恶狠狠地在电脑上打出陆帆陆帆，然后用删除键一下接着一下地删掉！

乔莉坐在陆帆的车上，车朝东边慢慢驶去，大约走了一个半小时，两个人才来到一个假山林立的山庄。停了车往前走不了多远，便看见一个亭台楼阁相间的地方。原来这里面是一间一间的包间，每一间都形状迥异。两人进了门，里面已经坐着三个男人，陆帆领着乔莉一进门，三个男人的眼睛同时亮了起来。陆帆简短地介绍了一下，其中一个人笑道："哎呀呀，僧多粥少，乔小姐坐哪边呢？"

陆帆笑了笑，指着一个人旁边的位子道："你坐在吴局长的旁边吧。"

乔莉依言坐下，另外的两个男人似乎也没有异议。几个人打情骂俏地吃起饭来，陆帆觉得这帮官员有时候真是无聊。他冷眼看着乔莉的反应，她既没有着恼，也没有冷淡相对，而是礼貌周全地应对着，看不出她是高兴还是不高兴。陆帆心想，这姑娘还真是有点做销售的天分，他带她来还是带对了。乔莉坐在他的对面，也在观察着他，她觉得陆帆要历练自己是真的，但是此行必定有目的也是真的，她目前还判断不出来。

陆帆很快和吴局长攀谈起钓鱼的技术，钓鱼乔莉不懂，偶尔插嘴，便发现陆帆在用目光制止她。陆帆和吴局长聊得兴起，道："吴局长，我知道有个钓鱼的好地方，什么时候去玩玩？"

"好啊，"吴局长道，"周末我有个老朋友来，他是个钓鱼迷，我们一起去。"

"没问题，"陆帆道，"我请客。"

"不不，"吴局长道，"我请你们。"

"我有赠票，"陆帆道，"不用白不用。"

"好，"吴局长道，"那我们一言为定。"他转过头看着乔莉笑道，"乔小姐有兴趣吗？"

乔莉想起周末要去石家庄，笑道："我周末要出差，去不了的。"

"出差？"吴局长看着陆帆道，"这太不近人情了吧，周末怎么让她出差呢！"

"她的行程归她自己安排，不归我管。"陆帆笑道，"这样吧，这个周末我们先钓，下次再带上她。"

乔莉看着陆帆，突然想起周末于志德要来北京，难道……？她的大脑飞速地运转着，陆帆知道吴局长与于志德是老朋友，也知道他们喜欢钓鱼，所以设下这个局，轻而易举地见上了于志德，而且还是以钓友的身份？想到这儿，她微微一笑，向吴局长问道："你的朋友常来北京和你一起钓鱼吗？"

吴局长呵呵乐了："你怎么知道，真聪明。"

"你们喜欢去哪儿？"乔莉已经心知肚明，笑道，"我下次有机会也去玩玩。"

吴局长说了一个地方，乔莉没有听说过，但是她却道："我们陆总也喜欢去那儿，在公司里提过好多次。"

"真的？"吴局长看着陆帆，"看来陆总你是真喜欢啊，周末我们一定要切磋切磋。"

陆帆不露声色地一笑，瞟着乔莉的目光有些冷淡，看来她的毛病的确像她自己说的，喜欢自作聪明。

晚饭结束后，陆帆开车送乔莉回家。乔莉依然望着车外有些微凉的风景，此时的北京已是十月，天高云淡，夹着一丝寒冬的讯息。过了不知多久，陆帆放了个碟片，一种很轻的摇滚歌声响了起来，乔莉有些诧异地回头："你喜欢齐柏林飞艇吗？"她仔细地听了听，轻叹一声道，"这可是支很老牌的英国乐队啊。"

陆帆同样诧异了，他这张碟在车上放很久了，还是第一次有人准确地说出了乐队名与出处。他不禁问："你喜欢摇滚乐？"

"听过一些，"乔莉道，"涅槃有一张很轻很慢的，我特别喜欢，大学时经常听，后来搬家丢了，再也没有听过。"

陆帆没有说话，好像现在的女孩都不太喜欢这些了。乔莉又把头转向了窗外，陆帆觉得离开职场的乔莉要比在办公室中显得可爱一些，这种可爱来自她的沉静。陆帆忍不住想说几句，话到嘴边又咽了回去，他提醒自己，他是她的上司，他们此时亦是职场。

乔莉回到家，把包和明天要穿的衣服整理好，然后躺到床上，开始熟悉赛思的产品。陆帆为什么安排她独自去石家庄呢，见到胖头鱼说什么？她朦朦胧胧地想，难道是派自己打一条线，他再去打另一条线吗？如果陆帆去攻于志德，那么代表着 SK 与瑞恩都会集中在那儿，这是不是表示，自己会拿到一条没有人管的肥鱼呢？乔莉皱起眉，这棋她越下越费力了，很多线索与结构都不是她能掌握的，她觉得自己还没有坐到下棋的那个位置上，她还没有找准方向。

与此同时，陆帆也回到了家，正准备上床休息，突然，他家中的电话铃声大作，激扬的声音吓了他一跳。他站在话机前愣了半天，任刺耳的铃声在夜的寂静里一遍又一遍地发作着，整个北京城没有人知道这个号码，除了前妻戚萌萌。

— 83 —

电话一遍又一遍地响着，比陆帆的犹豫执着几万倍，陆帆觉得自己的灵魂在一瞬间已经不属于自己了。他机械地坐下来，拿起了话机："喂！"

"大帆！"戚萌萌用哭腔叫着他的昵称，"大帆，我、我不想活了！"

陆帆觉得头皮阵阵发麻，他想扔掉话筒，想躲到一个没有打扰、听不到任何女人声音的地方，他觉得整张脸都紧了起来："怎么了，萌萌？"

"萌萌"两个字一出口他就后悔了，恨不能给自己一记响亮的耳光，他们已经离婚了，她根本不应该叫他"大帆"，他也不应该叫她"萌萌"。戚萌萌哭道："他、他打我，我、我不要待在这儿，我不要待在这儿！"

陆帆感到自己又要陷入一个无力的旋涡，他心里想着要拒绝她，嘴上却道："你现在在哪儿？"

"我在我家的小区里。"

"你爱人呢？"

"他在家里，他不让我回家。大帆，我没有地方去。"

"……"

"大帆，你来接我吧，求你了，来接我！"

"……"

"大帆，你还在吗？"

"在，等着，我来接你。"

陆帆放下电话，拿起外套，像一个机器般走到门厅，穿上鞋背上电脑包，走到电梯前按下按钮。这时已经十二点了，他觉得疲惫不堪，电梯一层一层地上来，然后门开了，门中的光亮让他有些不能适应，他伸手揉了揉眼睛，迈了进去，直到电梯下到地下一层，他才醒了过来，是去接人又不是上班，背着电脑做什么，但是，好像电脑可以给他一些勇气，好像电脑就是他的一个朋友，在这无亲无友的世上，他还有一个四四方方、冰冷但是忠诚的伙伴。

— 84 —

又是周末了，乔莉依约请刘明达吃饭，地方是刘明达选的，在后海附近的一家餐厅，琳达曾经带他来过，刘明达觉得不错，于是带了乔莉来。他上次和琳达坐在靠墙的位置，觉得不错，于是这次和乔莉也坐在这个位置上，依然是面对着面，只不过上次他面对的是琳达，这次面对的是乔莉。刘明达看着乔莉柔美中不失英气的五官，回想着琳达妆容精致的脸，觉得生活很有一种味道，这种味道才配得上他这样的白领与精英。他得意扬扬地唤过服务员，熟门熟路地点了几样菜，全不问乔莉的爱好，乔莉也不以为意，见他这般老练，笑道："哟，你常来嘛。"

"来过几次吧，"刘明达道，"这种地方很一般啦，这附近有个茶馆才好呢，一般人都不让进。"

"什么地方？"乔莉好奇地道，"一会儿我们去看看？"

"改天吧，"刘明达暗悔说走了嘴，那地方琳达只带他去过一次，他自己恐怕连门都找不到了，"今天我没有带卡。"

乔莉笑了笑，其实刘明达也没什么不好，待自己也算殷勤，但是怎么说呢，她就是不来电。两人客客气气、热热闹闹地吃完了饭，乔莉争着买了单，便要回去了。刘明达问她有什么事，她说和父母讲好了打电话，刘明达觉得她一个人在北京，父母管得宽些也正常。其实乔莉是想回去休息，明天一早就要赶往石家庄，她可没有精神在外耽误。

由于害怕走漏消息，她决定到了石家庄再和方总工联系。第二天一早，她便来到车站，买了票赶往石家庄。这一次也算知道路了，顺利地到了晶通，周末的工厂显得更加冷清，只有值班的门卫懒洋洋地坐在传达室里。乔莉拿出手机拨了方卫军的电话，电话关机，又打家里的电话也没有人接。没有办法，乔莉只有打王贵林的手机，手机也是关机。她又打他家里电话，不一会儿，电话有人接了，传来一个女孩气势汹汹的声音："你是谁？"

"哦，请问王贵林王厂长在吗？"

"打错了！"

砰的一声，电话挂断了，乔莉愣愣地对了一遍号码，没有错啊，她又拨了一遍，对方刚刚拿起话机，根本没有听她"喂"一声，又砰的一声挂了电话。乔莉这下落了空，谁也找不到了！她看着门卫，灵机一动上前问道："请问王厂长的家在哪儿？"

"你是……？"

"我是北京来的，他的一个亲戚，打他手机关机了，家里电话也没有人接。"

门卫狐疑地看了看，指着街对面的一个小区道："他在我们厂大院58号楼507。"

乔莉高兴地道了谢，过马路进了家属区，一路打听到58号楼，远远地便见一大帮人围在楼下，乔莉不知他们干什么，走近了却是一帮中老年人，年纪大约都五十开外。他们团团围在58号楼楼下，有的坐着有的站着，有几个人胸前挂着大纸牌，上面写着"我要吃饭！"四个大字，还有几个妇女举着一条破床单，上面写着"谁动我们的退休金，我们就去谁家吃饭！"的字样。乔莉顺着墙根挤到单元楼前，这里的人反而少些，她一边微笑着一边往上走，这些人见她很陌生，倒也给她让了路，她一路挤到五楼，见十几个人将507、508围得水泄不通，便知刚才接电话的人为什么态度恶劣了，看来这是厂里的工人在提意见。她悄悄地挤下楼，走到几个大妈跟前，笑了笑问："阿姨，出什么事情了？"

"你是谁？"一个大妈打量了她一眼，问，"干什么的？"

"我是来走亲戚的，找错了楼，你们围在这儿干什么？"

"我们来找领导谈话。"另一个大妈道，"小姑娘，现在的世道变了，真是让人没有活路了，你们家亲戚是我们厂的吗？"

"是啊，"乔莉点点头，"厂里怎么了？"

"我们厂要改制了，"大妈道，"国家给七个亿就把我们打发了。"

"七个亿！"乔莉道，"这么多钱？"

"你知道个屁！"另一大妈啐道，"七个亿，还不够我们还债的，本来我们的社保，还有退休金，都是要从这七个亿里面扣除的，根本是动也不能动。不知道哪个瞎了眼的领导说，要更新换代买机器，要配他娘的什么硬件、软件，要用这七个亿，他们用了钱，发财升官，我们怎么办？我们苦了一辈子，难道老了老了去喝西北风？"

乔莉愣住了，她站起身，感到心神大震，这七个亿的资金如果牵涉到这些事情，还怎么买东西？！社保、职工退休金，都是铁定了不能轻易动的，现在只不过有些风声，工人们便如此激动，如果事情成了真呢？她稳了稳情绪，问："你们怎么知道要更新换代买产品，这不可能吧？"

"你知道什么，"大妈不耐烦地道，"那几拨销售都到我们厂来过了，这些人为了赚钱，是吃人不吐渣子啊！"

乔莉再次心神俱震，几个妇女见她神色不对，又见她穿着西装，不禁对她起了疑心："你到底是谁家的亲戚？"

"嗯嗯，"乔莉见势不妙，道，"我姨妈和你们是同事。"几个妇女闻言一愣，刚想问她的姨妈是谁，乔莉已经站起身，落荒而逃了。她一路快走，出了晶通家属区的大门，长吐了一口气，真是出师不利，看来，这会儿王贵林不是被堵在家里，就是躲到外面去了。此时找人已是徒劳，她只得随意在街上走了走，找了家小饭馆坐进去，要了点东西，一边慢慢吃一边慢慢筹划，为今之计，只有等到晚上再说了。

就在乔莉坐在小饭馆里琢磨的时候，陆帆正与吴局长、于志德坐在室内的河滩上钓鱼。吴局长见乔莉没有来，打趣道："陆总，你那个漂亮的小手下呢？"

"她不能完全算我的手下，也负责一些市场部的工作，现在正在搞大学生就业情况的调研,今天去天津南开大学了,"陆帆瞟了于志德一眼,"前几天还去了人大和北大,反正一通瞎忙活呗。"

"哦,"于志德听到这儿道,"赛思还搞大学生的就业调研?"

"每年我们都会挑选毕业生进赛思实习,如果实习期间成绩突出,我们就会考虑把人留下来,所以这个社会调研,对企业本身的帮助很大,"陆帆笑道,"就算是走过场,也需要大量的数据,够这个小姑娘忙的。"

于志德点了点头,没有说话,陆帆也不以为意地继续盯着自己的鱼竿,看来这几问几答,已经把乔莉去人大找卓然的事情抹了过去。这个地方环境真不错,虽然是室内,房子却盖得极为高阔,顶上的玻璃天窗滤下明亮的阳光,一条河虽是人工挖成,却也弯弯曲曲,河岸由土石堆成,颇有天然味道,土里还栽着一排排垂杨小柳,很有几分诗情画意。

"这儿的鱼可不好钓,"吴局长见陆帆盯着水面出神,笑道,"都是真正的野生鱼,而且从不饿着,真正的鱼精,钓一条可难了。"

"这才像钓鱼嘛,"陆帆笑道,"一钓几十斤的可吃不消,那不如去买了。"

这时,于志德的手机响了,他接了电话后道:"我的朋友来了。"

"谁啊?"吴局长道,"这么神秘。"

"来了就知道了,"于志德意味深长地看了陆帆一眼,"都是老熟人。"

老熟人?陆帆在脑海里搜索起来,有谁是他的老熟人,又认识于志德,难道?他微微眯起眼,便看见SK的销售薄小宁和销售总监付国涛拿着钓鱼用具笑嘻嘻地从进门的几棵柳树背后绕了出来。

陆帆看见了薄小宁与付国涛,付国涛与薄小宁也看见了他,三个人俱是微微一愣,陆帆神色不变,付国涛只是挑了一下嘴角,薄小宁皱了皱眉头,接着,三个人都笑了起来。

"弗兰克,"付国涛道,"太巧了,没想到在这儿遇上,怎么,你也喜欢钓鱼？"

"是啊，早就听说你喜欢钓鱼，一直没有机会约你，"陆帆笑道，"今天好了，不用约，全遇上了。"

付国涛指着薄小宁："这是我们SK的头牌销售，薄小宁。"

"久仰久仰，"陆帆朝薄小宁伸出手，"早就听说过你了，今天很高兴见到啊。"

薄小宁微笑着将手伸出老远与他握了握，似乎怕他离自己太近，又似乎有些看不起他。吴局长见他们神态亲热，笑道："你们原来都认识嘛，这下好了，都是自己人。"

于志德在旁微笑着看着他们。付国涛和薄小宁与他和吴局长打了招呼，两个人去服务台拿活鱼食，付国涛小声道："你对他亲热点儿，场面上的事情也应付一下。"

薄小宁冷冷地哼了一声："败兵之将，也敢言勇，听说他开公司开垮了，混不下去才跑到赛思当的总监。"

"瘦死的骆驼比马大，"付国涛笑道，"你不要小看他，都说我付国涛脾气大看不起人，你比我还厉害！"

"你是我老板嘛，"薄小宁笑道，"我当然像你了。"

"我们还真不能轻敌，"付国涛道，"他接手晶通不过一个星期，就混到钓鱼场来了。"

"让他混，"薄小宁道，"他混得越凶最后死得越难看。"

"他怎么一个人当光杆司令？"付国涛笑道，"一个兵也没带出来。"

"他哪儿还有兵啊，听说赛思的销售现在满世界找工作，前面的人捅了那么个大窟窿，傻子才在那儿当女娲呢。"

付国涛笑了笑，没有说话，远远看去，陆帆比两年前老了不少，连坐姿都失去了当年意气风发的模样，不过，还是不能小看他，这个人，实际能力要比外表强太多。

整整一个下午，陆帆都在陪着大家钓鱼，他坐在吴局长的旁边，吴局长坐在于志德的旁边，于志德的另一边坐着薄小宁与付国涛。他不怎么说话，说也是和钓鱼相关的，似乎他来这儿真是为了钓鱼，但其实他的大脑一分钟也没有闲过，他在留意薄小宁与于志德的对话，他知道付国涛是老江湖，不会在谈话中流露什么，但薄小宁就不同了，一个得意扬扬的高干子弟，难免会露出一些真话来。

果然，薄小宁与于志德拉起了家常，看来他们两家私交不错，薄小宁的父母和于志德的岳父是老朋友。陆帆偶尔看看于志德，这个四十七岁的男人保养得很好，头发吹得一丝不乱，西服领子与衬衫领子都是干净笔挺的，几乎无懈可击。这样一个细心的爱干净的人为什么把两家公司的销售约在一块儿呢？陆帆明白，他就是要给两家销售机会，别看薄小宁和他的私交好，他仍然要套出真实的好处，想要真实的好处，就得有比较，就算他最后从 SK 拿货，他也要先把赛思放在前面，这样就可以拿付国涛一把，榨出真正的好处与油水。

陆帆微微一笑，心道你存了这个心思只怕有些事就由不得你了，只要赛思给出的价码超过 SK，就不由你不下水，看来，你也不着急买货定价，我们大家慢慢玩吧。

付国涛坐在旁边，盯着水面一声不吭，这种事情他也不是第一次遇上了，玩就玩吧，最后谁把单子拿到手，谁才是真正的胜利者。他斜了陆帆一眼，心想，就算你搭上了于志德也没有用，晶通改制是个大项目，凭 SK 的集团作战方式，以及政府背景的运用，你陆帆本领再大估计也难挽回局面，拿不下晶通，看你还能在赛思撑多久！

天色渐渐晚了，乔莉回到上次住过的宾馆，放下行李，换上一条黑裤子，把衬衫放在外面，头发束得整齐，乍一看像个普通的学生。这般打扮之后，她重新溜到晶通的家属区。吓！这会儿人比中午时分更多了，除了静坐示威的退休职工，还有不少在职的员工，估计有些人是父子或母女关系，一家老少都围在此处，还有些人把饭菜直接送了过来，老人们就地取材，有坐凳子的，有铺张报纸坐花坛的，纷纷吃了起来，一时饭菜飘香人声鼎沸。乔莉又急又觉得可笑、又深有感慨，真个翻倒了五味瓶，什么滋味都有了。

507一片黑暗，不见一点亮光，508倒是亮着灯，不过窗户紧闭，乔莉琢磨王贵林还在家中，但是不知如何见到他。灯火阑珊中，她觉得有些饿，这才想起自己还没有吃晚饭，但是好像也没有胃口，只是站着等着，她不相信王贵林会一直不出来，让这些老人在楼下坐到事态扩大，坐到他要向上级主管部门和相关领导解释事情的始末。

她又悄悄拨了一遍方卫军的手机，仍是关机。联想起于志德现在人在北京，整个工厂居然没有一个中层干部愿意出面解围，乔莉不禁暗暗心惊，是王贵林真的用人无方，导致离心离德，还是政治的天平已经倾向于志德，众人都急于和他划清界限？

突然，有人叫了起来："灯亮了！"乔莉抬头一看，507的窗户里亮起了黄色的灯光，接着，楼道里传出了动静，工人们顿时骚动起来："下来了！下来了！"乔莉混在众人中间，朝楼道口挤去，楼里传来喊声："大家让让，让厂长说几句话。"

王贵林胖胖的脑袋和身体挤出了楼道口，迷蒙的亮光中，他举着一只大喇叭，朝花坛处挤去。乔莉冷眼见几个工人有意朝他身体撞去，都被他轻轻地挡了回来，他的身躯极为稳健，与乔莉上次见到的感觉大不相同。就在乔莉一晃眼之际，王贵林轻捷地跃上了花坛，对着喇叭大声道："晶通厂所有的员工听好了，我有一个消息向大家宣布！"

围在花坛处的年轻人还在哄闹，王贵林并不理会，接着高声叫道："你们都是晶通的老人，为晶通出了几十年的力，有功劳，没有功劳也有苦劳,你们以为我王贵林就躲在家里当缩头乌龟不敢见你们了,怕你们了?!你们错了,我是部队里培养出来的军人,上过战场,带过兵打过仗,我连死都不怕,会怕我们晶通自己家的老人、亲人吗?我绝不!"

这一番慷慨激昂的话让现场安静下来,乔莉没有想到,胖头鱼会突然变得这么有血性。王贵林道:"我一个下午躲在家里干什么?我在打电话,我在向市委打电话,我在向省委打电话,我在向所有能对晶通改制起作用的人打电话!同时,我也在向厂里的副总、总工以及各个中层领导打电话,我向所有的人打电话,这电话打通了、讲通了,我王贵林才敢下楼,才有资格下楼,才有这个脸来见你们,我向你们保证,只要改制的时候我王贵林还在位一天,晶通的资金就能保证所有员工的社保与退休金,少一分钱,我王贵林的妻儿老小都在这幢楼里,你们可以拿我是问,拿他们是问!"

"好!"不知是谁叫了一声,围观者叫起好来,但随即又有人叫:"厂长,说话能算话吗?那些大外企的人来了好几拨了!""谁不知道他们有办法,我们没少买这些烂东西,你就能保证?"

"我王贵林保证,不管什么人想多少办法,人在钱在,钱亡人亡,我要是丢了大家的保命钱、血汗钱,我就把这条命交给大家!"

众人这才鼓掌叫好,愤怒声似乎平息了不少,王贵林道:"大家都是老人了,苦了一辈子,身体什么样的毛病没有,你们这样苦守在楼下,不要自己的命了吗?你们不要我王贵林的命,难道连你们自己的命,也不要了吗?大家听我一句,都回去歇着,把心放在肚子里,踏踏实实地等消息,只要我还是一天厂长,我就一天保着大家,保着晶通!"

听了这话,工人们面面相觑,王贵林瞄着一个领头的老工人道:"陈师傅,您的老寒腿不能受凉,赶紧回去吧。"他又骂身边的两个助手,"你们还愣着干什么,送陈师傅回去!"

两个助手答应一声,上来搀扶陈师傅,老工人无法再倔强,只能走了。见他一走,众人也渐渐散了,乔莉还站在楼道旁。王贵林一边安慰工人,一边往楼道方向看去,见到是她,他微微一愣,向助手吩咐了一句。助手走到乔莉面前道:"你是王总的亲戚吧,他让你先上楼,一会儿他就回家。"

乔莉看了看王贵林,心中一阵欣喜,连忙上了楼。楼道里的人也散得差不多了,乔莉站在507的门前,一个助手跟上来,帮她敲开门。一个中年妇女看了看她,助手悄声说了两句,中年妇女把她让进屋。乔莉礼貌地道了谢,坐在客厅的沙发上。这是个看起来还停留在九十年代初水平的屋子,客厅不大,连着三个房间,一个房间门紧闭着,另一间半敞着,里面有个老人问:"谁呀?"

"贵林的朋友,您睡吧。"中年妇女道。

"楼下的人散了?"

"散了。"

"贵林呢?"

"马上就来。"

中年妇女将房间门带上,给乔莉泡了一杯茶,乔莉又道了谢,中年妇女笑了笑,打开了电视机,再也不说一句话了。

电视上正在放美食节目,主持人把一锅高汤浇在色彩丰富的菜盘里,乔莉咽了口口水,觉得自己更饿了,她只能悄悄忍着。大约过了半个多小时,王贵林打开了门,乔莉连忙站起身,他也不客气,随便点点头,一屁股坐在沙发上,对中年妇女道:"泡杯茶,渴死了,肚子也饿。"他望着乔莉道,"吃过了没有?"

乔莉摇摇头,王贵林道:"下四包快餐面。"他朝乔莉笑道,"两包吃得下吗?"

"吃得下。"乔莉道。王贵林呵呵一笑,满脸的疲倦中仍然透着一股神采:"这种时候你还敢来,居然就在楼下。说说,怎么没被发现?"

"我说我是厂里的亲戚,"乔莉笑道,"工人的心情我能理解,虽说我们卖机器也是为了工厂发展,但是在有些时候,事情就会变形,这也没有办法。"

"哦,"王贵林见她落落大方,比上次和总监来的时候自信了许多,不由笑道,"变形了怎么办呢?"

"变形了就慢慢正过来,"乔莉笑道,"或者干脆就歪着,只要能把事情做好就成。"

王贵林哈哈大笑,问:"你父亲是军人吗?"

"不是,"乔莉笑道,"他是个退休干部,没有当过兵。"

王贵林若有所思地点点头,慢慢道:"他退休前做什么工作?"

乔莉明白了他的所指,笑道:"他是个小公务员,也不在北京,因为身体不好,早就内退了,平时喜欢看书,也算半个读书人吧。"

王贵林暗自喜欢这个姑娘的爽快,如此坦诚地把自己的平常家世交代清楚,而且言辞谦虚,说明了这个女孩十分自信。这时,中年妇女把热腾腾的两大碗面条端了上来,王贵林指了指面条:"吃饭,先吃再说!"

"好!"乔莉也不客气,端过碗大吃起来。这两个人大约都饿得狠了,一个终于说服了工人,一个终于见到了客户,各自心中放下一块大石头,这时如风卷残云般吃了起来,不一会儿,将两大碗面条吃得干干净净,一根不留。

王贵林放下碗,满足地叹了口气,望着乔莉笑道:"说说,你们赛思的产品比起其他企业的,都有什么优势。"

乔莉悄悄打了个饱嗝,暗中吐出一口气,心道胖头鱼老大,你知不知道人吃完饭后所有的血液都在胃里,大脑是缺氧状态啊。幸好来之前找强国军仔细地商量过,把针对晶通电子的比较有价值的产品背了个熟,不然就得干坐在这儿了。她坐正身体,清了清嗓子,有条不紊地说了一遍,王贵林听得很仔细，一边听一边微微点头。待乔莉说完，他高兴地道："你这些内容有没有向方总工和于副总汇报过？"

"我给过方总工材料，于副总……"乔莉有些犹豫，王贵林笑了笑："没关系，他们俩一个是总工程师，一个是分管业务的副厂长，让他们了解这些很有必要。你看，现在晶通要改制，人心浮动，我呢，也顾不上管理这些。我看这样吧，你们搞个会，最好是专门针对电子企业方面的，把你们的产品优势以及核心技术都作为会议重点，然后你们邀请我们晶通的方总工和于副总参加，我再让他们组一个团，把厂里的技术骨干都带过去。"

"开会？"虽然乔莉知道赛思经常组织客户出去开会，通常都是风景优美的地方，一边开会一边玩乐，既联络了感情又推销了产品，但是她还是第一次遇到这样的情况，而且是晶通的最高级管理人员。她愣了愣，随即笑道："您放心吧，这个要求我会立即反映给我们部门总监，然后及时给您回复。"

王贵林微微一笑道："如果没有问题你们就报个邀请名单，就不要写我了，我这儿的情况你也看到了，如果我动身，他们就全走不了了。"

乔莉感激地点了点头，王贵林看了看墙上的挂钟，乔莉明白已经很晚了，再坐下去就不太礼貌了，便起身告辞，王贵林亲自把她送到门口，态度十分亲切，就像一个长辈对待自己的晚辈，这让乔莉觉得此次石家庄之行没有白来，的确很有收获。她下了楼，快步回到宾馆，一进房间门，立即迫不及待地给陆帆打电话，陆帆许久没有接听电话，直到电话成为忙音，过了几分钟，乔莉的手机响了，她拿起来一看，是陆帆。

"喂，弗兰克，"乔莉有些激动，"你现在方便吗？"

"方便，"陆帆走进卧室，关上了门，戚萌萌还睡在书房里，他不想她突然跳起来，蹿到他面前，做出什么猝不及防的举动，"说吧，情况怎么样？"

乔莉把在晶通看到的工人闹事，以及王贵林的英雄表现，还有坐在王贵林家的沙发和他同吃面条，最后王贵林让晶通组织一个会议等林林总总一口气汇报了个痛快。陆帆一边听一边惊讶，如果晶通改制的资金牵涉到工人的社保与养老金，到时候就会有太多麻烦，国家规定这笔钱不能随意动用，现在不清楚晶通这笔钱到底怎么分配，如果七亿资金仅仅够填企业的窟窿，那么晶通就根本没有办法在技术上进行更新换代，可是，如果晶通改制之后还使用旧的设施，那么这个企业就一钱不值，迟早会倒闭解散。可是张亚平，以及李才厚给出的信息，都是明确了晶通七亿资金中包含了软硬件更新换代这一块，怎么回事儿呢？工人闹事这么大的信息，从张亚平到李才厚，没有一个人向他透露消息，要不是乔莉去一趟，他还蒙在鼓里。

王贵林既然拍了胸脯向工人保证不动用这笔钱，为什么要乔莉向公司申请会议？是为了日后生产资料的更新，还是借刀杀人，把方卫军和于志德推到最前线，让他们成为工人的眼中钉、肉中刺，自己渔翁得利？可是于志德如果知道这些情况，为什么还要冒险和SK、赛思包括瑞恩接洽呢？他似乎没有回避的意思。

"老板，这个会我们开吗？"

"我想一想，"陆帆道，"你辛苦了，面条吃得饱吗？"

"饱死了，"乔莉笑道，"要不是事先有准备，当场就得给他问在那儿，肚子吃饱了大脑哪儿还有劲工作呀。"

陆帆不禁笑了，乔莉道："老板，你今天见于志德怎么样？"

"还行吧，"陆帆冷淡地回道，"只是认识了一下。"

乔莉感觉陆帆有些不高兴，忙转移话题道："我明天上午再给王厂长打个电话，然后就坐车回去了。"

"好的，"陆帆道，"到北京后再给我打个电话，路上注意安全。"

乔莉挂上电话，心想难道陆帆见于志德不顺利吗，为什么自己一问他就不高兴了呢？今天太晚了，还是明天给父亲打个电话问问吧，对了，明天就是星期天，也应该给爸妈打电话了。

陆帆望着合上盖的手机，心中还是盘算不清晶通里面的关系。他想了一会儿，觉得有些渴，便想去客厅倒点水喝。他走到门口打开门，吓得浑身打了个冷战，戚萌萌脸上贴着一张白白的面膜，披头散发，裹着一个毛巾被站在门外。

"萌萌，你干什么？"

戚萌萌回身便走，倒在客厅的沙发上，冷冷地问："和谁打电话呀？"

"我的一个销售。"陆帆习惯性地道，答完了心里有些不舒服了，心想我们已经离了婚，你怎么还查问我？

戚萌萌哼了一声："销售，销售你还关心她什么时候回来，路上安不安全？"

"我是老板，关心下级是我应该做的事情。"陆帆将火压在心里，耐着性子道。

"算了吧，"戚萌萌道，"谁不知道你们这些做销售的，男男女女都是三陪，什么老板下级，我看陪着陪着，都陪到床上去了！"

"戚萌萌！"陆帆大喝一声，声音之大连他自己都有些意外，"你不要把别人的屎盆子往我头上扣，也不要把你自己的屎盆子往别人头上扣！"

"你！"戚萌萌一下子坐了起来，贴着面膜的脸看不出表情，陆帆只觉得在这夜里看起来像鬼一般阴森可怕，两个人就这样对视着，相顾无言。陆帆听见书房的电脑还在放着低低的音乐，他心想这下完了，这通常是暴风雨的前奏，安静无声，却毫无悬念！

"姓陆的，你不是人！"戚萌萌一下子狂喊起来，那声音像从喉管里直接蹦出来的，既尖锐高亢，又夹着一丝沙哑！陆帆觉得整幢楼的人都要被她震醒了，他连忙上去一把抱住她，好言安慰道："萌萌，嘘——是我不对，对不起啊，对不起！"

戚萌萌不依不饶地在他的怀里蹦跳着、呐喊着，陆帆觉得头都要炸开了，他只得一遍一遍地道歉与安抚，这时候，他无比后悔自己把这个女人又重新弄回家来。生活像一个魔咒，自从他遇见这个女人开始就中了这个魔咒，她是个疯子，他是个正常人，最后的结果是，疯子永远地吃定了他，就算跟他脱离了法律与社会习俗上的关系，她仍然是个魔咒。

最后，戚萌萌终于哭累了、喊哑了、虚弱了，像一个泄了气的塑料娃娃软绵绵地靠在他的身上，陆帆用力将她背起来，跟跟跄跄地走进书房，把她放在铺好的沙发床上。戚萌萌突然伸出手，将他紧紧地抓住，那手指又软又凉，像细小的蛇儿缠住他，她的声音这时候更加绵软："大帆，我要你。"

陆帆浑身打了个冷战，急忙用手轻轻掰开她的手指，温言道："你累了，我也累了，好好休息吧。"

他站起来往外走，戚萌萌一动不动地躺着，幽怨地问："为什么？"

陆帆停住了，温和而坚定地道："你忘了，现在你是别人的妻子，我们只是朋友。"

趁戚萌萌没再有动作，陆帆连忙走出去，关上了房门。他不敢待在客厅，急慌慌地接了一杯水，端到了卧室，然后紧紧地把房门锁上了，他一边喝水一边想，戚萌萌的老公为什么还不来接她，难道她又想离婚了吗？这样一想，他觉得头又要炸开了，不禁呻吟一声，腿一软，坐倒在床上。

乔莉安静又香甜地睡了一个晚上，直到第二天天光大亮，她才从床上爬起来。她洗漱完毕，打开窗帘，又是一个艳阳天，阳光像无数的希望从天空洒下来，照得她暖洋洋的，既舒服又快活。她坐在靠窗的沙发上，给家里打了个电话。

照例又是母亲先接了电话,两个人聊了会儿家常,父亲才把电话接过来,也是照例问了问工作,乔莉把晶通的进展向父亲说了一通,老乔静静地听着,一个大国企改制,七个亿的资金,绝不可能这么简单。女儿稀里糊涂地冲锋陷阵打在最前面,不知是福还是祸,不过她正年轻,年轻就是有本钱,多经历一些总是好的。乔莉想起昨晚陆帆的不悦,忙把那几句对话说了,问:"爸,你说他为什么不高兴?"

"不在其位,不谋其政,"老乔道,"你既然是下级,就应该好好汇报工作,为什么要打听上司的工作进展?"

"我关心他嘛,"乔莉道,"我跟他是一条船上的。"

老乔呵呵笑了:"谁说你和他在一条船上?丫头,你记住,你只和你自己在一条船上,只要记住这一条,你就能适当地关心别人了。"

乔莉觉得心情紧了,父亲的话总是这样,温温和和,却让人有些难过。老乔又道:"你要记住,他们每一个人都是你的朋友,每一个人也都不是你的朋友。"

乔莉嗯了一声。

"这条路本来就不好走,但这是你自己选的,莫怪他人,也莫怪这个社会。"老乔温言道,"要接受社会现实,尽量地理解他人,不要随便动怒,也不要随便地交朋友。"

"我没有交朋友。"

"朋友是难得和珍贵的,你的老板不是你的朋友,同事也不是,你记住了吗?"

"记住了,"乔莉吐出一口气,笑道,"至少,你和妈妈是我的好朋友吧?"

"我和你妈,"老乔把这话对爱人重复了一遍,乔莉听见电话那头父母一起笑了起来,老乔道,"我们当然是你的朋友,你常记得我们就好了。"

乔莉也笑了,这时候她心情好了一些。没什么,父亲说得对,要接受现实和理解他人,谁活着都挺不容易的。她挂上电话,想到有父母这么好的朋友,不禁幸福地笑了。

第 三 章

回到北京,乔莉休息了一个晚上,便又到了周一。时间过得比流水还快,她匆匆赶到公司,还没有坐稳,陆帆的邮件已经到了:写一个会议申请,然后报批。

乔莉给他回了封邮件:会议定在哪儿?

陆帆看了看窗外:三亚。

乔莉立即动了起来,先找出原先公司这类申请的范本,然后将一些理由等等叙述清楚,一直忙到午饭时间,才把一个会议申请写了个大概。她拿起饭卡,刚想下楼吃饭,陆帆的电话追了过来:"写得怎么样了?"

"差不多了,还要再改改。"

"别改了,立即发给我看。"

乔莉不明白他为什么这么着急,但是父亲的话起了作用,她一个字没多说,把写好的文件发了过去。这时,刘明达已经走进销售办公区了,乔莉望着他笑了笑,刘明达道:"周末过得怎么样?"

"很好啊,"乔莉道,"休息得很舒服。"

"下去吃饭?"

乔莉点点头:"你呢?"

"Me too。"刘明达拽了句洋文,乔莉呵呵一乐,两个人一起到楼下食堂。今天食堂人特别多,几乎找不到位子,刘明达让乔莉去找座位,自己拿着饭卡排队打饭。乔莉好不容易发现了张空桌,刚坐下来,瑞贝卡端着盘子出现了:"安妮,空不空?"

"还有一个人,你坐吧,"乔莉往旁边挪了挪,"怎么样,最近忙吗?"

"忙死我了,"瑞贝卡一屁股坐下,一张脸黄巴巴地苦着,眼角露出细细的皱纹,她打量着乔莉,叫道,"你最近用什么化妆品了,脸色这么好?"

"我能用什么,"乔莉笑道,"食堂卖的欧莱雅呗。"

"哼,"瑞贝卡道,"还是做销售好啊,有什么事情可以一推,'我要见客户',就可以回家休息了。哪儿像我们,一个萝卜一个坑,事情少做一件就天下大乱了,唉,真不是人过的日子,尤其不是女人过的日子。"

乔莉微微笑了笑,瑞贝卡压低了声音,像传播重大新闻一样,严肃地道:"你知道吗?我们市场部的副总马上要来了。"

"市场部VP?"乔莉一愣,忽然联想起上午陆帆催她写申请的事情,问,"什么时候?"

"明天,"瑞贝卡道,"现在我们市场部从上到下忙得人仰马翻。唉,累死了。"

"他明天到啊。"乔莉松了一口气。申请是陆帆在看,等他通过了以后,自己午饭后往系统里一填,市场总监批了,然后何乘风一批,明天那个VP来了也不能把这笔钱怎么样了。她乐呵呵地道:"你辛苦了。"

瑞贝卡正吃着,一抬头看见刘明达把热腾腾的饭菜端了过来,心里的酸楚一阵一阵地往上冒,同样是女人,凭什么乔莉就能当销售,每天不按时上下班,养得唇红齿白,到了公司还有人给她打饭?她歪歪嘴笑道:"哟,原来是莉丝啊!"

"什么莉丝?"乔莉与刘明达俱是一愣。

瑞贝卡道:"你是安妮的粉丝嘛,她叫乔莉,当然你就叫莉丝了。"

"别胡说,"乔莉笑道,"同事一起吃饭很正常。"

"正常?"瑞贝卡道,"我看你们这么甜蜜,什么时候公开恋情啊。"

"瑞贝卡!"这下不仅乔莉,刘明达也有些挂不住了,公司恋爱虽然常有,但谁也不愿意公开,否则其中一个人肯定待不长了。刘明达道:"你可别乱说,什么公开恋情,我们不过一起下来吃个饭。"

瑞贝卡冷冷地一笑,三下两下吃完饭,站起身道:"你们慢慢谈,我走了。"

乔莉只得笑着点点头,赶紧让她离开。刘明达皱眉道:"这个瑞贝卡,以前做秘书的时候喜欢开开玩笑,讲话不太好听,现在越来越别扭了,搞得跟怨妇一样。"

"市场部的工作可能比较辛苦吧,"乔莉道,"我们以后要一起吃饭就去外面,到食堂就各自分开吧。"

"也好,"刘明达道,"还是你考虑周到。哎,你知道吗?瑞贝卡有个男朋友。"

"哦。"乔莉低头吃着,她一向不喜欢八卦。

刘明达继续道:"听说他们都同居了,那男人死活不愿意和她结婚,她把一肚子气都发在公司里了。"

"不结婚?"乔莉道,"为什么?"

"谁知道,"刘明达道,"反正这个女孩够戗,要是我也不愿意结婚。"

乔莉听这话说得刻薄,岔开话题道:"你最近跟琳达怎么样,你们在跑什么单子?"

"不知道,她神神秘秘的。"刘明达道,"你呢,你和弗兰克的晶通电子怎么样了?"

"还是老样子,哪天我们一起约方总工出来喝茶,"她笑嘻嘻地道,

"很久没有和他谈苏联文学了。"

刘明达呵呵一笑，心想你的口风比我还紧，不过没关系，反正我帮琳达是为了业绩，帮你是为了追你，两不吃亏。

乔莉吃罢饭，回到销售部便查邮件。果然陆帆回了：批准，立即提交市场部。她立即在系统里填申报，刚刚填完，便发现一封新邮件。她打开来一看，竟然是何乘风发来的介绍市场部大总管的邮件，这个人名叫施蒂夫，香港人，原来一直在香港供职，也算一个老市场管理人员了。乔莉迅速浏览着邮件，赫然发现这个施蒂夫已经到了公司，今天下午将与市场部同仁会面，以后将和大家一起工作。乔莉看到这儿，心里一下子打起鼓来，不是说他明天到吗，怎么会提前呢？但愿那个申请能顺利通过，不要节外生枝。

与此同时，陆帆也看到了邮件，他心里那个气啊。昨天晚上听说香港人后天到公司，一早便开始准备活动申请，想赶在他来之前把申请报批下来，这样就算他来了也无济于事，想不到香港人如此"敬业"，提前半天到了公司。现在没辙了，这事情必须经过市场部，市场总监肯定不会做恶人，最后也得报给香港人，毕竟，他是负责公司花钱的大内总管。

何乘风也没有想到他会突然提前到公司，在这位香港副总到之前，他已经耳闻了此人的"轴"。"轴"是北京话，何乘风刚来北京的时候还听不懂这个词，而现在，他觉得这个词形容某些人的时候真是恰到好处。昨天晚上他听陆帆汇报晶通的进度，一听说晶通有意愿出去开会，他就立即叮嘱陆帆把活动申请报上来，没想到，还是被香港人的提前到来挡了一步。

施蒂夫穿着笔挺的西装，正式会见了市场部的所有同仁。虽说大陆改革开放了二十多年，不过他还是第一次进入内地工作。要不是现在北京上海的发展越来越快，香港的职位竞争越来越激烈，他也犯不着跑到这里来。来就来吧,既然美国人信任他,把他派过来负责大中华区的市场工作,他就一定会尽职尽责,守好公司的每一分钱。

果然,他刚到市场部就发现了问题。销售部提交了一个会议申请,要花十万多块,虽然钱不算多,但是如此着急地上午打申请,然后一路过了销售总监,又让市场总监批了,要是自己等到明天再来,让何乘风再批了下去,这笔钱就没有了。早就听过大陆的销售贪婪成性,八十年代的时候,敢把五十万人民币的货卖出五百万,然后中间的四百五十万和客户、代理商分成。现在管理严了,还是无处不贪,这十几万不管怎么样也不能随便批了,否则此风一涨,这些销售还有王法吗?既然是销售总监一路通过的,就先拿它当个事,把它压下去,镇镇销售部的歪风!

施蒂夫严肃地在系统里做了如下批示:我认为在目前阶段,应该进一步确认晶通电子业务的成功可能性,并考察这次活动的回报,如果成功性不大,回报不清,这次活动在短时间内则不考虑!

这个批示很快以邮件的方式发给了它最初的申请人:乔莉。

乔莉打开邮件,心里一沉,看来陆帆没有赶上,被香港人挡回来了,而且看这个语气,是要把它当成杀鸡给猴看的样本啊。这个会开不了,晶通那边的业务如何开展呢?真是伤脑筋。乔莉无可奈何地将这封邮件转给了陆帆,陆帆很快转给了何乘风,何乘风看着这封邮件,叹了口气,心想这人可真"轴"啊!

现在,施蒂夫挡的已经不是晶通,而是针对整个销售工作了。何乘风长叹一声,心想美国总部不知道怎么想的,你派人来管花钱、管市场没有错,可派也派个懂事的,像这样的"轴人"的确是条看家狗,可从公司的整体发展来说,这样的人最可能制造内耗,延误战机,做些大而不当的"场面"业绩。

如果现在大事化小,小事化了,自己拿出一部分总裁机动费用运作晶通会议，当然没什么问题。但问题是，总裁机动费用也是有限的，这笔钱应该花在刀刃上，合理的市场活动市场部应该支持，而且如果这件事情这样算了，以后事事都要以这个"先例"为准，麻烦会更多。何乘风有些不快，但也不着恼，他不等陆帆找他，便主动给陆帆打电话，让他来自己的办公室。

陆帆很快到了，坐在何乘风的对面，两人相视一笑，何乘风道："欧阳出去了，我们两个碰个头，你觉得晶通有多少把握？"

陆帆想了想："雾里看花。"

"哦，"何乘风扬起眉毛，"说下去。"

"晶通不同于以往的客户，以往的客户就是拿钱买东西，找到负责人，然后打关系谈条件等等，有各种方式运作，而晶通本身就在一个剧烈的变化期，比较看不清楚，可是如果等清楚了再进入，只怕就让SK和瑞恩占了先机。"

"晶通是块肥肉，"何乘风靠在座位上，喝了一口白开水，顺手把抽屉里的一盒雪茄拿出来，扔给陆帆，"人家送我的，我知道你喜欢，替你留的。"

陆帆知道何乘风从不抽烟，笑道："谢谢老板。"

"越是看不清楚，越要想办法看，"何乘风道，"晶通改制是必然的，既然要改，就会有人成为最大受益人，有人成为改制后真正的老板。这件事情我和欧阳也聊过，我同意他的想法，于志德不可小视，王贵林也是个人物。依我看，谁想在晶通大捞一笔油水，谁想成为晶通真正的台上老板，我们要分清楚。"

陆帆吸了一口气："难道……？"

"没错，"何乘风点点头，"不见得人人都还想改制后留在晶通，七个亿的资金，上千万美元的软硬件更新，多少人想在里面大捞一笔。话说回来，想当老大的，也未必不想捞这一票。"

"这样说来，"陆帆道，"这个会我们更应该开了。"他看了看何乘风，"这次晶通工人闹事，欧阳那边的人没有给我讯息，他……"

"他的事情我催他，"何乘风道，"欧阳做事和我们不太一样，他肯定会帮上大忙的，你让安妮有什么事情可以直接找欧阳，欧阳已经说了，他支持她打王贵林这条线，你攻于志德。但是我要提醒你们，当心这两个人是在一条线上，联手把我们都玩了。"

"一条线?"陆帆道，"可能吗?"

"现在还不能急于下结论，"何乘风道，"我再提醒你一句，琳达已经找了欧阳好几次，要求把晶通分给她。"

"琳达?!"陆帆皱起眉，"她最近一直很安分，我还以为……"

"这个女人不简单，"何乘风笑道，"要不是欧阳见多识广，早就下水了。就是这样，我看他对她也很有好感，常常赞不绝口。"

"那我让安妮找他也没有用，"陆帆道，"这女孩心气高得很，恐怕做不了琳达能做的事情。"

"女人是女人，下属是下属，"何乘风道，"欧阳这方面分得很清，他表扬琳达，也是因为她这些年销售业绩做得不错，一个女人能有这样的成绩，不容易。"

"我找机会安抚琳达，"陆帆道，"希望她能安心待在赛思，她是老销售了，不管是内耗还是外流都很可惜。"

"我也是这个意思，"何乘风道，"云海快来了吧?"

"他发了邮件，说这个星期四到。"

"他来了就好，"何乘风笑道，"你的性格外冷内热，待人表面冷淡，内心慈和，这样容易吃亏，云海和你恰恰相反，他待人表面宽柔，内心却深谋不动，极有城府，和你正好相辅相成。"他看着陆帆，"但是临危受命、独担重任，云海永远不如你，他永远会犹豫，这正是他不如你的地方，也正因为这样，他才是你最好的助手。他来了，我就放心你了，你这

— 107 —

一段很辛苦，我很感激。"

"老板……"陆帆内心有一丝感动，果然士为知己者死，何乘风与自己的交情十分深厚，但与云海只有几面之缘，如此洞若观火，并对自己如此了解与关爱，大大出乎陆帆的意料。陆帆克制住内心的激动，平静地道："这都是我应该做的。"

"晶通会议的事情，我看这样，"何乘风道，"你让乔莉再写一封邮件，大意是说晶通的项目如何进展顺利，客户如何要求深入了解赛思的产品，如果得不到市场部的支持，对这个项目可能很不利，然后让她把这封邮件CC（抄送）给你、欧阳贵、我、市场总监、施蒂夫，还有美国总部的汤姆。"

陆帆愣了愣，点了点头。

何乘风注视着他的表情，慢慢地道："如果打下晶通，她是立了大功一件，如果打不下晶通，施蒂夫也只能拿她说事，我不想因为这件事，把你牵进去，但是也不能让施蒂夫阻挡销售部的工作。乔莉虽然有所牺牲，但也会有所收获，只要打下晶通，就连总部也会对她有印象，就算她得罪了施蒂夫，有你、我和欧阳贵在中间，她最多受点委屈，但如果你和施蒂夫搞不好关系，总部那边就大有口舌了。"

陆帆想起何乘风才说自己内心慈和，自己又不能不忍心，不免有些不好意思。他点点头道："这样最好，一次性解决施蒂夫在晶通问题上的麻烦，下次凡是晶通的事情，就会顺利得多。"

"我也是这个意思，"何乘风道，"云海一来就好办了，让他陪着施蒂夫慢慢打太极拳。"

陆帆笑了："恐怕这个施蒂夫是少林拳派。"

"所以才派云海去，以柔克刚，要是欧阳贵，只怕就要打仗了，"何乘风呵呵笑道，"施蒂夫是香港少林拳，一点都不正宗，哪儿比得上欧阳的西北铁拳，要是一拳把他打回香港，总部还得派人，先让云海陪他打个对对胡吧。"

陆帆离开了何乘风的办公室,回到自己办公的地方。搭上乔莉解决这个问题,他不是没想过,何乘风既然这样说,也确实这是个最好的办法,就算牺牲了乔莉,也不会动摇销售部的根本。陆帆叹了口气,他有时候是容易心软,正是心软,当初他才敌不过戚萌萌的疯狂追求,娶了她;也正是心软,使他至今没有完全摆脱这个麻烦。陆帆觉得自己在对待女人的问题上过于传统,可能是年纪大了,不像现在的年轻人,完全为了自己,可以毫不顾及他人感受。

他打电话叫乔莉进来,让她把晶通的进展写得详细一些,成功的把握写得大一些,说明市场部的配合如何至关重要等等,然后 CC 给自己、欧阳贵、何乘风、市场总监斯科特、副总裁施蒂夫,以及美国总部的汤姆。听说这些人的名字,乔莉不禁大吃一惊,这不是明着要向美国总部告施蒂夫的状吗?

陆帆见她不说话,问:"有什么问题吗?"

乔莉不知如何回答,她实在没有想到,自己要和刚来的副总裁开战。她想了想问:"没有其他办法吗?"

陆帆摇摇头:"你放心,只要这个邮件发了,施蒂夫就会同意晶通的市场活动,而且以后和晶通相关的事情都会很顺利。"

乔莉苦笑了一下,自己现在就是传说中的炮灰了。父亲说得没有错,晶通一切责任都是她要背负的,谁叫晶通安在她的头上呢?现在如果拒绝发邮件,她得罪的可就不是施蒂夫,而是陆帆,甚至有可能是欧阳贵、何乘风,而施蒂夫,他会因此感激自己、保护自己吗?显然不会。但是发了邮件开了战,陆帆和欧阳贵、何乘风会保护自己吗?也许会也许不会,甚至如果事情有变,他们也会随时出卖自己,把自己当成替罪羊踢出公司。

乔莉没有选择,或者说,她只能选择一个,这就是职场,她必须如此。她点了点头:"行,既然这是个好办法,我这就立即去办。"

陆帆点点头:"你尽快写,写完打印出来给我看一看,如果没什么问题尽快 CC。"

乔莉笑了笑,心道陆帆你够狠,打印出来给你看,你再通知我怎么改,反正不留任何邮件的痕迹,到时候你就能撇得干干净净。她不想在陆帆面前表现出心中的失落与委屈,从现在开始,她只在她自己的船上!她不会让陆帆感觉到自己的任何一点情绪。乔莉站起身,用轻松的姿势走出陆帆的办公室大门。陆帆有些纳闷,她开始的表情有些震惊,这么快就若无其事,难道她没明白这其中的厉害?不会的,以陆帆对她的了解,她一定是明白了,而且明白得更多,看来,她比自己想象的要坚强。

陆帆抽出一根雪茄,放在鼻子底下闻了闻。现在,他还要做一件事,就是安抚琳达。琳达不比乔莉,仅仅靠语言就能怎么样,没有实际的好处她是不会罢休的,而且,她已经盯上了欧阳贵,这就更麻烦。他需要好好想一想。

与此同时,乔莉没有回到自己的座位上,而是坐电梯上了顶楼,顶楼是 49 层,她出了顶层电梯,走进楼梯间,把在公司前台要的报纸铺在楼梯上,然后她慢慢坐下。楼道里空无一人,空空荡荡却又是那么狭窄,一层一层的台阶有节奏地向下铺去,并在拐弯处形成平面,接着又是楼梯。现在事已至此,她需要好好想一想。

乔莉在楼梯上坐了很久很久,中间几次把手机拿出来,又放了回去。父亲身体不好才提前退休,她不想让他太操劳,如果是一件小事,向他询问无关紧要,父亲一向能风平浪静地处理,可这件事也太"狠"了,她不想让父亲费神。

她命令自己平静下来,不要带任何情绪,她先把自己放在何乘风的位置上,再把自己放在陆帆的位置上,父亲说不在其位不谋其政,可是不谋其政，恐怕自己也不得保。乔莉默默地想了一会儿，这封邮件何乘风与欧阳贵不适合发，如果他们公开和施蒂夫翻脸，就意味着与美国总部作对；而陆帆身为销售总监，这封邮件可发可不发，如果发了，美国总部肯定会让施蒂夫支持晶通活动，但这就意味着以后销售部的工作，必然会与市场部明争暗斗，一旦晶通失利，陆帆就得承担所有的责任；为今之计，只有安排她发，她是一线销售，了解客户需求，在这一点上，公司没有任何人比她有发言权，而且她年轻，又是刚刚进入销售部门工作，工作中遇到阻挠，又是这么大的一笔业务，发发神经也是可能的，陆帆等人可以推得干干净净，最后晶通如果失利，最多让她离开公司，销售部可以不受任何影响。

乔莉越想越平静，越想越有点高兴，因为她发现，如果她是何乘风或者陆帆，她也会这么做！慢来慢来，她问自己，这件事是陆帆的主意还是何乘风的主意？与新来的 VP 开战，如果何乘风不点头，陆帆不可能擅自主张，至少，也是两个人通过气的。乔莉这下没有什么不痛快的了，既然做了别人的马前卒，就得干马前卒的事。现在，她得想一想，在这盘自己无可挽回的败棋中，她还能不能为自己的将来捞住一点胜算。

她觉得有点累了，索性站起身，活动了几下。现在，她的头脑无比清醒：不错！既然要做，就做一笔大的！既然要敲山震虎，就要敲得震天响，这样就算以后施蒂夫对她憎恨无比，有了美国总部对她的印象，施蒂夫做事也会留有余地，至少表面上要过得去。

她不禁在楼梯上跳了一下，像个小孩一般连跺了几下脚，楼道里传来咚咚的声响，她得意地笑了。

她走出楼梯，坐电梯回到了办公室，先直接找到强国军，让他做个产品分析，把赛思、SK、瑞恩的产品放在一起比较，再把晶通的需求加进去，以表明赛思的产品最适合晶通的更新换代。不过，这倒也不是胡说，因为在乔莉向强国军了解产品的时候，强国军从技术层面已经给出了这个意见。

"陆总下班前就要,"乔莉道,"你最快什么时候能给我?"

强国军默默地盯着电脑,几秒钟后道:"你先发个邮件给我,把这个意思讲一下,然后下班前发给你。"

乔莉明白他事事都要个把柄,一怕遭人陷害,二怕无端卷入什么烂局,当下也不以为意,道了声谢回到自己的办公区。这会儿四下无人,琳达、周祥还有其他销售都不在,乔莉拿起电话,直接拨通了王贵林的手机,王贵林很快接了电话:"喂——"

"喂,"乔莉道,"王总吗?我是乔莉。"

"呵呵,"胖头鱼从喉咙里滚出几串笑声,"我知道,有什么事?"

"您上次提到的会议公司已经批准了,但是我们现在有一个新的工作流程,这也是为了公司严格管理,可能需要您的帮忙。"

"你说!"

"晶通要向我们发一份邮件,说为了更进一步了解赛思的产品,希望与晶通的技术部门开一次交流会,在会上系统地介绍赛思产品,并就赛思产品对晶通的帮助展开讨论。"

"嗯,"胖头鱼想了几秒钟,"这样吧,你先发一份是否要召开这样一个会议的问询,然后我让秘书给你回一封邮件,把这个意思写进去。"

"好,"乔莉道,"我马上就发,您的秘书什么时候能回?"

"我让他收到立即回。"

"谢谢王总。"乔莉道,"您什么时候来北京,我请您吃饭。"

"不用谢,"胖头鱼道,"有什么需要再打电话。"

乔莉放下电话,长出一口气。她不敢懈怠,先给强国军发了一封邮件,确认他收到后立即开始写会议问询,然后发给了晶通。果然,半个小时后,一封措辞严谨的邮件发了回来,虽是一大堆官话,但对会议召开抱有极大的重视与希望等意思表达得很清楚。乔莉看着邮件欣喜万分,胖头鱼帮了大忙了！接着，她开始写邮件，这封邮件她斟酌了很久，把晶通改制、SK与瑞恩等竞争对手对晶通的重视、赛思产品优势以及回报等等一一写了进去，尤其写到晶通对赛思的肯定，以及他们对此次会议召开的希望，更是不惜笔墨。写完之后，她开始修改，尤其在措辞方面十分平静严肃，完全站在工作角度以及公司角度来谈这个问题。十八点整，强国军把产品分析报告发给了她。她立即把它和晶通的会议申请全部附在了邮件后面，她又仔细地审了一遍，确定没问题后，随即打印了一份，朝陆帆办公室走去。

她敲了敲门，陆帆道："进来。"她推门一看，琳达坐在里面，陆帆道："有事吗，等二十分钟！"

"知道了。"乔莉关上门，回到座位上，心想陆帆找琳达聊什么呢，表情那么严肃？

陆帆的表情的确严肃，不仅严肃，甚至可以说是压着怒气。这次与琳达谈话本来是好言安抚，但陆帆心里也明白，他除了晶通，没有什么好客户能给琳达，既然无财，只能许之以权，他承诺琳达给她升一级，成为销售经理，让她在公司带一名销售，业务发展之后，再给她配团队。陆帆也知道，琳达干了十年销售也没有当销售经理，不是因为她能力不够，而是因为她根本不愿意，但是他尽量把这个好处说得多一些，这种好处在他看起来也有点干巴巴的，感觉除了语言，他这个老板再也无法拿出更实惠的东西。

琳达保持着沉默，一张施了粉黛的瓜子脸紧紧地绷着，不管陆帆怎么表白，她一个字也不说，陆帆觉得自己被僵住了。

本是一场安抚，最后成了对抗，陆帆觉得自己这步棋走得很臭，也很无奈。虽然一个销售经理一年可以多拿几十万，但他清楚，琳达这样的老销售，从不指望工资生活，这点钱她根本看不上。

他不指望一次沟通就有成效，至少，让她可以感觉到他对她的重视，双方达成和解与共识，但是她的表现却让他意外。陆帆心想，就算你摆平了欧阳贵，也用不着立即给我脸色，十年的老销售了，怎么会犯职场糊涂？

"你不愿意当销售经理也可以，"陆帆好言道，"以后有好客户我都会优先考虑你。琳达，我只是想让你明白，我很重视你。"

琳达依然沉默，陆帆道："今天就谈到这儿，你回去休息吧。"

琳达站起来，沉默地走了出去。陆帆感到，要安抚这个女人，怕要和欧阳贵沟通一次了。

他稍做休息，立即打电话让乔莉进来。乔莉推开门，笑意盈盈地把几张纸放在他的面前："老板，邮件我写好了，你看看！"

陆帆觉得乔莉的微笑像一缕阳光，让他的心情也好了一些。他伸手拿过纸，仔细地看起来，看完后，他抬起头，打量着乔莉阳光的笑容，心中说不出什么感受。

他感觉到一丝痛，这痛和他上次在晶通宾馆时的痛一模一样，只是这次更强烈也更直接，他觉得心脏一阵难受，迫使他不得不略略驼了驼背。

乔莉看着他，没有问他怎么样，她要等着他先走棋。

陆帆又看了看自己手上的纸，这上面的内容不仅条理清晰，而且深入地分析了在晶通案子中，赛思产品成功的可能性、回报的巨大性，以及客户对产品会议的强烈愿望，除此之外，还附有技术部门的产品分析报告以及晶通的邮件。他是让她向施蒂夫开炮，他甚至因为这个决定对她抱有一丝歉疚，但是他没有想到，她不仅仅是开炮，而且只用了一个下午，就把应该有的炮弹都准备齐了，一副狠狠回击的模样。

她是不知道厉害，还是明知厉害也无所谓？陆帆突然明白了，她是要给美国总部留个印象，这样以后施蒂夫投鼠忌器，就算他和欧阳贵、何乘风不保着她，她也能有一丝余地；而且一旦打下晶通，美国总部就会知道她这个功臣，打不下来，她也大不了拍屁股走人，再换一个地方。

陆帆看着她,她为什么要赌一把大的?为什么他会如此难受?

乔莉微微一笑:"可以吗?"

"可以,"陆帆稳住自己,把纸还给她,"照原文发。"

乔莉拿起纸:"你脸色不好,没事吧?"

"没事,"陆帆道,"你出去吧。"

乔莉站起身走了出去,轻轻关上了门。陆帆默默地盯着电脑,这个女孩野心勃勃,肯定会立即发出邮件的。果然,过了五分钟,他的系统显示有新邮件,他打开来一看,这封 CC 给他、欧阳贵、何乘风、市场总监斯科特、公司副总施蒂夫、美国总部的汤姆的邮件已经清楚明白地显示在电脑上。

陆帆冷冷地看着,心一点一点地不痛了,取而代之的是一种微微的凉,还有一种复杂的痛快:又要开仗了!

这是北京金秋的晚上,然而今年的秋天不同以往,多雨潮湿,加上因为污染带来的阴霾与雾气,整个北京都陷入一种灰蒙蒙的湿气中。乔莉回到家,做了一顿丰盛的晚餐,她的心情十分复杂,既有一种投注之后的兴奋,又有一种担忧与失落。她觉得心里空落落的,吃罢饭简单地收拾了一下屋子,便坐在沙发上发呆,电脑放在一边的桌子上,她似乎连查看邮件的勇气都消失了。

不知过了多久,她忽然想起和树袋大熊约好上网的,好像就是今天。她打开电脑,直接上了 MSN,一个窗口跳了出来,一个是笑脸,一朵是玫瑰,还有一个憨憨的熊脑袋。她看了看时间,已经是深夜一点了,然而树袋大熊的显示是离线。乔莉叹了一口气,关上了电脑,她不敢想象明天的公司是什么样子,施蒂夫现在看到邮件了吗?

乔莉彻夜难眠,度过不眠之夜的不仅仅是她,还有施蒂夫。今天晚上,何乘风、欧阳贵给他摆接风宴,公司总监一级的人全部都去了。这是个稍显正式的晚宴,除了何乘风载笑载言的欢迎辞,大家都保持着社交微笑与社交敬酒,一顿饭吃得淡而无味,但施蒂夫觉得这是最起码的表示,宴席规格十分高,他基本满意。晚宴结束后何乘风亲自把他送回了家,公司给 VP 一级的人配租了高级公寓。施蒂夫洗了澡,换了件睡衣,坐在书桌边上了上网,看一看公司的邮件,然后,他愤怒地将一只玻璃杯砸到了地板上。这只法国原产的杯子居然没有碎,在地板上打了几个滚,停在了床边上。

施蒂夫觉得自己被欺负了,而且被侮辱了,这是一个阴谋!不!这是最肮脏最下流的手段,这些人全是流氓!

他不过挡回了十几万的市场活动,他们居然让一个最小的销售向他开炮,在他到公司的第二天,就向他的美国老板告状申冤,而且言之凿凿!他们是这么欢迎他的?这分明是要给他一个下马威,警告他以后不许挡销售部的道儿!丁零零,他的手机响了,他看了看来电显示,是何乘风,他尽量保持平稳的语调,接听电话:"喂——"

"施蒂夫,还没有休息吧?"何乘风的声音听起来既亲切又有一丝迫切,"不好意思,这么晚了打扰你,我刚刚看到了销售部乔莉 CC 的邮件,今天是你正式上班的第一天,我有几点要说明:第一,我没想到会出这样的事,刚刚我问了弗兰克,他也很吃惊,说安妮第一次打客户,平常立功心切,没有想到会这么急;第二,我看了邮件内容,晶通的收入预期确实很大,刚刚汤姆给我打了电话,希望我们整个销售部门都要重视晶通;第三,销售毕竟是我总负责,我也是公司的总裁,出了这样的事,我不适合公开责备乔莉或陆帆,但现在是私人时间,从朋友的角度,我要向你道歉,同时我要向你表明,整个公司都需要你和你带领的市场团队,从我接手赛思到现在,你是我最盼望的人,施蒂夫,我要告诉你,我是你的朋友。"

施蒂夫默默地听着,最后只嗯了一声。何乘风道:"我不打扰你了,好好休息。"

施蒂夫挂上电话,他懒得想何乘风说的是真话假话,有一层意思他听懂了,这个乔莉是随时可以被踢出去的,从公司角度说,何乘风必须向他妥协,而不是管乔莉的死活。他倒是很关心汤姆怎么会先给何乘风打电话,不打给自己呢?施蒂夫拨通了美国总部的电话,汤姆很快接听了:"嗨,施蒂夫,"汤姆直截了当地说,"你也看到邮件了?我刚刚和何乘风通了话,晶通电子的项目牵涉到上千万美元,我希望你们携手合作,尽快拿下这个案子,目前我们的销售业绩一直在滑坡,晶通如果做得好,会提高整个业绩。施蒂夫,我希望你尽快落实。"

"OK,"施蒂夫道,"我会配合销售部门做好这件事情。"

"我还有个会,拜拜。"汤姆挂断了电话。施蒂夫知道这十几万人民币在美国总部根本不算什么,汤姆没把邮件当回事,而是关心晶通的进展,他们也只关心这个,再说这些美国人根本不了解中国国情,就算汤姆本人来到北京,坐在北京的办公室里干个几年,他一样不了解。施蒂夫慢慢走到床边,捡起杯子,如果这件事情是何乘风捣鬼,他的目的无非有两个:一、让自己不能干预销售的工作;二、让自己回香港。看起来前者更有可能,赛思的业绩十分糟糕,所以,他不想有人挡晶通的道,但是这封邮件很快就会在公司流传开,作为美国总部派来的 VP,他不能这么算了,否则,公司里的势力就会一边倒地倾向何乘风。既然何乘风把自己和陆帆撇得干干净净,那就只有拿乔莉说事,可他堂堂一个副总,不能随便和一个小销售过不去。施蒂夫觉得晚上吃的东西全部堵在了胃里,让他想吐。

他仔细地看了看市场部人员名单,这份名单在他来北京之前就看了很多遍,然后,他觉得这一口恶气硬生生地被他闷进了肚子里,开始消化、发酵、存贮。他关上电脑,拿着玻璃杯走进洗手间,伸手试了试洗脸池的盆边,这是最好的钢化玻璃,够厚、够硬、够美观,他又用手指试了试杯子,玻璃的质地十分均匀光滑,摸上去舒服极了。他用双手拿住杯脚,对准了洗脸池盆边，像打高尔夫一样轻捷地扬起来，再毫不犹豫地挥下去，当！哗啦！先是一声清脆的声响，接着一阵破裂的声音。施蒂夫满意地看着玻璃杯在他的面前碎成了几十片，透明的、细小的玻璃碴飞溅得到处都是。他将手上剩下的一个杯脚扔进洗脸池，轻轻摸了摸脸，掸了掸衣服，确认自己身上没有玻璃碴之后回到客厅，拨打了客服电话。这个公寓是二十四小时五星级服务。不一会儿，两个穿着清洁工衣服的中年妇女敲开了房门，她们双手套着橡胶手套，拿着各种打扫工具。施蒂夫道："把玻璃碴清理干净，有一片也不行。"

两个人连忙点头称是，趴在卫生间干起活来。施蒂夫坐在客厅的沙发上，听着卫生间里隐约传来的声响，脸上终于露出了一丝微笑。

第二天一早，施蒂夫便到了办公室，他先把市场总监斯科特叫进了办公室，询问他晶通的项目进展。斯科特一早也看到了邮件，见施蒂夫没有发威，将心稍稍放下了一点，公事公办地回答了。施蒂夫点了点头，问："乔莉，也就是安妮，什么时候来公司的？"

"她原来是公司的前台，"斯科特忙道，"做了一年后从前台转到秘书，又做了三个月，前不久刚转到销售部。"

施蒂夫点点头，示意他出去，接着，市场部所有的人都一个接着一个地被他叫进了办公室，谈话主题无非三个：第一，市场工作；第二，晶通进展；第三，乔莉。

斯科特见下属们轮番地进入施蒂夫的办公室，心中暗自叫苦，这个乔莉做前台的时候看着挺单纯讨喜的姑娘，怎么会做这种事呢？这下好了，以后市场部所有的工作只要和销售有关的，都明里暗里说不清楚了。可是，市场部本来就是为了公司的销售业绩存在的，他在市场部工作了十多年，好不容易占住了赛思集团市场部总监的肥缺，就想平平稳稳地干个几年，升个两级，再跳一个更好的工作。程轶群离任何乘风接任，他就捏着一把汗，好不容易熬过了这几个月，美国总部又派了个新 VP，没想到会闹出这么大的动静。

由于瑞贝卡只是市场助理，直到下午四点，才轮上她。她上午便听说了副总裁在找员工谈话，中午特意早走了一会儿，趁着午饭时间回家换了套衣服。她穿着蓝色套装，脖子上系了一条粉蓝色丝巾，显得既干练又靓丽，当施蒂夫叫到她的时候，她又特意补了补妆，然后容光焕发地走进了 VP 的办公室。

瑞贝卡按照惯例准备了一些内容，比如对市场工作的理解、对自己未来的规划等等，果然，这些问题她觉得自己回答得很不错，至于晶通项目，她没有太关心，但也像模像样地回答了几句，施蒂夫满意地点了点头，问："我听说你和乔莉曾经在一个部门工作过，她怎么样？"

"乔莉？！"瑞贝卡觉得神经一紧，怎么会突然问起她，难道她要转到市场部来工作吗？施蒂夫看了看她的表情："没有关系，有什么都可以说嘛。"

瑞贝卡觉得心里泛出一股复杂的醋意，这乔莉算什么东西，VP 新上任就打听她，他们不仅隔着两个部门，还隔着好多级别！等一等，她打量了一眼施蒂夫，他刚才询问晶通，是不是因为晶通的案子呢？瑞贝卡试探地道："乔莉工作比较勤奋，虽然是职场新人，但还是很努力的。"

"她很努力啊，"施蒂夫轻轻皱了皱眉，"她人的品质怎么样？"

"人的品质，"瑞贝卡猜不出施蒂夫为什么这样说，是想听好话，还是坏话？瑞贝卡眼珠一转道："人的品质挺好的，原来的程总……"她说到这儿，似乎很为难的样子，吞吞吐吐不再说了。

"程轶群？"施蒂夫道，"有什么见解你都可以说，她是销售部，你是市场部，对她的了解对你的市场工作也有帮助。"

瑞贝卡轻轻笑了笑，将脸儿一仰道："乔莉这个女孩很有能力的，原来的程总就很欣赏她，一手把她调到秘书部门，临走的时候又把她调到了销售部。我和她同事了几个月，觉得这个女孩特别努力，尤其善于处理同事关系。她去了销售部几个月，陆总就把晶通这样的大案子分给了她。我听说销售部里的几个大 sales 都很不满，但是没有办法，谁叫她是个女孩呢，年轻漂亮，又懂得努力，有些售前明明配给别人的，还要尽力帮她，就连欧阳老总和何总都很欣赏她。我虽然和她年纪差不多，但我觉得在做人做事这方面，我要向她好好学习呢。"

施蒂夫觉得这是他一天听到最舒服的答案，他狠狠地笑了一下，道："原来她很懂做人的道理。"

"是啊，"瑞贝卡小心翼翼地道，"公司里所有的女孩就数她最有魅力，大家都围着她转，我们其他女孩都自惭形秽呢！"

"是吗？"施蒂夫看着瑞贝卡，"我想她一定没有你漂亮，是这些人没有眼光。"

瑞贝卡又惊又喜，打量了施蒂夫一眼，这个香港人虽然年纪大点，但他是公司的副总裁呢，看来自己要时来运转了，乔莉，小前台安妮，你就等着吧！

乔莉待在自己的办公桌前，她已经惴惴不安一天了，公司似乎没有什么变化，一切都如常运转着。中午在食堂吃了个饭，也没有什么异常。她稍稍放心了些，对自己如此紧张觉得有些诧异。这封邮件中国区发给了陆帆、欧阳贵、何乘风、斯科特和施蒂夫，美国总部只有一个汤姆，陆帆和两位大老板都是负责销售部门的，应该不会把信随便外传，斯科特这个人一向小心谨慎，脾气也有点怪，不是那种四处散播小道消息的人，施蒂夫挨了一巴掌，更是不会声张，至于汤姆山高皇帝远的，也不会怎么样吧？想来想去，乔莉觉得邮件的故事可能就这么结束了，悄悄地烂在这几个人的肚子里，被时间和工作飞一样地抹平了。

嘀，电脑提示她有新的邮件，她打开来一看，原来是施蒂夫在系统批示的邮件提醒，乔莉连忙进入系统，施蒂夫的新批示赫然在目：Approved（批准）。

只有简单的一个单词"批准"，乔莉长长地出了一口气，事情总算通过了，一经批准，她报上的十七万元的费用就会正式批下了。乔莉将邮件转发给瑞贝卡，她负责中国南方区的会务工作，会议时间安排在什么时候呢？她给陆帆打了个电话，陆帆道，暂定下月月初，尽快和晶通沟通，并与市场部配合落实。

乔莉处理了一些邮件，便到了下班时间。事情出奇地顺利，她觉得心里空落落的，就像一个准备好迎接暴风雨的人，突然走在了空旷的荒野，天空是灰的，既无风也无雨，乔莉感到莫名的惆怅。

她试着和"胖头鱼"联络，手机关机，MSN 上树袋大熊显示为不在线，刘明达、琳达、强国军、周祥等人都没有见到，除了邮件和刚刚给陆帆打的电话，她感到自己似乎与世隔绝了，虽然还在公司，突然就和周围少了许多联系。

她收拾完东西，离开了公司，此时还是傍晚，天色刚刚有些暗淡，乔莉很久没有这么早下过班，觉得一切都很陌生。她拿出手机看了看，忽然发现来北京工作将近两年，她似乎没有什么生活中的朋友，是这个城市太冷漠，还是自己太专注于工作，忘记了其他？乔莉不得而知。她第一次想到了这个问题：我是否要这样活着？

一个矮壮的男孩飞快地路过她身边。他大约八九岁年纪，穿着一件不合身的黑外套，脑袋上歪戴着一顶黑呢帽，显得有些不伦不类。他旁若无人地沿着街上的垃圾桶一个接着一个地翻看着，把能卖钱的东西统统拿出来，塞进背上的旅行包里，有一瓶可乐没有喝完，他立即拧开盖，将可乐一饮而尽，然后把空瓶子扔进包中。

乔莉默默地打量着他，他根本不在意周围人的目光，所有的注意力都在垃圾桶上，脸颊大约没洗干净，还有一点灰暗。乔莉跟着他走了一段，直到他转向另一条街,走向另一排城市垃圾桶。乔莉站在十字路口,看着那个黑色的身影,正满不在乎地依靠自己的方式努力求生。她突然跺了跺脚,自己有什么理由伤感呢?生活本来就是这样。她快步向公车站走去,将所有的惆怅都从心中挥掉。古人尚说人生得一知己足矣,她又何惧孤独。

陆帆此时也早早离开了办公室,来到公司附近的一家饭店,今晚他要请欧阳贵吃饭,为了琳达的事情,还有晶通。从公司角度说,欧阳贵是他的直接老板,是公司负责销售的副总裁,但他很少过问公司的事情,大部分时间都是陆帆越级与何乘风直接沟通。外企之所以能把世界各地的人统一在一起,完全依靠了设计精密的管理模式与管理流程,每一级每一级条理分明,每个职位的职责与功能都非常明晰,欧阳贵的模糊让陆帆很不适应,但在进赛思之前,何乘风就已经告诉过他,欧阳贵不能按正常的外企模式要求,恰恰相反,私下多沟通是和他合作的良好方法。

欧阳贵是广东人,陆帆特意找了家粤菜,订好位子后便过来等着,从十八点三十分一直等到十九点十分,欧阳贵才跟着领班小姐走到桌边。

"欧总。"陆帆站起来,请他入座。

欧阳贵笑了笑:"久等了吧,我们还有一位客人。"

"谁?"

"琳达。"

陆帆笑了笑,点了点头。

欧阳贵将双手支在桌上,陆帆觉得这桌面虽然不小,但给他这么一支,却显得有些小气了。其实欧阳贵并不特别高大,但他习惯性地将双臂支在桌子上,身体略略前倾,这使他显得极有攻击性,而且气势逼人。

陆帆不得不稍稍向后坐了坐,以保持一个舒适的距离。欧阳贵道:"我带她来不是为了帮她,而是为了帮你。"

陆帆保持着倾听的微笑，欧阳贵接着道："老销售从来都只为自己，一个人算计得久了，就算原来再单纯老实，十年下来，也比猴子还精，更不要说像她这样的女人，一没有家庭，二没有孩子，唯一能抓紧的就是钱，你挡她的财路，就是她的仇人，对她来说，钱最实际。现在，你这个老板没有比晶通更大的油水给她，销售经理她根本看不上，唯一能留下她的，就是比你更大的老板站在了她那边。我让她七点半到这儿，就是为了在前面和你聊几句。"

陆帆点了点头。

"我已经把乔莉发的那封邮件给她看过了，"欧阳贵道，"晶通现在除了油水，还有极大的危险与责任，我看她不会再打晶通的主意了。"

陆帆愣了愣，心想你把邮件给琳达看，不等于告诉了全公司的人？他看着欧阳贵，转念又想，这样也好，只要晶通成了个大麻烦，就不会再有人打它的主意了，自己就能带着乔莉全心全意地打好晶通。他望着欧阳贵："欧总，你要送我一个人情吗？"

欧阳贵呵呵一笑："是不是人情，等会儿就看你怎么说了，现在是下班时间，在我的眼里，她就是个漂亮女人，别的我不管。"

"谢谢，"陆帆道，"琳达的客户关系很广，销售经验也多，只要有适合她的客户，她能为赛思创造好的业绩，这一点我很明白。"

欧阳贵摆摆手："你不必对我说，等她来了直接告诉她。"

陆帆点了点头，他说这话的目的是为了向欧阳贵表明自己的立场，而欧阳贵之前的话，则表明了他们两个人是上下统一的，作为老板，他帮他解决了一个小问题，作为男人，他有点喜欢琳达。

陆帆进入职场的第一天，就对所谓的办公室恋情充满警惕。在他看来，工作是工作，生活是生活，二者应该截然分开，不过有的人就喜欢这样，这也无伤大雅。

不一会儿，琳达来了，她穿着一件黑色紧身连衣裙，外面套一件杏黄色小毛衫，衬得整个人喜气洋洋。陆帆感到她对自己的态度变好了，这也难怪，晶通现在成了大麻烦，欧阳贵没准儿告诉她何乘风与施蒂夫正围着晶通较劲呢。琳达这样的人只想挣钱，对办公室政治唯恐避之不及，看来欧阳贵没少在她面前忽悠，陆帆不禁笑了笑。

欧阳贵一改在公司严肃的模样，与琳达有说有笑，陆帆借机表达了对琳达的欣赏，以及自己不想把晶通给她，是不希望她受到伤害。琳达盈盈一笑，她又一次觉得自己手腕高明，与欧阳贵拉关系搞清了晶通真面目，同时逼着陆帆向自己赔罪言和，这种办法她不止用过一次了，每一次都屡试不爽。她一面享受着两个男人的赞美，一面暗暗自我欣赏，到目前为止，她即使不跳槽，在赛思也能安然度日了。

晶通现在是众矢之的，除了赛思、SK，还有瑞恩等一批中小公司，能不能打下来还是个未知数，外有强敌也就罢了，内里又是政治斗争的焦点，只有傻子才想打这个单子，她可不想生意没做成，还要被美国总部记上一笔，然后臭名昭著地离开公司，到了那时，她还怎么在IT圈找工作？

不仅她要撤，刘明达也要撤出来。说实话，这个售前真不如强国军，但看情形，陆帆是不可能把强国军从晶通上撤出来的，那就赶紧让刘明达掉头。不然，他整天黏着乔莉，到时候晶通出点事情，他跟着倒霉，再把自己牵进去，就实在麻烦了。

不过说动刘明达，还是很简单的，琳达在心里冷笑了一声，他不过是个刚出江湖的小白痴罢了。

晚饭后，欧阳贵把琳达送回了家，她一进家门就开始给刘明达打电话，她用非常严厉的语气将乔莉的事情说了一遍。果然，刘明达一听便慌了："她怎么会这样呢，她不知道这事情有多严重吗？"

"岂止是严重！"琳达道，"我看她搞不好不仅要丢了工作，而且以后在整个IT圈都要找不到工作了。你想啊，谁会请一个遇到一点小事就向美国总部告状的人？"

"这、这，"刘明达焦急地道，"这还有办法补吗？"

"有什么办法，"琳达道，"邮件都发出去了，乔莉这个女孩表面上文静，其实胆子太大，也太没有头脑，你看吧，以后她在公司不会有好日子过的。"

"那，"刘明达把后面的"那我怎么办"咽进了肚子里，他想了想，改成了软弱无力的三个字，"真的吗？"

"我在职场十多年了，"琳达道，"除非她拿下晶通，否则，她根本干不满三个月，就算她打下了晶通，她也干不满半年了。"

刘明达没有吱声，琳达接着道："以后凡是和晶通相关的事情我们少过问，不要到时候把我们也牵连进去，平白地招人怨恨。"

"是是是。"刘明达一连声地道，他听见琳达啪的一声挂上了电话，感到有些晕头转向。他拨打了乔莉的手机，刚刚显示在连接的时候又被他挂断了。幸好公司里还没有传言说他们在谈恋爱，刘明达感到一丝侥幸，看来以后要明显地与乔莉保持距离了，不过私下里，还是要提醒提醒她。但是，他又想，如果这女孩连个稳定的工作都做不好，也就不符合自己找女朋友的条件了，还适合再追吗？

乔莉坐在办公桌旁，今天的电脑不知怎么了，慢得要死。她打电话给IT支持，那边一直说忙碌，没有人，她用杀毒软件杀了一遍，也没有查出毛病，看来是要重装了。这时，刘明达走进了销售区，他贴着墙边朝琳达的方位走，乔莉喊了一声："嗨！"

刘明达似乎一愣，看着她，一副想过来又不过来的模样，犹豫几秒钟站在原地问："有事吗？"

"我电脑出状况了，"乔莉道，"帮忙看一下吧，IT支持那边现在没人。"

"我，"刘明达看了看远远坐在那边的琳达，"我、我现在有事……"

"行啊,"乔莉笑道,"谢谢你。"

她坐下来,继续打开公司的邮件,平常只需要一两秒完成的事,今天打了半天还是打不开,她气得用手敲了桌子一下,嘀咕道:"破电脑!"

"怎么了?"旁边传来一个陌生的声音,乔莉抬头一看,一个相貌温和、高高大大的男人站在自己的隔板边,正笑眯眯地问。乔莉不知他是谁,客气地笑道:"电脑出了点问题。"

"我帮你看看?"那个男人征询地望着乔莉,乔莉点了点头,他走过来,又笑道,"能让我坐下吗?"

乔莉连忙站起身。他坐下来仔细地看了一遍:"电脑中病毒了,可能要重装,你打电话给IT支持了吗?"

"打了,"乔莉道,"他们现在没有人。"

"去找他们要张盘,"那个人抬头看了看她,"自己会重装吗?"

"会一点儿。"

"哦,那先把C盘里要用的东西备份出来,再看看其他盘有什么特别重要的,再做一个备份,然后试着装一装,如果不会,可以等IT支持,或者也可以找我。"

"你是……?"乔莉奇怪地打量着他。

那人站起身,笑容满面地伸出手:"我叫狄云海,你叫我杰克也可以。"

"乔莉,"乔莉也伸出手,"大家都叫我安妮。"

"哦,"狄云海微微一笑,"那你先忙,我的分机号是9846。"

"嗯,"乔莉看着他问,"你是新来的销售吗?"

狄云海笑了笑:"算是吧,你的分机号是9843?"

"是。"乔莉一愣,心想他怎么知道,但是也不好询问,只能点了点头。狄云海,是谁呢?她坐下来,电脑已经打开了邮件,第一封就是陆帆的,乔莉打开一看,上面写着:Hi, Team(嗨,同事们),我向你们介绍一位新同事，销售经理狄云海（Jack），一九九七年毕业于北航，一九九九年美国华盛顿大学计算机硕士毕业，二〇〇〇年回国从事管理与研究工作，二〇〇六年就读于中欧学院学习企业管理，在纽约大学交换学习六个月，喜欢旅游与音乐。

狄云海，乔莉望着简历微笑了，这人挺热心的，第一天来就帮忙修电脑，看来是个很好相处的同事。

乔莉被自己的电脑折腾了整整一个上午。中午时分，她刚想下楼吃午饭，一个笑嘻嘻的男人就走了过来，乔莉心想自己今天走的什么运，怎么老有笑容满面的男人找她。那人见了乔莉，笑道："安妮，你好啊，我早就听说你了，今天才有机会见到。"

乔莉笑了笑："你好。"

"我是鑫鑫会务公司的，我姓戴，名乐，大家开玩笑都叫我戴高乐。"

乔莉看了看他和自己差不多高的身高，差点没乐出来，不过她从不喜欢拿别人的缺陷开玩笑，笑道："戴先生，我们原来见过的，有一次我在前台，你来找市场部的同事，我们还聊过一会儿。"

"哦哦，"戴乐笑道，"好记性，我都记不得了，只记得你长得很漂亮。"他一边说话，一边拿出一个盒子，"这是我们会务公司的小礼品，送你一个。"

乔莉瞟了一眼，原来是个U盘，她忽然明白过来，看来这次晶通的会务要由鑫鑫负责了。她笑着道："行啊，那谢谢你，以后我们多多合作。"

"那是一定了，"戴乐道，"中午一起吃个饭？"

"不了，"乔莉道："我电脑坏了，修好了下午等着用呢。"

"好，"戴乐点头道："改日再约。"

乔莉将桌上的U盘放入了包中，突然，电话响了，她拿起电话，原来是刘明达。刘明达低声道："你的电脑怎么样了？"

"快好了,"乔莉道,"谢谢你关心。"

"安妮,"刘明达犹犹豫豫了半天,道,"中午我们出去吃饭吧。"

"中午,"乔莉道,"不行啊,我得修电脑。"

"这事儿可比电脑重要,"刘明达急道,"你还是出来吧,我们走远一点,去一口锅,不不,还是去清水莲塘吧,那儿清静,离公司也有点距离。"

乔莉轻轻皱起了眉,想了想道:"好吧,那十二点半在那儿见。"

她挂上电话,把电脑送到 IT 支持,讲好下午两点来取,然后匆匆赶往清水莲塘。这是家离公司大约半站路的茶餐厅,快到门口的时候,她看见了刘明达,刚想招呼他,只见他像见到鬼一样,急忙忙地低下头,一个人窜进了餐厅。

乔莉不明所以,也走进了餐厅,找了一圈也没有找到他,只得拿出手机给刘明达打电话。刘明达在电话里低声道:"安妮,我在西边最角落的地方,你先往最里面走,再向西拐。"

乔莉依言走过去,原来最顶头朝西拐还有一个座位,只不过它陷在角落里,又不靠窗,几乎无人注意。乔莉进去坐下,看着刘明达笑道:"你搞什么呢,神秘兮兮的?"

"我已经帮你点了餐,"刘明达道,"这样速度比较快,也减少打扰。"

"到底什么事情?"乔莉笑道,"你这么紧张干什么?"

"安妮……"刘明达正色看着她,似乎在整理思虑已久的话,乔莉见他如此郑重,不由担心起来,他不会提出什么谈恋爱之类的话吧?想到这儿,她的脸腾地红了,幸好这儿灯光昏暗,还看不出来。刘明达憋了半天,开口道:"你是不是向美国总部告状了?!"

乔莉感到心里一松,随之又一紧:"你怎么知道的?"

"哎呀,"刘明达道,"你怎么这么糊涂呢,别人拿石头,你去砸自己的脚,给陆帆这些人当炮灰,你不想一想,你告的是谁,是新来的 VP,

他现在是不能把你怎么着，可人家比你高多少级呢，你要是打不下晶通，连三个月都干不满，就算打下来，能干满半年吗？再说，以后哪家公司会请一个动不动向总部告状的人，以后你还怎么找工作？"

乔莉不出声地坐着，她承认刘明达是关心自己，但是她也承认，她现在很不愉快，她闷了一会儿，问："你有什么意见吗？"

"趁着这事儿还没有闹得太厉害，赶紧找个新工作。"

"找新工作？"乔莉冷笑了一声，"我现在在赛思的业绩是零，能找什么样的新工作？"

"我觉得你原来做前台就挺好的。当然了，前台没有发展，你可以做秘书，然后再慢慢转市场，你看瑞贝卡，在市场部就挺好的，做销售女孩还是不合适，压力太大，人也太精，你看看琳达，一把年纪了也没有嫁出去。怎么样？你考虑考虑，我有一个同学在 IBM 做市场助理，我可以请他帮帮忙。"

乔莉默默地听着，心想我是你刘明达什么人呢？女朋友？显然不是。同事？这是自然的。那你有什么权力去安排我的生活？等一等，她告诉自己不要生气。等他说完，她笑了笑道："我去一下洗手间。"

刘明达一愣，心想我费了半天的口舌你怎么要去那儿？他也不好阻拦，点了点头。乔莉站起身，走到洗手间，打开凉水反复冲着手，冰冷的水流让她的怒气减弱了不少。要理解刘明达。第一，他不了解情况；第二，不管他这样做的目的有几条，其中一条也算是关心自己；第三，就算她不想多这样一个朋友，也不愿意多这样一个敌人……想到这儿，她关上了水龙头，慢慢走出去，坐回座位上。

饭菜已经送来了，乔莉道："好饿，我们边吃边谈。"

刘明达觉得自己准备了一夜的东西，犹豫了一个上午才决心来找她说出肺腑之言的决定，都碰在了一个软钉子上，他有些不悦，大口大口地吃了起来。乔莉道："我知道你说这些是关心我，但是我不喜欢做前台和秘书,也不喜欢做市场,我喜欢销售,而且现在刚刚开始,我不想轻易放弃。"

"轻易放弃!"刘明达提高了声音,"你知不知道你有可能会找不到工作,有可能在 IT 圈混不下去,你是在北京!北京!没有工作没有钱,你怎么办?"

乔莉笑了:"全北京那么多人都能活,就我不行吗?"

"安妮,"刘明达觉得自己所有的心血都化成了一股怨气,"你不要这么不听人劝,你会后悔的。"

"至少我还交了你这样一个朋友,"乔莉笑了笑,"这也不算一无所有。"

刘明达一愣,他看着乔莉微微笑的脸庞,被这句话打得什么也说不出来了,他闷闷地塞了一口饭在自己嘴里。乔莉不经意地问:"你怎么知道那封邮件的?"

刘明达又是一愣,道:"你别问我怎么知道的,我就是知道了。"

乔莉再次笑了笑,也吃了起来,两人再也无话。乔莉心想,看来这是"分手饭"了,刘明达以后不会再帮着自己了,公司里的其他人也会很快知道这件事情,她要早做一些打算了。

刘明达的午餐让乔莉心情不爽,不过下午的会议由陆帆与狄云海共同召开,狄云海阳光般的笑容让所有人都心情舒畅。乔莉发现有狄云海在的时候,陆帆脸上的笑容也多了两分,看得出他们很有默契,应该是老朋友了。

傍晚时候,一封 CC 给她和瑞贝卡的晶通三亚行会务计划书传到了她的电脑里,会务安排得很丰富,一看就知道很有经验。她觉得有点累,干脆收拾东西下了班,晚上早点吃饭休息一下,然后再仔细地看一看。

她回到家,吃罢饭,坐在沙发上将第二天要用的东西整理一遍,顺便整理一下皮包,她所有的东西都是整齐有序的,想拿什么伸手一拿便能拿到，她觉得这是对生命及时间的尊重，她可不愿意把时间浪费在东翻西找上。乔莉打开了那个 U 盘盒，忽然发现说明书有一点鼓，她将它整个抽出来，见里面包着一包东西，她愣了愣，这不会是……？想到这儿，她迅速地打开了盒子，果然，里面是一沓现金，乔莉数了一下，一共是三千元。

想不到她初入职场不久，居然也有人向她行贿了。她望着这沓钱，自己是收还是不收？从小到大，她不知多少次听父亲讲过这样的事，父亲就是因为不愿受贿，才在机关不能得志，最后不得不早早办理了病退。职场就是如此，不要说以权谋私，就算你利用职权帮别人办成了事，你不收他的"礼"，就表示你不愿意给他一个把柄攥在手上，就表示你不愿意跟他坐同一条船，他迟早要把你掀下去。

虽然只有三千块钱，但这似乎决定了乔莉在未来如何处理此类的事情，如何面对这些问题。这是开始，却也是一个方向，怎么办呢？她坐在沙发上，陷入了沉思。

乔莉的心情沉重，晶通的工作刚刚开始，本应该大展拳脚、全力攻向七个亿资金的业务，却不料内耗连连，仅仅开一个小会，就引出这么多是非，她觉得既累且烦，可是，这些东西她绕得过去吗？她绕不过去。

她打开电脑，刚刚登陆 MSN，树袋大熊就跳了出来，一个热烈的笑脸呈现在屏幕上。乔莉无奈地笑了一声，问："今天怎么这么早？"

树袋大熊又发了三个笑脸。

乔莉发了一个无奈的面孔，树袋大熊问："怎么了？"

乔莉不知道该怎么说，随便和他聊了几句。树袋大熊问："你有心事吗？"

"工作上的事，"乔莉道，"没什么。"

"需要我帮助吗？"树袋大熊问。

"不用了，"乔莉道，"我需要自己好好想想。"

"哦，那不扰你了，"树袋大熊道，"我会一直在线，你需要我的时候就找我。"

乔莉见他言辞温暖，微微一笑，突然打字道："你讲个笑话给我听吧。"

树袋大熊立即发了一个大吃一惊的脸，再发了一个尴尬的红脸，过了半天，电脑上跳出一行字："这样吧，你想问题，我想笑话，看谁先想出来。"

乔莉哈哈乐了，她站起来，启动了大脑神经，生活本来就琐碎，既然绕不过去，苦恼也是徒然。她灵机一动，突然有了好主意。她心情大好，问树袋大熊："你想出笑话了吗？"

"没有，"树袋大熊道，"你想出办法了吗？"

"想出了，"乔莉道，"兵来将挡，水来土掩。"

"呵呵，好厉害。"树袋大熊道，"那大熊来了怎么办？"

"哈哈，"乔莉道："那只有喂蜂蜜啦。"

两个人聊了一会儿，见乔莉不肯将工作中的麻烦言明，树袋大熊也没有追问。两个人自一年前在网上相识以来，一直是这种状态，乔莉不愿说的他从不打听，乔莉心情不好时，只要他有空，就会想出点小办法哄她高兴，两个人虽素未谋面，甚至不曾互相听过声音，却觉得很有默契，就像多年的朋友一般。

第二天，乔莉给"戴高乐"打电话，约他一起吃午饭，戴乐一口答应了，两个人中午时分约在附近的俏江南。戴乐是个健谈的人，从东到西从南到北扯了个遍，乔莉被他逗得笑个不停。两个人吃罢饭，服务员上了水果，乔莉把准备好的信封交给了戴乐，戴乐一愣："这是……？"

"这次去三亚，是晶通第一次会务，我想请你帮忙准备一点礼物，"

乔莉微微一笑,"这点钱恐怕还不够呢。"

"礼物的事情我们自有安排,"戴乐把钱又推了回去,道,"账目你不用担心,我们有办法,这是给你的。"

"这钱我就放你这儿,有需要我就找你,"乔莉道,"另外我还请你帮个忙。"

"什么?"戴乐看着乔莉,觉得她很有意思。

"晶通这笔业务大约有七个亿,如果这次做得好,下次一定还会有其他的活动,"乔莉道,"你也知道,我是个新销售,对市场工作没有什么经验,我想请你帮个忙,如果市场部那边有什么意见,请尽量转告给我。"乔莉把钱推给他,"这个,就算我请你帮忙了。"

"这点小忙算什么,"戴乐道,"只要对你工作有帮助的,我一定转达就是。"

"你肯帮忙就好,"乔莉道,"礼物方面我们慢慢商量,这次活动很关键,希望我们能好好合作。"

戴乐望着钱,不知道乔莉是嫌少还是真的不想收好处。乔莉笑道:"你放心,等这次活动办完了,我有什么需要一定会告诉你,这个你先替我存着。"

戴乐送过这么多次钱,还是第一次遇到这样的事情,他不明所以,只得把钱收回去。乔莉又道:"瑞贝卡是负责南方会务的,你们要打点好啊。"

"这个自然的。"戴乐脱口而出,说完他看了乔莉一眼,乔莉笑了笑,似乎并没有在意,戴乐只得转移了话题,心想销售部是佛爷,市场部是菩萨,我们是烧香的,谁也不敢得罪。

乔莉回到公司,很快把会务安排转发给了瑞贝卡,说自己觉得没有问题,让瑞贝卡尽快办理。

接着,她给胖头鱼打了个电话,将会务安排已成的消息告诉了他,王贵林让她把传真发过去。乔莉想了想，又先给方总工打了个电话，方总工正在北京，乔莉说了会议的事情，方总工有些诧异："为什么突然有这个安排？"

"现在三亚最舒服了，"乔莉闻言一愣，连忙转聊起了其他，"我听说这时候不冷不热，游人也不多，海水特别蓝。总工，你可是我们的贵客，我们要借你的名头才能去那儿看一看呢。"

方总工呵呵一笑："你们还请谁呢？"

"你旗下的骨干我们都想请，"乔莉笑了笑，"我把传真发给总厂了，技术部门的人选请你决定。"

"哦，"方总工又问，"上面的老总谁去呢？"

"这个，"乔莉道，"我们总监已经在联系了，您希望谁去？"

"谁去都行啊，"方总工道，"这样吧，事情定了之后你告诉我一声，我听上面领导的安排。"

乔莉放下电话，觉得事情有些不妥。她负责和王贵林沟通，可是于志德那边肯不肯去呢？听方卫军的口气，如果没有领导去，他也不愿前往，这可怎么办？她立即拨通了陆帆的电话，陆帆听她说完情况，道："你不要管其他人，只管把传真发到晶通就可以了。"

施蒂夫批下晶通的会议项目之后，陆帆就没有闲着，他联系了代理商张亚平，让他陪着于志德一起去三亚。其间于志德来过一次北京，他又和欧阳贵一同去拜访。大约李才厚在石家庄做了什么工作，于志德对欧阳贵非常客气，欧阳贵对他说了会议的事情，他立即答应了，只是让他们给厂里发个邀请，这样他们去起来也有名目。陆帆觉得事情很顺利，在这个顺利中，他觉得王贵林的安排似乎非常巧妙，他怎么算准了于志德一定会去呢？

乔莉把传真发到晶通，这时已是周五，她只得下班回去了。过了一个周末，她一早来到公司，便收到了晶通的回文。于志德、方卫军为领队，加上十个晶通技术人员，一共十二个人的队伍将准时参加赛思的会议。乔莉立即告诉陆帆，陆帆道："还要加上代理商张亚平，他们一共十三个人，我们这边有你和我，加上强国军。另外，市场部那边说瑞贝卡也要去，一共是十七个人，会务公司由戴乐总负责，你只要盯着他就行了。"

"老板，"乔莉道，"礼物方面……？"

"你交代会务公司去办，这方面他们有经验，发票他们会开得很好，只是要瞒着瑞贝卡。"

"会务公司的人不会乱说吧。"

"不会，"陆帆道，"他们有经验。"

"瑞贝卡为什么要去呢？"乔莉问。

"她说不放心，一定要去看看，"陆帆道，"这事儿就算了，由着她吧，只要活动期间她不出问题就行。"

"时间就定在下个星期吗？"乔莉问。

"对，"陆帆道，"我看了日程安排，我们下周二走，周六一早的飞机回北京。"

"那我这个星期就把所有会议材料熟悉一下，"乔莉道，"其他还有什么要我做的吗？"

"其他没有什么，"陆帆想了想，"有时间你悄悄去一趟石家庄，看看工人的动向，另外找找王贵林，探探他的口风。"

"好，"乔莉道，"我明白了。"

陆帆放下电话，看了看旁边的狄云海，狄云海正笑嘻嘻地看着他。陆帆道："你笑什么？"

"听说 SK 也要开产品会，"狄云海道，"所以我就笑了。"

"付国涛事事抢先，这事儿倒让我们拔了个头筹，我总觉得有点怪，"

— 135 —

陆帆道,"但是怪在哪儿,我也讲不清楚。"

"你不是说,是乔莉去王厂长家,他亲口安排的吗?"

"是啊,"陆帆皱起眉,"我们的底牌很清楚,想和他们做生意,他们的底牌到底是什么呢?"

"摸不清楚就慢慢摸,"狄云海道,"企业改制不可能无限期地拖下去。"

"我就怕他们拖,"陆帆道,"我们没有时间等,今年的销售业绩差得太多了。"

"我看不一定拖,他们如果没有计划,不会这么爽快出来游山玩水,享受好处,只不过他们改制的想法具体是什么,可要摸摸清楚。"

"你怎么看?"陆帆问。

"我看,于志德可能是想探探我们的底,然后再和SK谈。"

"那王贵林为什么知道呢,难道他们是一条线上的?"

"听着也不像,"狄云海道,"你派安妮这个星期再去,她一个人能行吗?"

"只有她去最合适,她目标小,又初做销售,不管干什么大家都能理解,要是我们去了,恐怕不太妥,何况一直是派她去联系王贵林的。"

"先谈着看吧,"狄云海道,"你带着安妮去攻晶通,剩下哪些客户给我?"

"这几个先分给琳达,"陆帆打开电脑,"剩下的这些给周祥他们,最后的几个给你。"

狄云海笑了:"给我的都是硬骨头啊,油水没有,啃不好还硌牙。"

"怎么办呢,"陆帆也乐了,"谁叫你的牙比较硬呢。"

"我无所谓,"狄云海道,"说好了我来帮你一年,不管多硬的骨头我都要了。"

"谢谢,"陆帆道,"你来就帮了大忙了。"

"哎，不要这么说，"狄云海道，"这也是帮我自己的忙，你也知道，一年之后我就另有打算，这也算帮我积累客户。"

"你还想自己干？"陆帆问。

"当然了，"狄云海笑道，"你不想自己干了？"

"暂时不想，"陆帆道，"等过两年再说。"

狄云海笑了笑，没有再说话，过一会儿，他突然道："去三亚开会，那个瑞贝卡有点难缠，安妮对付得了吗？"

"瑞贝卡应该不会怎么样，"陆帆道，"她不敢得罪客户。"

"响鼓要用重锤，那女孩我聊过几次，有点分不清重点。"云海道，"我看你出发之前点一点安妮，让她敲打敲打瑞贝卡，不要到时候添乱。"

陆帆想了想，忽然笑道："你放心，她要是真添乱，只怕过不了乔莉那一关，连施蒂夫也被她恶搞了一回。"

"什么她恶搞，"云海笑道，"分明是你们的主意。"

"不，"陆帆摇摇头，慢慢道，"也有她自己的主意。"

"哦，"云海道，"她这么有主意？"

"是的，"陆帆道，"那丫头有点厉害，不能小看。"

乔莉利用三天的时间，把会务的事情尽量安排好。瑞贝卡为什么要跟着开会呢？乔莉有点奇怪，除非市场人员竭力要求，一般这样的事情都是销售和售前去就可以了。想起自己告施蒂夫的那一状，她有点不安，担心瑞贝卡去了有什么不妥，这也只能到时候再说了。大约戴乐那边没少给瑞贝卡好处，一向挑剔的她对会务安排几乎没有什么异议，会议日程很快通过了，同时强国军把相关的产品材料也准备齐全，以及要请的专家也一并请好了。乔莉联系了戴乐，让他帮自己买一份礼物，大约一千元左右，是专门给老人用的，戴乐很快办好了，将一套价值一千九百元的红外线枕头、床套等床上用品悄悄地送到了赛思。据说这东西有病治病，没病防病，功效奇特，在老年人市场卖得特别好。这些统统办妥之后，乔莉向陆帆请了假，周五一早带好礼物前往石家庄，她没有和王贵林约时间，她这次去不是谈生意，只是去看一看。

她先到宾馆住下，然后换上了特意带来的上学时候穿的衣服，普通的牛仔裤，白毛衣，外面套了个马甲，看上去就像个普通的大学毕业生。然后乔莉换下隐形眼镜，戴上有框的玻璃眼镜，慢慢地朝晶通家属区走去。

晶通家属区今天非常平静，只有老人和一些孩子在路上来来往往，几乎看不出忙碌的样子。乔莉在里面转了一圈，见一家小卖部正在营业，便走过去买了瓶可乐，坐在门口喝了起来。店主闲着无事，问道："你来找人？"

"不，"乔莉道，"我来走亲戚的。"

店主点点头，乔莉问："听说晶通要改制，什么时候改啊？"

"谁知道，"店主道，"哭着喊着要改，几年都没有动静，前一段一说要改，工人又要死要活的，这不，这些天又消停了。"

乔莉感到心往下一沉："改制这么困难？"

"那是，"店主道，"这么些个人要吃饭、看病，一下子厂子改垮了，我们怎么办？"

"不是有社保吗？"

"是啊，"店主叹了口气，"那也得把钱交齐了，人家才给你保。"

"差多少钱？"

"不知道，"店主摇摇头，"多少年没交过了，谁知道有多少。"

乔莉沉默了一会儿："要是改制的话，将来谁当家啊？"

"谁当家？"店主冷笑道，"哪个不想当家，我们晶通什么都不值钱，设备、人，屁都不算，可是有一样儿我们可值了大钱了！"

"什么？"

"地啊！"店主一拍大腿，"姑娘您瞅瞅，方圆几十里的城区，还找得出这样一大片没有开发过的地吗？"

"是没有，"乔莉也不禁冷笑一声，"这要是卖地盖房可值大钱了。"

"哎，"店主道，"改制对我们工人可没好处，可是谁要成了改制后的大老板，光卖地就得发死，您说说，谁不想当这个家？！"

"那工人谁还愿意改制，"乔莉故意长叹一声，"难喽。"

"没人愿意。"店主道，"这么跟您说吧，我们不改制，还能住在城里边，虽说这房子是工厂的，可厂子在一天，就得让我们住一天。要是一改制，他们把地皮一卖，我们连住的地方都没有啊，靠着这点工资，只能吃饱饭。买房？那比登天还难。"

乔莉将可乐大口地灌进肚子里，她依稀记得中学语文课本里有一句话：兴，百姓苦；亡，百姓苦！可是她一个小小的销售，又何足以谈论呢？她抬头望着路两旁一幢接一幢陈旧的住宅楼，它们是太旧了，它们也很温馨，对很多人来说，它们是唯一的依靠……晶通改制牵涉到这么多家庭的生计，能按计划实施吗？七个亿的资金到底有多少是欠的社保？除了社保之外，还欠有多少外债内债？乔莉不敢想象，在这种情况下，晶通还有多余的钱进行技术改造吗？

技术不更新改造，晶通的改制就是一场玩笑，它现在的设备以及软件硬件，没有一样符合市场竞争需要，不能生产出合格的产品，难道偌大的一座工厂，真的要靠卖地生存吗？乔莉觉得自己的心情像这落日一般沉重，带着秋天落寞的寒冷与孤寂。她猛地站了起来，朝宾馆方向走去。

这一个月她都是很有规律地周日给父母打电话，现在是周五的傍晚，但是乔莉扛不住了。经历那么多困难，被利用、被嘲讽、被不理解，她都没有扛不住，可是今天，她真的很难过，她将小卖部以及晶通的所见所闻都告诉了父亲，渐渐地，她在叙述中理出了一点头绪，她觉得她对不起晶

— 139 —

通的工人，她好像在抢工人们赖以生存的最后一点国家福利，可是她又觉得她必须和他们抢这点福利，因为工厂不可能卖地为生，除非工厂不想继续生存。

老乔默不作声地听着，女儿此时的困惑超出了他的职业范围，他很难作答，这恐怕不是一个人两个人的困惑，也恐怕不是人们在一时一地的困惑。老乔觉得女儿在经历他在机关生涯中也曾经经历过的痛苦，但可惜的是，他到现在，也没有找到准确的答案。

父女二人对着话筒无言，半晌老乔道："当年孙中山说过，世界潮流浩浩荡荡，顺之者昌，逆之者亡。与时俱进有时候也伴随着痛苦，晶通不管怎么样，都需要改制，这不仅是国家的选择，更是一个时代的选择，只有这样，才能顺应经济大潮，在这个社会中生存。"

乔莉没有吱声，老乔接着道："可能我说得有点大、有点空，但事情就是这样的，我们都只是普通人，只能做好自己分内的事情，其他的事情，我们都无能为力。"

"爸爸，"乔莉道，"如果晶通的单子谈成了，工人们会怪我吗？"

"这个不好说，"老乔道，"也许一部分人会，一部分人不会，可是我们做事情永远不可能让人人满意，所以，我们只能看一个方向，如果这是大势所趋，我们就必须如此。"

"王贵林和于志德，"乔莉问，"你觉得谁会在改制后的晶通当家做主？"

"现在不好说，"老乔道，"你也只能走一步看一步。"

"你说，王贵林为什么要安排我们去接近于志德呢？"乔莉若有所思地问。

"不好判断的时候千万不要着急判断，"老乔道，"记住，事缓则圆。"

乔莉默默地在心中体会父亲的话，这"事缓则圆"四个字父亲不知道提醒过她多少次，以前她总是不耐烦，觉得父亲小题大做、胆小怕事，缺乏成大事的勇气,现在,她却咂摸出这句话中的味道来。她用手摸了摸脸:"我知道了,爸爸,你这段身体还好吧?"

"我挺好的。"老乔道,"你妈妈去外婆家了,晚上回来我告诉她。"

"不要,"乔莉道,"她知道我工作有困难会担心的,你就说我打电话回来问她好。"

老乔在电话那头笑了笑,女儿总是很心疼他们,这正是让他放心不下的地方,女儿太要强了,如果打电话来向他哭一场,只怕他还宽心一些。这孩子事事都有主见,心性又强,不知道什么样的男人能够打动她。老乔除了担心女儿的事业,更担心女儿的婚恋,但是这方面他从来不提。又随便聊了几句,才挂断电话。

第二天是周六,乔莉起了个早,换好衣服吃罢早点,又稍稍休息了一会儿,差不多十点钟,她提着礼物来到王贵林家。

一个小保姆模样的人打开门,乔莉说是王厂长的朋友,从北京来的,小保姆忙把她让进去。乔莉问:"屋里面的是王厂长的母亲还是岳母?"

"是他的丈母娘。"小保姆道。

"她身体不好?"

"中风过一次,有点瘫,"小保姆悄声道,"她不喜欢人家这样讲她的。你坐。"

"不坐了,"乔莉道,"我进去看看她。"

不待小保姆答应,她轻轻推门进去,一个老人卧在床上,乔莉走到她身边,见她衰老得不成样子。乔莉轻声道:"奶奶,你好啊,我来看你。"

老人的嘴角有点歪,耳朵却很灵敏,摸摸索索地伸出一只手,握住乔莉的胳膊:"好啊,好孩子,你是谁啊?"

"我是王厂长的朋友,来看看您。"

"哦,你坐。"

"我不坐了,我这就走了。"

"你坐,坐。"老人拉着乔莉固执地要她坐下,乔莉只得靠着床边坐下。老人道:"你是贵林的朋友?"

"是,我是他的一个朋友,"乔莉道,"顺路来看看。"

"贵林好啊,"老人抖抖索索地道:"没有贵林就没有我啊,我的命是女婿救的,又是他把我接家来照顾我,他,好人啊。"

"哦,"乔莉见老人说起了家中的事情,怕再坐下去有些不妥,站起身来道,"奶奶,我还有工作,要先走,过些天再来看您。我给您带了点礼物,交给小保姆了。"

老人听她说有工作,不舍地松开手,乔莉抽身出来,将红外线床上用品交给小保姆,又将自己的身份交代给她,这才离开了。她回到宾馆,收拾了一下行李,准备回北京,突然手机响了,她打开一看,是胖头鱼王贵林。

"喂,王厂长。"

"小乔啊,你怎么到石家庄也不告诉我?"

"我是路过,上来送点东西,就跟车走了。"乔莉本能地撒了一个谎,她不想这么快让王贵林还自己人情。果然,王贵林道:"你已经走了,我还想请你吃午饭呢。"

"下次吧,"乔莉道,"您什么时候来北京,我请您吃饭。"

"等你们三亚开完会吧,"王贵林呵呵笑道,"我们保持联络。"

"好。"乔莉挂了电话,心想此时与他见面也无法深入交谈,不如等晶通三亚会议之后,先摸了于志德的底,再来听听他有什么可说的。她迅速收拾好东西,打车离开了宾馆,前往汽车站,下午两点,她回到了北京。这个周末已经完了一半,再过一天便是周一,她很快要踏上三亚的海浪了。

第四章

　　这是一个明朗的下午,天气好得不像在地球,乔莉在飞机中遥望窗外,感觉天空蓝得不能再蓝,云彩薄薄的像一层轻纱,她不由满足地叹了一口气。

　　陆帆坐在她旁边,正在闭目养神,听见她叹气,陆帆不禁睁开眼瞟了她一眼。同事一个月时间,这姑娘比初次见面的时候历练了许多,可能她瘦了一些,连脸上的线条都没有那时柔和了。

　　瑞贝卡的面前放着笔记本电脑,她在看于丹解说《论语》。电脑屏幕上,于教授正用她的方式为现代人播云吹雾,瑞贝卡的表情严肃极了,似乎全神贯注地聆听着教诲。强国军坐在他们的后一排,上了飞机就开始睡觉,这么长时间一点声音都没有。突然,飞机震动起来,上上下下地起落,机舱里传出空姐温柔的声音:"各位旅客,现在飞机正在遭遇气流,请大家系好安全带,收起小桌板,关闭电子设备,洗手间停止使用。"

　　瑞贝卡将电脑关闭,收起小桌板。乔莉闭上眼,感到飞机的颠簸无比厉害,这是她坐了这么多次飞机以来最严重的一次。飞机在气流中震荡了许久,依然不能摆脱,乔莉不禁睁开眼,看了看左右,陆帆依然闭目靠

— 143 —

着,不知道真睡着假睡着,瑞贝卡拧着眉头,紧紧闭着眼,表情十分痛苦。乔莉问:"瑞贝卡,你怎么了?"

"别跟我说话!"瑞贝卡厉声道。乔莉只得闭上嘴,见她双唇轻启,时开时闭,半天才听明白,她好像在背《圣经》。乔莉微微一笑,干脆闭目睡觉了,她一面让自己尽力放松,一面努力转移思想,去想想小时候坐旋转木马,就是这样,转啊转啊,上呀上呀,下了下了……不知过了多久,陆帆叫醒了她:"醒醒,到地方了。"

乔莉睁开眼:"到了?"

"你还真行,"陆帆道,"刚才有人都吓哭了,你居然睡着了。"

乔莉打了个哈欠:"不然怎么样啊,飞机又不会掉下来。"她一抬头,见瑞贝卡脸色惨白地坐在一旁,不禁吓了一跳:"瑞贝卡,你没事儿吧?"

"我没事!"瑞贝卡恨声道,她本来计划在飞机上好好看看于丹的《〈论语〉心得》,这下全泡汤了,最可气的是乔莉,这种时候也能睡着,不是分明嘲笑自己没本事吗?瑞贝卡心想,你真能装,我就不相信你真的睡着了。

一行四个人出了机场,一个穿着藏蓝色连身裙的office女郎站在接机处,她高高举着一个牌子,上面写着:赛思集团。

四个人朝她走过去,她眉眼分明的脸立即生动起来:"嗨,是赛思集团的陆总、安妮、瑞贝卡和强工吧?我是鑫鑫公司的丽莎,是我们戴总叫我来接你们的。"

乔莉见她的裙子短得刚到大腿处,一双不算修长却显出青春活力的腿踩着红色高跟鞋,使她格外耀眼。乔莉看着自己的黑衬衫、黑长裤,瑞贝卡的蓝色套装,不禁觉得和丽莎一比较,顿时老了十岁。陆帆见多了会务公司的小姑娘,也不以为意,四个人跟着她来到门口,上了一辆中型面包车,很快到了宾馆。

戴乐笑嘻嘻地站在门口迎接他们,他紧紧握住陆帆的手道:"陆总,听说你带队,我特意赶了过来。"他指了指丽莎,"怎么样,我带来的女孩漂亮吧?"

"漂亮,"陆帆站在酒店大堂,吹着的冷气让他凉爽了不少,"我们住在哪儿?"

"楼上楼上,"戴乐忙把他们朝电梯处引,"您是海景房,强工和两位美女虽然不能正对大海,只要稍稍出门走到外面的公用露台,也能看到海景。"

"客户都是海景房吗?"陆帆问。

"当然了,"戴乐道,"一等一的海景,我事先都安排好了。"

"我旁边的是谁?"陆帆又问。

"于志德于总,"戴乐道,"他们的飞机比你们晚到一个小时,丽莎马上出发去接他们。"

"行,"陆帆对乔莉和强工道,"你们休息一会儿就下来,我在大堂等你们。"

乔莉应了一声,戴乐把陆帆、强国军分别送到房间,又送乔莉,最后送瑞贝卡。乔莉立即换了一身粉蓝色短袖套装,重新化了淡妆,然后下到大堂,强国军已经等在那儿了。"强工,"乔莉笑道,"三亚天气可真好啊,突然又过上夏天了。"

强国军嗯了一声,乔莉状告施蒂夫的事情他已经知道了,他去找陆帆要求换销售,被陆帆挡了回来。他心想,你们把她当棋子,还要把我搭在里面,但是一时半会儿他也没办法,只能悄悄地等机会。他不想多搭理乔莉,从骨子里说,他不喜欢好斗的女孩,尤其是这么没有头脑的,叽叽喳喳被人当枪使。

不一会儿,陆帆也下来了,他换了一件淡蓝色衬衫,系着深蓝色领带,倒也精神奕奕。他看到乔莉微微一愣,笑道:"比我还快。"

"当然了,"乔莉笑道,"你是老板嘛。"

正聊着,陆帆突然道:"他们来了!"乔莉一看,于志德、张亚平、方卫军从旋转门里转了出来,他们的后面跟着八九个人,有的穿着衬衫,有的穿着T恤,衣冠不整,还有的人提着塑料袋,估计里面装的是洗漱用品。

陆帆上前和于志德热烈握手,乔莉紧随其后。乔莉想,井冈山会师那会儿也就这样吧。于志德和她还是第一次见面,陆帆介绍了一下,于志德笑道:"你就是安妮,我听张总提过多次,说你很有才华。"

"哈哈,"张亚平笑道,"这么有才华又漂亮的女孩,我当然要隆重介绍。小安妮,你怎么样?一阵子不见,越长越漂亮了嘛。"

乔莉笑了笑:"不敢不敢。"她从张亚平手中抽出自己的手,与方卫军握了握,"方总工,你好啊?"

"你好你好,"方卫军道,"很高兴啊,在三亚碰面了。"

"这些都是晶通的骨干吧。"乔莉望了望后面清一色的男人,他们有的在打量她,有的还在看在一旁巧笑嫣然的丽莎。方卫军点了点头,戴乐道:"大家别站着了,先回房间,六点钟我们开席,到了席上大家边吃边聊嘛。"

众人哄然叫好,一起朝楼上走,乔莉心想,看来出来开会是有必要,感情一下子深了许多,那种莫名的隔阂也不见了。

晚上共是两桌人,陆帆、乔莉、强国军陪着于志德、张亚平、方卫军,还有三个高工坐在一桌,戴乐、瑞贝卡、丽莎和剩下的工程人员坐一桌,这一坐下来就有地位高低之分,瑞贝卡心中有气,却也不能怎么样。乔莉第一次看见陆帆放开来喝酒,她这才发现,陆帆不仅有酒量,而且酒量惊人,于志德与张亚平两个人联手,才和他喝了一个平局。席间喝得高兴,于志德要求张亚平唱一个,张亚平放开嗓子,高歌一曲《打靶归来》,赢了满堂彩。乔莉笑道:"张总,你原来是军人吧?"

"是。"张亚军道,"怎么样,小乔,你也来一个?"

"我不行,"乔莉红了脸,"我唱得太差了。"

"不行,"张亚平道,"我唱一个,赛思也得唱一个,晶通也得唱,我们大家一个不能少。"

"张总说得好,"陆帆道,"赛思、晶通,还有张总,一个人都不能少。安妮你唱一个,"他见乔莉还在害羞,使了个眼色,用军人语气道,"这是命令。"

"好!"乔莉心想唱就唱吧,反正我五音不全,唱得难听不关我的事,她站起身来,"今天很高兴,我为大家唱段越剧,也算我的家乡戏。"

众人又是一阵叫好,张亚平道:"等等,你要唱哪段?"

"《天上掉下个林妹妹》。"

"那我唱宝哥哥,"张亚平跑到乔莉身边,"我先来了啊,天上掉下个林妹妹。"

"似一朵轻云刚出岫。"乔莉接了下去,她的嗓子虽然清脆,但果然五音不全,此声一出,张亚平不禁愣了一下,所有的人都吓了一跳,乔莉早知效果如此,反正死猪不怕开水烫,放开声音与张亚平PK起来,一曲结束,张亚平大笑道:"果然是狭路相逢勇者胜,我敬你一杯。"

乔莉连忙推让:"这酒是要喝的,但是晶通的歌还没有唱呢。"

张亚平果然道:"晶通谁唱?老方,方工来一个苏联的,来一个。"

晶通的人纷纷鼓起掌来,方卫军清了清嗓子,唱了一首《红莓花儿开》。他是美声唱法,声音圆润声调准确,众人自然又是叫好,这酒席成了赛歌会,乔莉倒是没有想到。

突然,戴乐道:"这次会议是我们鑫鑫公司承办的,我们也算一个。这样吧,让我们公司的丽莎小姐来一个。"此言一出,所有的人都鼓起掌来,尤其和丽莎坐在一桌的工程师。丽莎也不怯场,站起身微微一笑,当场来了一个高难度的《青藏高原》,这下可把酒席的气氛推向了高潮。乔莉看了看瑞贝卡，瑞贝卡默默地坐着，一言不发，乔莉突然觉得她有一丝可怜。

晚饭在热闹与欢笑中结束了，第二天一早，乔莉被唤醒电话叫醒了。今天上午九点开会，会议安排在饭店的贵宾厅。乔莉收拾好东西，准备下楼吃早餐，电话响了，乔莉连忙接听电话。戴乐道："安妮，刚才丽莎告诉我，瑞贝卡对会场安排很不满意，我刚刚过来解释了半天，她似乎还不满意，马上快八点半了，你能不能先到会场来看看。"

"我马上来。"乔莉喝了一杯水，提着会议材料来到贵宾厅。瑞贝卡黑着脸站在门口，丽莎的眼圈红红的，站在旁边，戴乐正在训斥她："你有什么可分辩的，当初我让你把一切细节都写清楚，你为什么不说这个是贵宾厅？瑞贝卡说你完全是正确的，你自己做错了事情还有什么理由，居然还要分辩？！"

"老板，我是写清楚了，"丽莎委委屈屈地道，"我真的写清楚了。"

"这么说是我冤枉你了？"瑞贝卡道，"我是做市场工作的，如果你当初写清楚是贵宾厅，我就不会同意。你不想想，才十几个人的会，你就安排这样的场地，我们赛思是有钱，可是有钱不是这样花的。"

"听见了没有，"戴乐喝道，"还不向瑞贝卡道歉！"

"对不起，瑞贝卡，"丽莎又是一阵伤心泪，"对不起。"

"行了行了，"乔莉走上前，拉瑞贝卡，"快九点了，这事儿先算了，以后让他们注意就行了。"

"怎么能行了，"瑞贝卡甩开乔莉，"市场方面是我负责的，工作做不好是我的责任，你怎么能替我算了？"

乔莉看了看表，正色道："你不算也可以，现在差十分就九点了，你是不是要我们的客户看见我们在这里争吵，继而对我们赛思的工作产生怀疑，甚至影响最后的销售？"

"你说什么?"瑞贝卡气得脸一阵红一阵白,"你、你不要拿客户来说事。"

"OK,"乔莉道,"那我现在立即离开,你继续在这儿骂人,直到客户来为止,我会把这件事情写个邮件,向客户赔礼道歉,并向公司做出解释。"

说完,乔莉转身便走,她感到了一种说不出的愤怒。丽莎并没有做错什么,不过是瑞贝卡借机撒气,可是撒气也要找机会,怎么能在会议前的十分钟还要如此胡闹,不顾大局呢?她懒得理她,但是刚才的话也够她受的了,估计她不敢再闹下去。果然,瑞贝卡被乔莉的话僵在原地,气得浑身发颤,眼圈儿立即红了。

"都是我的错,我的错。"戴乐立即喝骂丽莎,"你长没长眼睛,赶紧去布置会场。瑞贝卡,我扶你上去歇一会儿。"

瑞贝卡不出声地流着眼泪,被戴乐一路哄着朝楼上走去。

戴乐和外企市场部的姑娘打了多年交道,对此类情况虽不能说屡见不鲜,却也不是头一次经历。他深知女人需要哄的道理,更深知这些市场部的小姑娘们,官衔不大,脾气不小,还偏偏不能得罪。他将瑞贝卡送到房间,又是递热毛巾,又是烧热开水,说尽了好话,赔尽了小心,瑞贝卡这才止住泪水,可也打开了话匣子。

戴乐摆出永远的微笑,加上"对、是、哎呀呀、真是的,我了解、我理解"等词汇,听瑞贝卡倒了一肚子的苦水,什么工作压力大、工作任务重、同事之间不好相处,自己也是名牌大学毕业,一路打拼进了外企,现在男人靠不住,女人要以事业为重,可是职场中的女人痛苦啊,比如原来的同事乔莉转当了销售,就开始目中无人,其实当初她在前台也不过如此,她现在居然敢发邮件状告公司新来的VP,刚才还要威胁自己向公司告状,本来好心好意来三亚帮忙,却落到这个下场……

戴乐心想，你明明借机来一次免费旅游，蹭吃蹭喝蹭玩就行了，干吗这么较劲，这么啰唆？他恨不能变成《大话西游》里唐僧旁边的妖精，拿一根绳子套住自己脑袋，先死过去半小时算了。瑞贝卡每说一句，他就想起唐僧杀人不用刀的名言：你妈贵姓?！

瑞贝卡说起乔莉告施蒂夫的事情，他才来了点精神。这丫头够鬼的，说什么多听市场部的意见，还把钱退回来，分明是得罪了市场部最大的老大，来我这儿收集情报了。戴乐一边嗯嗯啊啊，一边打自己的算盘，乔莉干了这样的事，还跟着陆帆跑三亚，可见这事不那么简单，赛思如此重视晶通的单子，以后会有很多活动机会，自己这次还真是来对了。本想和新上任的销售总监陆帆拉拉关系，现在看起来，晶通才是大鱼。晶通既然安在乔莉头上，以后少不了和她套近乎，让她把晶通的会务都安排在南区，还有晶通的人，也要尽力留下好印象。至于瑞贝卡，戴乐看着她被泪水和毛巾擦得干净的脸，黄黄的没有一点颜色，这也是个不能得罪的主儿，反正哄着呗，万一哄不过去，还有市场总监斯科特呢，这几年他可没少拿好处。

"刚才都是丽莎不好，"戴乐道，"我看安妮也是一时急昏了头，说了这么不靠谱的话，她不会向公司告状的，第一次带客户出来，就闹得不愉快，对她自己也不好。"

瑞贝卡点点头："她敢，她要是敢告状，我就饶不了她。"

"我看还是算了，"戴乐道，"公司就是这样，同事关系不好处啊。哎，你吃早饭了没有？"

瑞贝卡摇了摇头。

"哎呀呀，你看看，都十点半了，"戴乐道，"早餐厅已经关门了，你想吃点什么，快餐面行吗，还是饼干？我去楼下买一点？"

"都行呀。"瑞贝卡吸了吸鼻子，"戴总，想不到你这个人挺细心，挺会关心人的。"

不会关心行吗,戴乐在心里嘀咕道,表面上却憨憨地一笑:"你坐啊,我去去就回。"

戴乐走出房间,轻轻带上门,长长长长地出了一口气,他伸手摸了摸肚皮,心道,大姐啊,你不饿我也饿了,从八点钟被你折腾到现在,连口热茶都没喝上。他摇了摇头,下楼买东西去了。

乔莉其实没有走远,站在拐角处见戴乐把瑞贝卡哄走了,又反身折了回来。丽莎正在会场中生闷气,乔莉走进去,伸手在她肩膀拍了拍:"你没事吧?"

"哦,没事儿,"丽莎忙笑道,"工作嘛,难免的。"

乔莉知道会务公司的人不敢得罪市场部,笑了笑:"我们只有几分钟时间,你能确定会议都安排好了吗?"

"都安排好了,"丽莎道,"我七点半就来检查了,跟着宾馆的人一起布置的,结果八点一过她就来了,说我们把会场安排豪华了。"

"好,我们不说了,"乔莉道,"如果没有问题就高高兴兴的,不要让客户看出来。"

"我不会的,"丽莎道,"谢谢你,乔小姐。"

"叫我安妮。"乔莉笑道,"为了赛思的事情辛苦你了,谢谢。"

话音刚落,陆帆和于志德说说笑笑地走了进来,乔莉忙上前招呼,方卫军、张亚平、强国军等其他人全部到了。陆帆趁空问乔莉:"为什么不到早餐厅招呼大家?"

"这边出了点小状况,"乔莉道,"等空时我告诉你。"

陆帆点点头:"好,开会。"

啪,灯光暗了下来,陆帆、强国军、乔莉三个人合力精心制作的PPT打在了墙壁上。陆帆首先发言,第一谈了世界电子产业中IT应用的发展,第二谈了赛思的产品曾经被世界某些在电子产业中领先的公司使用,第三谈了晶通目前的 IT 应用处于哪个阶段，第四谈了赛思的软件与硬件对晶通的技术改造能起到什么作用……乔莉坐在桌子的另一边，看着陆帆侃侃而谈，如果不是没有吃早餐产生的饥饿感，她觉得这样去学习及体会如何在此类会议中发言，真是一件无比享受的事情。陆帆一口气谈了一个多小时，接着是强国军，他没有陆帆谈得那么眉飞色舞，但是乔莉发现，所有的工程师都很留意他的话，他实打实地介绍了赛思产品的性能、特点，以及在同类产品中的优越性。乔莉感到肚子饿得一阵一阵心慌，她悄悄溜出去，赶到早餐厅，已经停止营业了，她又转到咖啡厅，要了一杯咖啡，加了两杯奶，一口气喝了下去，又匆匆赶回会场。今天一天的主要任务就是开会，明天和后天就剩下游玩了。

中午时分，大家去餐厅吃饭，瑞贝卡没有来，乔莉问戴乐她怎么样了，戴乐说她有些不舒服，晚上再和大家吃饭。乔莉猜想她还在生气，反正白天也没有她的事情，不来也好。但今天上午总是拿了她一把，大家同事以后还要相处，乔莉决定找个机会和她说一说。

可是直到晚上，瑞贝卡也没有露面，乔莉有些不安，就连陆帆也察觉了。开了一天的会，晶通的工程师们都很疲劳，但是想到明天就可以出海，他们还是有点兴奋。张亚平是此类会议的常客，他只对晶通的业务感兴趣，此次来三亚，他的目标就是于志德，还有陆帆，不管赛思、SK 或者瑞恩，谁与晶通达成协议，他都希望从他这走货。明天的出海，他计划找机会和陆帆、于志德沟通一下，现在，他不想浪费精力，故而懒懒的。大家各怀心事，不免有些懒散，饭后自由活动，不少人回房间休息了。陆帆找到乔莉，乔莉把早晨的事情大概讲了讲，陆帆微微一笑："果然过不了你这关。"

"你说什么？"乔莉笑了，"什么过不了我这关？"

"没什么，"陆帆道，"你有时候真胆大，昨天歌唱成那样也敢唱。"

"这可不能怪我,"乔莉俏皮地眨眨眼,学着陆帆的口气道,"这是命令!"

陆帆不禁乐了,他看着乔莉,为什么一来三亚,她就像变了一个人?说实话,他不太喜欢她严肃的模样,他喜欢女人有活力,活泼聪明。戚萌萌就是个非常开朗的女人,只是后来她主动得有点过了,她渐渐地不是主动,而是强迫。

陆帆看着乔莉,心里微微有一丝遗憾,如果她不是同事该有多好。乔莉没有注意到他目光中温柔的变化,正色道:"瑞贝卡那边我去沟通一下,明天的游玩……?"

陆帆立即被她拉回了工作,他觉得若有所失,甚至有点不高兴。这些年他都是被女人追得到处跑,但是没有一个女人能比得过戚萌萌的疯狂。他终于落入了婚姻,可是从那儿以后,他的事业就开始走下坡路。戚萌萌的理想是成为一个不上班的女人,每天在家晒太阳喝咖啡,再不然就出去美容、泡吧、购物,当然了,家里的活儿都有保姆做,房子要大,至少要二百平以上的,郊外还要有别墅,车子要大,而且要最新款的,至少也得是跑车,她开一辆,陆帆可以开一辆商务型的,买衣服只能去香港,甚至去日本和巴黎,北京和上海都太土了……可是靠着陆帆的收入,她无法实现她的理想,她还要继续工作,于是她就找了一个能实现这个理想的男人,但是,她还是觉得陆帆好,不为什么,她就是觉得他好。

若论陆帆那几年挣的钱,就一个寻常女人而言,不是不够,而是太够,可是对戚萌萌,她的常用语就是:"我只有这么点要求,你都达不到!"陆帆一方面为之痛恨,一方面却又觉得,戚萌萌的确刺激了一个男人的尊严,也许它不是良性的,可它十分够劲儿。

"明天要出海,"乔莉道,"我和你们一起去吗?"

"不,"陆帆恢复了冷冷的模样,"明天你注意一下,只安排我和于志德、张亚平。"

"这样好，"乔莉笑了，"只有你们三个人在海上，有什么话都可以谈了。"

"你很聪明，"陆帆道，"但有时候要学会适当地保持沉默。"

"我会注意的。"乔莉觉得陆帆有些不高兴，她哪里想到陆帆复杂的心理，只理解为明天要谈生意。她想起《三国演义》中，刘琦向诸葛亮借计，将诸葛军师骗到高台之上，撤去了梯子，道：此时说话天知地知、你知我知，没有隔墙之耳。诸葛亮因此教了他谋生之法。明天到了海上，一条船中只有陆帆、张亚平、于志德三个人，无论谈什么，都是天知地知、你知我知，除此之外，只剩下茫茫的大海，没有第四双耳朵。

秋天的三亚气候宜人，虽然热，却不炎热，此时的游人也没有节日期间那么多。第二天一早，赛思、晶通的人马全部在宾馆集合，然后直接步行前往海滩。

丽莎穿着红底白点的三点式泳衣，外套一件薄薄的宽松的白衬衫，浓密的头发用白色的发带绑好，脚下是一双红白相间的软底拖鞋，惹得晶通的工程师们全部心猿意马，不时瞟着她若隐若现的好身材。乔莉喜欢游泳，但考虑到今天要招呼客户，她里面穿着一件黑色连身泳衣，下面用一条蓝色大方巾扎成一条小裙子，外面套了件白色小上衣，倒也大方。瑞贝卡今天终于出现了，她穿着一条黑色吊带连衣裙，头发盘起，脸上的妆也化得分明，耳朵上还戴着一枚闪亮的小钻石，美也算美，但终究脱不了职场中的一种味道，比不上丽莎的靓丽，也比不上乔莉的清爽。乔莉微笑着和她打招呼，她也微笑着和她打招呼，一路上有说有笑，似乎全然忘记了昨天的事情。乔莉开始很意外，后来发现，她是因为丽莎的惹眼浑身不自在，她刻意和丽莎保持着距离，一句话也不多说，而是紧紧和乔莉保持亲热的关系。

女人心海底针，乔莉在心中喟叹，如果女人心思都用在这些方面，那世界何等没劲儿!

众人上了坡顶,只见一片草地的下面,是一片沙滩,沙滩的前面,是一片蔚蓝的大海。

乔莉从心底深处吐出一口气,精神为之一振。丽莎率先下到沙滩,将外套除了,红白点泳衣衬着白嫩的身体,将晶通一票年轻工程师全部引了过去。张亚平笑眯眯地看着,对戴乐道:"你的员工不错嘛。"

戴乐呵呵一笑,张亚平道:"不如让她转行做销售吧,我看去陆总那儿很合适。"

陆帆笑了笑,对乔莉道:"你去转转,我和于厂长、张总去海上逛逛。"

张亚平的眼睛追随着丽莎的身体,心思却放在陆帆这儿,看来他也有意一谈。这样最好,事情总要谈的,不谈就没有办法深入。他看着于志德,于志德一副心旷神怡的模样,似乎胸有成竹,相反,陆帆的表情还是有点冷淡。张亚平心想,这陆帆真正是个外冷内热的人,认识这么多年,他还是这样,就算表现得很热情,但旁人一看,还是冷冷的。

张亚平忽然想起了乔莉,道:"安妮,你不上船吗?"

"我不去了,"乔莉道,"我想游泳。"

张亚平心想,肯定是陆帆叫她别去的,微微一笑,没有再说。于志德跟着他们走到船边,上了船,船老大启动了机器,船身发出突突的声音,慢慢朝海中驶去。

"于厂长,"陆帆道,"可惜这里没有渔具,不然在海中钓鱼,别有一番风味。"

"对啊,"张亚平一拍大腿,"大海可不是小江小河,钓到的一定是大鱼。"

于志德微微一笑,将下巴抬起,眺望着一望无际的海面。船老大此时将舱中的茶几收拾干净,将桌布铺好,摆上几罐啤酒,还有花生等几样零

— 155 —

食，请他们到舱中小坐。张亚平一见便笑了："这是赠送的？"

"这是有位小姐刚才交给我的，"船老大道，"几位还想要什么，我还备了海鲜。"

张亚平心情大好，在桌边坐下。陆帆明白这是乔莉的安排，心想也算她想得周到。于志德喜爱海鲜，顾不得干净与否，命船老大炒了几盘上来，但是他不喜欢喝啤酒，问船老大有没有白的。船老大将一个小瓶的五粮液送了上来，张亚平乐了："这个小安妮真逗，什么事都能想到。"

三个人边吃边聊，气氛越来越好，陆帆道："于厂长，晶通的技术改造，风传了很久，到底什么时候能立项？"

"立项应该很快了，"于志德呵呵一笑，"我想应该不会超过一个月。"

"技术改造与晶通改制肯定联系在一起吧？"陆帆笑了笑，"国资委和省政府都有什么想法？"

于志德默默一笑，心想你这是套问我有多少可能执掌晶通的大权吧。他想了想道："国资委的陈主任对晶通寄予厚望，我来三亚之前，他还叮嘱我要好好听取你们的技术优势，至于省政府，也会大力支持的。"

"是陈启光主任吗？"张亚平道，"他负责过河北的几个大企业的改制，想不到，陈主任对咱们的工作也很关心啊。"

"他是我岳父的学生，"于志德道，"我岳父年轻的时候做过中学老师，很多人都不知道这件事情，那时候他教陈主任语文，是他的班主任。"

陆帆与张亚平对视一眼。陆帆心想，李才厚不是号称石家庄包打听吗，怎么这件事情没给打听出来？如果于志德有国资委、省政府的支持，他拿下晶通的头把交椅应该问题不大。张亚平心想，早就听说于志德和国资委关系好，没想到还有这层关系。

于志德道："两位，这可是我们家中的小秘密，我岳父和陈主任都不喜欢外人提及此事，他们现在都是政府官员，说这些总是让别人觉得很有什么嫌疑，好像他们官官相护。我也很不喜欢对外说这件事情，好像我于某人没有什么本领,是靠着裙带关系走上去的。"

"哎,"张亚平道,"怎么可能呢,于厂长雄才伟略,我们石家庄哪个不知道,您太过谦了。"

"于厂长,"陆帆道,"您是负责业务的,您估计技术改造的预算,最后会定多少?"

"嗯,"于志德点点头,"我粗算了一下,至少也要三亿多,恐怕要四至五个亿。"

"这笔钱从七个亿里走吗?"

于志德看了看陆帆,道:"国家拨款七个亿,不就是让我们做这些的吗?"

陆帆笑了笑,若有省政府的支持,动用这笔钱恐怕还行,工人这边自然可以不考虑。

张亚平问道:"还有一个月就立项,项目组成员定了吗,谁总负责?"

陆帆闻言看着于志德,心想,张亚平把他最关心,也是我最关心的问题问了出来。于志德道:"我是晶通的副厂长,又分管业务,全厂上下都希望我来当这个总负责人,临行之前,王厂长也向省里举荐了我,我想等我们回去,这个批示就应该下来了。"

张亚平与陆帆都微微一愣,两个人同时想到,王贵林为什么举荐于志德为项目负责人呢?谁担任这个项目的负责人,就预示着谁是晶通未来的掌门人。张亚平想,难道王贵林感觉自己不行了,不如借花献佛,捧于志德上去,也给自己留条后路?陆帆也想到了这一点,但是,他又觉得从欧阳贵的分析,包括乔莉的叙述中,这个人似乎不会这么做。

"呵呵,"陆帆道,"这个项目这么大,于厂长您最关心什么呢?"

"我最关心什么?"于志德微笑道,"只要能把厂子做大、做强,就是我的想法。"

陆帆看了看张亚平,张亚平也在看他,两个人眼神交会,各自心领神会。张亚平道:"于厂长,现在我们在这个地方,不管说什么,都是天知地知、你知我知,我和陆总都是自己人,就算不是自己人,说了什么,都丢在了海上,没有什么关系。"

"张总,"于志德道,"我不明白你的意思。"

陆帆见于志德不应这个话,笑道:"我想张总的意思是,把企业做大做强需要各方面的支援,我们虽然认识时间不长,却对晶通,包括于厂长,都怀有敬意,不管于厂长需要什么样的支持,我们都会尽力去做,而且尽力做到最好。"

于志德呵呵乐了:"我要的东西很简单:我要晶通的技术改造,必须是非常完美的,能够让我的企业在未来产生巨大的效益,只要你们保证了技术与服务,我就答应你们,让你们参与晶通的技术改造项目。"

陆帆与张亚平又对视了一眼,陆帆道:"技术与服务没有问题,您还要我们做什么?"

"扫清你们能扫清的障碍,提供一切你们能提供的技术,让改造顺利进行。"于志德微微一笑,"晶通的技术改造,没有最好,只有更好。"

陆帆与张亚平各自沉默了几秒,两个人都在判断,于志德说的话到底是什么意思。陆帆端起酒杯道:"于厂长,不,应该是是董事长,我尊敬像您这样的人,我先干为敬。"说完,他将一瓶啤酒猛地举起来,咕咕喝个干净,张亚平也连忙陪敬了一杯。

三个人慢慢地边吃边聊。陆帆见刚才的话题没有问出什么,又开始拐弯询问国企的工人工资情况。于志德道:"要论工资不能和你们外企比,你们一个普通员工一个月至少五六千,我们一个技术骨干,有时候一个月才三四千。"

"那也太清苦了,"陆帆道,"同样是人才,同样都在打工,收入相差太远了,像您这样的高层,呵呵,不好意思,我觉得恐怕收入有限。"

"收入是有限,"于志德微笑道,"不过晶通一旦改制,我们都会成为工厂的主人。陆总、张总,你们都是商场中的精英,这笔账你们算得过来吗?"

陆帆与张亚平眼光交错,陆帆想,如果于志德真的拿下晶通改制后的董事长一职,他至少也能拿到5%以上的管理股,如果晶通的资产以及运营状况良好,这的确是一笔巨大的财富。

"我们业务部门,已经在准备晶通技术改造立项的事情了,"于志德道,"你也知道我们的人员水平有限,我还希望赛思能够提供一定的技术支持。"

听到这话,张亚平眼睛一亮。立项是非常重要的,如果赛思能从立项起介入晶通的技术改造,那么在招标的时候,就有了充分的发言权,也就是说,让什么人在立项时提供技术支持,就表明让那个人在招标时有了巨大的中标可能。张亚平心想,看来于志德说的是真话了,这么些年,国企老总他不知见了多少,清廉的有,像王贵林那样,贪的也有,但要看多少,有些是正常范围的,吃点喝点,四处走一走看一看,有些就深不见底。看来,还是制度解决问题,一旦把企业交还个人,那么企业的老总是无论如何不会贪污自己的财产的。张亚平连忙举杯:"好啊,陆总,技术支持这一块就看你的了。"

"不过,"于志德道,"SK、瑞恩都是国际知名的企业,尤其是SK,和赛思的产品可以说各有所长,各有优势,我的意思呢,你们最好都能参与到我们晶通的立项中来,最后谁的产品最好,谁的服务最到家,我们就会选择谁。"

张亚平心想,哎哟哟,在这儿等着呢。他看着陆帆,心想我今天是摸清楚了,未来的晶通很有可能是于志德当家,等回去之后我再到省里把情况核实,再和SK保持联系,总能分到一杯羹。只不过于志德如果真不要好处,我也拿不了多少,但是你的麻烦就大了,转了一圈,还是三家竞争,什么底牌也没有套出来。陆帆想了想,为今之计,只有先从技术下手，再慢慢看清楚方向。他想了想道："这是应该的，这样吧，我回去之后向老板汇报一下，尽量给晶通请一个咨询公司，让他们来帮助你们分析一下，晶通的技术改造到底应该怎么走。"

"好啊。"于志德闻言大为高兴，敬了陆帆一杯。陆帆觉得从道理上分析，于志德不拿好处，是说得通的，可道理是道理，人情是人情，这么多的钱，一个人可以轻轻松松地拒绝，甚至说得如此充满商业理想，陆帆觉得肯定哪里不对，但他现在只能附和。晶通让赛思、SK、瑞恩三家参与立项，陆帆一点也高兴不起来，那还不吵翻了天？底下有的是麻烦。

海滩之上，乔莉与丽莎正在陪着晶通的工程师聊天，瑞贝卡脱了吊带连衣裙，穿着宝蓝色的绸缎三点式泳衣在浅水区游水。瑞贝卡有些高挑，身材也很不错，工程师们的眼神难免也落在她的身上，这让她心情好了一些，招呼乔莉帮她拍照。乔莉心想她这样也好，两个人就不必解释了，大家心照不宣，落个表面清静。她笑着帮她拍了许多照片。不一会儿，戴乐也赶了过来，一会儿给她们送汽水，一会儿帮她们拍合影，忙得不亦乐乎。

太阳渐渐升高，瑞贝卡坐在沙滩的大伞下休息，乔莉回到丽莎那边招呼工程师们。瑞贝卡冷冷地看着她，戴乐笑道："在看什么呢？"

"这个乔莉，平常穿得多也不觉得，"瑞贝卡道，"今天穿得少，觉得她真胖，大腿那么粗。"

"那是那是，"戴乐道，"她们俩的身材都没法和你比。说实话呀，瑞贝卡，以前在公司和你见了那么多次，就觉得你身材好，今天一见，呵呵，你刚才不说身材我都不敢夸你，你这身材，要是再高十厘米，就能当模特了。"

"我这个人就是对自己要求高，"瑞贝卡微微一笑，忽然又皱起眉，"你们公司的那个丽莎，怎么那么招摇啊，戴总，你们开的是会务公司，又不是娱乐公司，公司员工嘛，要有个公司员工的样子，你看她，都快赶上三陪了。"

"是是是，"戴乐道，"我第一次带她出来，没想到她这副德行，你放心，以后我再也不带她出来了。"

瑞贝卡满意地点点头，戴乐道："真晒啊，瑞贝卡，你要搽防晒油哦，不然会晒黑的。"

"我搽了，"瑞贝卡陶醉地笑了笑，她就是喜欢戴乐这种赔小心的感觉，"来三亚前你送的那个牌子的防晒露就十分好，我今天早晨起来用了不少呢。"

"好用吗？"

"嗯。"

"我一回去就安排丽莎再去买，"戴乐话一出口，立即道，"该死该死，我亲自去买，然后亲自给你送过去。"

瑞贝卡咯咯笑了，娇声道："戴总，你真细心，要是你没有结婚，我就追你了。"

"我哪儿配得上你，"戴乐心想，你这样的女朋友我可不敢要，他笑道，"我看只有陆总那样的青年才俊，才能配得上。"

"算了吧，"瑞贝卡不由得想起前任销售总监，费了那么大力气，最后一无所获，她恨恨地道，"做销售的没几个是好东西，我才不想要呢！"

乔莉和方卫军坐在沙滩上，方卫军尽量克制着自己，不去打量乔莉胸部，丽莎劲爆的身体就在不远的沙滩上，他装作遥望大海的样子，不时地瞟着丽莎。乔莉不知他的心思，见他忽然不说话了，不禁问："方总工，你怎么了？"

"没什么。"方卫军道，"三亚真的很漂亮。"

"您以前没有来过吗？"

方卫军摇摇头：“我们这些国企，以前没有钱到这种地方开会，哪像外企，动不动出国，当然了，也看什么企业，有些国企受国家支持，待遇也非常好的。”

乔莉想起晶通家属区的工人，默然不语。方卫军今天似乎有心事，话也不多，瑞贝卡在不远处又是戏水又是拍照。突然，乔莉猛地醒悟过来，方总工此刻是在感时伤怀，还是在想出国的事情？她打量了他一眼，道："总工，要不要我向老板说说，组织大家出国考察一次？"

"呵呵，"方卫军转过脸，不觉又看了一眼乔莉的衣领处露出的锁骨与一小片胸脯，他觉得喉咙发干，勉强笑道，"这太破费了。"

"哎，我们不谈钱，您说说，从业务角度来说，出国考察，是不是有利于晶通的技术改造？"

"那当然了，"方卫军回过脸，触眼却是丽莎雪白的身体，他呼出一口气，尽量克制着自己，慢慢地道，"不瞒你说，我们几年前就想组织力量出国考察，一直找不到机会，说白了，就是厂里缺少资金。"

"好啊，"乔莉道，"这事儿我去和老板谈，尽量为你们争取。"

"那就感谢了。"方卫军笑了笑，戴着眼镜的脸一如乔莉当初见他时那样温和，乔莉却觉得有点异样，将小外套裹紧了些。"冷了？"方卫军连忙扫了她一眼，关切地问。乔莉摇摇头："秋天的三亚就是这样，气温刚刚好。"

中午时分，陆帆、张亚平、于志德三个人仍然没有回来，陆帆给乔莉打了个电话，让她和戴乐陪大家吃饭。下午，乔莉又陪着众人去了另一个地方游玩，直到晚上，她才见到陆帆。她向陆帆汇报了方卫军的事，陆帆眯起眼，心道来得真快，一个在船上说技术先行，一个便要求出国考察，他知道这笔钱他不花，自然有人花，SK和瑞恩都等着呢。他对乔莉道："你先别急着答应他，等回北京后再议。"

晚上，乔莉回到房间，打开了电脑，树袋大熊发出的笑脸立即跳了出来，乔莉也发了个笑脸，树袋大熊问："在干吗呢？这两天没有看见你。"

乔莉答："出差呢。"

"哦，"树袋大熊写道，"在什么地方？"

"呵呵，"乔莉写道，"不告诉你。"

"我猜猜，"树袋大熊道，"在山里，还是在海边？"

"既不在山里，也不在海边。"

"那在哪儿？月球？"

乔莉笑了，写道："地球。"

"你什么时候有空，我请你吃饭吧？"

乔莉愣了："你不是在美国吗？"

"我回来了。"

"什么时候？"

"已经有一段时间了。"

乔莉沉默了，她一直以为这个网友会像有些朋友那样，在网上聊聊天，互相有个伴，但是永远不涉及私生活，永远也不见面，但是他突然说他回国了，而且已经有一段时间，那为什么回来的时候不告诉她，现在又突然约她见面？乔莉不知如何说，打了个英文单词："Why？"

"I just want you to see an energetic and happy bear, so I took quite a long break."（我希望你见到一头有活力的快乐熊，所以我休息了一段时间。）

"Aha, do you think I want to see a bear just because he is energetic and happy？"（哈哈，你以为一头熊有活力且快乐我就想见吗？）

"I will treat you a nice dinner. You can order anything except bear paws."（我请你吃一顿大餐，除了熊掌。）

"Unfortunately I prefer bear paws for dinner ☺"（真不幸啊，我晚上就爱吃熊掌。）

树袋大熊打出七八个笑脸,改用中文道:"你英文很不错啊,既然你晚上爱吃熊掌,我们中午见吧?"

"我考虑考虑,"乔莉写道,"要不要见一头熊。"

"好。"树袋大熊用英文道,"Good luck! I am looking forward to seeing you."(祝你好运!我希望很快见到你。)

乔莉未置可否,回了一个笑脸。

晶通的三亚之行,因陆帆、于志德、张亚平三人的船上"会议",算有了一个小小的交代。此后的两天仍是游玩,但是明显地,晶通与赛思的关系不知不觉亲近了许多。第四天早上,一行人坐上了回北京的飞机,中午到了北京之后,陆帆与乔莉亲自把他们送上汽车,目睹着除了方卫军之外的一行人踏上了返回石家庄的道路。方卫军笑了笑道:"你们回哪儿?"

"今天不回公司了。"陆帆道,"方总工住哪儿?我们送你。"

"我住在东五环。"方卫军道,"陆总呢?"

"我在西三环,"陆帆道,"安妮在东三环。这样,你送方总工回去,然后再折回家。"

乔莉点点头,和方卫军打了同一辆车,陆帆自己上了另一辆车。乔莉与方卫军坐在出租车后排,两个人又聊起了晶通的技术改造,乔莉笑道:"方总工,以后晶通方面,您还要多多关照哦。"

"一定一定,"方卫军突然伸出手,拉住乔莉的手,"小乔的事情我一定关照。"

乔莉愣住了,一种恶心和极度的愤怒与不屑之火在她心里熊熊燃烧。她一动不动,冷冷地看着方卫军又软又厚的手将自己的手包裹在内。乔莉拼命让自己冷静下来,一个字一个字地道:"方总工,王厂长和于厂长让我回去写个报告,汇报一下晶通之行,您看技术方面有什么要补充的吗?"

"没有没有。"见乔莉没有反抗，方卫军异常陶醉，仍然将乔莉的手紧紧攥住。乔莉笑了笑道："上次我去晶通，去了王厂长家，也去了您家里，两边都做了一下拜访。"

方卫军浑身一颤，手猛地松开了。他盯住乔莉，一张模糊的脸看不出表情："你，去我家了？"

"是啊。"乔莉看了他一眼，心想我抬出王贵林你不会在乎，抬出你家你就完蛋了！她笑了笑，"我们赛思对客户就是这样，不仅要拜访本人，还要拜访家属，于厂长的女儿于卓然我也拜访过，她还在北京上学呢。"

方卫军低着头，一句话也没有说。直到他下车，乔莉跟他说再见，他连一个字也没有回答，就这样走了。乔莉咬咬牙，对司机道："师傅，回东三环。"

司机掉头向东三环驶去，乔莉觉得胸口像被大石头压住了，方卫军的举动让她反感不说，她更担心方卫军下车前的态度，如果晶通的业务因此不保，自己就凶多吉少了。乔莉看着自己的手，其实给他摸了一下又怎么样呢？不！她打断了自己的念头，有一就有二，自己绝不能成为这些利益的玩物。她冷眼看着窗外的车流，谁也别想把她攥在手里，相反，方卫军如此惧怕家庭，一定有他的原因，只要他有弱点，她就不怕他不就范。

乔莉打开车窗，把刚才的不悦抛诸脑后，他们以为她一定要求着他们，事情往往就是这样，有被人求的地方就有求人之处。乔莉心想，什么他娘的潜规则，我要它倒过来，潜规则就是我的规则，一切由我来定！

她冷冷地笑了笑，看来下次去晶通的时候，要打听一下方卫军的家庭情况了。

与此同时，陆帆打开了家门，家里空空如也，他小心翼翼地走进去，害怕戚萌萌会有什么突然袭击。以前就是这样，每当他出差回来，家里总

— 165 —

会有意外的惊喜。有时候不仅是意外，甚至是惊吓，比如有一次她脱得一丝不挂，把自己画成一具骷髅，从洗手间的门背后蹦了出来，当时差点没把陆帆吓死！但是这一次，陆帆找遍了客厅、卧室、客卧、次客卧、书房、厨房、洗手间……到处空空如也，最后，他在床边找到一张小纸条，上面只有几个字：我回家了。落款是：戚萌萌。

陆帆坐了下来，从抽屉里抽出一支雪茄，慢慢地点上，空空荡荡的空中，只有一个微红的烟头忽明忽暗。屋外，已经是夜晚了。

回到北京的第二天，陆帆就开始着手准备技术跟进。首先是技术人员的配备，除了强国军，他又调派了刘明达，同时希望负责售前与售后的雷小锋一起跟进。接着，他与何乘风、欧阳贵碰了个头，商量要不要请咨询公司帮助晶通进行技术改造前的立项工作，以及乔莉提出的出国考察问题。

"如果不出意外，相信很快SK和瑞恩都会组织他们出去开会，"陆帆坐在椅子上，手里玩着一支雪茄，"SK如果得知我们请咨询公司，他们也会做，出国考察对他们来说更不是问题，瑞恩的力量目前达不到，但是他们会私下塞好处，不知道于志德会不会收。"

"他不收，项目组里的其他人也会收，"欧阳贵戴着招牌式的帽子，平静地道，"我看，是没有到他收钱的时候。"

"我也这么认为，"何乘风笑了笑，"于志德现在不开口，不代表以后都不开口，他也许想要个大价钱。我们先投人力物力给他做，至少面子上要做得漂亮。"他看着陆帆道，"下星期欧阳陪我去一趟石家庄，见见河北省的副省长，政府关系这一块，只有SK能和我们竞争。汪洋的性格我很了解，通常他会走在前面，只怕这些日子，他已经和省里建立了不少关系。而且，他们已经在石家庄地方媒体进行了相关的宣传，树立了很好的公司形象。"

陆帆点点头，SK 的现任总裁汪洋是何乘风一手提拔的人才，何乘风又曾在 SK 执掌三年大权，对付 SK，没有人比他更有办法。陆帆道："汪洋现在在石家庄出镜率很高，把自己打造成职场大明星，这对政府也会有影响力。"

何乘风看着欧阳贵："你怎么看？"

欧阳贵冷冷地笑了笑，他不喜欢这些华而不实的招数："如果有人坚持不收好处，我们也可以拿他的短处。"

陆帆默默地听着，心想你用的那些人不知道有没有用，连于志德的重要情况都没有摸到。欧阳贵道："于志德有情妇，两个人几年了，听说他没少帮着这个情妇做生意拉关系，肯定不干净。"

陆帆和何乘风对视一眼，何乘风道："消息可靠吗？"

"可靠！"欧阳贵道。

何乘风想了想："关键是他的家没有因此出现什么风波，也许达成了什么协议，大家相安无事也有可能。"

"他说他的岳父和国资委的陈启光关系很好，但是两个人表面上并没有什么来往，"欧阳贵道，"会不会关系隐藏得比较深，晶通改制，明是于志德在前，实际是这两个人在后？"

"如果真是这样，"何乘风道，"他们也会考虑技术问题。"

"不，"欧阳贵道，"晶通电子拿到手，能不能赚钱是未知数，但是技术改造，是一块大肥肉，没有人会丢下肥肉不吃，去等有风险的五花肉。"

"除非有人能保证晶通电子的利润……"何乘风突然打住，看了看欧阳贵，又看了看陆帆，三个人的脸上都露出了明白的表情，何乘风笑了，"我数一、二、三，我们同时说出来。"

欧阳贵与陆帆闻言都笑了，何乘风刚喊了声"一"，又停住了，他对陆帆道："去把云海叫来。"陆帆呵呵一乐，打电话叫了狄云海。狄云海来后听了陆帆的陈述,脸上也露出了调皮的笑容。何乘风道:"人到齐了,我数一、二、三!"

"房地产!"四个人同时说出了这三个字,你看看我,我看看你,一起笑了起来,然后,又逐渐陷入一片沉默,房间里出奇地安静。过了一会儿,何乘风道:"如果于志德的目标是晶通的地皮,他就不会在意晶通电子这个企业本身,技术改造,他们一定会捞好处,而且会捞一笔巨大的好处,他们现在是把我们全部拖下水,然后慢慢开价。"

"于志德在三亚说得道貌岸然,又让方卫军向乔莉提出海外考察,"陆帆道,"看来他的目的是增加我们的投入,我们现在投入得越多,将来给的好处也会越多。"

狄云海笑眯眯地坐着,何乘风道:"云海,你怎么想?"

"既然他们想让我们投入,我们就投入。"狄云海和颜悦色地道,"听说施蒂夫要搞什么千人产品大会,与其把钱拿给他建功立业,还不如用在晶通上,再说投入到一定的时候,晶通会帮我们节约的。"

"这么一大笔钱,"陆帆道,"施蒂夫能批吗?"

"有安妮的霸王邮件在前,"狄云海呵呵乐了,"恐怕他不敢不批。"

何乘风与欧阳贵都笑了。何乘风道:"千人产品大会太夸张了,不如搞个三四百人的电子行业解决方案的峰会,就放在石家庄,顺便也做一做赛思的品牌形象。"

"恐怕施蒂夫不会同意,"欧阳贵此时的表情非常松弛,"这还得另找一个借口。"

"我们下个星期不是去石家庄吗,"何乘风道,"与省政府沟通一下,看看有没有其他的借口。"

陆帆看了看狄云海,心想你引出这么一个大损招,非把施蒂夫气疯了不可。他暗中觉得好笑,面上依然淡淡的。他心里还放不下王贵林,趁众人情绪良好,陆帆道:"你们对王贵林怎么看?在三亚的时候,于志德说王贵林向省里推荐他做晶通技术改造的项目负责人。"

何乘风微微笑着,欧阳贵面无表情,狄云海却皱了皱眉。陆帆耸耸肩:"看来大家都不相信他是真心的。"

"这个人几乎没有什么把柄。"欧阳贵说了一句,便没有再说,那意思再明白不过,这种人要么是个老实人,但一个老实人不可能在没有根基的情况下混到这个位置;要么,就是个很厉害的人,他会主动给竞争对手做嫁衣吗?

"乔莉一个人跟进这条线恐怕有点弱,"何乘风道,"欧阳,你什么时候跟她去一次,会一会这个王贵林。"

欧阳贵点点头,不用何乘风多说,他真想会会这个王贵林。陆帆道:"乔莉如果跟进王贵林,于志德这条线她可以撤出来一些。下面会有很多市场活动,我担心施蒂夫会借机发作,出了什么状况不好收拾。"

"市场这块让云海去协调。"何乘风笑道,"听说市场部的小姑娘都很喜欢你,你要加油。"

狄云海笑了:"我去协调当然没有问题,但是我建议,这些活动包括请咨询公司、出国考察,仍然让乔莉发邮件,只有她发的邮件施蒂夫不敢挡,也挡不住。"

陆帆看了看狄云海,云海脸上的笑意更深了,陆帆明白他在坚持。何乘风与欧阳贵虽然都是第一次与狄云海深入合作,但以他们的阅历,都明白他笑得越厉害心中的坚持就越坚定。三个人也都明白,牺牲乔莉早已是注定的答案,不可能有所更改,同时他们也明白,只要打下晶通,乔莉就是立了奇功一件,对她也算巨大的补偿。

"好,"何乘风道,"就这么定了。"

"还有一件事情,"狄云海慢慢地道,"听说周祥在找工作。"

欧阳贵看了看狄云海,狄云海也在看他,欧阳贵本能地觉得,这个人十分难缠,比表现冷淡的陆帆难缠十倍。陆帆早已和云海通过气了,他看着何乘风道:"这件事情怎么处理比较合适?"

何乘风知道陆帆想说什么,不用看狄云海的表情,他就知道这两个人私下已有商议。何乘风笑了笑:"你们有什么建议?"

陆帆看了看狄云海,狄云海微笑着不作声。何乘风在心中轻叹了口气,这就是云海的性格,什么事不到万不得已,永远不愿露出峥嵘,殊不知正是这种性格让他错失了很多独担大任的良机。陆帆直截了当地问:"SK那边有我们的人吗?"

何乘风道:"SK一直想赶走一个销售,他大半年没有卖出东西了,我给他介绍了几笔单子,把他保在SK,他会把SK的情况告诉我们。"

陆帆和狄云海都默默听着,早就风闻何乘风在SK时曾经大搞间谍战,搞得几家大外企的销售总监人心惶惶,果然,他还有这一手。何乘风呵呵笑道:"SK肯定会来我们这儿找内奸,周祥留之无用,弃之可惜,不如送给他们。"

何乘风接着又笑道:"这样吧,我亲自找他谈一次,把他稳在赛思,至于SK怎么发现他,就要看你们的本事了。"

"我来做回恶人吧,"陆帆道,"云海可以做好人,剩下的就看欧总了。"

"好,"欧阳贵道,"我亲手把他送进SK。"

刘明达闷闷不乐地坐在办公桌前,自从上次和乔莉吃过午饭之后,两人再无超越同事之外的联系。他说不清对乔莉的感情。很快,乔莉、陆帆、强国军与瑞贝卡带着晶通的人飞往三亚,在乔莉出差的这几天,他既为她担心,又嫉妒陆帆可以与她近距离接触,又觉得乔莉似乎不是理想的女朋友候选人。现在,他的父母经常催问女朋友的事情,在他们眼中,他从名牌大学毕业,进入赫赫有名的大外企,又做的是技术,万事不用求人,凭的是真本事吃饭,又年轻英俊,那全天下的女孩都应该为自己的儿子倾倒,一定得要个温柔贤淑、美丽大方、勤劳细心的女朋友,用现在的话说,要出得厅堂、下得厨房。

刘明达觉得,乔莉漂亮这一关是没有太多问题,但也没有美到惊天地泣鬼神的地步;若论温柔,以前做前台的时候他还觉得不错,现在接触下来,这女孩也太要强了,一个女人嘛,那么要强不是好事,女人就得温柔听话,懂得哄男人高兴;再说像她这样的,未必在家庭中好打交道,将来不一定能和父母搞好关系,而且不见得能把家务事事做好,让他在家中舒舒服服的,不用动那些女人干的家务活……思来想去,刘明达怎么都觉着应该把乔莉从女朋友候选名单中划出去,可他一想起乔莉在前台时微微笑着的模样,又觉得应该把她留下来,尤其一想起陆帆,他就觉得不仅要留下来,而且要抢到手,不能让这些所谓的销售称心如意。

他心乱如麻地干了几天活,好不容易把乔莉盼回来了,陆帆当头一棒,把他彻底打醒了:他又要进入晶通的项目,与强国军一起成为技术支持。

他气得浑身打战,这分明是挖了一个黑坑让他跳啊!!这分明是看他不顺眼,给他穿小鞋!这分明是看他不顺眼,想把他不露声色地踢出赛思!什么叫职场斗争,什么叫上司难缠,他今天可算见识了!他当时没有表态,心里一个劲地劝自己要忍!要忍,小不忍则乱大谋。等出了办公室,他就给琳达打电话,琳达听明白事情经过后道:"我现在正在见客户,一会儿给你打过去。"

刘明达只得坐着干等,一边等一边生闷气,恰巧他妈妈打电话来,问天气冷了,有没有加衣裳,被他一句顶了回去:"我在等电话!"说完啪地挂断了电话。

琳达斜斜地躺在床上,她哪里见什么客户,而是刚刚起床。她习惯性地抽出一支烟点上,慢慢地吸着。把刘明达调入晶通做技术支持,还要让负责售后的雷小锋一起跟进,看来晶通的确要大干一场,这陆帆是铁了心要把晶通抢在自己手上，死活都不放给下面的人了。琳达冷冷哼了一声，你想吃肉，我们想多喝口肉汤都不成，再说你为什么把晶通的油水放在乔莉身上，不就是看她年轻老实，好操纵？你说向美国总部告状，她就发邮件和 VP 开仗，我们这些辛苦多年的老兵，到头来连个屁也算不上，要不是我钓了欧阳，我现在连蹲的地方都没了。行啊，你不想让我好，我也没理由给你面子，不过我也不想和你大搞，只要我还是赛思的销售，再加上欧阳现在肯帮我，业绩和钞票是不愁的，但是小搞搞总可以吧。琳达在床上乐得一笑，拨通了刘明达的电话。

"明达，"琳达压低了声音，听起来好像躲在什么地方打电话，"你现在没有办法，他们叫你去你只能去，不过我要提醒你，晶通这个项目可不是什么好地方，你活干得再漂亮，第一没人领情，第二销售业绩也算不到你头上，再说上次都闹到总部去了，干不下来是大罪，干下来是应该啊，何况还有个施蒂夫天天盯着，就想从里面挑出刺来。"

"琳达姐，"刘明达苦闷地道，"你说的这些我全想到了，我怎么办啊？我可不想进去，这事你得帮帮我，你也知道，我就想跟着你干，强国军已经搭进去了，要是再把我搭进去，他们可就太欺负人了，我大不了走人，可你怎么办呢？"

琳达微微一笑，天下就没有傻子，连刘明达也知道挑拨离间。她抽了口烟道："你现在放心大胆地去，有什么问题我们慢慢想办法，客户来了。我再打给你，拜拜。"

刘明达只得挂了电话，心里这个郁闷啊，要是琳达再不把他捞出来，他就要死在晶通这个项目上了，好不容易在赛思混了两年，难道又要出去找工作了？刘明达把几个招聘网站打开来，连翻了几个，也不知道自己到底要干什么，不得已又关上了。

乔莉正在把晶通需要的相关技术资料全部整理出来，看样子晶通要技术先行了，如果是这样，她可得在这上面好好做做文章。突然，她桌上的电话响了，她拿起电话一听，是瑞贝卡："我要找你谈谈。"瑞贝卡的声音听起来十分冷淡，而且还有几分咄咄逼人，"十分钟后到楼道找我。"

乔莉挂上了电话，不明白她要干什么，依言走到楼道，一个男同事正在抽烟，乔莉和他打了个招呼。这时瑞贝卡推开楼道的门，见有人在，便朝楼上走，乔莉只得跟了上去。

两个人连上了三层楼，已经是另一家公司了，瑞贝卡这才站住。她回转身，化得精致的脸上阴沉沉的，看不出表情。乔莉笑了笑："什么事儿，神神秘秘的？"

"这次三亚的会议，你给晶通每个人都送了礼，"瑞贝卡道，"我问了一下，每份礼品的价值都超过一千块，这钱从哪儿来的？"

乔莉又笑了笑："这礼不是我们送的，是代理商送的。"

瑞贝卡冷笑一声："代理商，你以为我会相信吗？就算我会相信，斯科特会相信吗？我查过了，我们住的那家宾馆，当时房费在打折，一千七的房间，是按六百八收的，我请问你，房费发票上的那一千零二十块钱到哪儿去了？"

"是吗？"乔莉皱起眉，"你是说戴乐的会务公司有贪污，一个房间贪了我们一千多块钱？"

"安妮，"瑞贝卡道，"戴乐的公司不可能贪污，这钱是给你们了，你们拿去送客户了，这是违反美国商业法的。"

乔莉觉得这场谈话十分无聊，纯粹是浪费时间，她问道："你到底想说什么？"

"我想让你明白，"瑞贝卡道，"对大家保持尊重是很有必要的，你不要以为有些事情大家不清楚，大家是很清楚的。"

"瑞贝卡，"乔莉尽量让自己保持微笑，"我对你从来没有不尊重，我们是社会主义国家，每个人生来平等，就算我们在外企，那也是社会主义之下的资本主义，更要人人平等，在人人平等的国度里，是不可能出现你说的情况的，对吧？"说到这儿，乔莉自己都有点惊讶自己的"贫"，不禁真的乐了起来。

瑞贝卡的脸色更阴沉了："好，你既然不肯认错，我就把这件事情说出去。"

"呵呵，"乔莉更乐了，"我无所谓啊，你想说就说，今天还是下周，邮件还是电话，都无所谓啊，不过我提醒你，今天是星期五，要告状得快哟。"

"你真是没救了！"瑞贝卡咬牙切齿地道，转身要走，乔莉喊住了她。

"瑞贝卡，"乔莉长叹了一声，"我们是同事，同事的目的是为了一起做事情，晶通是公司必须要拿下的一个项目，我不希望大家在工作之外的事情上浪费时间。我想让你明白，你说的不尊重，其实根本不存在，如果你觉得我确实在有的地方得罪了你，我向你道歉。"

瑞贝卡保持着站姿，脸上的表情没有一丝松动。

"Sorry，"乔莉道，"希望我们在晶通的项目上能够合作愉快，可以吗？"

瑞贝卡依然没有表情。

乔莉有些忍不住了，她慢慢地道："瑞贝卡，我向你道歉，是不希望我们大家在工作中浪费精力，你想一想，这笔钱的发票是鑫鑫会务开的，礼物是代理商送的，你没有证据证明他们有必然的联系，你硬要去告状，只能牵到会务公司，鑫鑫和市场部合作多年，关系之深你大概也清楚，你这么做，戴乐第一个就把你咬出来，斯科特也会一脚把你踢出去，对他们来说，无非就是换个市场助理，何况你也没少拿好处，大家何必呢。"

瑞贝卡困难地咽了口唾沫，尽量让自己保持不动，乔莉说的这些她当然知道，也当然想过，但是她没有想到，乔莉居然这么快就把这些说透了，她以为一下子就能吓住她。她尽量用冷冷的感觉笑了一下，道："你以为就斯科特这么简单?"

乔莉无奈地笑了:"你要说施蒂夫?我向总部告状不是跟他有过节,而是他不合作,这里没有私人恩怨,只有工作。你为什么不明白,这点小事你就去告状,你不仅告不下来,而且还会影响施蒂夫和斯科特的合作,会影响一些会务公司,到最后,施蒂夫也不会保着你。瑞贝卡,我希望你清醒一点,不要再做这些无聊的事情。另外我想告诉你,在三亚的时候,鑫鑫会务的人已经把给你送了多少礼,包括多少现金都告诉我了,如果我没有记错,你接受了超过四十五美金的贿赂,同样触犯了美国商业法,也违反了公司的条例。"

"你说什么,是谁告诉你的?"瑞贝卡此时忍不住了,一双杏仁眼圆睁着,额上细小的青筋都暴了出来,"是戴乐,还是丽莎?!"

"你不必知道,也不必问,问了也不会有人承认。"她朝瑞贝卡伸出手,"你可以接受我的道歉吗?"

瑞贝卡机械地伸出手,乔莉轻轻一握,转身离开了楼道,她还有很多工作要做。

瑞贝卡觉得泪水不自觉地涌了出来,她实在不应该小瞧这个小前台,给自己惹来这场羞辱。为什么?为什么她的人生如此失败?在家里面对男朋友也是这样,无论她施出多少计谋,最后都被那个男人用无所谓的态度和一种无情的轻视忽略过去。在公司她也是这样,无论她付出多少心力,最后都被这些人用这样的态度忽略过去。她慢慢地朝后退两步,靠在墙上,才工作几年啊,她感觉自己老了二十岁,成了一个真真正正的老女人。

乔莉的心情亦不好受,在初进公司,包括初转做秘书的时候,她对瑞贝卡没有什么恶感,到现在,她也没有什么恶感,她从来没把她当成朋友,只是职场中的一个同事,她知道她们是完全不同的两种人,朋友不好可以不交,但是同事不能。乔莉知道最后那番话完全拿住了瑞贝卡。她不过是凭直觉和经验，判断戴乐没少给她现金和物品，可是大家为什么不能站在一个工作的角度看待事情呢？乔莉不明白，是自己太过理性，还是人们太过感性。她深切地体会到了父亲当年得知她面试赛思成功的时候讲的话：你是一个工作的人，不是一个生活的人，他们每一个人都是你的同事，同事既不是朋友，亦不是敌人。

那他们是什么人？乔莉记得自己当时笑着反问父亲。

是共事者。父亲严肃地答道。

乔莉用比父亲当年更严肃的表情穿过楼道，推开销售区的门，朝自己的格子间走去，一个穿着灰西装的男人迎面走过，乔莉几乎视而不见。突然，她意识到那个男人在身后站住了，也意识到自己刚才的态度很糟糕，乔莉连忙转过身，笑道："嗨，我今天没戴隐形眼镜，差点没认出来。"

听见乔莉这样的解释，周祥的神色才缓和下来："我说小安妮，脸色怎么这么难看，工作不要太费心，当心变老哟。"

"老了就老了，"乔莉笑道，"还是帅哥好呀，永远不会老。"

"呵呵，"周祥笑了，"被三亚的风一吹，嘴巴变甜了。我还有事，不多聊了。"

"拜拜。"乔莉说了一声，目送周祥离去后，回到了办公桌前。

周祥出了赛思大门，去约会他刚刚钓上的女朋友。再玩两个月，他就要去新公司上班了。他才不在乎赛思的事情呢，这个小安妮也不错啊，将来去了新公司，可以试着回来玩玩，现在她还是窝边草，他可不想碰。他来到约会的地点，那个女孩穿着十分时髦，两个人吃了个午饭，女孩提议去逛街。周祥心想，我们刚认识多久啊，才没心情当冤大头，道："逛街多没劲儿啊，去看电影吧。"

"没什么好电影嘛，"女孩道，"《色·戒》剪了十二分钟，还有什么可看的呀。"

"你看什么十二分钟嘛,"周祥道,"少儿不宜,走吧!"

"我的朋友都飞到香港去看原版的,"女孩道,"你什么时候带我去呀?"

"行行,"周祥道,"我一有空就带你去,看电影算什么,购物才是真的。"

"真的?"女孩高兴地跳起来。

"真的。"周祥一边心里道"真的才怪",一边伸手搂住她,二人坐进电影院里。没看多一会儿,手机震动,周祥掏出来一看,是赛思的电话,他觉得一阵心烦,索性没有接。不一会儿,电话又震了,他掏出来一看,显示有三个字:何乘风!

他赶紧站起来,穿过电影院的座位空隙,走到场外,手机已经停止了震动,他立即将电话回拨过去:"何总,我是乔,您找我?"

"你什么时候有空,我要找你谈谈。"

周祥皱了皱眉,嘴里却笑道:"您找我我肯定有空啊,这样吧,我很快就和客户谈完了,这边一结束我就回公司。"

他回了电影院,陪女孩把电影看完,便说要回公司。女孩嘟起了小嘴:"你不是说好了要请我吃饭的嘛,说话不算数!"

"你自己吃吧,我真的有事。"周祥有几分不耐烦,"这样吧,吃完饭开个发票,我报销。"

"真的。"女孩眉开眼笑,"吃再多也报?"

"你一个人能吃多少,"周祥一想不妙,叮嘱了句,"五百以内!"说完,他开了车,直奔赛思而去。

他回到赛思总部,坐着飞快的电梯朝上走。电梯的感觉有点像直升机,因为没有什么人上下,显得特别快。但是周祥对这种速度十分适应,从大学毕业开始,他一直在大外企,干的都是销售的活儿,早已习惯了不

— 177 —

按时上班、熬夜、喝酒、泡女孩……他的生活就像这电梯一样，又快又稳，拼命地朝上飞奔。周祥吐出一口气，谈就谈吧，反正他要走了，还能怎的？！

他推开何乘风的办公室大门，欧阳贵也坐在里面，周祥对何乘风笑笑："何总。"又朝欧阳贵点点头，"欧总。"

"乔，"何乘风热情地笑道，"快坐，我正等你呢。"

周祥瞄了欧阳贵一眼，虽然他是直接分管销售的副总裁，但周祥就是不喜欢他，自从他上任的第一天发表了类似于"竹联帮"的宣言之后，周祥就觉得他不怎么样。欧阳贵面无表情地站起来，朝何乘风点点头，便出去了。

"最近的业绩怎么样？"何乘风拨了秘书线，"翠茜，倒杯咖啡。"

不一会儿，一个苗条的女孩端着杯咖啡进来，放在周祥面前。周祥眼前一亮，公司什么时候新进了这么漂亮的小秘书，他怎么没发现，这也是条可以钓的鱼，他朝她点头一笑。秘书小姐抿嘴一笑，转身出去了。

何乘风微微笑着，注视着周祥的一举一动："怎么样，乔，最近的销售业绩如何？"

"您就别提了，"周祥道，"我想要晶通，弗兰克不给，开拓新业务吧，他也不支持，我看呢，他是被原来的小前台迷住了，像我这样的，一不是兄弟，二不是美女，自然很差啰。"

"我下周还要去石家庄，要见你姐夫，"何乘风笑道，"他听你这样说，岂不是要怪我没有好好关照你。"

"您对我好我知道，"周祥道，"可现在我确实业绩很差，对不起人民对不起党啊。"

"你别灰心，"何乘风道，"晶通的事情已经闹到总部去了，施蒂夫也很不高兴，就算它是块肥肉，也是块有刺的肉，你没必要盯着。听我的话，下周跟我去出差，正好回家看看姐姐姐夫，弗兰克会改变对你的看法的。"

"可是做不来业务,我也没钱拿呀,"周祥道,"您也知道,要是我们销售靠工资吃饭,早就饿死了。"

"那,我现在手上有个单子,"何乘风道,"你先接过去做,答应我,先忍两个月,一定有大业务给你的。"

何乘风的态度让周祥十分舒服,心想陆帆算个什么鸟,就是堂堂的总裁,也要给我、给我姐夫几分薄面。周祥眼珠一转道:"何总,我就是佩服您,就听您的话,不过您找的弗兰克也太差劲了,整天板着个脸,让人一见就没劲儿。"

"他就是那种人,"何乘风笑道,"不苟言笑惯了。行了,你把这个业务拿过去,至少下个月稳赚一笔。我找你没别的事,就是让你下星期陪我出差。"

"得令,"周祥站起来,淘气地道,"您怎么说我怎么办。"

"别贫了,"何乘风温暖地笑着,像一个亲切的长辈般地道,"出去好好干活。"

周祥站起来要走,却听何乘风又道:"我听说瑞恩要挖你,是真的假的?"

"没有的事,"周祥连忙嬉皮笑脸地道,"您听谁说的,这是栽赃陷害。"

"没有就好,"何乘风道,"行了,出去吧。"

周祥笑嘻嘻地走出来,来到翠茜的桌前:"嗨,你什么时候来的?"

"我刚来一个月。"翠茜笑了笑。

"我叫乔,"周祥道,"认识你很高兴。"

翠茜又笑了笑。周祥喜欢女孩娇媚一些,最讨厌女人冷脸,此时看着翠茜的笑容,觉得她十分有趣,心道小宝贝你等着,等我离开了赛思,再回来找你。不过,他转念一想,何乘风要去见姐夫,又给他一笔稳赚不赔

— 179 —

的单子，要是现在离开赛思，少赚了钱不说，姐夫肯定又要骂他。姐夫这几年也不怎么待见姐姐，说起来是小舅子，可比起前几年，那态度差远了。

男人嘛，周祥无所谓地想，姐夫肯定是被外面的女人勾住魂了，才会对姐姐这样，他也真是没用，玩归玩嘛，怎么就上了套呢？

乔莉坐在桌边，花了很长时间平静情绪，很快就要下班了，又是一个周末，她却一点都高兴不起来。瑞贝卡的态度十分打扰她的心情，她虽然能想通其中的关节，但毕竟她不是一台机器，即使能想通，也会感到不愉快。

她努力地投入工作，希望借助工作摆脱不佳的心情。快到下班时候，她的 MSN 跳出一个橘黄色的窗口，她打开一看，是树袋大熊。

"Do you have time today? Let's try some bear paws for dinner."

（你今晚有空吗，有没有兴趣品尝一下熊掌？）

"Bear is a kind of rare animal protected by law, we can't do that."

（熊是国家保护动物，不能随便吃。）

"Well, tell me the truth, do you have no interest in bear paws or no time?"

（哦，说实话，是不想吃熊掌，还是没有空呀？）

"Hehe,"乔莉笑了笑，"I do have some time, but I just don't like to go out tonight."

（呵呵，空是有，但是不想出去。）

"Are you busy these days?"

（你的工作很忙吗？）

"Yes,"乔莉写道，"very busy. I am busy and I am annoyed."

（是的，很忙，也很烦。）

"Could you tell me about it?"

（能告诉我吗？）

"Maybe. Not today though."

（也许吧，但是今天不行。）

树袋大熊发了个热烈的笑脸："是和上司过不去，还是和同事过不去？"

"没有，"乔莉道，"没有人过不去。"

"人不可能仅仅工作，还要有生活。"

"是的，"乔莉写道，"不仅仅工作，还要有生活。"

她忽然想，自己的生活是什么？爱情？婚姻？事业？她抬起头，透过高高的玻璃窗，望着楼下如小溪水一般慢慢流动的车河，她的生活是什么？

电脑又有提示，树袋大熊道："今晚真的不想出来吃饭吗？"

乔莉想了半天，写道："今天我想静一静。"

"好的，"树袋大熊道，"我随时捧着熊掌等候你的召唤。"

乔莉忍不住微笑了，和树袋大熊说了声拜拜。她又写了会儿报告，忽然提醒有电邮，应该是树袋大熊吧，她又笑了，打开邮件，果然是他。又是一张手工制作的电子卡片，卡片上一头大熊笑嘻嘻地捧着一大把玫瑰，玫瑰花慢慢地盛开，然后花丛中喷出一个小小的烟火，烟火在空中组成了几个字：Good Luck！

乔莉看着屏幕上的玫瑰，觉得心也一点点地融化。她有一颗坚硬的心，这是父亲说她的。他从小便给她一些让她坚强的教育，在她高中毕业的时候，父亲终于说出了这样的话：你是个女孩，有这么坚硬的心，真不知道是不是好事情。

"什么叫坚硬的心？"乔莉跟父亲撒娇，"女孩就不能有这样的心吗？"

老乔看着女儿可爱的脸庞，想到她在暑假期间为了锻炼自己的社会能

— 181 —

力，跟着礼品公司的人出去推销礼品，一家一户地挨个敲门，虽然没有做成几单，但是居然能够忍受这样的压力，毫无顾虑地去扫楼。老乔记得她敲的一家人正好是机关的老同事，对方立即给老乔打电话，说如果经济紧张就言语一声，怎么能让这么大的姑娘跟着卖礼品的到处敲门？

老乔都觉得有些压力，但是他什么都没有说，只把别人的话转告乔莉。乔莉笑道："你说经济没问题，是女儿喜欢跑楼，一边赚钱一边锻炼身体。"

老乔笑了笑："你真觉得这样能锻炼自己？"

"是啊，"乔莉道，"这样有什么不好？"

"你想不想去考个驾照，或者办个健身卡去跳跳操，学学舞蹈？"老乔道，"爸爸妈妈资助你学这些。"

"爸爸，"乔莉道，"这些东西以后进了大学，或者工作以后都有机会学的，古人说学以致用，我现在又用不上，学它干吗呢？"

"女孩家学学跳舞有什么不好？"乔莉的妈妈听不下去了，道，"也好显得有气质，你看看你，大夏天在外面乱跑，晒得像个非洲人。"

"你女儿气质不好吗？"乔莉站起来转个圈，"我可是六十九中五朵金花之一哟。"

老乔夫妇无奈地笑了，从小夫妇俩就教育她要坚强、勇敢、独立，可是姑娘大了，这种过分的坚强独立也让他们怅然若失，这样教育女儿对吗？还是应该像大多数父母一样，教她唱歌、跳舞、化妆，让她亭亭玉立，成为未语面先红的淑女？

乔莉望着树袋大熊发来的红彤彤的玫瑰，觉得脸一点一点地红了，是的，她有一颗坚硬的心，但是冰山都有融化的时刻，何况一个正当婚嫁年华的大姑娘呢？

陆帆此时也坐在办公室里，又是周末，他现在有五个约会，如果他愿意,有五桌饭局等着他今天晚上赴约,但是他懒得动,有两处不得不去,他想一会儿去点个卯,剩下的他就不想去了。这时,门开了,狄云海笑眯眯地把头探了进来:"嗨,今天晚上吃完饭以后有什么安排?"

"没什么安排,"陆帆道,"你有什么想法?"

"我听说有一家烤肉馆不错,"狄云海咽了口唾沫,"但是今晚的饭局是日本菜,我想约你去烤肉馆喝两杯。"

陆帆皱起了眉,狄云海笑道:"我知道你不喜欢烤肉馆的油烟味,明天不用上班,可以去去啦。"

"你上辈子一定是个蒙古人。"陆帆道,"行啊,晚上十点,在那边碰头。"

"OK,"狄云海道,"一会儿我把地址发给你。"

"等一等,"陆帆狐疑地盯着他,"今天周五,晚上没约会?"

"有啊,"狄云海笑道,"和你啊。"

陆帆的脸上露出了难得的笑容:"有合适的就抓紧吧。"

"OK,OK,"狄云海依旧笑嘻嘻的,"一定抓紧。"

现在是北京的深秋了,陆帆在每个饭局喝过几杯酒之后,来到了云海说的烤肉馆,陆帆最不耐烦这类烟熏火燎的地方了。他皱着眉头,在一个烟雾腾腾的拐角看见了云海,他一边烤着十几串羊肉,一边喝着啤酒,正高兴着呢。

"弗兰克!"云海看见了他,朝他挥手。

陆帆走过去,咳了几声:"你能不能找个没烟的地方?"

"呵呵,"云海笑道,"你不是喜欢抽雪茄嘛,还怕烟味?"

"雪茄是雪茄,"陆帆道,"这是油烟!"

"有什么不一样,"云海道,"你是白领喜欢雪茄,我是老百姓喜欢油烟,一样一样。"

"你就贫吧,"陆帆乐了,"真想不明白你为什么喜欢这些民俗的东西。"

"我本就是俗人一个。"云海道,"来来来,吃烤肉,我亲手烤的。"

陆帆的手机响了,他拿出来一看,刚刚舒展的眉头又拧了起来。他盯着手机看了一会儿,把手机装进了电脑包。云海像没看见一样把肉串递给他。陆帆暗自叹了口气,他多么希望云海在此时询问自己谁来的电话,为什么不接,至少,他可以把心中的烦恼对他叙述一番,但这就是云海,从不问不应该问的事情,从不说不应该说的话。

"还记得我们有一次在美国,"云海似乎没有注意到陆帆的表情,笑嘻嘻地道,"那是十年前吧,你还在加州,我去看你,我们跑到唐人街买了只大烤鸭和一箱啤酒,两个人喝了整整一夜。"

"我记得,"陆帆回忆起这件事,心里不禁感慨,"十年一晃就过去了。"

"是哟,"云海道,"十年了,我还是单身汉,你结婚又离婚,说起来还是你好,至少知道婚姻是什么模样。"

"什么模样,"陆帆道,"我看还是不结婚的好。"

"说得好,"云海举起杯,"为快乐的光棍干杯!"

陆帆笑了,他从云海的眼睛里知道,云海已经猜出刚才的电话是戚萌萌打来的,他从不会不接别人电话,除了戚萌萌。陆帆心中有一丝感动,和云海相识这么多年,他们的关系一直很微妙,两个人一开始就觉得对方是自己很好的商业合作伙伴,所以他们既像老朋友,又不像老朋友,既彼此知心,又彼此有一层说不出的警惕,也许两个人都害怕这种感情太深厚之后,会影响事业的发展,会让商业合作掺入不和谐的因素。

两个人干了一大口,冰凉的啤酒顺着陆帆的喉咙流入肠胃,他觉得痛快。电话又响了起来,他想也没想,拿过来摁掉,然后——关机!

乔莉此时已经完成了每天晚上的流程：吃饭、散步、看电视，她坐在沙发上，旁边放着打开的笔记本电脑，树袋大熊没有在线，她多么希望他在啊，她甚至有一点希望和他约个地方坐一坐，喝杯咖啡聊聊天，这是一个周五的夜晚，她又是独自度过良宵。

丁零零，电话响了，把她从凌乱的思绪中拉了回来，这么晚了，会是谁呢？她拿过手机，一个再也想不到的名字出现在屏幕上：欧阳贵！

欧阳贵！乔莉的心猛地一紧，本能地坐直了身体，她吐出一口气，接了电话："欧总，我是安妮。"

"安妮，"欧阳贵道，"我本来要通知弗兰克，再让他通知你，但是我现在联系不上他，你准备一下，明天跟我去石家庄。"

"去石家庄？"乔莉吓了一跳，马上调整语气道，"好的，我们去几天？"

"去两天，"欧阳贵道，"明天早上八点，公司门口见。"

"好，再见。"

乔莉挂上电话，目光在屋子里游走，去石家庄，一定是去晶通了，为什么要我陪他去，是因为找不到弗兰克吗？她迅速坐回沙发上，刚才应该多问几句就好了，不，还是应该不问，以欧阳贵的脾气，不会喜欢下级多打听的，乔莉觉得，欧阳贵是个喜欢下属努力执行的人。

欧阳贵坐在何乘风的办公室里，何乘风道："怎么样？"

"不错，"欧阳贵满意乔莉的表现，笑了笑道，"没有多问。"

"前几天我遇见程轶群，"何乘风道，"他问我乔莉的情况，说这是他在赛思提拔的最后一个人，觉得她很有潜力。"

"程轶群现在无声无息，"欧阳贵咧开嘴笑了一下，嘴两边的肉连着骨头朝耳朵的位置稍稍挪动一点，"哼哼，法国时尚！"

"要是他现在还在IT圈，"何乘风道，"他就不会和我讲真话。上次施蒂夫的事情，这个乔莉不声不响，发了一封让施蒂夫打掉牙也只能往肚里咽的邮件，呵呵，跟你有点像啊，都是少林拳派。"

"少林拳，"欧阳贵道，"她还要多多学习。"

"你就好好栽培栽培吧。"何乘风笑了笑，转入了正题，"不知道那个王贵林打的什么拳，突然这么急着见你。"

"哼哼！"欧阳贵又极难看地笑了一下，点了点头。今天下午，李才厚把他想见见王贵林的消息递了过去，本来他打算一边让李才厚递消息，一边让乔莉约时间，这样肯定能把人约上，而且不动声色，双方都很平等。没有想到王贵林立即约他明天见面，不禁让他措手不及，而且他觉得，这分明是在试探他的诚意，此时不去显得更不合适，去，却分明让了一步，这种进进退退的游戏完全在心理之间，大家心知肚明。欧阳贵联系不上陆帆，又不愿通过云海找他，只得直接给乔莉打电话。

"我看他是王家拳，"欧阳贵道，"没有套路，只有实战。"

乔莉左思右想，毕竟要和分管销售的 VP 出差，她觉得至少要告诉陆帆一声，她拨了陆帆的电话，一个柔和的女声传来：你所拨打的电话已关机。她只得给他发了条短信，把事情简单地说了一遍，想想又觉得不妥，打开公司邮件系统，给陆帆发了封邮件：弗兰克，欧总通知我明天和他一起去石家庄出差，时间大约两三天，我打不通你的手机，特发邮件。安妮。

烤肉馆里，陆帆已经喝得微醉，三个月前他结束公司工作后就进入赛思中国，几乎马不停蹄，没有一丝轻松，今天真是难得，他想好好地放松一下。狄云海酒量十分惊人，但从不多饮，他发觉陆帆有了醉意，连忙叫停，让服务员上了大瓶的可乐。也不知多晚了，云海发现自己的手机在震动，他打开一看，是何乘风。他赶紧接了电话，何乘风在电话那头温和地问："云海，你在干吗？"

"我和弗兰克在吃烤肉，"云海道，"今天周五，我们轻松轻松。何总，有事儿吗？"

"没事儿，"何乘风道，"今天周末，想祝你们周末愉快。哦，对了，刚才欧总给我打电话，说明天和安妮一起去石家庄，弗兰克的电话打不通，你转告他一声。"

"好的。"

"别喝太多酒，"何乘风笑道，"酒大伤身。"

"一定一定，"云海道，"我们已经在喝可乐了。"

"照顾好弗兰克，"何乘风道，"他最近太累了。"

狄云海心中涌上一层淡淡的温暖，这就是何乘风，他没有责备陆帆一句，而且用他的方式打听出他们在干什么，交代清楚工作，甚至，他能理解陆帆的疲惫，让自己好好照顾他。他看了看坐在对面的陆帆，也许这就是弗兰克下决心结束公司转投赛思的一部分原因吧！

乔莉已经开始收拾行装，无非就是带两套衣裳，为了预备突发性出差，她甚至准备好一套洗漱用品放在柜子里，这下好了，派上用场了。她三两下收拾好东西，坐回电脑旁，已经十一点多了，周末的 MSN 几乎无人在线，她忽然很想喝一杯咖啡，再放一段低沉的爵士乐，在这静谧的夜里，享受一种慵懒与淡淡的感伤。但是理智告诉她，她必须去休息了，明天一早出门，而且是和欧阳贵出差，不能出任何差错。

她叹了口气，伸手去关电脑，突然，MSN 亮了一下，一个橘黄色的窗口跳了出来，难道是树袋大熊？仔细一看，却是高中时的闺密，一个很久没有联系的老同学。乔莉打开对话框，对方一连发了五个红嘴唇，问："在不在？"

"在。"乔莉写道。对方立即迅速地一连串地在 MSN 上打出几行字："亲爱的，报告你一个好消息，我结婚了哟，就是今天，我们领证了哟，晚上在外面大吃了一顿庆祝。我实在太兴奋了,好想让人来分享,想不到你还在线,快点祝福我吧!"

"恭喜恭喜!"乔莉道,"你这个重色轻友的家伙。"

"当然啦,闺密又不能当饭吃,老公却是长期饭票哟,"女同学很兴奋,又写了一大串,"你怎么样啊?赶紧抓紧啦,现在男女比例失调哟,发现好的要主动哟。"

乔莉乐了,这家伙,当初两个人好得差不多能穿一条裙子,后来乔莉来北京读大学,她去了上海,两个人又是邮件又是 MSN,恨不能天天在一起,结果她一上班就谈了恋爱,从此音信全无,偶尔聊天也是乔莉听她汇报恋爱史,最近断了几个月没联系,再出现就结婚了,而且一副过来人的语气。

"好好,"乔莉道,"争取主动,你什么时候办事?"

"办事要等明年春天了。"她写道,"不跟你聊了,把我的结婚礼物准备好哟,我亲爱的老公催我啦!"

乔莉那个乐呀:"赶紧去吧,我可不敢跟你老公抢老婆。"

"你也抢不走!"对方忙忙地写了一句,就下线了。

乔莉笑了一下,好朋友结婚了,她自然也感染到一种幸福与喜庆。时间真快呀,她回忆起高中的时光,就像昨天一样,那个时候觉得每一天都很长,要做很多很多事情,才能把早晨变成中午,中午变成傍晚,傍晚变成深夜,可是现在呢,每天不知忙什么,眨眼就下班了,眨眼就上班了,眨眼一个星期过完了,眨眼三年多过去了,她没有做出什么惊天动地的事业,感情生活也是一片空白。

乔莉翻出日记本,已经很久没有记录过一个字了,她写道:二〇〇七年十一月二十三日,多云,星期五,丁小楠结婚了,时间真快,但是今晚不适合伤感,适合休息。

她想了想,又加了几个字:乔莉加油!我看好你哟!

她放下本子,开始洗漱,上好闹钟,明天六点半就要起床,也睡不了几个小时了。

狄云海开着车把陆帆送到小区门口。陆帆的确有点高了,靠在座位上闭目养神。突然,云海发现小区门口站着一个女人,细高的个子,波浪长发,他一眼便认出那是陆帆的前妻戚萌萌。云海微微叹了口气,他知道陆帆是个极好面子的人,如果现在劝他不回家,就等于捅破了这件事,伤了面子;可是如果停下来,陆帆满身醉意,戚萌萌又已是他人之妇,这样丢下陆帆不管,似乎对不住朋友。

他灵机一动,一脚油门踩下去,陆帆闭着眼睛,根本没有注意到车开过了家门口。云海绕到另一条路上,推醒了陆帆。陆帆看了看四周:"哦,我快到了。"

"弗兰克,"云海道,"我好像把家门钥匙丢到办公室了,你跟我去找一下吧。"

"现在回办公室?"陆帆道,"算了吧,你去我那儿将就一夜,明天再去找,你喝了不少酒,这样开车很危险。"

"你那儿方便吗?"

"方便,"陆帆笑了笑,"就我一个人,有什么不方便。"

云海又将车兜了回去,到了小区门口,戚萌萌已经不见了,云海暗自松了口气。两人泊好车,云海跟着陆帆走到公寓楼下,突然,一个黑影蹿出来,一下子抱住了陆帆。陆帆吓了一跳,云海赶紧别过身,本来想她见到自己会知难而退,毕竟多个外人,没想到她离了婚又结婚还如此疯狂,不禁后悔跟着陆帆上来,撞破了这种事情。

陆帆连忙脱开身,这才看清是戚萌萌:"这么晚了,你在这儿干什么?"

"我来找你!"戚萌萌满面泪痕,甚至还有怒意,她毫不顾虑一旁的狄云海，质问道，"你为什么不接电话?！为什么关机?！"

陆帆急怒攻心，他意识到云海就站在旁边，反而冷静了下来，他不想吵架，更不想和她纠缠，他平和地问道："你出了什么事吗？"

"他……"戚萌萌恨恨地瞪了云海一眼，把他打我三个字咽了回去，"我们吵架了，我要跟他离婚！"

"那就好好回去跟他谈，"陆帆道，"你这样解决不了问题，我和云海还有工作，我们要上去了。"

戚萌萌见陆帆要走，云海又跟在后面，不好吵闹用强，此时再也顾不得面子，恨声道："他打我！他又打我！我怎么回去?！"

陆帆不忍地站住了，云海在心里皱起眉，心道弗兰克啊弗兰克，当年你被她缠住就脱不了身，要是她一直这样而你不清不楚地缠下去，你怎么可能有新生活？戚萌萌几步走到陆帆面前，将袖子挽上去，昏黄的灯光下，清晰可见几条黑红的印迹，陆帆又是心痛又是愤怒，他说不清是对戚萌萌的怜悯，还是对这种局面的尴尬。这时，又有一个人大踏步地走了上来，云海觉得来人面色不善，心道不好，难道是戚萌萌的现任丈夫？那人几步来到跟前，一把扯开戚萌萌，抬手便要打陆帆，被云海冲上来一下子抱住腰，将他生生地拖后一步，那一拳便打空了。

云海的力气很大，那人挣了几下没有挣脱，开始破口大骂："姓陆的，你他妈要不要脸，深更半夜勾搭前妻，她现在是我老婆！"

"谁是你老婆？"戚萌萌在旁尖叫，"我要跟你离婚！"

陆帆气得浑身乱颤，远远地一个保安朝这边跑了过来。"你们要吵请你们回家吵！"陆帆低声吼道，"我跟你们没有关系，请你们学会尊重别人，也尊重你们自己！"

"谁说我们没有关系！"戚萌萌一听便似乎疯了，哭叫起来，"你说过不管我怎么样，都会永远爱我、照顾我保护我！要不然我才不会跟你离婚呢！"

不要说陆帆，连云海也一个头两个大了，这是什么逻辑啊？他实在想不明白，不过戚萌萌没有这股疯劲，当年还真追不上陆帆。喜欢陆帆的女孩很多，但都受不了他那股子冷劲，戚萌萌的家世、教育背景和职业都很好，而且干事情特别出格，用陆帆的评价说，她是勇于疯狂。

陆帆无言以对，他知道跟戚萌萌讲道理如对牛弹琴，她的固执和她的自以为是天下无人能及。戚萌萌的现任老公更加愤怒了，他伸腿去踹戚萌萌，又被云海拖开了，他这才想起除了陆帆还有一个男人在，他吼道："你他妈的是谁？放开我！"

这又是个不着调的。云海叹口气："你别管我是谁，趁着陆帆要跟你老婆绝交，赶紧把她带回家！"

男人一怔，不再挣扎了。云海一边抱住他，一边道："弗兰克，你赶紧上去，我马上来。"

陆帆掉头便走，戚萌萌便要去扑他，云海瞅准机会手一松，那个男人抢先一步扑住了戚萌萌，两个人又扭打起来。眼看着保安走到眼前了，狄云海扭身跑到单元门前，陆帆给他打开门，云海蹿进去，两个人连忙关门，将那对愤怒的小夫妻关在了外面。

保安走了上来，喝住了二人，陆帆和云海估计没问题了，保安肯定会把他们轰走，而从刚才的感觉看，就是小夫妻吵架吵毛了，一个要跑一个在追。云海苦笑着跟着陆帆上了电梯，电梯的灯光煞白，照得陆帆的脸像白纸一样。云海觉得用中文都不知如何表达了，他是非常反感在工作需要之外转英文的，此时不禁用英文道："Are you OK？"（你还好吗？）

"I am all right."（我还好。）陆帆也用英文道，"Thank you."（谢谢。）

云海想找一个话题，转移此时电梯里尴尬的气氛，他看着陆帆的模样，估计那点儿酒全醒了，笑了笑道："何总打过一个电话，大约你手机没电了。他让我转告你，明天欧阳贵去石家庄，他们安排安妮和他一起去，大约两天时间。"

"哦。"陆帆应了一声,回到了现实中。欧阳贵和乔莉去石家庄,事情的进展怎么会这么快,难道有什么变化?他为今天晚上的放松感到愧疚,不应该放松的,应该时刻保持打仗的状态。一个战场上的士兵,没有资格休息。他看着云海温和的脸:"何总还说了什么?"

　　"没有了,"云海道,"就是转告你一声。"

　　"Thank you!"(谢谢。)

　　"No problem."(不用谢。)

第 五 章

今年的初冬非常奇怪,在北京没有开始供暖之前,狠狠地冷了几天,而暖气通上之后,反而不冷了,每天暖暖的阳光普照,走在街上,也少见往年那种干冷刺骨的寒风,一切都是暖洋洋的,让人怀疑这个季节,仿佛春天已经近了。

乔莉坐在车里,旁边坐着欧阳贵,她努力让自己镇静一点,更镇静一点。欧阳贵很少说话,她也不知道说什么,司机更是不发一言,默默地开着车,气氛异常凝重。

到底是初出茅庐的孩子,欧阳贵想,如果换成琳达,她早就把握这个机会和自己套近乎,把关系搞得很融洽了。

"小乔小乔接电话,小乔小乔接电话!"乔莉被自己的手机铃声吓了一跳。这是她闲来无事,和妈妈通电话时特意录的,当时妈妈讲了几句,她存下来作为父母来电的特别铃声,此时在车里听起来无比滑稽,像个小孩子被父母催促着。她赶紧接了电话,"妈妈,我在出差的路上。"

"又出差,"乔妈妈不悦地道,"你们单位不让人休息吗?"

"妈妈,我现在不方便多说,等到地方我打给你。"

"好吧，你注意身体。"乔妈妈挂断了电话，乔莉吐出一口气，不自觉地撇了撇嘴。

"是你妈妈？"坐在旁边的欧阳贵突然道，乔莉又吓了一跳，点了点头。

"周六还要出差，妈妈心疼了吧？"欧阳贵一反严厉的模样，温言问道。

乔莉看着他，觉得他脸上的表情十分松动，和平常完全不同了。乔莉点点头，笑道："没关系的，他们很支持我。"欧阳贵笑了笑，乔莉道："欧总，你有孩子吗？"

"有啊。"欧阳贵看了看她，"你今年多大？"

"虚岁二十六。"

"她比你小五岁，还在上大学。"

"是吗，在北京？"

"在美国。"谈起女儿，欧阳贵的脸上浮起了温柔的笑容，如同车窗外温暖的冬天，如此舒适，又如此不真实。他伸手从怀里掏出皮夹，打开来递给乔莉，"这就是她。"

乔莉接过来一看，一个留着长发的姑娘神采飞扬地站在一个雕塑旁，她的五官十分漂亮，除了那个略显"修长"的下巴，几乎是个无可挑剔的美人呢。

"她真漂亮！"乔莉道。

"是吧。"欧阳贵笑道，"大家都说她漂亮，比我漂亮多了！"

"您这么年轻，没想到女儿这么大了。"乔莉道。

"呵呵，"欧阳贵道，"我早就老了。安妮，你长得像你父亲还是母亲？"

"像母亲吧。"

"你母亲是做什么工作的？"

"小学老师，是数学老师。"

"父亲呢？"

"他在机关工作，身体不太好，早早就内退了。"

欧阳贵点点头："北京还有什么亲人吗？"

"没有。"乔莉道，"我在北京读的大学，就留在北京了。"

"喜欢北京？"

"喜欢。"

"为什么呢？你老家在杭州，多好的地方。"

"杭州太舒服了，"乔莉笑了笑，"我喜欢北京，这里更丰富。"

欧阳贵笑了，他不得不承认，虽然琳达的老练更有女人味，对男人更有魅力，但是乔莉身上有一种特别的朝气，这大概就是程轶群、王贵林对她还算不错的原因吧。这股子蓬勃的生命力也许对年轻人来说无所谓，但是对他们这些中年人来说，就觉得弥足珍贵。还是年轻好啊，难怪毛主席说年轻人是八九点钟的太阳，人生不可能永远停在早晨的八九点。欧阳贵把皮夹轻轻放入胸前的口袋，对他来说，女儿就是另一个太阳，是他在这个世界上唯一的亲人。

车进了石家庄市，与乔莉初来此地不同，槐树已经落了不少叶子，道路两边冷冷的灰色树干，呈现出初冬景象。乔莉想起和陆帆来到这儿的时候，也是这样一片沉静，车内寂寂无声。她用眼角瞟了一眼欧阳贵，他依旧戴着招牌式的帽子，脸因为下巴拉得很长，感觉冷酷。

乔莉在刹那之间有些思念陆帆，仅仅是一个恍惚，从左到右穿过身体。她不能确定这个感受，这种突如其来的感觉让她惊讶，她怎么会思念这个人呢？车朝右拐了弯，乔莉看见了晶通电子破败的厂门，心一下子踏实了，也许每个人都会有刹那的感受，这不代表什么。乔莉理了理头发，将陆帆从脑海中屏蔽了。

车沿着厂区驶进去，在办公楼前停下，驾驶员为欧阳贵打开车门，乔莉从另一边下车，看见王贵林与方卫军从办公楼里走了出来。她愣了愣，赶紧走到欧阳贵身后，王贵林圆圆的脸上堆满笑意，欧阳贵也勉强从刀片一样的喉咙里刮出热情的声音："王总、方总工，幸会！"

乔莉觉得他此时的声音和在车里谈及女儿时的声音根本不能相比。她顾不上再想，跟上一步与王贵林、方卫军握手招呼。王贵林笑道："小乔同志，欢迎你又来晶通指导工作啊。"

乔莉乐了："我不是指导，是来学习。"她朝着方卫军热情地伸出手，方卫军厚厚的眼镜片后面看不清表情，冷淡地跟她握了一下，便立即放开了。

乔莉有些尴尬，心知得罪了方卫军，不过看这阵势，欧阳贵前期已经布好了局，方卫军今天再不高兴，也不能怎么着。难道是陆帆帮着联系的？乔莉跟着他们往里走，打出一个大大的问号，怎么事先没有一点风声呢？

欧阳贵与王贵林并排坐在厂长室的单人沙发上，乔莉虽然紧张，却觉得这个画面颇有点意思：一个又圆又胖，看不出半点棱角；一个极瘦极长，脸上的每一根线条都像钢铁一样硬。一个脱了不少头发，露着光光的脑袋；一个在室内戴着黑色的帽子，除了耳际与脖颈后一点花白头发，看不出任何发型。

最令乔莉惊讶的是，开车带他们来石家庄的驾驶员也跟了进来，默默地坐在远远的角落。厂长室到底没多大，他的出现还是让人觉得有些奇怪，他似乎更应该待在车里，或者驾驶班的休息室。

"王总，今天是周六，你专门抽出时间见我，我是深感荣幸。"

"欧阳老总，"王贵林笑道，"你不是也专门来石家庄了，深感荣幸的应该是我啊。"

两个人寒暄了半天，气氛十分融洽，谁也不提项目的事，不知道的，恐怕会以为是多年的好友刚刚重逢。不一会儿，王贵林便提议去吃饭，欧阳贵自然点头称好，一行人离开了办公区，来到食堂。食堂空空荡荡，这个食堂大约几十年没有改进过，上百张破旧的桌子沿两边排开，中间一条空空的通道。乔莉跟着他们穿过通道，几个人没有任何声音，这种感觉十分奇异。等到了后面的小食堂，进了一间包间，气氛又重新活跃起来。王贵林笑道："今天食堂的师傅都不上班，是我特意叫他们来加班的。"

"哦，"欧阳贵道，"我吃什么都可以，吃饭这个东西不在乎菜，在乎人。"

"说得好，"王贵林笑道，"有小乔同志在，我们吃什么都香。"

乔莉的脸微微一红，笑道："王总，你也开我玩笑。"

"哈哈哈，"王贵林从肚子里发出亲切的笑声，"女孩子生得漂亮，总是件好事。有男朋友了没有？要是没有，我帮你留意留意。"

"没有呢，"乔莉见大家都看着她，除了方卫军，笑道，"事业未定，何以成家嘛。"

"哎呀呀，"王贵林道，"大外企就是不一样，这么年轻的员工也这么有事业心，前途无量啊！"

"现在的年轻人，"欧阳贵道，"命都比我们好，生下来衣食无忧，大学毕业了找找工作，想的都是买房、买车，我们这一代是比不了了。我听说王总上过前线？"

"打越南那会儿，"王贵林道，"在那边待过一年，战争结束后差点留在云南，后来我主动要求回来的。"

"你是陆军？"

王贵林点点头："当时我在陆军，是个小排长。"

"跟着你回来的有几个？"

"死了七个，伤了六个，还有几个留在了云南，剩下的都回了各自的家乡。"王贵林看着欧阳，乔莉感觉两个人的眼神有一种交流，"这些事情现在听起来都太远了，"王贵林笑道，"像已经隔了一个世纪。"

欧阳贵笑了笑，将倒满白酒的杯子举起来："军人都是好酒量，我们干了！"

王贵林端起杯子："好，为了和欧阳老总初次见面，我们干了！"

"不！"欧阳贵道："为了当年没有跟你回家的兄弟，我们干了！"

王贵林脸上的笑容隐去了一些，露出一些肃穆，他看着欧阳贵，两个人将杯子在空中碰出重重的声响，仰头干了。乔莉、方卫军不知如何是好，乔莉看了看方卫军，方卫军却不看她，两个人端起杯子，各自喝了一点，算是陪了一杯。

欧阳贵的话，似乎触动了王贵林内心的情感，他喝完酒之后又倒了一杯，轻轻洒在地上，然后，他倒上一杯酒，看着欧阳贵："欧阳老总，我也听说了你的故事，原来你是大学老师，后来在大西北坐过牢，现在是大外企的老总，我佩服你，先干为敬。"说完，他又干了一杯，欧阳贵也不答话，自己倒满一杯，端起来干了。乔莉与方卫军已经插不上了，干脆停杯不饮。此时刚刚上了两个凉菜，众人还未举筷，欧阳贵与王贵林又连干了几杯，都觉得对方不仅酒量惊人，意志力更不可小视。

乔莉第一次看见人这样喝酒，觉得这简直不叫喝酒，而叫玩命，她实在有些担心，站起身给两个人布了些菜，插话道："两位老总，吃点东西吧。"

"吃菜吃菜，"王贵林兴致大增，指着菜道，"尝尝我们小食堂的手艺。"他又看着方卫军道，"方工，你不要这么沉默嘛，我们晶通的技术改造，你是技术总负责，应该和欧阳老总多多交流。"

糟糕！乔莉暗暗叫苦，看方卫军今天不死不活的模样，他成了技术总负责，这个项目日后怎么开展？

"安妮，"欧阳贵道，"晶通可是你的业务，怎么不敬酒呢？这里坐着的可是技术负责人和项目负责人！"

乔莉抬起头，看见欧阳贵示意的目光，连忙举起杯："王总、方总工，我敬你们两位。"

"呵呵，"王贵林笑了，"我不是项目负责人，我已经向省里推荐了于副厂长做项目总经理，省里已经通过了。"

乔莉闻言一愣，连忙道："不管怎么样，您都是晶通的总负责，我敬您。"

欧阳贵有些略略不满，如果换作琳达，此时不知说了多少好话，盘问了多少枝节，不过关键时候，她不一定有安妮听话，且精于算计。从这个角度说，他也同意把项目安在乔莉的身上，但是乔莉也应该快点成长。

乔莉敬了一杯，见方卫军未动，又敬方卫军，方卫军勉强喝了一半，乔莉说了不少好话，他就是不肯再喝。王贵林与欧阳贵都有些奇怪，王贵林道："方工，今天不舒服？"

"我有点胃疼，"方卫军道，"这酒实在不能喝了。"

"那就以后再找机会，"欧阳贵道，"方工胃疼，就换杯茶。"

"呵呵，"王贵林笑道，"我们方工其实是海量，今天不舒服，不能在欧阳老总面前大显身手了。"

乔莉咬住牙，才没有将脸上的笑容隐去。王贵林看了看她，笑道："小乔同志，你应该敬你们欧阳老总一杯，向他多多学习。"

乔莉依言端杯，欧阳贵也喝了一杯，酒又如流水一般喝了下去。乔莉酒量并不多高，但此时她极力控制着自己，第一，尽量少喝，第二，尽量保持清醒。她的脸色渐渐绯红起来，在陈旧的小食堂包间，闪耀着盎然的春色。突然，乔莉感到一个东西放在了自己的大腿上，并朝上一点点游走。她转过头，便看见方卫军那张没有表情的死板板的脸，还有闪着一点亮光的硬塑料眼镜架。乔莉险些发作起来，右手微微一抬，若不是欧阳贵突然看了她一眼，一双眼睛目露狰狞，她差点就甩了方卫军一记耳光！

她把手挪下去，将方卫军的手用力一挡，方卫军居然没有挪开，乔莉再也忍不住了，狠狠地笑道："方总工，您在下面摸来摸去找什么？难不成我腿上有新技术？"

桌上的气氛"啪"地凝固住了，王贵林与欧阳贵同时看着他们，方卫军的脸一下子变成了猪肝色。乔莉知道大事不好，急中生智，假装弯腰同时将自己的包轻轻一钩，从座位上带到地上，从包里取出一张光盘，递给方卫军："方总工，你要的技术光盘在这儿。"

"呵呵呵，"王贵林哈哈大笑，"这个小乔，真是风趣，捡个东西也要吓我们一跳。"

"哈哈哈，"欧阳贵也大笑，"他们在公司玩惯了的，据说哪个人酒喝多了，就当场吓他一下，一下子就能吓好。"他看着方卫军，身体前倾，那模样十分咄咄逼人，"方总工，你的胃痛好点了吗？"

"好多了。"方卫军脸上的红一时没有下去，又泛起一层青，他摸了摸眼镜，"王总，我下午还有事，就先告辞了。"

"卫军，"王贵林道，"小孩子和你开玩笑，你怎么也当真？"

"我真的不舒服。"

王贵林看了他一眼："呵呵，我忘记了，你下午还有别的事情，你这个同志就是这点不好，有事儿你提醒我一声，非要说身体不舒服。好了，你赶紧去吧，再不就晚了。"

方卫军站起身，欧阳贵看着乔莉："安妮，你送送方总工。"

乔莉看了看欧阳贵，他没有半点退让的意思。王贵林示意服务员倒酒，似乎根本没有注意。乔莉站起身，跟着方卫军朝外走。两个人走到空荡荡的大食堂，方卫军突然站住了，压低了声音恶声恶气地道："我再给你一次机会，不然，你自己掂量着办吧。"

说完，他转身便走。乔莉看着他不算高也不算年轻的背影从大厅中间渐渐走远。突然，她清醒了过来，飞快地追了出去。

方卫军喷着酒气，带着无比的愤怒和无比的得意朝前走，厂区里空无一人，只有灰扑扑的大树。"方总工。"他听见有人叫他，接着，乔莉又出现在他眼前，漂亮的眼睛忽闪忽闪，穿着薄毛衣的身体随着呼吸轻轻喘动。"我没有明白您的意思，"乔莉道，"能不能说得再明白点？"

"你不明白？"方卫军贪婪地盯住她的身体，"还要怎么明白？"

"直接说吧，"乔莉突然笑了，"我年轻不懂事，需要您指点。"

"你不就是想要晶通的业务吗？"方卫军道，"你当我的情人，我就给你。"

"当情人？"乔莉道，"这恐怕不方便。"

"有什么不方便，"方卫军狠狠地道，"以后我在北京，你要随叫随到。"

乔莉看着他："这个条件好像不大合适，您另外说一个呢？"

"有什么不合适，"方卫军感到无比燥热，恨不能脱光了躺在水泥地上，"你先陪我一个晚上，我再给你开条件！"

"陪你一个晚上，"乔莉道，"什么时候？"

"今天晚上！"方卫军道，"你开好房间等我！"

"我考虑一下，"乔莉道，"这样吧，你等我电话。"说完，她朝他盈盈一笑，转身便走。方卫军看着她娇俏的背影，突然感到自己离胜利只差一步之遥了！他觉得自己一下子年轻起来，一下子有了权势，他摸了摸眼镜，脸上露出欣喜的神色，什么苏联文学，什么布尔乔亚，这些都是骗人的。他被那些东西骗了半辈子，直到于志德把他带到秘密会所，在那儿，漂亮年轻的女人喂他喝酒，为他唱歌，脱光了衣服与他纠缠在一起，他几乎不知道自己是死了还是活着，只记得离开会所的时候，他坐在车里号啕大哭。于志德开始没有管他，后来见他哭得实在不像话，道："方工，这才是生活！"

"是的！"方卫军悲泣道，"这才是生活！"

乔莉走到一个拐角处,拿出手机摁下停止键,然后,她打开录制的文件听了听,声音效果很好,方卫军的每一句话都录了下来。因为没有穿外套,她感到自己的手微微发抖,便将手机放进裤子口袋,又走回了食堂。

这顿午饭虽然喝了很多酒,但是一点也没有耽误下午的工作。王贵林听了乔莉的技术分析报告,虽然已经讲过多次,但是这一次他听得分外仔细,同时,他还问了欧阳贵很多关于赛思集团海外公司的业务、背景以及实力。欧阳贵也问了一些晶通的问题,但是每问及此,王贵林总要把话题引到于志德身上,并对他大加褒奖,似乎预示着晶通未来的改变,与他大有关系。欧阳贵默默不语地听着,并报以热烈的微笑。

乔莉在刹那间有些恍惚,这一切都不是真的,和欧阳贵同车来晶通,方卫军赤裸裸的威胁,以及眼前这两个人的表情与话语。她不相信王贵林讲的是真的,也不相信欧阳贵的微笑是真的。当初她满心以为方卫军是个内向温和的前辈总工,喜爱苏联文学,喜爱托尔斯泰和车尔尼雪夫斯基,今天看来,一切都是假的,他想的东西不过就是那件事,恐怕在几个月前,他们一边喝着碧绿的清茶,一边谈论着异域风情的时候,他就已经在琢磨自己的身体了。乔莉激灵灵打了个冷战,这不是天气的问题。她咬紧了牙,感到一股切齿的寒和一丝冰冷的恨!恰巧王贵林说到什么,欧阳贵呵呵大笑,她也把嘴角咧向两边,露出一个微笑。

不知不觉到了晚上,欧阳贵提议反请王贵林吃饭,王贵林没有答应,他说老母亲卧病在家,今天妻子陪儿子学琴去了,让老人一个人在家他不放心。欧阳贵没有强求,他和乔莉坐上车,驾驶员默默地开着车,欧阳贵亦沉默不言,乔莉记着方卫军的话,整个人都是紧的。很快,车到宾馆门前,欧阳贵道:"安妮,你晚上自己吃饭吧,我还有事。"

乔莉点点头,欧阳贵看了她一眼,吩咐驾驶员开车,乔莉目送黑色轿车缓缓驶出大门，说不出什么滋味。她没有告诉欧阳贵，欧阳贵也没有问，但她感觉欧阳贵已经知道方卫军在骚扰她，既然做领导的不想过问，她开口寻求保护又有什么用呢？何况，从上次邮件事件，她就已经明白了，她不过是一颗棋子，没有人会在乎她的感受。

她咬着牙，用尽力气走回房间，便倒在了床上。太累了，她想，真的太累了，身为一个女孩，她不过是想凭自己的努力获得工作，获得生存，这样有什么错吗？她闭着眼睛，眼泪顺着眼角流了下来，她不出声地哭着，房间里的灯全部亮着，窗帘紧闭。"小乔小乔接电话！小乔小乔接电话！"一个熟悉的声音响了起来，乔莉猛然间听到母亲的声音，伸手捂着脸，呜呜地痛哭起来。

电话一直响着，她录下的母亲的声音一直在呼唤她："小乔小乔接电话！"

乔莉像个孩子一样哭泣，刹那间她想，她要回家，回杭州，回到父亲母亲身边，她要离开北京，离开赛思，离开晶通，离开这些人这些事，永远离开这个鬼地方！

她想念父亲平静的面容，想念母亲絮絮叨叨让她吃这吃那，想念西湖边的旖旎景色，想念那里的老同学、老朋友，还有许多亲朋好友。

不知过了多久，她觉得四周安静极了，眼泪也干了，她长长地吐出一口气，睁开眼睛，她开始有能力思考了，首先，她必须给家里回个电话，不然母亲会担心的。

她拿起电话，拨通了号码，乔妈妈的声音立即响了起来："你在哪儿啊？为什么不接电话？"

"刚才给老板汇报工作，"乔莉道，"没办法接啊。"

"你们公司让不让人休息啊，"乔妈妈心疼地埋怨道，"今天是周末。"

乔莉笑了："妈，你还好吧？"

"好，"乔妈妈道，"我有什么不好的。"

"爸爸呢?"

"他也很好,在画他的花鸟。"

"你们吃饭了吗?"

"吃过了,都七点了,你还没有吃?"

"没有,"乔莉道,"我不饿。"

"你们老板不请你吃饭?"乔妈妈笑道,"光叫干活不给饭吃啊,比地主还狠。"

"当然给,"乔莉乐了,心里一酸,眼泪差点冲上来,她轻咳一声,"我去吃饭了,问爸爸好,明天我再打给你们。"

"好,再见。"乔妈妈挂上电话。

乔莉坐在床上发呆,方卫军虽然是喝多了,但是酒后吐真言,他的威胁怎么处理,去问陆帆?不行,他不一定会帮自己。如果擅自处理,如果处理不当,会不会影响晶通的业务?她觉得心乱如麻,幸好下午在紧急关头,她录了音,有了确切的证据,可是这个证据怎么利用呢?突然,电话又响了起来,是非常响的铃声,乔莉拿起电话,显示是陆帆。

"嗨。"她接通了电话。

陆帆道,"安妮,在忙什么?"

"我在宾馆。"

"欧总呢?"

"他有事出去了。"

"今天怎么样?"

"我们中午和王厂长吃了饭,下午又谈了我们的技术优势,以及晶通的技术改造方向。"

"有什么进展吗?"

"王厂长很推荐于副总,说他是技术改造项目的总负责,另外……"乔莉觉得有些困难,还是说了,"方总工负责技术。"

"那你好好盯他,"陆帆道,"晚上吃饭没?"

"没有。"

"可以叫东西到房间吃,或者出去吃,好好照顾自己。"

乔莉心里一暖:"弗兰克。"

"什么?"

乔莉觉得那话在舌头上打了个滚,又咽进了肚子里:"没什么,我会及时给你打电话。"

"好,"陆帆道,"有情况就联系。"

乔莉合上手机,在最后关头,父亲的那一句"你只在你自己的船上",阻止了她向陆帆倾诉。是的,她不能,在没有把握的前提下,她不能够!手机叮地响了一下,她打开一看,是短信,只有三个字:在哪里?发信人:方卫军!

乔莉顿时大怒,将手机狠狠地砸在枕头上,好个方卫军,居然步步紧逼,真是狼子野心,不可限量。她想起电视剧里皇帝骂大臣的那句台词:其心可诛!

"其心可诛!"乔莉恶狠狠地学道,"其心可诛!"

乔莉站起来,在房间里来回走了几步,她感到一种无法控制的愤怒,像大火一样熊熊燃烧,她自幼形成的良好家教,从不口吐脏字,从无失态之举,父亲说的"进退有据,行动有节",此时全部消失。世界上的人分很多种,有的人最不能忍受邪恶,有的人最不能忍受卑鄙,有的人最不能忍受吝啬,也有的人最不能忍受正派,不能忍受美好,不能忍受善良,尽管老乔从小教育女儿要理解世界的丰富与复杂,但是作为一个好父亲,尤其是中国式的好父亲,一位共和国的同龄人,如何向心爱的女儿解释某些男人的龌龊,让她理解男人的性冲动呢?同样,虽然喝过多年可乐,吃过多年的肯德基,深受中国文化影响长大的乔莉,这个问题对父亲一样难以启齿。

她对男人的了解，还局限于生理卫生课的课本、大学时代的初恋男友，以及乱七八糟的网络文章，显然，这三者都不能给她一个解决问题的方案。

而她从小被培养起来的强烈的自尊与自爱心，没有一点能忍受方卫军的所作所为。向施蒂夫发邮件公开宣战，都没有将这个自强不息的女孩吓倒，甚至没能乱了她的方寸，方总工的举动，却乱了乔莉的心。她愤怒，极其愤怒，幸而她知道愤怒是不对的，要处理好问题，首先是冷静下来，她需要一个能说话的对象。想到这儿，她拿起手机，拨给了高中时代的闺密方敏，至少这是一个和目前的项目毫无瓜葛的人，而且，她是自己的同性好友。

对方听完了乔莉的叙述，叽叽喳喳地叫了起来："哎呀，怎么会有这样的事情啊？"

"是的，"乔莉道，"你遇到过吗？"

"我？！怎么可能，我又不是销售。"

"嗯，我现在有他的录音，你有什么好的建议？"

"哎呀，有他的录音有什么用啊，告诉他领导，还是告诉你领导？难道你拿这个东西跑到人家家里，告诉他老婆？这多难看呀。乔莉呀，我一直反对你做销售，这不适合女孩子，你还是退出来吧，找个稳定的工作，转到市场部啊，或者考个公务员什么的，你长得又漂亮人又聪明，只要你工作稳定了，找个称心如意的男朋友那不是很快的事情？到时候有老公照顾你，你就什么都不用管了，像我老公现在就无所谓啊，我们打算先要个孩子，然后我就在家带小孩，顺便读读书什么的，多幸福啊。"

"这些事情要从长计议，"乔莉道，"我现在要解决的是眼下的问题。"

"你就别干了，辞职算了。哎，我老公有个同事不错的，家里挺有背景，他们公司好多女孩都喜欢他，我介绍给你，不比找个工作强。"

乔莉不知说什么是好，叹了口气。对方道："哎，上次你说你们总监是单身？你干脆告诉他得了，你要装得委屈一点，男人嘛，都喜欢怜香惜玉，你长得又不像女强人，干吗这么争强好胜？给他一个机会让他表现表现，没准儿就有突破哦，剩下的事情让他去办不就行了。"

乔莉又叹了一声，虽然感激朋友的出谋划策，但是她知道，她们的不同已经比以前多得太多，她笑了笑道："行啊，我会考虑的，你吃饭了吗？"

"吃过了，我老公煮的哦，这就是现代新好男人，白天挣钱，晚上煮饭。"

"好啊，那我不多聊了。"

"你要听劝啊，别那么好强，我老公的同事你考虑考虑。"

"好。"

"挂了哦。"

"拜拜。"

乔莉坐在沙发上，觉得无比孤独，她一点儿也不饿，胃被愤怒、无奈、伤感等情绪填满了。手机又叮地响了一声，她打开一看，还是方卫军，还是三个字：你在哪？

她又坐了几秒钟，突然站了起来，拿起电脑放到写字台上，然后打开它，然后连接网络，然后上 MSN，谢天谢地，树袋大熊显示的是绿色，他在线！

乔莉立即发送了一个振动，三秒钟后，树袋大熊回了热烈的笑脸，乔莉望着窗口上那个笑容标志，用力抿了抿嘴唇，一股温暖涌上心头。她将电脑转为五笔状态，飞速地写道："我遇到难题了。"

"什么？"

"我有个很重要的客户，今天提出了很过分的要求。"

"什么？"

"我不知道怎么办。"

"等一等，你说得再详细些。"

"他是我负责的这个项目里很重要的一个负责人，今天他提出了很过分的要求，我不知道应该怎么办。"

树袋大熊问："他说了什么？"

"就是很过分的话。"

"你有什么想法？"

"我不知道，"乔莉为难了两秒，还是鼓足勇气道，"我把他的话录了音。"

树袋大熊发了一个竖起的大拇指。

"他还在问我在哪儿，我太生气了，不知道怎么办，也不知道是不是应该告诉我的领导。"

树袋大熊发了个惊诧的脸："他结过婚了？"

"是的。"

"有太太和孩子？"

"应该吧。"

树袋大熊发了三个微笑的脸："你不用告诉领导，告诉你的领导他也会很为难，而且大家以后合作起来会很尴尬，如果处理得不好，很可能选择把你调出项目组，谁也不会为了员工得罪客户，你说呢？"

乔莉叹了一声："我也是这么想的。"

"其实你不必为难，"树袋大熊写道，"如果我是这个男人，我还没有混蛋透顶，我有太太和孩子，却被另一个女孩抓着了这样的证据，我连睡觉都不会安稳。"

乔莉看着这两行字，深深地笑了。这么简单的道理，她不是不知道，如果她不知道，她就不会去录音。她突然松懈下来，所有的紧张消失一空，她觉得她自己是被气疯了。是的，从今天下午到现在，她尽最大的努力保持平静，如果不是被气疯了，她怎么会跑上来和树袋大熊说这么白痴的问题？"

"我明白了，"乔莉写道，"谢谢你。"

"呵呵，"树袋大熊又发了个笑脸，"现在，是他不知道怎么办的时候，你根本不用管他，问出他妻子的姓名就可以了，我看他在这个项目里再也不会太为难你了，当然，如果他没有继续为难你，你也没有必要威胁他，男人嘛，可能一时冲动。"

"会吗？"

"会，尤其是面对美女。"

"我又不是美女。"

"你是。"

"我是一只恐龙。"

"你们和部队做项目？"

"没有啊，"乔莉不解地问，"为什么这么问？"

"那说明你的客户没在边疆保卫祖国，呵呵，几年看不见一个美女，"树袋大熊写道，"他至少有正常的审美观。"

乔莉忍不住乐了。突然，门咚咚响了，乔莉的心一下子提了起来："有人敲门，不知道是不是他。"

"你在哪儿？"树袋大熊也紧张起来，"能及时找到人吗？一定要确保人身安全。"

"谁啊？！"乔莉喊了一句，手不停地写道，"我在宾馆。"

"我是小张，欧总的司机。"

乔莉松了一口气，写道："没事儿，是同事，我去开门，一会儿聊。"

"哦，"树袋大熊道，"一会儿报个平安，我在线等你。"

乔莉打开门，司机站在门口，他大约三十岁，看起来十分普通，而且有几分凶恶。乔莉问："有事吗？"

— 209 —

"你有笔吗?"司机道。

"有!"乔莉进屋取纸笔。

司机进到门内,将门虚掩,道:"你记一下,晶通家属区 10 号楼 606,139×××××××,石家庄第五中学,庄红老师。"

乔莉依言写下:"这是什么?"

司机打开门,轻声道:"这是方卫军的地址,后面是他爱人的名字和电话。"说完,他走了出去,带上了门。

乔莉愣住了,她盯着关闭的房门有几秒钟,突然打开门追了出去,在电梯口她拦住了司机:"这是欧总让你给我的吗?"

司机看了她一眼,干巴巴地道:"我不知道你说什么。"

"刚才的地址和电话。"

"什么地址和电话?"他不耐烦地看着电梯,"我不明白。"

"刚才你去我屋里……"

"乔小姐,"司机狠狠地盯了她一眼,斩钉截铁地道,"我怎么会去你屋里,你记错了!"

乔莉一下子明白了,她不应该再问下去,电梯来了,司机走上去,乔莉道:"谢谢。"他再也没有看她,电梯门合上了。乔莉慢慢踱回房间,走到写字台边,桌上还放着地址和电话。电脑上橘黄色闪烁,她点开来一看,树袋大熊问了三个:"Are you OK?"

乔莉坐下来:"我很好,刚才是同事。"

"他走了?"

"是的。"

"你没事吗?"

"没事。"乔莉看了一眼手机,又来了一条短信,发信人还是方卫军,还是问她在哪儿。她飞快地在 MSN 上写道:"你等我一会儿,我处理一点事情。"

"好的。"树袋大熊写道。

乔莉拿着纸条,想了一会儿,拨通了方卫军妻子庄红的手机。

"喂。"庄红接了电话。

乔莉道:"请问是庄老师吗?"

"我是,你是哪位?"

"我是赛思中国的乔莉。是这样,我有个同事的弟弟曾经是您的学生,听说我们要到石家庄做项目,特意给您带了点礼物,托我送给您。"

"你同事的弟弟,他叫什么?"

"呵呵,"乔莉笑了笑,头脑里迅速编了一个名字,"我同事叫张瑞,他弟弟我忘记问了,是您以前的学生,您都记得?"

"老师没有记不住学生的,"庄老师感慨地笑了,"难为他还记得我。"

"他说他弟弟很淘气,不过您对他不错,所以托我送了点东西,我现在就在晶通宾馆,离您家很近,我现在过去方便吗?"

"方便,"庄老师温和地道,"你有地址吗?"

"我没有。"

"晶通家属区10号楼606。"

"好的,我一会儿就来。"

乔莉在网上和树袋大熊说了要出去一会儿,树袋大熊没有问她去哪儿,只说要在网上等她。她简单地梳洗了一下,出门到商务中心看了看,也没有什么礼物可买。她想起庄老师那句"没有老师记不住学生的",感到一阵伤感,如果她知道是因为丈夫的原因,才有人上门探望,她会怎么想?乔莉觉得冲着她是一位老师,也应该买件有模有样的礼物。想到这儿,她走出宾馆,上了大街,此时已经八点半了,她还没有吃晚饭,却一点也不饿,附近也没有什么商场,只有一家手机商城灯火通明。乔莉走进去,挑了一个比较新款的手机,包装好后拿着它,来到晶通家属区。

方卫军此时也没了联系,既没有短信,也没有电话。乔莉虽然对庄老师心怀不忍,但是她知道,如果这个问题不解决,只怕将来会有更多的麻烦,如果事情闹大,对庄老师未必是件好事,她走上六楼,敲了敲门。

一个四十岁模样的女人打开门,个子不高,很瘦很黑,戴着一副厚厚的黑边眼镜。乔莉瞬间又感伤又想笑,因为在庄老师的面容上,她看到了方卫军的影子,这夫妻俩实在太像了。

乔莉将礼物与名片一起递了上去,庄老师看了看名片:"是乔莉啊,快请进。"

乔莉走进去,这个房子比王贵林家又破旧许多,不过收拾得十分整洁。庄老师穿着一件套头毛衫,整个身体瘦成了小小的一把,被毛衫紧紧裹着,前后都十分平整,唯有肩膀还算宽阔,撑出了一个人形。

庄老师看了一眼礼物,惊讶起来:"这是什么?"

"一部新款手机,"乔莉道,"我们同事托我送来的。"

"这太贵重了。"

"他负责这块业务,也没有什么,一点小心意。"

庄老师显然很感动,愣了两秒钟,才起身给乔莉倒水。乔莉喝着热水,打量了客厅一眼,漫不经心地问:"就您一个人在家?"

"我爱人在单位加班,他是晶通的总工,"庄老师道,"工作很忙。"

"孩子呢?"

"孩子在他奶奶家,明天晚上才回来。"

叮!乔莉的手机响了一下,她冷冷地看了一眼,果然是方卫军,还是:你在哪?乔莉对庄老师笑了笑:"不好意思,我回个信息。"说完,她回了一条短信:我在石家庄第五中学庄红老师家。

手机平静了,再无回音,乔莉不免有些快感。庄红老师开始询问这位张姓同学的具体过去,乔莉推说不知,只说是个淘气的男学生。庄老师不免把几届最淘气的男孩都回忆了一遍,说着说着,就变成讲述教师生涯中的趣事儿了。乔莉微笑着听着,不禁想起自己小时候的淘气,也挑了几件告诉了庄老师。庄老师乐了:"你看起来这么文静,小时候也这么淘气。"

"庄老师,听口音您不是北方人。"

"是啊,我是福建人,"庄老师道,"到北方读了大学,就留了下来,一晃都快二十年了。"接着,庄老师就开始叙述她和方卫军浪漫的爱情故事,还有他们结婚多年的恩爱之情。突然,庄老师把头一侧,仔细听了听,道:"我爱人回来了。"

"您能听得见?"乔莉惊讶地问。

"老夫老妻了,"庄老师道,"在这套房子又住了十年,他回来我一听就听出来了。"

乔莉忽然意识到,方卫军应该很少和庄老师交流工作上的事情,如果方卫军说起过赛思中国,庄老师至少会多问一句,但是看庄老师的样子,夫妻感情应该还算和美,怎么会一点都不知道呢?她联想起自从进门后庄老师就没有问过一句,她在哪儿上班,单位怎么样,突然明白了,庄老师是把她当成专门送礼的人了。乔莉又是好笑又是吃惊,这夫妻俩不仅长得像,处理起事情来也有几分相似之处。这时,门被敲响了,声音不大,但是很快。

庄老师打开门,方卫军一脚踏进来,便看见坐在沙发上的乔莉,方卫军的身体轻轻晃了一下。乔莉觉得他的脸一下子白了,而且白得不清楚,像在眼镜下面打了一层青灰。

"今天怎么这么晚!"庄老师热情地把方卫军的包接了过去。方卫军吃惊地看了她一眼,似乎她不应该这样,或者,她从没有过这样的举动。庄老师走过去,帮方卫军拍了拍身上的灰。方卫军不自然地站着,任妻子做着亲热的动作。庄老师拍着拍着,看了乔莉一眼,乔莉也在打量她,两个人眼光一触,庄老师立即把眼神挪开了。乔莉有点明白了,庄老师似乎是在演戏,她既想要手机,也要表演一下夫妻情深,以免她这个销售小姐对方卫军有非分之想。乔莉不禁对这对夫妻有一种鄙视,她后悔买了一部这么好的手机，现在的人都怎么了?!

"方总工?!"乔莉站起身，用吃惊的语气道，"这是您的家啊，哎呀，真没有想到。"

庄老师看了她一眼，笑道："是啊是啊，他是我爱人，晶通的总工。"

"乔小姐，你怎么会在我家?"方卫军见爱人脸上春风荡漾，不禁心神一定，但还是有几分不耐烦。

"我的一个同事的弟弟是庄老师以前的学生，"乔莉指了指手机，"托我送点东西。"

方卫军狐疑地看了看手机，又看了看乔莉。庄老师轻轻碰了他一下："我以前的学生还记得我，专门托人送点东西。"

方卫军明白了，这乔莉哪是送礼物，分明是警告他不要再乱打主意，不然，只怕后院就要起火了。他看了看这个和他谈了几个月苏联文学的年轻姑娘，温婉的五官看不出一点凌厉，干的事情却是毫不留情。方卫军在工厂当了十多年总工，厂里也有几个惯会撒野的泼妇，但她们对领导有的是撒娇卖乖，有的是称兄道弟，像这样对男人既不巧取也不豪夺，而是敢步步为营、步步将军的女人，他几乎没有见过。

他是小瞧了这个小乔，方卫军又忍不住瞟了一眼乔莉玲珑有致的身体，心里既有说不出的仇恨，也有说不出的贪婪，他不知道该怎么办了。

"方总工，既然您和庄老师是一家人，我以后有机会到石家庄，就上来多坐坐，"乔莉笑道，"您是晶通的技术总工，业务上是我老师，庄老师本来就是老师，两位师长我肯定是要经常来看望的哟。"

"有空常来。"庄老师又碰了方总工一下，"卫军，你说话呀。"

"好，"方卫军道，"常来。"

"今天很晚了，不打扰两位了，"乔莉微微一笑，伸出手，"我就先告辞了。"

庄老师和她热情地握了一下手，乔莉发现她的手心潮湿，方卫军也握

— 214 —

了一下，却是又冷又潮。乔莉又是一笑，走出了方家的大门。

乔莉出了门，不禁心痛自己买的好手机，一直说要给父母买部好手机，还没有兑现，却给了这对夫妻！早知如此，应该随便买盒什么东西送上去，但是，她转念一想，晶通想要成功拿下，方卫军的技术关是绕不过去的，也罢，就当为摆平这件事情付出的成本了。

乔莉想起远在杭州的父母，心中很是内疚，等打下晶通，她一定要好好地为父母买几件他们喜欢的东西。涉足社会越久，乔莉越发感到像父母那样的人实在太少了，和社会上的某些人比起来，他们才应该享受这些。

她回到宾馆，刚刚坐下来，忽然发现 MSN 是红色的，她打开一看，树袋大熊给她留了言："我一直在线等你，直到你平安归来。"

乔莉望着电脑，双手支着下巴，露出甜美的微笑。

她发出一个笑脸，问："你还在吗？"

对方立即回应了："我在，你还好吗？"

"很好，我刚才出去办事了。"

"事情顺利吗？"

"顺利。"

"那就好。"

乔莉的心中忽然一动，问："为什么要等我？"

"我担心你。"

"担心我什么？"

"担心你的安全，"树袋大熊道，"你回来我就放心了，我还有事，不多聊了。"

这个树袋大熊??！！乔莉觉得一盆凉水从头倒下，一直浇到了脚跟儿，刚刚柔情万分地想和他聊聊天，甚至出于感激，还想约他出去吃吃饭，他就这么干巴巴地来上一句。看来，乔莉想，他也只是出于一个普通朋友的关心。

"好的，谢谢，回头聊。"乔莉道。

"晚安。"树袋大熊发一个笑脸，居然下线了。

乔莉望着那个灰色的头像，心里既生气又委屈，又是那么怅然若失，为什么他这么不解风情，居然会在这个时候选择下线啊？

她又饿又累，却没有任何胃口吃东西，随便喝了杯热水，冲了一个澡，便倒在了床上。

她需要一个无限深入的睡眠，她闭上眼睛，默默地许愿：黑暗女神，把我带走吧，带到你没有烦恼没有悲伤，只有黑色的宁静的地方。很快，她逐渐飘然起来，进入了深深的睡眠。

就在乔莉与欧阳贵回到北京的第二天，周一一大早，陆帆在部门例会上批评了周祥。

周祥本来对陆帆就有诸多不满，这位新总监不仅没有把他占尽天时地利人和的晶通电子交给他，还新近提拔了和他不相上下的琳达，又给了琳达几个很有油水的客户，而他呢？除了总裁何乘风把一个基本完成的单子给了他，几乎一无所获。这本来就够让他郁闷了，陆帆居然在部门的例会上对他大加批评，明里说是希望他努力开拓客户、完成业务，暗里不就是给他穿小鞋吗？周祥觉得很没有面子，从程轶群时代进入赛思中国，上至总裁、总监，下至员工，就没人这样对待过他，陆帆不就是仗着是何乘风的嫡系吗，居然如此放肆。周祥恨得直咬牙，但是他也知道此时去找何乘风也没有多大意思，何乘风已经关照过了，再说溯本追源地算起来，他还是程轶群的人，何乘风不过看着姐夫的面子，一没有把他赶走，二还算善待，但是想在赛思出人头地，上有陆帆把关，旁边还有新调来的狄云海，还有惯用美人计的琳达，恐怕是前途渺茫了……

前途是大事，也是早晚的事，可是丢面子，就是眼前的事儿了。周祥咽不下这口气，无论如何，他也要把陆帆搞下去，你不是把全部心思放在晶通电子上吗？周祥暗想，我要你从政府关系到内部筹划，全部落空。至于何乘风对我的善待，周祥心道，他也不过是想从我姐夫身上捞点好处，我就先在赛思待一段，给够了他面子再走不迟。

会议结束后，陆帆又和乔莉碰了个头，问了问周末的情况。陆帆也知道欧阳贵此去一是与王贵林见面，二是去联络他在石家庄的另一种关系。陆帆觉得乔莉有几分不对劲，可也说不出她什么地方不对劲，便好言安慰了几句，无非是说她辛苦，表扬她努力等等。

"明天我和何总、周祥去一次石家庄，"陆帆最后道，"你盯着强国军与刘明达把技术这一块做好，等我们从石家庄回来，技术、销售与市场三个部门要开一个大会，你尽量在这之前督促他们完成新的技术分析报告。"

"好。"乔莉点点头。

"安妮，"陆帆道，"你气色不大好，要注意休息。"

"我会的，"乔莉道，"多睡一觉就好了。"

"我不在的这几天，如果有什么问题，你就去和云海商量，或者直接打我电话。"陆帆道，"我们计划要在石家庄安排一个几百人的市场活动，这件事情云海正在做方案，最后还是要落在你的头上，由你向上提交。市场部那边，现在主要是云海在协调，这方面有问题也可以找他。"

"我明白了。"

陆帆示意乔莉出去，乔莉回到销售区，便看见瑞贝卡站在狄云海的桌前，两人不知说些什么，正聊得起劲，瑞贝卡咯咯的笑声传得很远。

乔莉默默地打开电脑，理了理头绪，然后开始写给强国军和刘明达的邮件，正写着，突然有人走了过来，她抬起头，是刘明达。

乔莉将电脑合上，端起杯子喝了口水。刘明达走到桌边，弯下腰，低声道："你这些天忙什么呢？"

"没忙什么，"乔莉笑了笑，"还不是项目的事情。"

"咯咯咯……"瑞贝卡的笑声又传了过来，刘明达道："你知道吗，斯科特要走了。"

"斯科特！市场总监！"乔莉惊讶地悄声道，"他去哪儿？！"

"还能去哪儿，"刘明达道，"不干了呗，听说施蒂夫对他很不满，正好有家公司挖他，他就去了，一下子涨了20%的年薪。"

"这么快，"乔莉的心往下沉了沉，她隐约觉得，斯科特的走和邮件事件也有一些关系，可能上次他没有完全维护施蒂夫，而是站在一个比较公正的立场吧。她叹了口气："那市场总监的位置怎么办呢？"

"听说要来一个香港女人。还有，瑞贝卡升了一级，现在不是助理了。"

乔莉嘿然一笑，刘明达道："听听她笑的声音，真是受不了。"

"升级是好事，当然高兴了，"乔莉道，"她也不容易。"

刘明达低着头，看着乔莉长长的睫毛，心中一阵柔软，忍不住道："还有一件事你要做好心理准备。"

"什么事？"

刘明达四下看了看："我告诉你你不要说出去，不然我就麻烦了。"

"你说吧。"乔莉不喜欢他谨小慎微的模样，催了一句。

刘明达悄声道："晶通要有活你赶紧催着强国军，我这边儿没问题，肯定会帮你。"

"为什么？"乔莉惊诧地看着刘明达，把声音压到了最小。

"因为我老板的老板，就是雷小锋。"

"雷小锋？"乔莉没明白，"雷小锋怎么了？"

"你还不知道？"刘明达叹了口气，"雷总说了，说客户签单有很大的原因在于售前的技术作用，所以，他认为售前应该对某些项目拥有控制权，听说何总特批给他几个大的项目，由他总负责，晶通也在里面，现在就等着开会宣布呢。"

总负责？乔莉彻底愣住了："什么叫总负责？"

"就是控制项目的进度，"刘明达道，"唉，也说不清楚，听着和销售的作用差不多。"

"谁来签单呢？"

"还是销售吧，但是售前的作用很大啊！"

"大到什么程度？"

刘明达有些不快了："大到什么程度？没有售前的技术支持，销售怎么可能签单？IT客户买东西不都是买技术嘛。"

乔莉没有吱声，看来刘明达也是这个决定的赞成者，难怪陆帆叮嘱她要催促强国军与刘明达，居然有这样的事情！何总怎么会支持这个举动呢？公司刚刚稳定，如果售前觉得自己在项目中的地位特别重要，争着去当项目的控制人，那么销售的工作还怎么进行呢？这不是破坏了销售与售前的分工？而且作为公司管理来说，也不是特别合理……乔莉眨着眼睛，刘明达看她愣愣的模样，觉得她十分可爱，她还是没有主意的时候显得好看些。

"陆帆他们没告诉你吧？"刘明达有些得意，觉得关键时候还是自己对乔莉好，"听说这个狄云海和市场部的MM打得火热，现在就连瑞贝卡也说他的好话，这些人都是只顾自己，哪管他人，现在强国军也不一定在技术方面多帮你了，你自己要当心。"

乔莉沉默了，陆帆告诉她让她有事就找狄云海，恐怕是估计到售前目前的困难，想不到对外一团混乱，对内又出了问题。她看了看刘明达，道："谢谢你。"

刘明达看得出，她在真心感谢自己，从口袋里取出两张票："我有个

— 219 —

朋友给了我两张票，是小话剧，好像是叫什么《包法利夫人》的，你想去看吗？周六晚上的。"

乔莉的笑容僵硬了一秒钟，她理解刘明达没有交换的意思，而且她相信刘明达不是这样的人，但是这个举动和方卫军的威胁不免有几分相似，这让她对约会产生了几分反感，但是，她又不忍心拒绝，刘明达确实是想邀请她看一次演出。她看了看票，道："如果周六不出差，我就去。"

她收下票，打开电脑，皱起了眉头，这邮件怎么写啊，公司怎么会出这样的事情。"哈哈哈哈……""咯咯咯咯……"狄云海的笑声和瑞贝卡的笑声交织在一起，刺激着她的神经，她用手捏了捏眉心，这个动作有些熟悉，在这个瞬间，她理解了程轶群，理解了在她当秘书的三个月时间里，公司最大的总裁为什么会有这个日常小动作。

"安妮。"伴随着一个热情洋溢的声音，瑞贝卡款款地走了过来，乔莉再次合上电脑，脸上不得不表现出微笑。

"你在忙什么呢？"瑞贝卡看着她，突然惊讶地叫了一小声，"天啊，你这是怎么了，黑眼圈这么重，像个大熊猫！"

"最近有些忙。"乔莉道，"你气色很好啊。"

"哪儿有，现在忙死了，我还是觉得原来做助理比较好，不用事事担责任，唉，不像现在，比原来忙了八倍。"

"能者多劳嘛，"乔莉道，"你这衣服新买的，不错啊。"

"我在国贸买的，猜猜多少钱？"

乔莉摇摇头。

"你不认识呀，这是阿玛尼，这个小外套，居然要一万二，太贵了，不过也实在有型。"

乔莉看了看那件裁剪精良、用料讲究的小西装，不禁道："的确很好，物超所值。"

瑞贝卡听见她由衷的赞美，不由一怔，这个乔莉，她是真的还是装的，难道她一点都不嫉妒？这不可能，她一定是嫉妒到牙根了，还要咬住了装样子。她看着她的眼睛，希望在里面找出发狂的影子，笑了笑道："明天我要去香港，去开个小会，顺便接我的新老板，你有什么东西要带吗？"

"不用了，"乔莉道，"我不缺什么。"

瑞贝卡看着她，心想你的好日子到头了吧，斯科特一走，市场部要换新总监，你的晶通虽然有美国人撑腰，也只怕耐不住上至VP下至总监的内耗，何况现在，内耗的也不止市场部，技术也能主控项目，看你怎么赢得售前的支持，前一阵子你也兴风作浪够了，只怕离和你说拜拜的日子不远了！瑞贝卡心情舒爽地走出了销售区，顺便给了狄云海一个妩媚的笑脸。

乔莉第三次打开电脑，她真的开始头痛了，连续多日没有休息，加上巨大的心理压力，她觉得头像裂开来一样。她索性合上电脑，转身朝外走，还未走出销售区，狄云海喊住了她："嗨，安妮！"

乔莉走过去："嗨，杰克。"

"气色不错嘛，"狄云海笑嘻嘻地看着她，"听说你们刚刚从石家庄回来？"

"是的。"

"有什么新进展？"

"哦，没有什么，"乔莉觉得头又痛了，忍耐地道，"要写个新的技术分析报告。"

"哦，"狄云海道，"那要请售前尽快配合了。"

"是的。"

狄云海感觉她似乎有点不舒服："我正在做一个石家庄的市场计划，等你有空的时候给你看看。"

— 221 —

"好。"

狄云海没有多说,乔莉走出去,拐出公司大门,进了电梯,一直坐到顶楼四十九层,然后她走进楼道,在上次坐过的地方坐了下来。

头真的痛,有几缕神经像被什么东西牵扯着,轻轻一拉,便觉得头部剧痛起来。乔莉松开绑紧的发辫,靠在墙上,还不到中午十一点,她居然累得想睡一觉。她闭上眼睛,什么也不想,任自己在疼痛与疲惫中飘浮。

"不知道怎么走的时候怎么办?"一个小时候的声音从脑海里跳了出来,乔莉的嘴角浮现一抹微笑,那时候她还不到十岁,跟着父亲学下棋,老乔温和地看着女儿:"不知道怎么走,就停下来,看看全局。"

"什么叫全局?"

"就是整个棋盘喽,"老乔被女儿天真的模样逗笑了,用手指着道,"看看你还有什么子,爸爸还有什么子,爸爸会走什么,你应该走什么,喏,这样——"他把女儿从棋盘旁拉开一些,让她本来紧紧趴在棋盘上的身体离桌面远一些,再远一些,乔莉的视线一下子从紧盯住的那一块脱离出来,她真的看见了整个棋盘。"当局者迷,"老乔道,"不知道怎么走,说明你离这盘棋太近了。"

我离得太近了!乔莉默默地想,是的,这几天从欧阳贵、方卫军,到刘明达、陆帆、瑞贝卡,受干扰的东西太多了,大量的信息其实并没有用。她记起上次在这个地方,想的一些内容,应该说基本没有变,何乘风、欧阳贵和陆帆都是希望打下晶通,而自己最坏的下场,无非是离开赛思中国,转投另一家企业,问题是,何乘风为什么要同意售前在某些项目上拥有控制权,而且要把晶通列在其中?这样一来,晶通的工作就会困难重重,本来为这个项目就已经得罪了市场部,要是把售前也得罪了,晶通项目就变成了没有支持的孤家寡人!本来晶通在客户关系上就不是特别稳定,还有方卫军的麻烦,如果内部也是这样,那不管怎么盘算,对外对内,晶通都没有胜算了!

这个项目怎么会走到没有胜算的局面呢？

是自己哪一步做错了？难道，乔莉睁开眼，盯着下方的楼梯，是何乘风和陆帆想把自己换掉，要把自己赶出晶通项目？

这不可能！不可能！要赶走像我这样一个小卒子，根本犯不着大动干戈，连售前与销售的基本格局都打乱，何况陆帆已经隐晦地提醒她，如果和技术协调有问题，可以请狄云海帮忙。到底是怎么回事儿呢？

乔莉无法剖析这个局面，她觉得后脑部位有根神经狠狠地跳了一下，让她不得不捂住脑袋，实在是太难受了！

丁零零，手机响了，她拿出来一看，是瑞贝卡。乔莉接通了电话，瑞贝卡欢快地道："安妮，在哪儿呢？"

"在公司旁边。"

"吃午饭了吗？"

"没呢。"

"中午一起吃饭吧，其实我也不想这样，但是大家都说我升了一级应该请客，呵呵，只好请了。本来算好的人，没想到多了一个位子，你就一起来吧。"

乔莉那个气啊，多了个位子请上我？但是转念一想，有饭吃干吗不去，顺便看看还有谁。她笑了笑道："好，我去，在哪儿？"

"在公司旁边的小上海，是南方口味哦。"

"我一会儿到。"

乔莉站起身，还是给父亲拨了一个电话。老乔正在休息，多少年前他因为严重的颈椎病就落下了眩晕的毛病，稍一犯病就天旋地转。乔莉有些不忍，但是老乔对女儿这段工作汇报减少已心存疑虑，他忍住难受，追问起来。乔莉只说了售前的事情，老乔听得不明白，乔莉就更没有办法说明白了。最后老乔道："你不要给自己太大压力，不在其位不谋其政，你把

— 223 —

你手上的工作做好。"

"可是我看不清全局，怎么决定下一步的工作？"

老乔乐了，咳了几声对女儿道："要是你能看清全局，你们的老总也该下台了，再说有几个人能时时看清全局，那就不是人，是神了。"

"那我现在……？"

"做好手上的工作，什么都不要多想，我看你应该休息休息。"

"好吧，爸，你也要注意身体。"

"我没事儿，老毛病了，你凡事不要太要强，要顺其自然。"

"好。"乔莉挂上电话，觉得父亲的话既有道理，又似乎透出一种软弱，难道不需要纵观全局吗？不过既然父亲这样说了，她还是觉得自己应该先放一放，不是有饭吃吗，那就先吃饭。她下到公司，稍微理了理头发，又补了点妆，瑞贝卡说得没有错，自己确实面露倦容，是应该适当调整一下了。

小上海是赛思中国旁边的一家饭馆，装修还算精致，不过这菜的分量也同样精致。乔莉来自浙江，对上海的"精致"早习以为常，有些北方同事是不愿意到此用餐的。不过，在瑞贝卡看起来，这恰恰是一种档次：分量少但口感好，价格贵但环境优。乔莉走进餐厅，见十人桌的位置已经坐满了，狄云海、刘明达都在内，刘明达似乎没想到乔莉会来，正挨着瑞贝卡坐着，脸上闪过一丝尴尬，其他还有秘书、财务、人事、市场等各部的同事。

"安妮，"瑞贝卡挥手招呼她，又吩咐旁边的同事，"赶紧往旁边挪啊，让安妮坐在北大才子旁边啊。"

"瑞贝卡，你又开玩笑。"刘明达嗔怪地笑了笑。旁边的同事自然地给乔莉留出一个位置，乔莉笑了笑，坐了下来："今天真热闹，是庆祝瑞贝卡升职吧。"

"除了升职，还有一件事情，"瑞贝卡指着桌上的翠茜道，"这是翠茜，原来是何总的秘书，现在转到市场部做助理了，是我的新同事哦，今天这顿饭主要是欢迎她。"

乔莉惊讶地看了一眼翠茜，这姑娘刚来两个月，就转入了市场部，有手段啊。翠茜笑道："哎呀，瑞贝卡，你是我的前辈，以后还要你多多指点我，这顿饭就应该庆祝你升职。"

"你放心，我们以后会合作愉快的，"瑞贝卡看了一眼乔莉，"我们都是秘书出身嘛。"

乔莉不觉有一丝感慨，端起杯子："那庆祝你们两位吧。"其余人赶紧叫好，把桌上的酒杯端了起来，因为下午还要工作，酒杯里装的都是可乐。人事部的同事道："瑞贝卡，斯科特下周就离职了，听说你这次去香港出差，要和新的市场总监一起回来。"

"是哦，"瑞贝卡道，"我现在还没有接到正式的邮件，听说她是个女的，哎呀，你们人事部透露一点消息嘛，到底新老板什么样呀？"

"她可是个美女呢，"人事部的同事笑盈盈地道，"年龄也不大，三十八岁。"

"结婚了？"翠茜问。

人事部的同事摇了摇头，瑞贝卡脸上的笑容有一丝僵硬，三十八岁未婚，又做到高职位，这个听起来多少有点小恐怖，只怕是个不好伺候的主儿。翠茜却在旁边一脸景仰地道："哇，三十八岁就做到大外企市场总监，又是美女，可以当我的偶像了。"

"哎呀，翠茜，"财务部的小出纳笑道，"你的大老板还没有来，你就把马屁拍上了。"

翠茜的脸一下子红了，瑞贝卡道："这怎么能叫拍马屁呢，翠茜在讲她的职场目标。"

翠茜一听连忙摆手："我没有这个目标，我能把助理做好就心满意足了。"

狄云海在旁举着杯子:"这样吧,我们为美女总监干一杯!"众人又是一片热闹的笑声,纷纷举起了杯子。瑞贝卡看了看狄云海,他就是这样善解人意,总是能不在意地就帮助了你。瑞贝卡暗想,等见了美女总监,一定要好好向她推荐一下杰克,要是杰克能到市场部来工作就实在太好了。

众人很快吃罢了午餐,回到了楼上公司,乔莉决定不去多想,按照原计划把邮件发了出去。她想,如果强国军推三阻四,她就去找狄云海,陆帆已经发了话,那么杰克一定会帮忙处理这件事情的。可是出乎她的意料,强国军立即回了邮件,说立即开始准备,尽快完成后就发给她。

乔莉有些迷惑,强国军并没有表现出刘明达说的可能,甚至连陆帆的担心都是多余的。她照常工作着,不明白事情究竟是怎么样的。一天过起来像闪电一样快,乔莉下了班,提着电脑走出了赛思中国的大门,狄云海正在等出租,两人相视一笑,狄云海道:"嗨,安妮,打车?"

"不,我坐地铁。"乔莉笑了笑。这时一辆出租来到狄云海身边,狄云海道:"要不要捎你一段?"

"不用,"乔莉道,"走不了多远。"

狄云海上车走了,乔莉默默地朝前走着,她感到手机在震动,拿出一看,是陆帆:"嗨,弗兰克。"

"安妮,"陆帆道,"工作顺利吗?"

"顺利。"

"好,"陆帆道,"有事再通电话。"

"好的。"乔莉挂上电话,继续向前走去。

陆帆合上手机,躺在宾馆的床上想了想,看来强国军还是很有眼色的,并没有因为雷小锋的原因为难乔莉,这下他放心了,有云海坐镇,这个星期他就可以安下心来守在石家庄。晶通电子,是他从事 IT 行业以来,最大的一笔业务，也是赛思中国业绩翻身的一大本钱，于公于私，他都想完成这个任务。SK已经利用自身的市场优势，在石家庄树立了良好的企业形象，这让付国涛在开展业务时，有了良好的基础，再加上薄小宁的父母与于志德岳父的关系深厚……但是他并不担心，战争刚刚开始，他相信凭着何乘风、欧阳贵，以及他本人这么长时间的摸底，都没有摸透晶通真正的走向，SK不会比他们好多少。晶通电子不是一单静止的业务，七个亿资金的改造，一个老牌国企的改制，它本身就是发展的、流动的、变幻莫测的，任何一句话，在尘埃落定前的一秒说出，都为时过早。

门铃响了，他起身去开门。何乘风笑吟吟地走了进来，陆帆恭敬地道："何总，有什么事情我过去就可以了。"

"呵呵，"何乘风走进去坐下，"我过来看你不是一样嘛。"他递给他一盒哈瓦纳雪茄，"这是我特地给你带的。"

"你上次送的我还没有抽完，"陆帆接过来，走到桌边给何乘风倒开水，何乘风从不喝袋泡的茶叶，他把水放在何乘风面前，"谢谢老板。"

"瑞恩那边的情况你了解多少？"何乘风道。

"瑞恩负责晶通电子的顾海涛虽然年龄不大，工作时间却很长，手段灵活经验丰富，是从底层一步一步做上来的。瑞恩对晶通电子的重视比不上SK，他们觉得全盘拿下七个亿的单子不大可能，但是顾海涛本人比较积极，他现在和石家庄一家小代理商关系非常紧密，欧总那边的消息说，这家代理公司是于志德的妹妹开的。我们一直在跟进两条线，现在看来，瑞恩由于资源有限，把赌注都放在于志德身上了。"

"瑞恩现在还缺少有政府关系的销售，"何乘风道，"他们找过周祥，但是如果周祥去了，对顾海涛就是个威胁，依我看，可以利用这两点和顾海涛谈一谈。"

陆帆想了想："你是说阻止周祥去瑞恩，同时答应顾海涛，分给他部分晶通业务，比如以后的实施部分，然后联合他的力量，一起来打晶通？"

"这几年 SK 的经营情况又十分良好，内部的管理团队也十分稳定，汪洋在晶通这个项目上，肯定会投入大量的人力物力，付国涛的性格非常强，城府很深，但是他们都有一个弱点，"何乘风沉吟着，似乎在寻找合适的词汇去形容这个缺点，"嗯，我也曾经有过这个缺点，我们不中国化。"

"不中国化？"陆帆惊讶了，尽管何乘风是生在美国长在美国的 ABC，但是在陆帆和他共事期间，他的老于谋略、精于计算都给陆帆留下了深刻的印象。陆帆觉得，虽然自己只是留学了十年，但是受西方的影响，要远远大于何乘风，他怎么会这样说呢？何况，外企里很少有这个说法："您是说不本地化吗？"

"不完全是，本地化讲的是外企要适应中国国情，要用本地的职员，要用本地的规则办事情，但是我个人感觉，我在美国长到二十多岁，从不喝中国的茶叶，也不理解我的爷爷为什么每天要泡工夫茶，他们做事的方式我不习惯，他们讲话的方式我不习惯，我觉得除了东方的面孔与肤色，我就是个美国人。"何乘风笑了笑，"我从八十年代进入大陆，一晃二十多年，每天回家也泡工夫茶，我会这样说不会那样说，我会这样做不会那样做。汪洋是我一手带出来的，但是他不喜欢中国的东西，这让我很奇怪，他天生就有那些微妙的东方思想，却喜欢西方的管理理念，并照着执行，而我，却一点一点学习与了解东方，了解中国，你知道为什么吗？"

陆帆摇了摇头。

"因为中国很多东西没有变过，几千年了，只有汉文明可以读懂几千年前的文章，可以理解几千年前的行为与思想，它就像一张网，不管我们有多少西方的理论，离开这张网，我们就不能做生意。"

"你是说……关系网？"陆帆道。

"包括在内吧。"何乘风道，"离开 SK 之后，这几年我都在反思这个问题，我是不是还不够中国化？这也是我决定进入赛思中国后选欧阳来帮忙的原因，让他当负责销售的 VP，他不仅中国化，甚至对中国的东西理解得很深，这和他的经历与成长环境有关。在这一点上，我不如程轶群，你不如狄云海，但是云海也不够中国化。"

陆帆没有说话，何乘风看着他，知道他没有完全理解自己的意思，笑了笑道："现在我们和 SK、瑞恩，是三家竞争的关系，汪洋与付国涛会投入人力物力，做市场活动，打政府关系，甚至会给个人好处，但是他们不会与瑞恩联合，不会与瑞恩交换情报与信息，相反，SK 与瑞恩彼此利用，彼此防备，中国有句成语说得好：尔虞我诈！"

"现在晶通的局势不明，"陆帆道，"与瑞恩联手确实可以获得更多的信息，一旦晶通局势明朗，我们先排掉 SK，再对付瑞恩就容易多了。"

何乘风微微一笑，陆帆并没有完全理解他的意思，他也不强求他理解，从八十年代到现在，他自己用了二十多年的时间，多次失败的经验，才理解了这些，怎么可能要求陆帆在短时间内就完全明白呢？"一方面利用顾海涛想在瑞恩做大的愿望，与他结盟，我们可以确保他两点：第一，阻止周祥离职；第二，将来如果打下晶通，可以分流给他部分业务。另一方面，我们要尽快让周祥与 SK 建立关系，把我们想告诉他们的消息传递过去。"

"顾海涛那边我想办法，"陆帆想了想，"SK 会不会挖周祥过去？"

"他们现在有薄小宁，不会让他过去，何况让他留在赛思，比去 SK 更有价值。"

"晶通是长期项目，我们还要在总部争取时间。"

"总部那边你不用担心，"何乘风道，"有时间多费点心思，找到一个技术方面的总监。"

"我到现在也不明白，"陆帆道，"雷小锋为什么会坚持这个方案？"

"人有时候会有盲区，不仅眼睛会有，思想上也会有，雷小锋一直觉得售前的作用很大,所以就注定了他的将来。"

"这个方法能为我们争取多少时间?"

"半年,"何乘风轻松地道,"一年,谁知道呢?"

"希望半年之后,晶通就能有个结果。"

"会的。"何乘风看了看表,"晚饭时间就要到了,我回一下房间,一会儿你来找我,我们一起下去。"

"好。"陆帆一面答应,一面为何乘风打开房门。晚上请周祥的姐夫还有几位政府官员吃饭,周祥、于志德与方卫军作陪,应该不会有什么大问题。何乘风很快走了出去,陆帆关上门,从衣橱里拿出西服,然后去洗手间洗了洗脸,整理好衣装,镜子里面,又是一个神采奕奕,似乎永不疲倦的职业经理形象。

晚饭很顺利,几位政府官员与何乘风都言谈甚欢。何乘风虽不善饮,但在这种场合还是会多饮几杯。陆帆每到重要时候,酒量就会出奇地好,不管喝多少,哪怕肠胃已经在不舒服了,哪怕脸色惨白,他都能保持惊人的清醒。

周祥当着姐夫与何乘风,不敢太过分,但还是多敬了陆帆几杯,又拐着弯地让陆帆与其他人多喝了不少。陆帆心下明白,表面上不动声色,喝到最后,他的脸越来越白,隐隐泛着一层青灰。何乘风看了他一眼,叫服务员上了一大扎果汁,陆帆站起身,来到洗手间,把自己反锁在一个空的格断,稍稍等了两秒,就吐了出来。

他觉得整个人都翻江倒海起来,无比痛苦与难受,好不容易吐了个干净,他冲了马桶,走出来用凉水洗了把脸。这时候,他想起一句英文歌的歌词:This is life, this is life! 他抬起头,洗手台的镜子里,是一张三十多岁的男人的脸,面容灰白,眼睛下面有一层青黑。陆帆振作起精神,返回了酒桌。

— 230 —

何乘风正在向于志德与方卫军敬酒,于志德也喝了不少,两个人一饮而尽,方卫军表示自己实在不行了,但还是把酒喝光了。陆帆见自己面前放着一杯温开水,于志德笑道:"陆总,这是你们何总帮你叫的,他很关心你啊。"

陆帆笑了笑,何乘风道:"今天大家都很愉快,一会儿去楼上唱唱歌,娱乐娱乐。"

"你们去吧,我就不去了,"周祥的姐夫道,"我家里还有点事。"

"家里能有什么事嘛,"何乘风笑道,"今天老朋友聚在一起,家事莫谈哟。"

周祥的姐夫微微一笑,算是同意了,一行人很快散了席,来到楼上一个最大的包间,服务小姐摆上果盘、酒水,陆帆觉得有点撑不住,又让她倒了杯热水。

周祥很快为众人点了一堆熟悉的歌,何乘风带头唱了一支英文的校园歌曲,别看他个子不高,却活泼热情,唱得是声情并茂,获得了众人一片掌声。陆帆不善文艺,坐在一旁鼓掌,今天的确喝多了,他觉得脑子有点木,反应也慢了半拍。

在乱哄哄的歌声、笑声、鼓掌与叫好声中,陆帆不知不觉闭上了眼睛,四周突然一片沉静,又黑又深远。他幸福地叹了口气,觉得整个人在空中飘浮起来,这时,有人拉了拉他,好像是左边的胳膊,歌声笑声叫声一瞬间回来了,他猛然想到自己在卡拉OK,他猛然想到自己还在工作,还在和老板一起陪客户,想到这儿,他激灵灵打了个冷战,猛地睁开眼,清醒过来。

拉他的是方卫军,在包间的灯光中,他的五官几乎看不出表情,他默默地笑着,看起来十分内向:"陆总,你还好?"

"方总工,"陆帆笑了笑,"我没事,一下子睡着了。"

"你的酒……?"

— 231 —

"咳，这点酒不算什么，可能最近太忙了，有点累。"

"有件事，"方卫军欲言又止，"我、我……"

"什么事，"陆帆警觉起来，故作轻松地道，"有什么事你告诉我就行了，我们认识这么长时间，都是老朋友了。"

于志德正在唱《美丽的九寨》，他的嗓音很甜，很适合此类歌曲，众人一起鼓起掌来，陆帆与方卫军也连忙鼓掌。一会儿鼓完了，方卫军从口袋里取出个东西，趁众人没有在意，放在陆帆手上，陆帆定睛一看，是部手机。他不明白方卫军的意思，从来都是销售给客户送礼，还没有听说客户给销售送礼的，此时收起也不是，不收也不是。他怕旁边的人看出不妥，顺手将手机放在茶几上，又拿起自己的手机放入裤子口袋，这样看起来，那部手机就像他或者方卫军平常用的，现在放在桌子上。

"方总工，"由于歌声震耳，陆帆贴着方卫军问，"您这是……？"

方卫军把嘴凑到陆帆耳朵边，放大了声音道："这是乔莉，就是安妮送到我家的，这是行贿，我不能收！"

陆帆现在真的醒了，他没有明白什么意思，乔莉为什么要跑到方卫军家送一部手机？这么大胆的举动，而且这么容易被拿到把柄的举动？她疯了吗？还是上次和她一起来石家庄的欧阳贵疯了？这不可能，欧阳贵不可能犯这种错，乔莉似乎也不应该。而方卫军他为什么要把手机退回来？而且在这种时候？

方卫军继续道："外企要遵守美国商业法，这个乔莉，她太冲动了，这样做，对你，对我都不好，我，不能要，还有……"他看着陆帆不说话了，陆帆赶紧道："有什么尽管说！"

"把她撤出晶通项目，她这样子，要坏事的，有些话，我不好说，反正，有她，我们不太好合作。"

陆帆还是觉得有什么地方不对，他望着茶几上的手机，这是物证啊，他顺手拿起来，摁了两下，放进了口袋。现在他如果不答应方卫军，就等于包庇乔莉，答应方卫军，可是事情还没有搞清楚。他端起一杯酒："方总工，谢谢你，我敬你！"

不等方卫军反应，他一仰头，把一杯酒倒进了肚子里。

方卫军嘿嘿笑了笑，脸上没有太多表情。陆帆觉得这酒下肚之后人反而舒服起来，而且有点不管不顾的痛快。真他妈的，他在心里暗骂了一句，拿起酒瓶，给自己满上一杯，又给方卫军满上，如此连干了三杯。至少，给方卫军的感觉，他用喝酒的方式表达了开除乔莉的决心，但实际上，他什么也没有承诺！

乔莉正在家中整理晶通的技术分析报告，不管刘明达的警告是否正确，但是强国军却一反常态，积极地把报告的第一部分做了出来，并且发给了她，她觉得一切很顺利，同时，她的心也很乱，不愿烦太多东西，只想把项目好好做下去。

不知过了多久，MSN上出现了一个橘黄的提示，树袋大熊在问候她："忙？"

"忙！"乔莉回答道。

"我听说北京有个地方卖熊掌，你想去吃吗？"

"什么？"乔莉愣了。

"真的有，非常好吃，保证你吃了一次还想吃第二次。"

"呵呵，"乔莉笑了，写道，"好啊。"

"那周末？"树袋大熊赶紧约时间。

"周末？"乔莉想起刘明达的票，写道，"周六不行，周日呢？"

"周日我不一定有时间，"树袋大熊写道，"周六你有约会？"

"有一场演出。"

"哦，有人比我早哦，"树袋大熊发了个郁闷的脸，"我好难过啊。"

"呵呵，"乔莉发了个笑脸，"这有什么难过的。"

"我都把自己的熊掌贡献出来了，居然还要排到周日，能不难过吗？"树袋大熊道，"约你的人这么多，我还要加油。"

"哪有人约我，"乔莉笑着写道，"凑巧都是这个星期。"

树袋大熊发了个笑脸，忽然写道："我正在整理以前的照片，有几张很好玩的，你要不要？"

照片？乔莉犹豫了，她想了想："我不要。"

"为什么？"

"看了你的照片，你就会要我的，"乔莉写道，"还是算了吧。"

树袋大熊发了一个大拇指："只是几张风景照片，想要吗？"

"好吧！"

树袋大熊发了个开心的笑脸，给乔莉发了一张照片，乔莉正打算接收，手机响了。

她拿过来一看，是陆帆，赶紧摁了接听键："嗨老板！"

"安妮，休息了吗？"

"没有。"乔莉觉得陆帆的声音听起来有些嘶哑，似乎喝了酒。

"听我说，我晚上喝了很多酒，也许不能听得太多，甚至不能分辨太多，但是我要你就你去方卫军家送手机的事情，写一份书面的报告给我，我要知道具体的情况。"

方卫军！送手机！乔莉觉得一阵燥热，那股无名的怒火又燃了起来："老板，出了什么事情吗？"

"这句话应该我来问你！"陆帆责备道，"你在做什么？为什么事先不向我汇报，事后也不向我解释。今天在卡拉OK，方卫军把手机交给我，说你向他公然行贿，甚至提到了美国商业法，难道你想上商业法庭吗？你以后还想不想在外企混了？你知道这样的后果是什么吗？如果真的闹上法庭，不要说你，就连何总和我都无法收拾晶通这个项目。你做事之前，不动动脑子吗？"

"如果他真的敢上告美国商业法庭，"乔莉有些激动，她没有想到方卫军会这么做，同样没有想到，陆帆会这样严厉地责备她，"他就不会私下把手机交给你，他根本就不敢告！"

"他可以不告，"陆帆听着乔莉顽固的声音，不禁更加生气，"但是他可以向我告，可以向何总告，至少可以把你告出晶通这个项目！"

乔莉呼呼地喘着粗气，她突然明白了陆帆的意思，又惊又怒，连手都抖了起来。陆帆放慢了语速，声音中却透着冷："你想一无所有地离开赛思中国吗？作为销售，一分钱没有卖出去，甚至公然向客户行贿，被客户告得离开项目组，离开公司，以后哪家公司还敢用你？安妮，我知道你不是随便做事情的人，我要一个解释，我要一个书面的解释！"

"再加上写邮件向美国人告状，向 VP 开战吗？"乔莉哽咽了一句，硬生生把眼泪忍住了，"你们打算放弃我了，可以啊，你们可以开除我，反正我对你们来说，只是一个小棋子，我也没有打算把晶通一直做下去！"

陆帆愣了，当机立断："你现在情绪太激动了，我给你半个小时的时间思考，然后回我电话。"

不等乔莉再说话，陆帆挂断了电话，乔莉那一句"再加上写邮件向美国人告状，向 VP 开战吗？"让他很不舒服，也许是自己没有好好和安妮沟通，当初她的做法虽然正确，态度却有些偏激。他没有意识到，邮件事件对一个职场新人来说，也许从心理上是很难接受的。他听得出乔莉最后的哭音，把晶通这个项目安在一个没有经验的年轻的女孩身上，也许是他错了，从开始就错了？陆帆到洗手间洗了一把脸，现在不是管心情的时候，必须把事情弄清楚，到底方卫军抓住了什么把柄？乔莉为什么说他不敢告？他想了想，拨通了云海的手机："杰克，休息了吗？"

"没有啊，你呢？"

"我刚刚结束，一个人在房间，"陆帆简短地把情况说明了，"安妮对我有抵触情绪，你最好和她沟通一下，摸清楚实际情况。"

— 235 —

"好。"云海道,"弗兰克,你没事吧,声音有点哑。"

"喝多了,没关系。"

"你先等她半个小时,如果她今晚不和你联系,我明天去办公室找她沟通,"狄云海道,"这事交给我,客户那边你先稳住。"

"这件事情在没有搞清楚之前,不要告诉任何一个人,"陆帆道,"包括何总和欧总。"

"放心,早点休息,晚安。"

"晚安。"

乔莉呆呆地坐了几秒,愤怒、委屈、悲痛之情一拥而至,这是什么原因呢?她觉得头脑一片混乱,跌落至谷底的情绪牵动着她的神经,她又开始头疼了。

她用手指轻捏眉心,她又一次想起了程轶群,身为赛思中国最高层的管理者,他面对的压力与烦恼要比她多百倍千倍吧,他是怎么做到的呢?

还有何乘风,他也永远是一副精神奕奕、春风常在的表情,他们是怎么做到的呢?

不不不!乔莉有些警惕自己了。她突然想起在中学时那次摸底考试,她跌到全班最低点的成绩令她抬不起头来,同学们看不起她,老师也不喜欢她,她那时候想着成绩在 98 分甚至 99 分的同学时,也不敢相信,他们是怎么做到的。但实际上,她后来也做到了,她做到的原因很简单,就是去做,每一天都不放弃。

可是那个时候她多么年轻,十几岁的孩子,精力充沛得令人难以置信,虽然她沮丧,但是她从不头疼,她只在自己的小范围内暗暗使劲,挤出更多的时间用来学习。人们轻视她,这恰好给了她独处的空间,换言之,没有人打扰她,没有老板、没有办公室斗争、没有性骚扰、没有那些让她觉得恶心与愤怒的事情。她很想知道,程轶群与何乘风是怎样做到的!

她盯着不远处的台式小钟,时间一分一秒地走着,她已经开始后悔,刚才不应该顶撞陆帆,陆帆给了她三十分钟,她必须给他回电话。

MSN 的黄色持续地亮着,她打开对话框,树袋大熊已经询问了她几次:"你还好吗?没有什么事情吧?还在吗?"

"在,"她慢慢地写道,"但是现在我有工作要做,不能多聊了。"

"好吧,"树袋大熊写道,"期待与你共享熊掌晚餐。"

乔莉苦笑了一下,写了一个字:"好!"

从 MSN 下线后,她还是不能静下心来,她无从思考。方卫军是在报复她了,他居然拿着美国的商业法说事?想到这儿,她冷笑了一声,如果他知道她手上有什么,他就不会这么做。还有二十分钟,她深深地吸了一口气,她已经浪费了十分钟时间,这绝对是一种浪费,居然什么都没有想,什么都没有做。

她拨了方卫军的号码,没有人接,她又换了座机打,还是没有人接,看来,他是不打算接她的电话了。

她怎么把这个消息传递出去,让他从陆帆那儿撤销"控诉"?

这个时候,她也动了一个念头,把事情告诉陆帆,让陆帆去做,但是她很犹豫,她至少还没有弄明白他们为什么要让雷小锋插手晶通项目,没有弄明白他们是否想把她踢出局,那么现在,她保护自己最好的办法就是什么都不说,她要自己处理这件事!

她翻出方卫军的宅电,用座机拨了过去,过了很久,电话接通了,但是对方没有出声。乔莉知道,如果她一句说得不对,对方就会挂电话。她想了想,憋住嗓子道:"我是赛思中国,我们老板要和方总工通话。"

对方又迟疑了几秒,估计接电话的是庄红,不一会儿,电话给了另外一个人,方总工道:"喂?!"

乔莉拿出准备好的手机，摁下了播放键，方总工的声音响了起来：

"你不就是想要晶通的业务吗？你当我的情人，我就给你。"

"当情人？这恐怕不方便。"

"有什么不方便，以后我在北京，你要随叫随到。"

"这个条件好像不大合适，您另外说一个呢？"

乔莉摁下了停止键，听着对方的声音。对方显然愣住，然后啪的一声，电话被挂断了。乔莉望着手机，咬住了牙，他肯定会给她打回来的，她敢肯定！

手机响了，丁零零……乔莉拿起电话："喂！"

"乔莉，"方卫军的声音有些发抖，"你想干什么？"

"是这样，"乔莉松开牙，用尽量轻松的语气道，"刚才陆总给我打了个电话，我想他一定是误会了，我怎么可能给您行贿呢，但是我说什么都没有用，还是您亲自解释一下比较好。"

"刚才那个，是、是什么东西？"

"手机确实是我同学让我带给您夫人的礼物，和晶通电子的业务没有关系。"

"那个、那个，你把那个、那个……"方卫军有些语无伦次，大约是庄老师在旁边，他道，"刚才那个最好不要了，从技术上说，那个是不行的。"

"方总工，"乔莉忽然想起欧阳贵的司机把方家的地址给她的一幕，这让她灵机一动，严厉地道，"您想一想，上次我这么快查到了您夫人的地址和电话，是什么原因？就是因为有人给了我这个，如果不是我同学给我您夫人的电话和地址，我怎么能这么快找到呢？我既然这么快找到您夫人，又把东西带给了她，您怎么还能不相信我，甚至去中伤我呢？"

"那、那那，你的意思呢？"

"陆总需要一个解释，我想您有这个责任去解释清楚。"

"我、我这就去解释一下技术的问题,但是那个、那个软件,你们能销毁吗?"

"可以,但是要看您的解释,您说呢?"

"我、我这就去,我、我会跟你再联系的。"

乔莉挂上了电话,嘴角浮出一丝微笑,虽然她面前没有镜子,但是她觉得这个笑容不太像她的,或者,她骨子里就有这样的笑容。她觉得她的身体里有一股强大的力量,每当她胜利一次,这个力量就强大一次,就快要破茧而出了。

陆帆靠在晶通宾馆的床上,他在等乔莉的电话,他相信她会给他一个解释的,哪怕是个很糟糕的解释。这时,手机响了,他看了看名字,皱起了眉,居然是方卫军。

他接了电话,方卫军在电话里小声地解释着,声音很快,似乎显得很急躁,大意是说他弄错了,手机的确是夫人的学生托乔莉带给他的,又说自己误会了乔莉,乔莉是一个非常好的员工,一直为了晶通的业务尽心尽力,等等等等。陆帆越听越不对劲,越听心越往下沉,好个乔莉,他让她冷静三十分钟,她却又做了什么?

"是一场误会就好,"陆帆呵呵笑道,"您不用担心,我们是为晶通服务的,有任何问题都应该我们改正、我们努力,像您这样的大总工,不要为了这些小事在意。今天玩得很高兴,就是回去有点晚,夫人没有不高兴吧。"

"没有没有,"方卫军道,"乔莉那边……"

"我跟她说一下就行了,既然手机是您夫人的,改天见面我还带给您。"

"不不,"方卫军本能地不了两声,转念一想觉得不对,又连忙道,"好的好的。"

"好，我们明天去厂里，"陆帆道，"明天见。"

"明天见。"

挂了电话，陆帆阴沉沉地坐在床上，越想越怀疑。方卫军的口风是一百八十度大转弯，而且这手机明显不是学生送的。到底他和乔莉之间发生了什么？听意思，他好像有什么把柄在安妮手上。这个安妮，陆帆感到一阵烦恼，她把什么话都压在心里，不是什么好事情。

电话又来了，是乔莉。

陆帆不动声色地接听了。乔莉道："老板，刚才我和方总工解释了一下，那个手机确实是他夫人在北京的学生托我带过去的，他也弄明白了，他说他会向你解释。"

"他已经解释了。"

"是吧，那好啊，事情解决了。"

陆帆听着她说事情解决了，感到一阵生气，他淡淡地道："你没有其他的解释了？"

"没有。"

"事情就是这样？"

"就是这样。"

"好吧，你好好休息，明天好好工作，有什么及时通电话。"

"好，老板晚安。"

"晚安。"

乔莉合上电话，看着台式小钟，不多不少，正好三十分钟，她解决了。

而在宾馆中，陆帆又一次和云海通了电话，将事情叙述了一遍。云海也惊讶了，他想了想道："明天我找机会和她沟通一下吧，事情肯定不止这些。"

"好，"陆帆想了想，把有关后悔用乔莉的话咽进了肚子里，也许现在下结论还为时过早，看来，这个员工不好带啊，"你有消息就通知我。"

云海合上电话，微微皱起眉头。乔莉秀丽的面容浮现出来，以他平常的观察来看，这个女孩的城府比瑞贝卡深多了，可是按她的年纪也不应该啊，不像在社会上广有阅历的样子，怎么会这样呢？

难怪程轶群临走还把她调到销售部，看来她一定给这位前任总裁留下了特殊的印象。

云海决定找机会和她好好聊一聊。

乔莉此时轻松无比。方卫军果然去找陆帆解释了，而且解释得这么快，她以为他是个文学爱好者，没想到是个没见过世面稍有点小权力就不知道自己是谁的混蛋。她以为他是个混蛋，没想到却是个胆子很小的软蛋。这个人还真是有意思，一吓能吓住，却又不甘心做个小人物，时不时地冒一个尖，看来对付这样的人除了一个狠字，还要一个防字。那么，她突然想，王贵林和他是多年的朋友与同事，是不是也是这样对待他的？还有于志德，是不是也存了这个意思？

她忽然明白了，像方卫军这样的人，是不可能成为谁的死党的，只要她留着这个录音，她就过了方卫军这一关。剩下的，还有很长一段路，她只要不断地前进，不断地前进。她这些天的困扰就这样一扫而空，头不痛了，人也不累了，她又有了一线生机！

第六章

这几天北京气候异常，每天都报有雪，每天都是阴天，污染严重的空气中含着一股怪怪的味道，没有阳光，死气沉沉。乔莉挤在地铁中，每天都是这么挤，她已经习惯了。而且她练出一个本领，她可以不扶任何东西，包括竖着的铁栏杆和吊着的塑料拉环，仅仅依靠两只脚跟随着地铁晃动的节奏，平衡自己的身体。这让她在地铁中有了选择的自由，哪怕再挤，她也可以找到人少一点的地方，通常那个地方都是四面不靠，没有扶手的。

地铁下来再走一段路，就到公司了，她今天还要继续完成晶通的技术分析报告。她进到办公室，刚刚坐下，便看见狄云海笑眯眯地走了过来。

"安妮，早！"狄云海招呼道。乔莉本能地警惕起来，莫不是昨天晚上的事情狄云海知道了？但是她表面上还是笑着回了个招呼。狄云海道："我有件事情要请你帮忙。"

"什么事？"

"我们在石家庄的市场活动方案我做完了，想听听你的意见。"

乔莉轻松下来："好啊，什么时间？"

"十点半吧,我们碰个小会。"

"行。"

"我约了个小会议室,那一会儿见了。"

乔莉点点头,在石家庄做市场活动,就是为了在当地树立良好的企业形象,以及把相关的技术产品介绍过去。这件事对晶通的销售是非常有帮助的,何总他们真是决心拿下晶通项目啊,光这个活动就要花不少钱呢。

她觉得自己应该把手上的事情做得更好。去掉了方卫军这块心病,她的状态好了不少,立即投入了工作。

与此同时,石家庄却起了大雾,整个城市都被白茫茫的雾气笼罩了。

何乘风在于志德的陪同下参观晶通电子,王贵林隆重接待,中午和晚上,省和市相关部门的领导都出席了饭局。毕竟赛思中国是中国最大的外企之一,它在这些年的时间里,积累了大量的政府关系,交际网深入社会的方方面面。何乘风的到来让王贵林与于志德都对赛思中国更加重视,或者说,对外企在国内的实力更加重视,而何乘风与地方领导的交往也让他们更直接地了解到晶通电子改制后和赛思中国合作的可能与优势。

王贵林与于志德都发现,赛思的销售总监陆帆并没有陪同在何乘风的身边,于志德觉得有些奇怪,王贵林却觉得,这恐怕是何乘风与陆帆时间紧张导致的,他们要在最短的时间里做完最多的事情。

"你要想打败一个人,就一定要比他快!"

王贵林想起多年以前,在一次阻击战中,团长对他说的这句话。他们就是快了两个小时,让他的部队在阵地上休息了两个小时,养精蓄锐,布置战局,以逸待劳。王贵林虽然对欧阳贵印象深刻,但是此次见何乘风,却让他另有一番感受,这不是智力与体力上的,而是制度上的。晶通一旦改制,在市场运作上,显然何乘风、汪洋这样的外企职业经理人更有经验,也更有手段,甚至更有人际关系。偌大的国企,面临着巨大的挑战,也拥有着巨大的机会。虽然 SK 和赛思中国这一段在石家庄明争暗斗，但是他暗自观察赛思的精兵强将，感觉他们做的肯定比表面上看到的更多，王贵林感到，他们似乎要比 SK 快一点。

SK 与赛思都不能再快了，再快，就要超过晶通改制的节奏，那一切还有什么意义？王贵林有些无奈，晶通顺利改制才是技术改造升级顺利进行的前提。这段时间 SK 与赛思中国在石家庄的活动，无形中加快了晶通改制的步伐，省里的领导小组已经明确组建，改制的申请也已面临审批，他为之准备了三年的机遇，就在眼前了。

自己准备好了吗？王贵林没有把握。晶通电子准备好了吗？王贵林也没有把握。晶通电子两千七百九十三位职工准备好了吗？王贵林更没有把握。

大仗在即，不容他再做准备了！

三年的学习、摸底、总结、沟通、安排干部班子，种种所为，皆为今日。王贵林一面与众人应酬，一面控制着内心的不平静，他知道晶通和赛思、SK 相比是落后很多的，这让他振奋，也让他隐隐不安。多年来，他一直稳稳地运筹帷幄，从现在到以后的这段时间，他还能做得更好吗？

这一天的觥筹交错中，何乘风爽朗的笑声和王贵林温和的笑容让一切显得那么自然与愉快，只有他们两个人能明白一点自己，或者说，能明白一点对方。

而这一天，陆帆比任何人起得都早，他来到石家庄一家不起眼的浴室，浴室居然是营业状态，狭小的门脸显得非常寒酸与破败。陆帆打电话想让李才厚出来再谈，但是电话没有接，他只得走了进去。一个搽着红色口红的大姐问："洗澡？"

陆帆点点头。

"十块！"

陆帆拿出皮夹，交了十块钱。

大姐把一把锁与一块木牌递给他。

陆帆拿了牌和锁走进去，里面热气腾腾，潮潮的气流让他很不舒服，而一身光鲜的西服更是显得与这里格格不入。几个裹着白浴巾的男人正躺在长椅上抽烟，不禁盯着他打量起来。

陆帆还要往里走，被一个光着上身的老头拦住了："你干什么的？"

"我找个朋友。"

"里面是大池，找朋友脱了进去！"

"我不洗澡，就找个人。"

"找谁都不行，大池子很干净的，你穿成这样，会把里面弄脏了。"

陆帆看着四面灰蒙蒙的墙壁，再看看自己一尘不染的西服，苦笑了一声，只好退到更衣柜处，打开一个空衣柜，用手拭了拭，里面还好，不是很脏，然后将西服小心地脱下叠好。他赤身裸体，连一条浴巾都没有，便去找老头要。老头随手拿过一条，递给他。陆帆摸了一下，又闻了闻，还好没什么味道。老头不高兴地道："闻什么闻，都消过毒的！"

陆帆裹上浴巾，几个抽烟的男人一直看着他，还发出嘎嘎的笑声。

他走进了大池区，里面更看不清人了，只觉得有两三个人泡在一个池子里，他喊了一句："李才厚！"

"陆总！"有人在他的脚边应道。陆帆连忙俯下身，原来李才厚就泡在他脚旁边，头靠在池子边上。陆帆蹲下去："你好，我是陆帆。"

"下来说下来说，"李才厚像刀片一样的声音热情地刮道，"池子里舒服。"

陆帆迟疑了一下，没有动。

"呵呵呵，"李才厚道，"这池子早上不脏，刚换的水，到下午就不行了，里面什么东西都有，起早泡池子对身体有好处。"

陆帆一阵恶心，礼貌地道："我早上洗过了，就这样说吧。"

— 245 —

"到底是外企高管，"李才厚嘿嘿一乐，"这种地方也只配我这种人下来泡泡。"

陆帆知道这些混江湖的人自有他们的原则，若是太生分了反而不好，他把心一横，解了浴巾，慢慢下到了池里，池水很温暖。他一面担心水的干净程度，一面也不得不觉得这实在太舒服了！

"舒服吧，"李才厚把脸凑到他面前，"这样说话才对嘛，像朋友。"

陆帆笑了笑："我们早就是朋友了。"

"你们还想知道什么？"李才厚道，"别的地方我不敢说，石家庄的事情我包打听。"

"第一，我要知道晶通改制领导小组所有人的底细，不管是官方的消息，还是小道消息。"

"好。"

"第二，王贵林和于志德的事情你们要再打听清楚一点，尤其是于志德，包括他情人的事情，还有那家代理公司的背景。"

"好。"

"第三，我要知道方卫军最近的一些事情。"

"方卫军？"李才厚一愣，"他就是个墙头草，胆子很小的。"

"你留意一下。第四，我要你留心SK和瑞恩的举动。"陆帆见李才厚有些迟疑，知道他没有理解，解释道，"付国涛、薄小宁和顾海涛这三个人的名字你听过吗？"

"听过，"李才厚道，"前面两个是SK的，后面那个是瑞恩的。"

陆帆笑了笑："留心他们三个人就成。"

"好。"

"第五，我要知道张亚平的举动，好吗？"

"好。"

陆帆将头靠在池边，李才厚道："你什么时候回北京？"

"过几天。"

"回北京代我向欧阳哥问声好。"

陆帆心中翻动着对欧阳贵的好奇，漫不经心地问："你和欧总认识多长时间了？"

"十五年了。"

"哦，你们怎么认识的？"

"在牢里，"李才厚道，"他救过我的命。"

"哦？"

"我那会儿年轻，进了监狱不想活了，干活的时候留了块铁片，磨得很薄，有一天晚上切腕自杀，被他发现了，救了我一命。当时他拼死捏住我的手腕，监狱里用警车把我送到地方医院，他一路上都没松手。"

"原来他是你的救命恩人。"

李才厚听出陆帆话中的淡然，立即道："他很厉害的，后来做了我们所有人的老大。"

"他不是个文化人吗，"陆帆笑道，"怎么当你们老大？"

"他……"李才厚还待再说，又忍住了，"有些事情他不喜欢别人提，时间长了我也忘了。"

陆帆点了点头，李才厚道："你不是要顾海涛的消息吗，他今天中午和庆丰科技公司的人吃饭，那家公司就是于志德的二奶开的，她叫张庆，还有两个弟弟，一个叫张平，一个叫张丰，张丰还在上研究生，所以主事的就是她和大弟弟张平，姐弟俩感情不错。"

"他们约在哪儿？"

"美凯达酒店，离这儿挺远的，在东边。"

"行，那你慢慢洗，"陆帆道，"我还有事，就不陪你了，你做的具体事情我会一一向欧总汇报的。"

"好。"李才厚闷闷地应了一声。

陆帆从池子里爬出来，用浴巾裹住身体，大约在热水里泡透了，他一点也不冷。时间紧张，他还有很多事情要做。

现在是北京时间十点三十分，乔莉准时走进了小会议室，狄云海已经坐在里面了。两个人打开电脑，云海把为她准备的咖啡推到她面前，乔莉一愣，笑道："谢谢。"

"不谢，"云海微微一笑，"既然要请教你，当然要付学费了。"

"我哪敢当你的老师，"乔莉乐了，"你是经理，我是小兵，应该我请教你才对。"

云海把电脑推到乔莉面前："这是石家庄的市场方案，你仔细看一看。"

乔莉一页一页地翻着，每翻一页，云海就坐在旁边给她讲解。赛思中国将在石家庄召开一个三百人的大会，用以推广和宣传赛思中国的软件产品，每一页PPT都写得清楚明了，而且紧扣主题。如果这个大会能在石家庄顺利举行，乔莉边看边想，那么对晶通项目的推进，是非常有好处的。想不到云海的市场方案写得如此出色，自己值得一学。云海讲解完毕，问："怎么样？"

"棒极了！"乔莉道，"这个方案能发给我吗？我想好好学习学习。"

"学习就不用了，"云海道，"我发给你，你多提意见，我们一起把这个会议做好。"

乔莉点点头，因为咖啡没有喝完，她觉得可以再坐一坐，便端起杯子。云海合上电脑："工作了一个上午，还真是有点累。"

"是啊，"乔莉道，"时间过起来真快。"

"中午吃什么？"云海道，"马上就十一点半了，要不一起去食堂吧，我请客。"

乔莉咯咯笑了："食堂的饭还要你请啊，我请你吧。"

"呵呵，"云海装作不好意思的样子，"我什么人啊，居然请美女去食堂吃饭。这样吧，楼下小上海，怎么样？"

乔莉看了他一眼，心中已有了一分提防，为什么要请我吃饭呢？难不成是为了昨天晚上的事情？狄云海还是笑嘻嘻的模样："我得好好谢谢你，没有让我改这个方案，我这个人最怕改东西了，上次为了不改方案，我可是请瑞贝卡连吃了三天。"

乔莉笑了笑："好啊，那中午就小上海见。"

云海点点头，看着乔莉收拾好电脑走了出去。云海的脸色有点复杂，接近乔莉比接近瑞贝卡困难多了。她就像只训练有素的猎狗，如果你稍有不慎，她就竖起耳朵、龇起牙，预防你靠近。云海工作也有十多年了，还没有见过这么灵敏的人，这是一种什么天赋呢？想起她在邮件事件中的表现，还真是令人惊奇。不管怎么说，把晶通项目安在她的头上，真是一件说不清道不明的事。陆帆如果是想安在一个简单的销售头上操作，那应该选择周祥，他不仅缺少判断力，还有一定的政府关系；如果想找个聪明的销售去打仗，那么琳达既有经验又有欲望；而乔莉，云海突然微笑了一下，她是一块好玉，问题是，放在这个环境里去琢磨她，是不是有点冒险呢？

他突然开始盼望中午的午餐，他很想和她聊一聊。

云海慢慢收拾好电脑，走出了会议室。他刚刚坐下来，便接到了雷小锋的电话："杰克，我是雷，你的市场方案做得怎么样了？"

"哦，"云海道，"我刚刚完成，正要发给你，赶得早不如赶得巧，呵呵。"

"这就好，"雷小锋道，"你虽然不直接向我 report（报告），但是你也知道，目前晶通也在几个大项目当中，我是项目负责人嘛，没有办法，我这个人做事一向认真负责，所以请你多多配合了。"

— 249 —

"那当然了，雷总，"云海听出雷小锋话中已然有了几分老板的味道，立即改了称呼，"现在你就是我的老板，我当然要事事配合你。"

雷小锋心中一阵舒畅："那你马上把方案发给我，我们不能再耽误了，听说 SK 盯我们盯得很紧，我们要加油。"

"是是，雷总，我马上就发。"云海挂上电话，把方案发了过去。他有点奇怪，为什么这样清楚明白的一个陷阱，雷小锋不仅没有发现，还津津有味地跳了下去，津津有味地做了起来呢？狄云海摇了摇头。他忙了一阵，一看时间刚刚好，马上就要和那只像猎犬一样的女孩去用餐了，这显然比工作有趣得多，他居然感到有几分兴奋，关上电脑拿起外套下了楼。

乔莉已经等在小上海了，公司里都传狄云海与陆帆是一个鼻孔出气，穿一条裤子的死党，狄云海为什么要请自己吃饭？难道是陆帆昨天晚上对她的解释起了疑心，要让云海探她的话？乔莉不出声地坐着，虽然她的身旁是高高的落地窗，屋外却不见一丝阳光，只有行人匆匆地走来走去。

她突然间有一些累。

她真的有点累。

她轻轻转过头，见一个高大的男人从大门那边转了出来，两眼弯弯地眯着，未到近前，已经让人感到他浑身上下的善意与温暖。乔莉觉得心头一软，那道死死坚守的防线往后一撤，要不是桌上的手机叮叮响了起来，她差一点就丢了那条线。

"乔莉呀，是我呀，你上次那个骚扰的事情解决得怎么样了？"

乔莉笑了一下，难为老同学还记得："还行，解决完了。"

"我跟我老公说了你的情况，他说给你介绍个男朋友，你要不要见见？"

乔莉见云海已经到了身边，脸一红道："我这会儿有事，下午给你打电话。"

"你别有事呀,人家下午就到北京了,你别犹豫了,人家条件很好的,晚上你们一起吃个饭,我做主了!"

"这,"乔莉不知如何是好,答应道,"行啊,既然是你们的朋友,我请他吃饭。"

"不用你请,我把你的手机给他了,你下午留意电话,晚上你们自己约地方吧。"

"好,谢谢。"乔莉见云海在对面坐着,似笑非笑地看着自己,忙道,"我这边来人了,不能多说了。"

"行,你加油哦。"

乔莉挂上电话,云海把菜单递给她:"想吃什么?"

"都可以,"乔莉道,"工作餐嘛。"

"那就来个烤麸,再来一份白斩鸡,"云海道,"这是他们的特色菜,味道很不错,"他把菜单递给乔莉,"接下来就是你点了。"

"我要一份豆腐羹,一份西芹百合,"乔莉笑道,"三菜一汤,外加两碗米饭。"

云海和站在一旁点菜的小姐都微笑了一下,云海忽然发现,乔莉离开办公环境,就有了完全不同的另一种感觉,怎么说呢,有点天真,有点可爱,还有一点动人。

乔莉见云海没有留意刚才的电话,松了一口气。这个突如其来的相亲弄得她心里有些不安,到底老同学介绍了一个什么人?她其实并没有太多恋爱的愿望,但是又觉得盛情难却,她勃勃的生命力和旺盛的战斗力,使她总想依靠自己的力量抓住什么,这让她与身边的女性朋友有些不同。这个问题在多年以前就开始困扰她,女朋友们的言论和劝导,使她觉得自己不想恋爱是不对的,她应该像她们一样渴望被呵护,渴望拥有一个完美的家庭,她不好意思对老朋友表露心迹,她觉得自己二十六岁了,没有理由甚至没有资格去说我不想恋爱!

"你和陆总是怎么认识的?"云海轻松地问,"他给你的第一印象不会太严肃吧?"

"挺严肃的。"乔莉想起第一次与陆帆拼车的情景,微微一笑,她想既然杰克是弗兰克的好友,不妨说出实情。于是娓娓说了怎么赶往上地,怎么遇到陆帆。云海这才有些明白,也许那天的乔莉和现在的乔莉是相似的,陆帆对她的感觉,完全是今天的感觉,要是他知道她后来会这样处理问题,恐怕就不会把晶通安在她的头上了。

菜上来了,云海细细说了这家菜与其他家相比有什么不同,乔莉很是意外,她对菜的了解其实不比云海少。云海见她喜欢这些,便顺着这些聊下去,当云海说起自己在国外留学时,因为想吃北京的羊肉片,便买了羊肉回家慢慢用刀切成一片一片,再煮开了水涮好,蘸着东方店里的中国酱油和辣油吃的时候,乔莉咯咯笑道:"看不出你这副模样,还喜欢做菜!"

"我这副模样怎么了?"云海问,"很难看吗?"

"不是啦,"乔莉道,"你一看就是北方男人,应该不喜欢下厨的。"

"我是厨房爱好者。"云海问,"你呢?"

"我也是。"

"南方菜我会的很少,不过我自创了很多菜肴,比如螃蟹烧鸡翅。"

"什么?"乔莉乐了,"螃蟹烧鸡翅?"

"对呀,"云海道,"很好的,有机会做了给你尝尝!"

"好啊,"乔莉一本正经地道,"我也有个菜很特别,带鱼蒸豆腐。"

"带鱼蒸豆腐?"云海惊讶地问,"好吃吗?"

"不好吃,"乔莉扑哧笑道,"我瞎说的,不过你既然有螃蟹烧鸡翅,我总要有带鱼蒸豆腐,这样才好般配呀。"

云海轻轻一愣,假装没有在意,乔莉立即觉得自己说得不对,这两道菜的般配,倒似乎指着两个人的般配,她的脸一红,立即转开了话题:

"你那道菜是真的吗?"

"是真的,"云海道,"加州的海蟹和鸡翅便宜,我为了省事,就两样一起红烧,滋味不错。"

二人吃着聊着,不知不觉,云海打探出乔莉的兴趣爱好,还有家里的一些情况。他觉得乔莉孤身一人在北京,活得有滋有味,似乎没有什么艰难困苦能吓倒她。而乔莉,也渐渐与他聊得超出了同事的范畴,感觉他像个老朋友一般。

"晶通的市场活动就要在石家庄开展了,"云海不急不忙地向他的目标靠近,"你和晶通打交道的时间长,它的几个领导是什么样的?"

"目前最主要的是王贵林和于志德……"乔莉说了两个人的性格与特征,云海又问:"那还有其他人呢?"

"其他主要有方卫军。"乔莉报出这个名字,脸上的神色不变,心却又一点一点冷了起来。她尽量做到不动声色地盯着云海,说来说去,还是说到了这个人:"方总工是晶通的技术总监,性格内向,技术方面应该非常有经验。"

云海感到她的那根神经又绷紧了,她的身体周围有无数看不清的小刺,现在都张了开来,一根一根张牙舞爪地对着他。他不得不放松下来,尽量做到自己对方卫军毫不在意,但是很显然,他已经觉得继续不下去了。他还有几种方法去套她的话,但是,冲着她的模样,他不得不放弃了。他再次感到,把晶通安在乔莉的头上,不是明智之举,除非她能意识到自己的问题。

狄云海现在感到,自己不是有必要和乔莉谈,而是有必要和陆帆谈一谈了。

陆帆正坐在石家庄美凯达大酒店的咖啡厅里,他吃了一份简餐,要了一杯咖啡。这里的咖啡味道差极了,他喝了一口,便皱着眉头放下了。

他这个人就是这样，对任何细节都很挑剔，除了戚萌萌，戚萌萌是他命中的克星、魔星，遇到她，他就全线崩溃，土崩瓦解，再也没有办法了。

因为起得早，他觉得有些困，咖啡又难以下咽，便走到洗手间洗了把冷水脸，估计顾海涛的饭局也差不多了，他掏出手机，拨了他的电话。

顾海涛根本没有想到陆帆会找他，语气有点意外，但是立即又调整了过来，操着标准的普通话问："陆总，你在哪儿呢？我们兄弟也应该聚聚了。"

"我在石家庄，"陆帆报以同样的热情，"你在哪儿？"

"我在石家庄啊，"顾海涛呵呵笑道，"你在石家庄什么地方？"

"我在美凯达大酒店，这儿的咖啡太难喝了。"

"哈哈，陆总，我们约得早不如约得巧啊，"顾海涛道，"我也在美凯达。靠，这儿的咖啡比马尿都不如，你别喝了，一会儿我来找你，请你去喝点好的。"

"好！我等你！"陆帆挂上电话。看来顾海涛中午的饭局吃得很愉快，这样下午的时间就能充分利用上了。他稍等了一会儿，便看见顾海涛嬉皮笑脸地站在玻璃墙外朝他招手。陆帆买了单，走了出去。顾海涛满面通红，身上一股酒气，显然没有少喝。两个人握了握手，顾海涛笑道："陆总，想喝什么？我请客！"

"怎么，"陆帆道，"你发财了？"

"我能发什么财，"顾海涛一拍陆帆的肩膀，"您是大鱼，我是小虾米，也就混点儿你们不要的剩饭剩菜呗！"

"那你想去哪儿？"陆帆道，"我请客。"

"别价，"顾海涛道，"看不起兄弟我，"他压低了声音，"我带你去个好地方。"

陆帆知道没什么好事，道："洗澡就免了，我早上刚洗过。"

"呵呵，那就唱歌。"顾海涛拿起手机拨了起来，"喂，那谁啊，我，昨晚刚来的，你听着啊，一会儿我带个贵宾上你们那儿去，我要最漂亮的。"

陆帆没有作声，二人出了美凯达，打了辆车，七拐八拐走了很久。陆帆担心晚饭前回不来，笑了笑道："你想把我卖了啊？"

"马上就到，"顾海涛对准他的肩膀又是一下，"放心，我就是卖了我自己，也不敢打您的主意！"

不多时，车在一个灰扑扑的门前停住了。陆帆心想，今天自己算是搞笑了，上午去那么一个澡堂，下午来这样一个地方"唱歌"。他跟着顾海涛走进去，两个人拐弯抹角地走了约百十米，陆帆觉得眼前一亮，一个金色的大堂就在眼前了。

一个妈妈桑迎上前来，把他们带到一个房间，房间非常大。陆帆与顾海涛刚刚坐定，便有十几个小姐鱼贯而入，顾海涛挑了一个，问陆帆："陆总，你要哪一个？"

陆帆瞄了一眼，见一个女孩眉眼还算清秀，便顺手一指，那女孩便走过来，挨着他坐下，其他女孩又鱼贯退了出去。女孩替他倒了一杯酒，笑着问："老板，你要唱什么歌？"

"随便，"陆帆心想如果今天下午再由着顾海涛喝酒唱歌，那什么事都谈不成了，"你挑几首邓丽君的。"

"你喜欢？"

"我喜欢听人唱歌，你要是会唱就唱来听听。"

女孩答应了，顾海涛一手搂着小姐，一手端着酒杯。陆帆抬手把他的杯子摁了下去，吩咐服务员："给他一杯果汁。"

"陆总，把酒当歌，你怎么能让我喝果汁呢？"顾海涛笑道，"兄弟我敬你！"

"你先喝点果汁，一会儿我告诉你一件重要的事情。"

"什么事情？"顾海涛道，"陆总你也不早说，有发财的事情我们就不上这儿了呀。"

陆帆笑了笑："有发财的事情在哪儿谈都一样，重要的不是地方，是什么事情，还有，是这件事情和谁合作。"

顾海涛不言语了，他盯了陆帆一眼，放下酒杯，对身边的小姐道："你去帮我点几首歌。"

"老板，你想唱什么？"

"随便，"顾海涛不耐烦地道，"是歌就行。"

女孩这才走了，顾海涛问："陆总，到底有什么发财的好事儿啊，说出来让兄弟听听。"

"晶通项目大约一共七个亿，"陆帆直奔主题，将七个亿的生意抬了出来，他看着顾海涛，果然，顾海涛脸上虽没有表情，眼睛却眯得更小了，"赛思与SK正在暗暗较劲，瑞恩这几年虽然也小有规模，但想上个大台阶，肯定要盯上这块蛋糕，你是主力销售，单子安在你的头上，你估计能拿下多少？"

"陆总，"顾海涛嘿嘿一笑，"我怎么能估计得到？您也不应该这么问我。"

"呵呵，算我问错了，我们唱歌吧。"陆帆脸色一正，再也不提了。

顾海涛很惊讶，这陆帆搞什么鬼，先巴巴地送上门来，再莫名其妙这样问，然后就不开腔了。顾海涛本来就是个耐不住性子的人，两三首歌唱下来，他便绷不住了，举着酒杯对陆帆道："陆总，你什么话说一半留一半，太不把兄弟当人了吧？"

陆帆暗自好笑，就在中午他坐在咖啡厅的时候，便想好了怎么和顾海涛谈这个问题。他继续拉长着脸："我好心好意来给你提个醒，给你一个重大的情报，你却不领我的情。是啊，我是不应该这么问，一个做过销售总监的人，这么问，的确很幼稚。"

"大哥大哥，"顾海涛摸不着头脑，只得一个劲地赔小心，"您生什么气呀，得，您说，小弟洗耳恭听还不行吗？"

陆帆叹了口气："我是瑞恩出来的，你现在是瑞恩的主力销售，兄弟兄弟，嘴上讲的是官面话，从根本上说，我们真的要算一家人，我现在是看着你使劲替你着急。本来嘛，这事儿也轮不着我问，轮不着我管，不过现在有了新情况，不是我卖个老前辈的姿态，海涛，我是真的能帮得上你，这才来找你。"陆帆说得十分动情，"不瞒你说，我中午在美凯达看见你和几个人进去，我想着你要吃饭，没准是陪客户，便不敢打扰你，一直坐在咖啡厅里等你，估摸着你吃完了饭才给你打的电话。在咖啡厅的时候我还在想，我这是何苦呢，可是我想来想去，我是真心希望瑞恩的销售能做得比任何公司都好，也许，这就是人吧。"

顾海涛不出声地听着，他不知道自己是应该感动，还是应该表现出感动，陆帆到底搞什么鬼？他们现在摆明了是竞争对手，却跑来说这样一番话，陆帆也知道他必定疑惑，这没关系，就凭顾海涛在石家庄费的这些心思，他不可能对利益不动心。陆帆接着道："晶通这笔生意，我们只打算做五个亿，另外两个亿，里面一大部分是售后开发服务，我们打算分出去。"

"什么?!"顾海涛先是一惊，既而一喜，接着又疑惑起来，"赛思的人头贵，售后服务的成本高得离谱，分出来包到外面是不新鲜，不过那也要等拿下项目来扒层皮再包出去啊。怎么，你们吃不下？"

"吃得下，"陆帆用手捏了捏，做出数钞票的模样，"但是我说它吃不下，它也就可能吃不下。"

顾海涛释然了，难怪他巴巴地找了来，原来是想从七个亿里分出一部分好处，两个亿啊，这可不是小数目，何况还有三年的后续服务。凭瑞恩的实力，想一举拿下晶通，除非有奇迹，就算他抱紧了于志德的大腿，凭赛思和SK的政府关系，肯定会让晶通吐出大部分业务。何况于志德想当上晶通以后的一把手，还想借助赛思与 SK 的背景，瑞恩肯定是没戏，但是凭销售部门的努力，也能分点残羹。要是这姓陆的想从中倒把手，可比自己辛辛苦苦地在这儿搞关系强多了，两个亿的肥肉暂且不说，就是日后这三年，他也吃饱了喝足了，不用费太多心思。

天上不会掉馅饼，顾海涛还是没有开口，这件好得不能再好的好处，陆帆为什么找上了他？陆帆瞟了他一眼，道："要是别的公司，我还真不敢，可巧我是从瑞恩出来的，瑞恩部分产品又合适，这一来有些事就好操作了，二来也不会惹闲话，但是这事儿成与不成，还得看你们的意思，要是你们不愿意，我也可以考虑其他公司。"

"我们有什么不愿意的，"顾海涛笑道，"不过，这事儿也太好了。"

"也有不好的，你想不想听？"

"您赶紧说吧，急得我！"顾海涛忙给陆帆倒酒，倒的时候，他的手一抖，酒洒了几滴。

陆帆在心中冷笑一声，道："这事儿不能白给你，你心里有数。"

"行，"顾海涛一拍大腿，"您开个价？"

"我要四六分，"陆帆道，"我四，瑞恩六。"

"陆总，你也太黑了，两个亿讲起来很大，实际利润能有多少？您这样我怎么和上面交代？"

"你一定有办法的，"陆帆面无表情地道，"我们联手，瑞恩的利润你想办法去谈，至于好处，我的四里面再单独分一份给你，怎么样？"

"真的？"

"君子一言，驷马难追！"

"好！"顾海涛叫了起来，由于一个小姐已经开始唱歌，他这一声在卡拉 OK 的包间里显得十分微小，他握住陆帆的手，"陆总，不不，是老大，谢谢你记着兄弟！"

陆帆端起酒杯："我们一起发财！"

顾海涛一仰脖子，把酒全倒进了嘴里，他意犹未尽地叫道："再拿十个炸弹进来！"

陆帆研究着他的表情，猜度着这件事他是完全信以为真了，有这么好的利益在前，不由他不上钩。以 SK 的销售作风，应该不会把瑞恩的小销售放在心上，这样一来，他等于少了个对手，多了双眼睛和耳朵。现在要做的，就是把周祥送进 SK。他不敢有丝毫放松，反复观察着顾海涛的神情，直到确定他已经落入圈套之后，陆帆这才松了口气。他点的小姐正在唱邓丽君的《何日君再来》，她的声音虽然一般，唱得却很甜，陆帆对她微笑了一下，她立即回了一个甜到极致的微笑。

这时，陆帆感到手机震动起来，拿出来一看是云海，便又关上了。直到傍晚，他才和醉醺醺的顾海涛走出卡拉 OK。他把顾海涛送上一辆车，自己坐进一辆车，这才拿出手机给云海回了过去："杰克，你和安妮谈得怎么样？"

"呵呵，"手机那头传来狄云海的苦笑，"她是滴水不漏。"

陆帆皱起了眉："你怎么看？"

"事情应该不会太严重，我觉得当务之急不是方卫军，而是安妮本身的问题。"

"怎么讲？"

"她聪明，有才能，也有野心，但是她缺少经验，这让她很危险，"云海慎重地道，"我建议你回来找她谈一谈，她需要一个人好好带她，尤其是团队合作的事情。"

"也许我不应该把晶通安在她的头上，"陆帆道，"但是事情已经这样了，我会找她好好沟通的。"

"怎么说呢，"云海笑道，"不谈工作的时候她很可爱，谈了工作就不一样了，你有一个很有意思的下属。"

陆帆心中一动，他还是第一次听云海这样评价一个女孩，不由问道：

"她很可爱吗？"

"哦，"云海道，"至少有时候是的。"

陆帆想起第一次见到她，她拼车买报纸，还有在三亚当众唱歌的模样，心里不觉一暖。他还要再赶一个地方，这样工作一天，他觉得自己的心就像北极冰山里最坚硬、最寒冷的一块，此时却像照进了一丝阳光。云海见他不说话，道："喂，弗兰克，你怎么了？"

"没什么，"陆帆道，"我太累了，今天谈了两场，晚上还有一场。"

"你辛苦了，"云海道，"等你回来我请你吃上海菜。"

"你什么时候吃起上海菜了？"陆帆笑道，"你这个地道的北方佬！"

"上海菜有上海菜的味道，"云海道，"我一样也喜欢吃。"

陆帆估计他中午和乔莉吃的就是上海菜，微微一笑挂断了电话，此时虽然是傍晚，但是因为道路偏僻，路上几乎没有人，司机飞快地朝前开着，他慢慢地又皱起了眉头。云海说得没有错，比方卫军事件更严重的，是乔莉自身的问题，他必须找她好好谈一次。

就在陆帆准备打今天的第三场战役的时候，乔莉正在准备下班，她的手机已经收到了两条短信，都是上海同学介绍的那个男人。乔莉对这场突如其来的约会感到别扭，但是，她又不能不赴约。她问那个男人住在哪儿，那人说在国际饭店，乔莉短信说那就在那附近吃饭吧。男人回了短信，说自己很忙，能不能到七点三十分再开始吃晚饭。乔莉说行。他又短信问：国际饭店附近有没有什么北京特色的，能够体现北京风情的？乔莉想了半天，才想起那儿离秀水街比较近，那后面有几家饭店不错。她回了短信，那人又说有没有档次高一点的。这样短信来短信去，乔莉趴在手机的小屏幕上，写个没完没了，恨得她直咬牙。终于，二十多条短信过后，那人选定了日坛公园里的小王府，又短信叮嘱乔莉先去占位，不要到时候去了没有位子。乔莉心想自己真是服了他了，就当给同学面子吧。于是赶紧下了班，挤着地铁到了永安里，然后赶到小王府，由于不是周末，人不是很满，她找了个位置坐下来。

叮叮，短信来了，乔莉打开一看，那人问她到了没有，她回到了，那人又问你开始点菜了吗，如果你现在开始点，那么我来了之后就不用等了，这样节约时间。乔莉心想自己一个人怎么点呢，还得回个短信问问：您喜欢吃什么？

这下热闹了，这位未见面的哥们儿发了 N 条短信，第一条说：我比较喜欢吃鱼，不喜欢吃肉。乔莉便依言点了松鼠鳜鱼。谁知道立即又接了第二条短信：我虽然喜欢吃鱼，却不喜欢吃甜食，千万不要点松鼠鳜鱼。乔莉只得让服务生取消了，换了一个香煎银鳕鱼。结果第三条短信来了：我尤其不喜欢吃海鱼，请点河鱼并不要放糖。

年轻的小服务生见乔莉忙得不亦乐乎，体贴地道："小姐，要不这样吧，您等这位朋友到了再点，这样比较能符合他的口味。"

乔莉点点头，第四条短信到了：请不要因为麻烦取消点菜，鱼用红烧，再点一个豆腐，最好用虾米放在一起清蒸。

乔莉干脆把手机举起来，给服务生看，服务生扑哧乐了："小姐，这是您什么朋友？"

"这个人可不能得罪，"乔莉灵机一动，笑道，"我欠了他好多钱，所以今天要请他吃饭。"

服务生觉得她在开玩笑："哈哈，那是不能得罪，这也得罪不起，行，我给记下来，交代给厨房，您还想吃点什么？"

我？乔莉这才想起来，自己吃点什么呢？她胡乱点了两个菜，服务生走了，她一个人坐在位子上，正准备找本杂志翻一翻，短信叮叮又来了，她打开一看：如果你点自己喜欢的菜，请不要超过两个。

乔莉又好气又好笑，对这个人还真有了点好奇心，自己今天一定要见见，这是何方高人。就这样等到八点钟，一个男人款款走了过来。

乔莉觉得真的得用"款款"两个字形容他，天气虽然寒冷，却没有冷到那个份上，他身穿咖啡色呢子大衣，脖子上系着一条同色真丝围巾，手上戴着一双奶咖色的真皮手套，提着一只深咖色真皮电脑公文包。见到乔莉，他微微一点头，随后小心地把这身行头脱下，里面穿着灰色双排扣西服，西服里是一件咖啡色与白色相间的条纹衬衫，浑身上下，穿得几乎无可挑剔。他缓缓落座，左手手腕露出一只精美的劳力士手表。

乔莉心想，这模样要是去个普通点的地方坐都坐不下来呀，是要找个好地方。他落座后却不与乔莉打招呼，而是环顾四周，眉头微微一皱，道："你为什么不找一个靠窗的位置呢，这样风景比较好看一些。"

"我来的时候没有位子了，"乔莉礼貌地道，"如果喜欢可以换过去。"

"不必了，"他从包里拿出一包湿纸巾，取出一张一边仔细地擦着手，一边仔细打量桌上的菜，"怎么，你就给自己点了两个家常菜？"

乔莉点点头，他失望地嗯了一声，这才把目光落到乔莉的脸上。

乔莉心想，这下你总得自报家门了吧，我忙了一个晚上，也得知道您老人家尊姓大名啊。谁料他看着看着，眉头又是一皱："你的头发好像要打理了，平常你喜欢去哪家发廊？"

"哦，你有什么好地方推荐吗？"乔莉反问道。

他随口报出北京几家高级发型设计的地方，乔莉便问他哪些地方买衣服比较好，他更是娓娓道来，如数家珍，两个人一边吃一边聊，说了半个多小时的话，乔莉居然还不知道他姓甚名谁。乔莉心想，你就算不是我的客户，我也不能这样吃饭啊。她笑了笑道："你这么喜欢时尚，看来是做时尚行业的了？"

"时尚，"男人低头沉思了几秒，"这个词看你怎么理解了。"乔莉看他又要发表意见，抢先一步道："对了，你姓什么？"

"啊?!"他惊讶地道，"艾丽丝没有把我的名字告诉你吗？"

"没有。"

"哦，对，"他更惊讶地道，"我也不知道你的名字，我叫阿士利，你呢？"

"我叫安妮。"

"安妮这个名字好普通哦，"他慢慢地放下筷子，道，"不过和你挺般配。"

乔莉一笑，心想，你这是夸我呢还是骂我呢？忽然她想起来，这个阿士利是《乱世佳人》里那个让郝思嘉魂牵梦萦了多年的人，这人起这个英文名，倒也真是很自负啊。

乔莉意兴阑珊，阿士利先生倒是洋洋洒洒地说了许多品牌服务的优点与特色，讲到高兴处，他看了一眼乔莉的衬衫："安妮，你平常都在哪儿买衣服？"

"没哪儿，"乔莉道，"北京的一些商场。"

阿士利眉头微紧："我听艾丽丝说，你在赛思中国工作，那可是中国最好的外企，你不应该在北京买衣服，应该去香港，或者去日本，你这件衣服不会超过五百块，对吗？"

乔莉笑了笑："你猜得很对，差不多三百块吧。"

阿士利又把眼光落在旁边的包上，乔莉忙道："这包也就几百块钱，不是什么名牌。"

"唉，"阿士利道，"我一向觉得一个人穿什么衣服，就代表了他是一个什么样的人，你太缺少形象观念了，你需要包装。"

乔莉懒懒地道："我一向不观衣识人，一个人怎么对待别人，才是我看人的标准。"

阿士利微微一惊："想不到你还挺有深度。"

乔莉不想再回答，礼貌地笑了笑。阿士利抬手看了看时间，优雅地用手帕擦了擦嘴，然后把双手放在桌前，轻轻握好。乔莉见他一副要正式发言的模样，不觉有些奇怪。阿士利道："你是我见过的女孩里面，最朴素的一个,而且你的脾气也特别好,一点也不要强,这是我非常喜欢的。"

乔莉这才想起,今天晚上是一顿相亲饭,她想笑又笑不出来,只得一本正经地听阿士利先生做总结:"首先,我让你点菜你就点了,而且点得我很满意。不过,看得出你这个女孩子在生活方面不太讲品质,比如你给自己点的菜实在太普通了,这让我觉得你的性格比较柔弱,比较容易受男性的控制。一个不懂得追求个性、追求品位的女孩,在某些方面来说,对男人就会缺少吸引力。"

第一次听见有人评价自己"柔弱",乔莉倍感新鲜,她索性装出很认真的模样,听阿士利讲下去:"一个女孩子嘛,要会作、会打扮、会花钱,这才会让男人觉得刺激,有追求她的欲望。不知道其他男人怎么想,不过我这个人对女朋友的要求就是这样的,所以呢,我觉得我们不太合适。但是,你真的性格很好,很温和,我想和你成为好朋友,有机会我们可以这样出来吃吃饭,聊聊天。"

乔莉乐了,这实在很滑稽,她点了点头:"如果有时间的话,当然可以。"

"那么,"阿士利先生掏出钱包,"今天是我买单,还是……?"

乔莉一愣,忽然明白过来,道:"那我们 AA 吧。"

阿士利道:"那多不好意思,"他挥手叫过服务员,"帮我们算一下这顿饭多少钱。"

刚才给乔莉点菜的小服务生跑了过来,他盯着阿士利打量了两眼,阿士利道:"算钱呀。"小服务生拿起单子要走,阿士利制止了他:"你就在这里算,我们好 AA。"

乔莉有点看不下去,拿出自己的卡:"不用算了,去买单吧。"

小服务生看了乔莉一眼,接过卡:"有密码吗?"

乔莉摇摇头,阿士利先生道:"那买回来我把钱给你,看看多少钱。"

"这样吧,"乔莉道,"今天算我尽一尽地主之谊,改天有机会你再请我。"

"这多不合适,"阿士利的眼神里流出警惕的神色,"我也不知道什么时候再有时间啊。"

乔莉明白了,原来人家怕自己"缠"着吃第二顿饭。她呵呵一笑,等服务生把单子送过来,仔细地看了一眼,然后递给阿士利:"一共二百三十四块五毛五,你看一看。"

阿士利先生看了看,从钱夹里掏出平平整整的一百元一张,五元三张,一元两张,然后打开皮包,从里面取出一个零钱包,从里面掏出两个一角的硬币,把它们递给乔莉后道:"哎呀,不好意思,我没有五分的。"

乔莉忽然想起前几天去银行取钱的时候,银行给的利息里面有一枚五分的硬币,当时她觉得好玩,就放在了小夹层里,想到这儿,她道:"我有五分的。"

阿士利一愣,连忙从小包里又取出一枚一角硬币,递给乔莉,乔莉一本正经地打开包,从夹层里取出五分钱,找给了他。

两个人都觉得如释重负,阿士利先生似乎觉得有必要给乔莉一些忠告,以安慰她没有被自己看上而难过的心,想了一想补充道:"安妮,我觉得你有必要学习学习艾丽丝(方敏),她其实没有你漂亮,真的,从长相来说,她不算美女,可是她会打扮,热爱生活,每天不是飞到日本购物,就是在家里举办各种 party,而且她很懂得作的分寸,所以,她不需要出门辛苦地工作,只需要牢牢抓住一个会工作的男人,就可以过得很舒服。"

乔莉微微一笑,似乎说给阿士利听,又似乎说给自己听:"古人说道不同不相为谋,这句话一点都没错。"

"你说什么?"阿士利一愣。

乔莉道:"阿士利先生,如果没有别的事情,我看我们就散了吧。"

"好吧。"阿士利严肃起来,一件一件穿好衣服、系好围巾,然后很

— 265 —

绅士地帮乔莉穿大衣、开门,直到乔莉坐进了出租车,这才离去。乔莉暗想,这西方的绅士风度如何到了东方就成了形式主义呢?如果这就是所谓的生活,那么她宁愿在工作中孤独度日。她望着出租车外繁华的城市灯火,她不知道是这位阿士利先生在物质世界中迷失了自己,还是自己活得太古怪。她有一些淡淡的忧伤,还有一丝轻松。

此时陆帆和张亚平等人坐在一家酒吧里,酒吧装修得一般,张亚平已经喝了不少酒,陆帆也有了几分醉意。一个瘦小的戴着一副眼镜的男人不停地给他们倒酒,陆帆呵呵一笑,指着他道:"张总,你这个助手真是不错啊。"

"李忠,陆总夸你了,还不赶紧敬一杯。"

李忠忙端起酒杯,欲敬陆帆,陆帆手一挡:"我已经喝了不少了,你帮我代一杯吧。"

李忠看了看张亚平,张亚平使了个眼色,李忠一仰脖子,便把酒干了。陆帆道:"好酒量,可惜我手下的人都不如他,真是没有办法啊。"

"哎呀,陆总,我一见你就觉得投缘,"李忠道,"有你这句话,我再干三杯!"话说完,他连倒了三杯酒,全部干掉。

"好小子,"陆帆道,"真是不错。"

"陆总,你放心,"李忠道,"以后我就是你的编外成员,就是你的编外部下,你只要说一句,我一定比服从张总还服从你,你说东我就打东,你说西我就打西,绝无半点差错。"

陆帆哈哈大笑,一把拽过张亚平:"你这个老狐狸,平白地给我一个人使,有什么居心?"

"我有什么居心,"张亚平笑道,"你陆总能抬举抬举我们,我们就饿不死了呗,这年头,就是混碗饭吃。"

"唉,"陆帆长叹一声,"你手下有的是得力爱将,我比不了呀。"

"呵呵，"张亚平道，"你那个小姑娘不是挺好吗？"

"她是个小孩子，什么都不懂，"陆帆道，"关键还不是她，有些人仗着自己家里有点势力，不服管不听话。张总，你说像你我这样的人，什么时候靠裙带关系吃过饭？我们都是靠的自己，要不是看在你们石家庄某些领导的分上，我立即开了他。"

张亚平没有说话，李忠小心地道："您是说周祥？"

张亚平盯了李忠一眼，李忠不开腔了。陆帆道："不是他还有谁，不过没关系，我早晚把他踢出去，凭他想留在赛思中国，那是做梦！"

"陆总，酒喝多了咱们讲酒话，"张亚平道，"周祥会不服你？"

"你不知道，就为了没有把晶通安在他的头上，他跟我闹得没完没了，表面上相安无事，暗地里较着劲呢。"

"你干什么不给他，他在石家庄又有关系。"

"给他？他现在就不知道天多高地多厚，再给了他，他还把我放在眼里吗？"

"哦，"张亚平笑，"也对也对，这种人就要杀他的锐气！"

"我杀了就杀了，"陆帆道，"他不就是靠着姐姐才有今天吗？这种人没有用的，无所谓。"

张亚平给李忠使了个眼色，二人一起向陆帆敬起酒来。陆帆微眯双眼，将一杯又一杯的酒灌进肚里，今天喝的真是不少，他佯装出醉得不行的模样，提出回宾馆休息。张亚平让李忠送他，李忠真像一个侍从一样，小心地扶着他出了酒吧，把他送到宾馆房间，扶他上了床，帮他脱了鞋，烧了一壶开水，兑了一杯不冷不热的温水放在床头，轻声道："陆总，我走了，你好好休息。"

陆帆嗯了一声，听着李忠走了出去，关上了门，他缓缓睁开眼，从床头取出一支烟点上。张亚平肯定会把这个信息透露给付国涛，以此在SK那儿套点好处。这个老牌代理商现在还不知站在哪个队伍里好，只好两边讨好、两边下套儿,他不声不响地塞了个小间谍在自己身边,这样也好,大家彼此利用时都有了耳朵与嘴巴,省了传递的力气。陆帆伸了个懒腰,长出一口气。这一天过得比一年还漫长,又比一个闪电还要迅速。SK那边怎么动作,就看何乘风的了,到底他在SK内部策反了什么样的一个人?陆帆勉强微笑了一下,跟着一个才干非凡的老板,既刺激又辛苦,还有一点骄傲,不过,这种生活什么时候能停下来,或者能稍微慢一点?陆帆觉得自己像根被无限拉长的皮筋,虽然他觉得已经不能再这样下去了,但是皮筋两端却好像被无形的东西命令着,不断地将他拉长、绷紧,他不禁打了个冷战。

他拉上被子,将自己严严实实地包裹住,温暖让他困倦,不出五分钟,他就睡着了。

这时的何乘风正在周祥的陪同下回到宾馆,两个人有说有笑。到了房间门口,何乘风道:"这两天总是拉着你,也没有让你回家陪陪姐姐,明天放你一天假,好好回家看看。"

"没事儿,何总,这是工作嘛。"

何乘风看着他:"有句话我要提醒你,你要注意对弗兰克的态度,他不管怎么说,都是你的老板,你们一个是我的总监,一个是我的爱将,你们关系不好,不是让我为难嘛。"

"何总,"周祥道,"是不是陆帆跟你说什么了?"

"他能说什么,"何乘风笑道,"还不是夸你年轻有为,有时候啊,人有才也要收着点,不然老板心里会不舒服。"他轻轻拍拍周祥,像父亲对儿子那样道,"你的才华我知道,就可以了,对老板,要言听计从,明白吗?"

周祥咬了咬牙,道:"我明白了。"

"行了,"何乘风道,"我也到地方了,你赶紧回去休息,明天我们还有工作,你还要陪着我去省委转转。"

"何总,"周祥道,"弗兰克怎么不陪你?"

"他闹情绪……"何乘风一开口又赶紧闭了嘴,"没事儿没事儿,有你陪我不是更好吗?"

"他是看不惯我在石家庄有关系吧,"周祥愤愤不平地道,"何总,有件事情我早就想说了,晶通这个 case 为什么不安在我头上,不就是他陆帆不服我?我就不明白了,我和他以前也不认识,也没有得罪过他,他干吗处处和我过不去?"

"嘘——"何乘风连连摆手,"别大声,这就是职场。我跟你说,你一定要好好地听他的话,他毕竟是个总监,公司还有很多地方要借助他,他要是真的和你过不去,我再怎么维护你,你也终究会受气。中国人说,人在屋檐下不得不低头,你何必跟他一般见识。"

"何总,要不是给你面子,我早就不干了!"周祥又委屈又愤怒,"他有什么本事,自己开公司开不下去了跑到赛思来,他还真把自己当精英啊!"

"我知道,"何乘风道,"你放心,有合适的机会我会替你留意,我会维护你的。"周祥还要再说,何乘风打了个哈欠,"赶紧回去休息,明天陪我去省委转转,散散心。"

周祥只得告辞而去。何乘风回到房间,拨通了陆帆的手机,陆帆从睡梦中惊醒,接听了电话:"嗨,老板!"

何乘风听他的嗓音嘶哑,道:"你睡了?"

"没有,"陆帆咳了一声,"今天要见的人我都见了,上午我见了李才厚,安排他留意晶通以及 SK、瑞恩和代理商相关人的行动。下午我见了顾海涛,他对我们要分出去两个亿的事情完全相信了,以后联手不是问题。晚上我见了张亚平,把和周祥不和的消息透露给他,他给我派了个小跟班,叫李忠,这以后大家都方便了。"

何乘风听到最后那句"都方便了",呵呵一笑:"我告诉周祥你不喜

— 269 —

欢他，他很不高兴，等回了北京我安排SK的人与他见面。云海那边有什么消息吗？"

"没有。"

"我正在看邮件，"何乘风道，"雷小锋已经把云海做的市场方案发给我了，看来这位新的大项目总监很卖力啊。"

"这次市场活动花费很大，"陆帆道，"市场部和施蒂夫肯定好多意见。"

"呵呵，"何乘风道："你记住，具体要办的事情让云海和下面人协调，上面的关系尽量让雷小锋去。他这个人好大喜功，一定和施蒂夫搞不好，你明白吗？"

"明白。"

"晶通改制近在眼前了，你要让乔莉保持和王贵林的联系，于志德那边你也不能放松，SK虽然在石家庄搞了很多市场活动，但是他们的重点还是政府关系，等周祥进了SK，我们要想点办法了。"

"您是说，"陆帆想了想道，"要打草惊蛇？"

"是投石问路，"何乘风道，"只要周祥进了SK，我们的团队就齐全了，到时候就可以正式启动。"

陆帆此时睡意全无，何乘风的运筹帷幄就像即将融化的冰山，终于要露出水面了。

此时没有睡的还有乔莉，她正在网上的品牌商城闲逛，自己真的这么不修边幅，已经到了令人"发指"的程度？她一想起今天的晚饭，就又好气又好笑，还有一点犹豫，是不是自己的形象出了什么问题？以前也没有听人说起呀。

不知不觉，夜已经深了，乔莉忽然想起上大学前，母亲给她买的一条粉红色真丝连衣裙，那裙子的款式并不适合她，有点土气还有点小家子气，领口系着两条大飘带，为此她和母亲闹了别扭，怎么也不肯穿，那时候的自己多么任性多么要强啊。乔莉一阵心软，突然觉得自己很对不起母亲，那条裙子自始至终她连试都没有试一下，母亲该有多伤心啊！她一定跑了许多地方，才给自己买了那条裙子，还是真丝的面料，一定不便宜；还有自己大学毕业后，毅然留在了北京，根本没有想过在杭州的父母也许很盼望自己回到那座优雅清丽的城市；父亲的身体一向不好，这段时间因为工作忙，也很少问候他，虽说一年回去两三次，但回去了也是父母照顾自己多，自己照顾父母少……乔莉被一种说不出的难受抓住了，她觉得心很沉也很痛，久久不能摆脱。

如果能打下晶通，她要给父母买最好的东西，什么 LV 皮包、阿玛尼时装，都不如给父母的礼物能让她愉快。她关上品牌店的网站，如果真要让人笑话，就让人笑话吧，背不背 LV 的包都无所谓，她一定要让父母活得高兴，让自己活得有价值。她关上电脑，看了一眼时间，明天到公司只要有空，她就立即给爸爸打电话，她实在很想念他们！

第二天，乔莉到了公司楼下，刚进电梯，便看见瑞贝卡和一个三十多岁的女士站在一起。这位女士身穿红色大衣，浓浓的眼影下眼皮微肿，五官十分端正，颇有几分姿色。乔莉想起公司发的那封介绍新市场总监的邮件，上面说这位总监毕业于香港中文大学，在香港从事市场工作多年，中文名叫陈璐，英文名叫薇薇安，乔莉估计就是她了。她对瑞贝卡点点头："瑞贝卡。"瑞贝卡笑了笑，却不介绍，乔莉又对那位女士笑道，"您就是陈总吧？我是安妮。"

"安妮，"陈璐仔细地打量了她一眼，微微一笑，"久闻大名呀，你还是别叫我陈总了，就叫我薇薇安吧。"

"哦，好的，怎么样，适合北京的天气吗？"

"北京的天气，哦，上帝，"薇薇安道，"实在是太干燥了，我第一次来大陆,真是觉得不能想象。"她盯着乔莉的脸看了看,"你的皮肤不错呀,怎么保养的?"

"多喝水,"乔莉笑道,"多补水,别的就不知道了。"

电梯到了,乔莉与薇薇安和瑞贝卡分了手,回到自己的座位上。云海走了过来:"早啊,安妮。"

"早。"

"市场活动的修改版已经发到你的邮箱了,你查收一下。"

"好啊。"

"我们的新市场总监已经开始工作了,她叫薇薇安,有空你可以认识一下。"

"我们刚刚碰到。"

"哦,"云海道,"我听说她很喜欢北京的特色食物,有空可以告诉告诉她。"

乔莉看了云海一眼,有些不明所以,云海微微一笑,转身离开了。乔莉见四下无人,拿起手机拨了家里的电话,接电话的是老乔,老乔的心情听上去非常好:"我的大忙人女儿,你终于有空了!"

乔莉心中一酸,知道父亲这一段没少等自己的电话:"爸,你和妈想我可以随时给我打电话嘛。"

"我们怕你工作忙,"老乔道,"我和你妈能有什么事儿呀,无非就是想听听你的声音,聊聊家常。"

"你身体好吗?"

"好多了,你妈给我弄了个什么颈椎治疗仪,用起来挺舒服的。"

"那东西能行吗?"

"挺好的,你放心吧,你爸爸不会乱用医药产品的。"老乔关心地道,"你这段工作怎么样?你们的那个项目有什么新进展吗?"

"还是老样子,那边在改制,还没有完全定案呢。"

"改制是个大工程,各省的要求和各个企业的特点都不一样,你要把情况了解清楚,多听领导的意见,不能要强任性,知道吗?"

"知道了。"乔莉没有嫌父亲唠叨,相反,她觉得听父亲的唠叨十分幸福,"爸,你说我看起来漂亮吗?"

"怎么,"老乔笑了,"有人在追求我女儿?"

"没有,"乔莉道,"我同学方敏,你记得吧?那个长得瘦瘦的,眼睛大大的。"

"记得记得,那个小囡,怎么了?"

"她现在在上海,给我介绍了一个男朋友,那男的和我见了一面,说我太朴素,说我不修边幅,人家才没有追求我呢,人家根本没有看上你女儿。"

老乔哈哈大笑,然后斩钉截铁地道:"我女儿很漂亮,不需要那些东西打扮,但是要注意仪表,总理说外交无小事,一个人的穿着打扮要得体,能符合场合就可以了。"

"也就你说我漂亮,"乔莉笑道,"妈妈老说我不够淑女。"

"你妈妈的眼光不准,"老乔道,"我女儿是真正的淑女,而且独立自强,将来谁娶到了,是谁的福气。"

听父亲这样夸奖自己,乔莉信心大增,乐呵呵地道:"爸,你这样夸我,也不怕人笑话。"

"小囡呀,"老乔道,"你的条件挺好的,如果有合意的男生,可以谈一个,谈恋爱也是一门学问,不能光说不练,也要深入学习。"

乔莉差点乐出声来,压低声音道:"爸爸,这话谁教你的呀,你和我妈谈恋爱的时候也深入学习了?"

"不听老人言,吃亏在眼前,"老乔打了个哈哈,"你赶紧上班吧,有事就打电话回家。"

"问妈好啊。对了,她人呢?"

"出去跳舞了，"老乔笑道，"你妈现在是我们小区的一朵金花呢。"

乔莉安心了，父母过得都不错，这让她的内心少了些许歉疚。她挂上电话，瞧见云海站在不远处，哎呀，她的脸一红，刚才电话的内容没有被他听到吧？幸好云海正在和谁说话，说了几句就走开了。乔莉吐了吐舌头，再过一天就是周末了，她打开电脑，晶通的方案也快改完了，一切看起来都顺利，不过周末要和刘明达去看戏剧，她想了想，这样也没有什么不好，给自己好好地放个假。

第七章

周五的傍晚,北京城飘了一点小小的雪花,乔莉收到了黄色预警的短信。她很喜欢下雪,南方虽然温暖,每一年的记忆中,还是有雪的影子,那雪虽然落地就化了,但是雪花很大,在空中悠悠荡荡地飘着,忽而就落了下来不见了。

她情不自禁地走到窗边,透过厚厚的落地玻璃,看着窗外飘落的雪花。突然,手机在口袋里震动起来,她一看是陆帆,忙调整了心情:"老板。"

"你的报告准备完了吗?"

"完成了。"

"立即发给我。"

"好。"

"我们明天上午回北京,如果明天下午有时间,就到公司开个碰头会,我们想商量一下晶通的市场活动。"

"好。"

"北京下雪了吗?"

乔莉一愣,这句突如其来的话让她不知说什么:"嗯,下了。"

"没事就早点回家,万一碰到交通堵塞就麻烦了。"

"好。"乔莉挂上电话,疑惑地看着雪花,陆帆也喜欢下雪吗?她明明可以和他闲聊几句,却又是这样挂断了。乔莉觉得自己除了工作,已经不知道如何和周围人谈一谈心情,还是谈心情这种事情,只需要一两个朋友,不需要太多人?

她回到座位旁,给刘明达打了个电话:"明天下午我们部门要开会,晚上我直接去吧。"

"好啊,"刘明达道,"我把地址发到你手机上。"

"好。"

"哎,下雪了,你们那儿看得清楚吗?"

"看得清楚。"

"呵呵,"刘明达道,"你们南方人没怎么见过雪吧?还是我们北方好。"

"南方也下雪的,"乔莉淡淡地道,"都一样。"

"谁说的,"刘明达不依不饶,"北方下的雪都能积着雪堆,南方的雪下来就化了,不好看。"

"是,北方的雪比较好看。"乔莉道,"我要工作了,你把地址发给我,再聊。"

"好,拜拜。"

乔莉不悦地挂上电话,心想这刘明达也是有趣,非要论证北方的雪比南方好,她无奈地叹口气,忽然想起父亲说的谈恋爱也要深入学习,不禁微微一笑,相比较起来,陆帆最后的那句关怀就显得很有人情味。其实何止恋爱,生活中无处不是学问。她觉得自己这段时间有点疲倦,也没有之前的信心充足,经历了邮件事件、方卫军骚扰,还有里里外外这复杂的局面,她实在觉得自己高估了自己,当初那种不顾一切也要做好销售的心气弱了下来。她觉得自己有一点迷茫，这迷茫是什么，她不清楚，她生平第一次感到需要另外的一些力量，可是这力量在哪儿呢？

周六上午，王贵林与于志德亲自到宾馆送别了何乘风与陆帆。周祥借口要在家过周末，没有离开石家庄，一来他心情不顺，二来他不想与陆帆同路，三来姐姐和姐夫这一段闹得也不太开心，他确实想在家陪陪姐姐。

"何总，"王贵林紧紧握住何乘风的手，"以后常来晶通做客，希望我们能成为真正的战友。"

何乘风笑了："我们早就是战友了，你我都是职场中人嘛。"

王贵林微微一愣，身在国企多年，他一般听到的都是干部、企业家、改革家、人民公仆等等词汇，"职场中人"！还是第一次有人这么称呼他。他呵呵乐了："您说得非常准确，以后，不，从现在开始，我就是职场中人了。"

"王总、于总，"何乘风道，"你们就不要远送了，我们保持联系。"

陆帆与王贵林握了握手，与于志德握的时候，于志德轻轻一握就把他的手丢开了，显得十分冷淡。陆帆有点意外，看了他一眼。于志德满面微笑："陆总，以后常联系啊！"眼睛却不看他，望着他旁边一点点的地方。

陆帆有些奇怪，当下也没说什么，他陪着何乘风上了车，一直等车开出了城，他这才恍然大悟过来，肯定是顾海涛把两个亿外包的事情告诉了张庆，她听说这么大的一块肥肉就赶紧告诉了于志德，于志德故作冷淡，无非是想叼住这块肥肉，让庆丰代理，或者说让他自己从里面多分一点好处。想到这儿，他忙把这一细节告诉了何乘风，何乘风想了想，慢慢地道："于志德，他一方面让我帮他打通政府关系，让他顺利当上晶通改制后的一把手，另一方面却不让庆丰公司的人跟你和SK接触，避而不谈好处，他是想干什么？"

何乘风自问自答："他是要把我和SK的政府关系用足了，再等我们

— 277 —

开高价,今天的事情,不是他着急,是庆丰公司的人着急了。"

"两个亿的外包不是小数目,于志德会不动心?"

"他再动心,也不会拿这个和晶通的一把手去比较,在他顺利上台之前,他不会开任何价格,但是庆丰公司,他也不能不帮忙。他故意冷淡你,就要看你能明白多少了。"

"这两个亿是给瑞恩和顾海涛下的鱼饵,"陆帆道,"扯上了庆丰,只怕日后不好办,如果于志德当上了晶通总裁,我们真的要把两个亿的项目转出去吗?"

"我们的服务成本本来就高,"何乘风道,"不管谁当晶通总裁,我们都要分出去不少好处,两个亿可以先答应着,以后再从长计议。"

"那就顺藤摸瓜,"陆帆道,"把庆丰和瑞恩全部绑在我们的船上。"

"No,no,no,"何乘风微笑道,"你应该说,把它们悄悄绑在我们的船上,如果不是于志德当总裁,我们也可以和他们分得干净。"

陆帆与何乘风相视一笑,何乘风望着窗外明朗的太阳,叹了口气:"昨天飘了点雪,今天就又晴了,唉,看样子今年冬天是个旱冬啊。"

"我喜欢出太阳,"陆帆道,"感觉很舒服。"

"出太阳当然好,"何乘风道,"不过中间下一点点雨雪,刮一点点风,就会很协调,有句中文怎么说的?什么事情都不能太好,太好了不好。"

陆帆想了想:"我想不出来。"

何乘风哈哈乐道:"看来我们要请个中文老师,给我们补一补中文了。"

"我有一个。"陆帆掏出手机,拨了云海的电话,云海笑道:"过犹不及。"

"过犹不及。"陆帆转告何乘风,何乘风深深地点点头。

陆帆问云海,"下午我们两点开会,市场部的人都能来吗?"

"我已经把报告转给了薇薇安和瑞贝卡,施蒂夫已经批示同意,他现在在美国出差,肯定来不了了,雷小锋说他要来主持会议,销售这边就是我、安妮和强国军。"

"雷小锋要主持就让他主持,"陆帆道,"会后我和你还有安妮再碰个头就行了。施蒂夫什么时候去美国的?"

"我也是刚知道,他昨天晚上走的。"

"好,下午见!"陆帆挂上电话,看着何乘风。何乘风已经听到了电话的内容,他微皱眉头,"施蒂夫去美国了?"

"昨晚走的。"

何乘风长叹一口气,半天没有说话。

乔莉穿戴整齐出了门,今天又是晴天,她在心里算了算,不算昨天,北京已经两个多月没有下雨下雪了,再这样下去,这座城市就要度过一个完全晴朗的冬天了。她在心里暗道,不下雨当然好,可是天天晴天,只怕明年的日子不好过啊。什么事都过犹不及,久旱必久阴,明年夏天南方恐怕会有长长的雨季,到时候又是防洪又是防涝,日子又会在湿漉漉当中度过了。

由于晚上要去看戏,加上今天是周末,她难得地打扮了一番。穿惯了职业装,她还真不知道穿什么是好,这几天晚上有空,补习了一下当季的流行元素,她这才知道自己离这些已经很远了。找了半天,她才找出一条羊毛连衣裙。裙子是宽大的毛衣式样,倒也符合杂志上说的风格,她配了一双漆皮的皮靴,这鞋子从买来就没有穿过,是她在北京买得最失败的一件用品,没想到今天派上了用场。她系着一条羊毛围巾,外面罩了一件大衣,头发散散地披下来,匆匆赶到公司,准备了一下后进到了会议室。

她刚刚坐定,瑞贝卡与薇薇安就走了进来。瑞贝卡穿着一件杏黄色大衣,薇薇安穿着一件宝蓝色大衣,两个人进得屋来,乔莉只觉得眼前一亮。瑞贝卡还是第一次看见乔莉披头发,笑道:"安妮,晚上有约会?"

"没有呀。"

"干吗穿成这样？"

"休闲嘛，"乔莉道，"今天不是周末吗？"

薇薇安仔细看了乔莉一眼，笑着没有说话。这时云海端着几杯咖啡走了进来，薇薇安道："还没有工作就有咖啡喝了。"

云海把咖啡放好："下午喝咖啡提神醒脑，这不是公司的，是我在楼下星巴克买的。"

乔莉点了点头，表示感谢，云海顺手把几张优惠券递给薇薇安："这是附近几家餐饮店的，你要是喜欢可以去尝尝。"

"哎呀，杰克，你太绅士了，"薇薇安操着香港普通话惊喜地道，"事事都想得这么周到。"

这时陆帆推门走了进来，乔莉见到他不由一愣，仅仅一周未见，他明显消瘦了，气色也不好，似乎在石家庄过得十分辛苦。云海把咖啡放在陆帆面前，陆帆点点头，坐下来拿出电脑，众人也立即进入了工作状态，纷纷打开了电脑。

"负责售前与售后的雷总还没有来，"陆帆道，"我们大家先探讨一下，等雷总来了会议再正式举行。"

"杰克呀，"薇薇安道，"你那个方案我们大家都看过，不如你再讲一遍吧。"

云海一怔："这，雷总还没有来，还是再等一等吧。"

"我们说好了两点开会，"薇薇安看了看手表，"现在已经两点十五分了，三个总监到了两个，我觉得你可以先讲一讲方案了。"

云海看了看陆帆，陆帆觉得再说下去就会惹薇薇安不高兴，点了点头。云海打开了投影仪，一行大字跳入墙幕：电子行业IT应用论坛。在座几人其实都已经看过了方案，但是云海还是娓娓地说了一遍。说完之后他道："大家还有什么意见，尽管提一提，我们好深入修改。"

陆帆看了看薇薇安："我们还是请市场总监薇薇安说一说意见吧,她是市场工作的资深人士,工作经验比我们都多,我们要好好向她学习。"

薇薇安抿嘴一笑："我没有太多的意见,杰克的市场方案已经很好了,不过呢,我们这次活动分为三个层面,在和客户沟通方面似乎光会议不够,是不是晚宴之后再增加一些活动节目。"

"对哦,"瑞贝卡道,"我们这次活动的目的是针对电子行业,可以就电子行业的特性做一些活动,比如演出呀,抽奖呀,现场提问呀,等等。"

薇薇安接着道:"人员方面呢,瑞贝卡一个人恐怕工作强度太大了。这样吧,翠茜作为市场助理,协助瑞贝卡工作。"

"对嘛,"瑞贝卡道,"这样才能把工作做充分。"

薇薇安点点头:"总之,这次晶通的市场工作我们会积极配合,到时候我会亲自去现场,把握整个活动的节奏与气氛。"

云海与陆帆相视一笑,陆帆道:"杰克,薇薇安的意见非常好,在晚宴之后增加一些活动吧,至于活动的设计,你看……?"

云海望着薇薇安,薇薇安道:"既然这个方案一直由云海跟进的,就还是由他来做吧,我们市场部门帮着看,提提意见,像杰克这样的资历,做这个肯定没问题啦。"

"好,"云海笑了笑道,"那我按照市场部门的意见再修改一下。其他还有什么意见吗?"

薇薇安摇摇头:"其他就暂时这样吧。"

陆帆道:"方案就这么定了,销售方面由强国军和乔莉跟进,这次市场活动的重点是要突出我们……"他的话还没有讲完,门被推开了,雷小锋阴沉着脸走了进来。

"杰克,"他看着云海,"我给你发了邮件,让你通知大家会议时间改到了下午三点,你都通知了吗?"

"抱歉，"云海道，"我今天早上十点钟看了公司邮件，好像没有看见。"

"我今天上午十点半给你发的，"雷小锋道，"你既然在这个项目上对我负责，怎么能不及时收发邮件呢？尤其是在会议之前，你有三个半小时的时间，在这三个半小时你随时可以查看邮件，为什么你这么不小心？你这样的态度怎么能把工作做好呢？"

云海的脸上依然挂着微笑，陆帆一如既往地冷着脸，薇薇安的脸色难看起来，瑞贝卡、乔莉与强国军都不吱声。乔莉心里有点不服，这个雷小锋与陆帆是一个级别的，不过现在头上顶了一个大客户项目总管的帽子，便这样教训起人来，再说云海根本不是他的下级，他凭什么这样咄咄逼人？就算杰克中午没有上公司邮箱，可今天是周六，谁也没有规定员工在周末有二十四小时上公司邮箱的义务。

雷小锋见云海没有任何反抗的意思，这才在座位上坐下来，云海把一杯咖啡递给他："今天是我的错，我下次开会之前会随时注意会议时间的安排，耽误了大家的时间，十分抱歉。"他又笑了笑道，"雷总，刚才大家为了向你汇报得更完美，事先把方案又讨论了一遍，你看要不要我把方案讲一遍，然后再把大家的意见逐一向你汇报？"

雷小锋点了点头，云海打开 PPT，又从头说了一遍，这一遍说得十分艰难，因为雷小锋随时会打断他，挑剔其中的诸多细节。乔莉越听越恼，她不明白杰克的脾气为何如此之好，好得难以想象，明明是雷小锋在拿他出气，拿他压薇薇安与陆帆，他为何半点也不恼。还有薇薇安与陆帆，居然也不为云海说句好话，薇薇安也就算了，毕竟云海与她的交情不深，陆帆呢，他也这样不开腔？！

好不容易云海把方案说完了，他却不再说薇薇安的意见，道："市场部的意见刚才薇薇安做了总结，雷总，你看是不是请她们说一说？"

雷小锋道："薇薇安，你们有什么意见？"

"我们想在晚宴结束后增加一些活动，"薇薇安道，"这样可以加深客户对我们产品的印象，并且沟通我们与客户之间的感情。"

"我看这些活动毫无必要，"雷小锋道，"我们的重点是告诉客户，我们针对电子行业的技术优势，客户只要听懂了我们的技术优势，我们活动的目的就达到了，所以，我看晚宴之后的活动就不要再搞了。相反，那几场报告的时间应该再长一些，让我们的工程师们有充足的时间去介绍我们的产品。"

薇薇安冷冷一笑："既然雷总这么说，那我们市场部门就不好再提意见了，不过这些意见我们是要保留的，必要的时候我们会写出我们的报告。"

"薇薇安，"雷小锋惊讶地道，"我是对事不对人。"

"我也只是完成我的工作！"薇薇安针锋相对。

陆帆道："我觉得雷总和薇薇安的意见都很重要。杰克，你的方案如果加进这两条，应该会很完美。"

"好啊，"云海道，"我立即着手修改，雷总你觉得呢？"

"那好吧，"雷小锋道，"人员方面我看了，技术人员的力量还要加强，工程师一定要派出我们最好的人去讲，这方面你们一定要注意，我们花了那么多的钱，出了那么多人力物力，目的是什么？目的不是把工作做得漂亮，而是要让客户信任我们的产品，明白我们产品的优势在什么地方，从而让他们掏钱买我们的东西，我们要谨记这一点，时刻不能忘记。"

云海等人连连点头，薇薇安笑了笑，陆帆看了一眼时间，雷小锋道："现在已经六点了，我们今天就到这儿。杰克，你尽快把修改好的方案发给我。"

"好的，"云海道，"我尽快修改。"

"国军，"雷小锋道，"你到我办公室来一下，我有话找你谈。"

强国军点了点头。

陆帆对乔莉道:"你也到我办公室来,我找你。"

乔莉一愣,忙起身跟着陆帆走出了会议室。

陆帆与乔莉面对面地坐着,一时之间,陆帆不知道怎么打开这个缺口,他所有的心思都在这六天中消耗在了石家庄,现在面对乔莉,他第一次有点头疼。他希望自己的团队训练有素、积极进取,但是,他不得不面对这个问题,他的团队,还需要他一点点地建设,把人员一步一步调整到状态。

陆帆笑了笑,用朋友的语气道:"说说看,方卫军为什么要告你的状?"

"方卫军,"乔莉心头一紧,表面上装着不知所措的模样,"你是说上次给他送手机吗?那是别人托我送的,他没有向你解释清楚吗?"

陆帆看着她,她难道是低年级的学生,一定要老师把所有的证据放在面前才肯承认?他压抑着不耐烦:"安妮,我们都是成年人,你可不可以和我说实话。"

"我说的就是实话。"

"安妮,"陆帆现在理解云海的意思了,他想了想,"我们是一个团队,你明白什么叫团队吗?我们无论在什么情况下,在什么状态下,我们都必须互相帮助、互相商量,彼此给予对方支持,然后我们一起努力去达成我们的目标。你不是一个人,而且你的行为举动,也不是代表你一个人,你是团队的一分子,团队不是说你遇到什么问题,还是我遇到什么问题,而是我们遇到什么问题。不管你和方卫军之间出了什么状况,都是我们的问题,我希望我作为老板能够帮助你,能够帮助我们整个团队。"

"老板,我明白你的意思,谢谢你的好意。"

"我不需要你感谢,我需要了解情况。"

"情况是我已经向你解释了,连方卫军本人也向你解释了,不是吗?"

"安妮!"陆帆有些动怒,"如果你不能信任我,不能信任你的团队,那你怎么开展工作?"

"我一直在开展工作,"乔莉的心头也升起了一股怨恨,"我有什么做得不好吗?"

"你做得很好,但是现在客户向我告状,而你在对我撒谎,你觉得我作为老板不应该过问吗?"

"你应该过问,我也应该向你解释,我已经解释过了。"

陆帆从未想过,乔莉会如此强硬地针锋相对,他强忍心头火,温言道:"安妮,如果你不能意识到你的问题,那我就会觉得,我把晶通安在你的头上,是一个错误,而你本人,也将失去一个极好的成长的机会,你愿意这样吗?"

乔莉怔了怔,一股委屈从心底冒上来,说来说去,还是为了把自己赶出晶通项目,她禁不住冷笑起来:"您可真是欲加之罪,何患无辞,您如果想我离开晶通,您可以直接告诉我,没有必要抓我的错。"

"我没有想你离开晶通,你是我一手提拔到晶通项目的,"陆帆的声音忍不住越说越大,"我现在让你离开晶通,对我有什么好处?我是有面子还是有钱赚?我现在希望你能意识到你的问题,否则,你就不是一个合格的销售,至少,在我这里不是,在晶通这个项目中不是!"

"我到底有什么问题?!"

"你的问题就是不信任团队!不信任老板!你不说实话!"

"呵呵,"乔莉嘲笑道,"您跟我说实话吗?您信任我吗?您把我安在晶通,是因为我是整个公司销售里面最没有经验、最没有后台的人,您的目的不就是随时可以操纵我,随时可以把我拿出去当挡箭牌、当替罪羊?!您要我的唯一目的,就是晶通有错就是我的错,晶通有功就是团队的功,您现在让我信任您,我信任您什么?"

— 285 —

"安妮！"陆帆目瞪口呆，久久说不出话来，"你怎么这么刻薄？"

"我还有更刻薄的。"乔莉望着陆帆的表情，心头一阵发木，她是应该伤心还是应该愤怒？抑或一切都完了，她再也没有机会打晶通项目，甚至不能待在赛思中国？她觉得心底被压抑的东西蠢蠢欲动，像开了闸的水流，源源不断地朝外涌："我在晶通这几个月，是我感觉最冷酷无情的几个月，您知道我什么时候开始不信任您的？就是从发那封邮件开始，从那时开始，我就知道我的本分了，或者说我的作用是什么。我每一天都在提醒自己要努力工作，要应付好客户、做好方案，我不怕工作辛苦，不怕客户难缠，前面有水有火，是我自己选的销售，我不在乎，但是，我不知道我的老板、我的团队什么时候就会把我当成炮灰，一炮给打出去，或者把我当成罪魁祸首，一下子踢出这个项目。我知道我没有选择，谁叫我是这个项目中最弱的销售。我能理解你们的想法，我能理解你们的行为，我也愿意接受这个局面，但是您，您怎么还能要求我，在这种状态下无限信任您，信任团队？您不觉得您的要求很过分吗？"

陆帆向后一躺，整个身体陷在了座位上，他慢慢地，一个字一个字地道："这么说，你是前方有狼、后方有虎了！"

"是的。"乔莉炯炯有神地逼视着陆帆，虽然她从未想过会有这样的一天，她会把心里话全部说出来，虽然她从未想过和陆帆的摊牌会如此之快，但是事已至此，她已经不抱任何希望了。

"这么说，你是不想干了？！"

乔莉缓了缓，道："这是您的理解。"

陆帆盯着她，她什么时候变得这么强硬，什么时候变得这么敏感？难道一切都是从那封邮件开始的？陆帆突然觉得，她的脸上竟然有了一丝狰狞的味道，他不禁微微闭了一下眼睛，心里说不出是什么滋味。

乔莉等了一会儿，见陆帆没有开口，觉得自己没有理由也没有机会再坐在这里了，她站了起来："陆总，没有别的事情我就出去了。"

她走到门口，咬了咬牙，伸手去拧门把手，听见了陆帆的声音："你回来。"

乔莉转过身，看着陆帆，陆帆从座位上直起身体："程总在上地开新闻发布会那天，你急匆匆地赶到那儿，是为了什么？"

"为了当销售。"

"你还记得我们第一次谈话，我给你提的一个问题吗？"

乔莉愣了愣，陆帆示意她回到座位上。等她坐稳后，陆帆道："我问你，卖软件和卖冰棍有什么区别？"

乔莉鼻子一酸，过了半晌回答道："没什么区别，都是卖东西。"

陆帆笑了笑："进步很快。你的东西卖出去了吗？"

乔莉摇摇头。

"如果说邮件事件伤害了你，我向你道歉，安妮，我们在一个团队当中，就会有所牺牲、有所付出，然后我们才能有所收获。有时候不是大家要针对你，而是我们每个人面临的环境都有压力，你真的理解吗？如果你真的理解，你就不会这么伤心、这么难过，甚至今天面对老板，你还要大声说出来。"陆帆的语气有点伤感，"你不是一个好兵，你太缺少团队精神了，如果你事事都只想着自己，时时都把周围的每一个人作为敌人，你怎么才能发展？你还有很长的路要走，有很多东西需要学习，你明白吗？"

"那么我要怎么样，"乔莉道，"把每个人都当成我的朋友吗？"

"安妮，"陆帆道，"你不要这么极端，难道这世界不是黑就是白吗？"

"那是灰色的？"

陆帆长长地叹了一口气："云海说得没有错，现在不是方卫军的问题，而是你的问题。"

"杰克？"乔莉一愣，"我有什么问题？"

"你没有想到吗？"陆帆道，"杰克会觉得你有问题，第一你不要把他当成敌人,他没有针对你的意思,杰克做事从来不针对人,这是他的优点;第二,你觉得杰克和同事们打交道,和你有什么不同吗?"

"他,"乔莉想了想,"他比较会笼络人,和谁的关系都不错。"

"你知道在杰克看起来,谁最难靠近吗?"

"最难靠近?"乔莉想了想,"欧总?"

陆帆摇摇头。

"你?"

陆帆哑然失笑,又摇了摇头。

乔莉有些吃惊:"难道是我?"

陆帆点点头。

"我不明白,"乔莉道,"我和他说话一直很和气,而且还一起吃饭,我怎么难靠近了?"

陆帆叹了口气:"安妮,我们在公司是团队,和客户在一起也是团队,你为什么从不愿意团结别人?你总是让人觉得,你既不想帮助别人,也不需要别人的帮助,而且你总是咄咄逼人。你这样下去,只会让自己越来越辛苦,让想帮你的人使不上劲,当然了,可能有些对你不好的人,也会使不上劲,你觉得这样很好吗?"

乔莉不吱声,陆帆道:"今天就当我们不是同事,我是多了几年经验的职场中人,我们有什么话都开诚布公地说一说。"

"那我怎么知道,"乔莉道,"我团结的人不会反过来害我?"

"你没有判断能力吗?"陆帆道,"你就这么害怕信任别人吗?你看看云海,他非常注意团队同事,这让他的工作,不论是涉及市场、销售还是技术支持,甚至财务、人事,都有人愿意帮他,甚至愿意给他开一点方便之门,这是他非常明显的优势。而这个优势,只不过是因为他在日常的工作中,愿意花一点点心思去了解别人、帮助别人,每个人在接受到别人好处的时候,都会想着怎么把这点恩惠还掉,这是人之常情。"

"是吗?"

"是的,"陆帆道,"当然会有人例外,但是我们每个人都有判断能力,虽然上次让你发邮件,某种意义上说是牺牲了你,但是这保证了团队的最大利益,保持了晶通项目的顺利进行。你为什么对此耿耿于怀,而从没有想过,这无形中也保证了你的利益,保证了你可以继续晶通的项目?安妮,我希望你能成为一个团结周围一切力量、对人和事有着明晰的判断、能够事事顾全大局、站在一定的高度去想问题的好销售,或者,你不当销售也可以,但是你想在职场中有所发展,这都是必要的条件。"

乔莉望着陆帆:"我不是你,这些条件我都不具备。"

"可以这么说,"陆帆想了想,道,"但是你非常聪明,也非常坚强,我希望你能好好想想我的话,如果想通了,就告诉我方卫军到底怎么了,如果想不通,我也不勉强你,在这个问题上,我希望你有个判断。我从来都没有想过,要把你踢出晶通,你理解吗?"

乔莉点点头。陆帆疲惫地笑了笑:"你先回去吧,好好想一想。"

乔莉站起身,来到门口,陆帆又道:"别忘记了,我还有一个问题,卖冰棍分为几个层次?"

乔莉转过头,看着他,现在她相信他是真的在提醒她,她是真的有了问题,她默默地点点头,走了出去。办公室里已经空无一人,所有的同事都走了,乔莉来到桌边,坐了下来。她下意识地掏出手机,看了一眼时间,已经快七点了,她有三条未读短信,都是刘明达的。她打开来,最后一条是:我已经出发了,在那儿等你。

乔莉关上手机,静静地坐在座位上,她真的有错吗?她真的一直在记恨邮件事件吗?她到底要不要把方卫军的实情告诉陆帆?

她烦恼极了,这是一种选择,还是一种改变?她到底做错了什么?

乔莉坐在办公桌前,看着时间一分一秒地过去,直到七点,她才机械地拿出小镜子，补了一点妆，拿着包离开了办公室。在电梯口，她意外地遇见了陆帆与狄云海。

陆帆朝她点点头，她勉强回了个微笑。云海笑道："嗨，安妮，今天穿得很休闲，刚才开会不方便告诉你，你这样很好看。"

乔莉看了看狄云海，他就是这样团结同事的吗？还是他对自己有什么不满？不，她相信她的直觉，云海虽然老练，却不是斤斤计较的人。她无精打采地点点头，迈入了电梯。

"晚上有事吗？"陆帆道，"我和云海要去吃晚饭，你和我们一起去吧。"

"不了，"乔莉道，"我一会儿有个约会。"

陆帆与云海对视一眼，两人都觉得乔莉的状态非常糟糕。陆帆清了清嗓子："约会要打扮得再漂亮点，至少要满脸微笑嘛。"

乔莉转过头，把嘴咧开来，做了个笑的动作。陆帆叹了口气，云海觉得陆帆与她的谈话似乎不顺，便不再开口。乔莉出了电梯，上了一辆出租，朝剧院方向驶去。

云海问陆帆："怎么，谈得不顺？"

陆帆摇摇头："她记着上次发邮件的事，心里有怨气。"

"那方卫军？"

"她是一个字也不肯说，"陆帆叹道，"我这个老板当得够失败，居然让下属一点都不信任我，我像个罪人。"

"她会想明白的，"云海安慰道，"只是需要一点点时间。"

"希望这个时间够快。"陆帆道，"走吧，我们去喝一杯。"

云海陪着陆帆走出大厦，冬天的冷风呼呼地吹着，两个人一边走一边聊，朝附近的上海菜馆走去。

乔莉打车来到王府井的儿童剧院。剧院门口聚集着不少人，刘明达正在等她。两个人一同走了进去,乔莉望着四周熙熙攘攘拿着票对号入座的人群,问道:"这是什么戏,很红吗?"

"已经红透半边天了,"刘明达道,"你不知道吗?"

"哦,"乔莉应了一声,上次进剧场大约还是大学时代,这感觉似乎非常遥远,"没想到大家对名著这么有兴趣,人这么多。"

"这可不是古典名著,"刘明达笑道,"你等会儿就知道了。"

乔莉不明所以,只得坐着等开场。刘明达道:"下午你们开会了?"

"嗯。"

"顺利吗?"

"顺利。"

刘明达打量着她:"怎么,你不高兴?"

"没有啊,"乔莉道,"我只是有点累。"

"你吃过饭了吗?"

乔莉这才想起来,自己没有吃晚饭,但是和陆帆的谈话让她毫无胃口。她笑道:"我吃过了。"

灯光渐暗,光束集中到舞台中央,全场的观众安静下来。等到演员们一出场,乔莉吓了一跳,这哪里是福楼拜笔下的《包法利夫人》,分明是一群穿着时装的现代女人,穿着低胸晚礼服,踩着高跟鞋,东拉西扯地说着现代社会的话题,一会儿讨论老公,一会儿讨论鞋子,一会儿讨论性,除了这些演员在台上阅读的福楼拜的原著,乔莉觉得自己像在看一场台湾的综艺节目,台上轮流上演着"林志玲""蔡依林""琼瑶阿姨"等等等等,观众们不时发出会心的笑声,还有掌声。乔莉低声道:"这个导演是台湾人吗?"

"是啊,大名鼎鼎的林奕华。"

"他还导过什么剧?"

"这,我就不知道了,"刘明达笑道,"网上说他名气很大,哎,你看那个'林志玲',是个男人反串的。"

乔莉仔细地打量着,依稀能看出几分男人的线条,但是他说话做事的派头,倒是像极了号称台湾第一美人的林志玲。乔莉默默地坐着,似乎无法融入现场的氛围。刘明达道:"台上那些人的衣服,都是顶级的品牌,听说价值百万。"

"嗯。"乔莉应了一声,她的思绪渐渐飘到了晶通,上亿元的单子,还有那么大一个企业的改制,还有陆帆,他们上个星期在石家庄泡了整整一周,对晶通的推动能起到什么样的作用?乔莉忽然感到,自己并没有掌握太多的信息,难道真的像陆帆指责的那样,她没有信心与判断能力,难道父亲教她的"你只在你自己的船上"是错误的?

"我觉得那条白裙子挺好看的。"刘明达侧过头,看着乔莉道。她今天披着头发,显得别有一种情调。乔莉没有回应,刘明达轻轻碰了她一下,她回过神来,睁着眼睛问:"怎么了?"

刘明达哑然失笑,他还是第一次看到女人在剧院里走神,难道这名贵的时装、妙不可言的台词,还有这些"名人"轮番登场还不够吸引她吗?他轻声问:"你在想什么?"

"我在看戏。"乔莉道。

刘明达明知她撒谎,也不好和她理论,只得作罢,这么一来,他倒是觉得很多感受无人分享,索然无味起来。唉,IT公司的女孩条件虽然不错,可就是没有情调,在这种时候怎么能有如此表现呢?

乔莉无心戏剧,心里一直来来回回地思量陆帆对她说的话。她想不通,明明是他们的错,怎么变成了我的错?到底是父亲说的对,还是陆帆说的对?狄云海觉得自己有问题,自己到底有什么问题?卖冰棍的层次,卖冰棍又需要什么层次?她心中一团乱麻,好不容易等到结束,象征性地鼓掌之后,与刘明达走出了剧场。

从儿童剧院往前不远,就是王府井,此时街上行人不多,冬天的风到了晚上有些彻骨的寒意，出租车三三两两地过去了，却没有空的。

"安妮，我们找个地方吃点东西？"刘明达道。

"不了，"乔莉道，"我晚上回去还有事情。"

"这么晚了，你还要加班？"

"哦，有个报告没写完，明天一早要交。"

"难怪你刚才走神呢，"刘明达觉得自己理解了，体贴地道，"怎么样，难不难写，要不要我帮你？"

"不用了，谢谢。"

乔莉飞快地赶到家，一进门脱了鞋放下包，立即坐在沙发上，拨通了杭州家里的电话，她一边听着电话长长的嘟声，一边盯着时间，现在还不到十一点，父亲应该还没有休息。这时，老乔接了电话："喂。"

"喂，爸爸，是我。"

乔莉很少超过十点给家里打电话，老乔有些吃惊："什么事情？！"

"是这样的，老板下午找我谈话了，我有些地方想不通。"

"你还有想不通的时候？"老乔笑了，"那我们讨论讨论。"

乔莉把陆帆说她不信任团队、不注意团结、不能顾全大局的要点说了出来，又说了云海的情况，说陆帆把她和云海比较，说云海觉得自己有问题，她概括性地说了一堆，却没有说出邮件事件和方卫军的性骚扰。老乔听她说完，想了一会儿："你老板不会无缘无故地找你谈话，你工作中出了什么事故吗？"

"爸爸，你不是提醒我只在自己的船上吗？"乔莉避重就轻，"那他们怎么能说我错了呢？"

"我想知道具体的事情，"老乔的语气有点担心，"你总不至于不信任爸爸吧。"

"哪能呢？"乔莉想了想，只得把邮件事情说了一遍，老乔一言不发地听着。乔莉细细地叙述了一遍，又把人事关系稍微讲了一下：陆帆为了不让新来的分管市场的副总裁阻挡晶通的脚步,让她给美国总部的人发邮件告状,如果打下晶通,大家都没有话讲,如果打不下来,市场部又被逼出了许多市场费用,那么一切总账就会算在自己的头上,到时候陆帆只要把责任推给她,销售部就会安然无恙,而她,就会一无所有甚至声名狼藉地离开赛思中国。

"从那天开始,"乔莉道,"我就处处小心,我前面不能得罪客户,后面要防着老板拿我做挡箭牌。今天他听完我说的话,问我是不是前方怕狼后方怕虎,我说是的。真的爸爸,我时刻都觉得很警惕,这一段他们又把负责售前与售后的总监雷小锋扯了进来,让他做晶通项目进展的总管,我是真不明白他们到底想干吗。我今天也问我老板,他说他不想让我离开这个项目,说这样对他没有好处。"

老乔轻轻叹了一声:"除了这件事,还有什么事情?"

"没有了。"

"你再好好想一想。这事情是什么时候的?"

"十月吧,反正有一两个月了。"

"你老板不会隔这么久才找你谈这个问题,"老乔道,"这是因,小囡,你告诉我这个因种下的果是什么?"

乔莉一下子噎住了,果然姜是老的辣,就这样父亲也能听出她没有说实话。她狠狠心,道:"没有什么了,我上次去石家庄出差,有个客户说话挺不客气的,我就小小地警告了他一下,他跑到老板那里去告状,我老板问我出了什么事,我没告诉他。"

"你等一等,"老乔问,"人家说了什么你警告他,你又做了什么?"

"哎呀一点小事情。"

老乔没有追问,半晌无奈地道:"女孩子大了,在社会上做事情有时候是挺委屈的,你不要太当真,只要不是原则性的问题,都要灵活处理。"

乔莉也沉默了一会儿:"反正我没有告诉老板。"

"这件事情是你不对,"老乔沉重地道,"你们老板提醒你很及时,你是有问题。"

"我有什么问题?"乔莉有点委屈,自己说了那么多的苦难,前面就不说了,后面的事情父亲也猜出了原委,干吗还要说自己有问题?就算有问题,也不能看着女儿吃苦一点都不安慰,上来就说女儿的不是吧。

"首先,你不应该生老板的气,比如过去打仗,有的部队要派出去引诱敌人,有的部队要放在退后的时候阻击敌人,有的要做敢死队,即使打到最后一个也不能离开战场,你能说,派他们去的领导就是恨他们,就是为了害他们?所有都是围绕着目标做事情,打仗是为了战胜敌人,获取胜利,你们打客户,就是为了能够最后签下单子,你老板为了晶通的市场活动顺利进行,派你去告状,这是一个很有头脑也很有眼光的老板做的事情,你应该理解人家,向人家好好学习。你想一想,你是地位最低的员工,你告了副总裁,可以说你年轻不懂事,冲动,但是你老板去告状,就是两个部门不能协调合作,这就是大问题了,这么简单的道理,难道你不能理解吗?"

"我怎么不能理解,"乔莉没好气地道,"我不按要求做了吗?"

"但是你有情绪,你埋怨人家!"

"照你这么说,人家要把你女儿送到战场上,要当敢死队、当炮灰,明知道去了就再也回不来了,就是为了让大部队生存去送死,你还得谢谢人家,要让你女儿从容赴死?!"

"丫头!"老乔厉声喊了乔莉的小名,"你用什么语气和爸爸说话?要是我女儿是战士,她接到这样的命令,我就算难过一百倍一千倍,我也不能阻止她,我也只能送她上战场。"

"好好好,"乔莉又气又伤心,冷笑道,"您是光荣的共产党员,您是顾全大局的伟大的革命家,我不是,我就这一条命,我死了就家无宁日,我死了妈妈会伤心,我不会接受这样的命令,我一定当逃兵!"

"你、你说什么?"老乔几乎不相信自己的耳朵,"你就这么自私?"

"不是我自私,"乔莉道,"是你自私,你反正觉得什么都不重要,就是你的破大局重要!"

"你?!"老乔怒极无话,想了想道,"你老板是好心人,还在提醒你,你好好想一想你到底哪里有问题,爸爸现在不和你讨论,我们都挂上电话冷静一会儿。"

"再见!"乔莉听了这话,道了声别啪地摔了电话。她气恼地望着电话,仿佛不解气似的又拿起来摔了一遍:"什么爸爸嘛,一点都不关心女儿,整天就知道想着别人,别人什么都重要,就是你女儿不重要。"乔莉一边说一边伤心地哭了起来,她走进卫生间拿了条毛巾,索性坐在沙发上,像一个孩子般放声痛哭起来。

父女俩当晚没有再通电话,到了第二天,乔莉一觉睡醒,觉得自己昨晚似乎过分了一点,她盼着父亲给自己打电话,但是一直到了中午,老乔也没有打过来,不得已,她吃过午饭后,又给家里打了过去。

乔妈妈接了电话,她的声音听起来很开朗:"哟,打电话来了,你爸爸还在念叨你呢。"

"真的假的呀,"乔莉撒娇道,"他不是说我上战场也要送我去嘛。"

"你呀,"乔妈妈道,"就是被我们惯坏了,事事要强,自己爸爸都不能说你,你想一想,你老板不是更不敢讲你了?"

"我有那么不像话吗?"

"有,"乔妈妈道,"懂起事来比什么人都像人,不懂事起来比什么狗都像狗。"

"妈妈,"乔莉撇嘴道,"哪有你这么说自家女儿的。"

"我养的女儿我自己知道,我去叫你爸爸接电话,你好好听听爸爸的意见，他是你爸爸，提意见不是为你好吗？俗话说良药苦口、忠言逆耳，不好听的话才要听呢，知道了吗？"

"知道了。"

"还有，你在社会上也要这样，能说你不好的人才是真正为你好的人呢，一般人犯得着得罪你吗？就像你穿件衣服，要是穿着不好看，不就是爸爸妈妈，或者真正为你好的朋友才会说你穿得不好吗？你这么大人了，别再跟你爸爸犯浑了，气得他昨天晚上都没有睡好。"

"他没有睡好？那有没有影响身体？"

"现在知道关心人了。"乔妈妈道，"等着，我去叫你爸爸来接电话。"

乔莉等了一会儿，父亲老乔接了电话："喂。"

"嘿嘿，"乔莉觍着脸笑道，"爸爸。"

"想明白了？"老乔听着声音，也能想到女儿的表情，打小就是这样，想不通的时候倔得像头牛，一会儿想明白了，又主动上来请教问题。乔莉道："没有完全想通，不过是觉得自己有点问题。"

"第一，你要有大局观念，要换位思考，把自己放在别人的处境上多想一想。有些事情，大家都是身不由己，不要太计较，今天这个人可能对你不利，明天也许会有利，一两件事情不算什么，只要能朝着目标迈进就是好的。

"第二，你一定要注意和同事之间的关系，能够最大限度地利用身边的资源，要建立自己在单位、在社会上的人脉，你不要事事争强，你老板说的你另一位同事，叫狄云海的，他这方面做得就很好，他的教育背景比你怎么样？"

"比我，"乔莉嘟起嘴，"当然强啰。"

"他的工作经验比你怎么样？"

"也强。"

"职位呢？"

"他高一截嘛。"

"他和你老板的关系呢?"

"都说他们是铁哥们儿呢。"

"你看,他什么都比你强,还这么注意和群众的关系,和同事的关系,他这样的人是吃小亏占大便宜,你看着对谁都好,对谁都给点好处,结果呢,人人说他好,人人肯帮他办事,他的消息还最灵通,这都是很有城府的人。你倒好,刚进社会大学,门把手还没有摸到,就学会用强了,这不是小时候上学,一努力考了第一,大家就都得佩服你,在社会上做事情,要通人情世故,要能体会别人的心理。你老板说你,我看你就是独生子女的毛病,太自我、太自私,从不想别人的处境,也不想别人的感受,还心气特高,受不得半点委屈。"

"你说来说去都是大道理。"乔莉心中一片触动,嘴上却不肯向父亲认输。她承认,父亲说的都对,可是,她想了想道:"爸爸,你不是提醒我,我只在自己的船上吗?这会儿又叫我要体会别人的感受。"

"我提醒你只在你自己的船上,是为了让你时刻提高警惕,正因为你只在你自己的船上,你才更需要去了解周围的环境、周围的同事,看看哪些能为我所用,哪些不能为我所用,你可以把别人拉来坐你的船嘛。"

"我怎么知道他们会不会对我好呀?"乔莉道,"我们公司的人,一个比一个精明。"

"你有眼睛、有耳朵、有头脑,你要学会分析、判断,要学会布局,爸爸从小教你下棋,这和下棋没有什么两样。"

"下棋可比这个简单多了,"乔莉轻轻地叹了一声,"我在局中迷呀。"

"熟能生巧,"老乔道,"下多了自然就明白了套路,你不要着急,也不要急于给自己定棋路,万事万物顺其自然。"

"你说,上次客户的事情,"乔莉小心翼翼地问,"要不要告诉我老板?"

"客户向老板告状，他自然会着急，也自然想知道到底为什么要告你的状，你越不告诉他，就是越让他着急，而且显得你不信任他，你这样的兵什么人喜欢带呢？"

"可这事怎么说嘛，"乔莉道，"再说，到时候他要是误会我，把我从晶通项目撤出去怎么办？"

"他不会的。"

"为什么？"

"他要想撤你，就不会问你了，他是想帮你解决问题，也是希望你能够尽快成长。这个项目非常艰难，你老板和你一样，需要整个团队的力量，没有好兵的将军，打不了胜仗，没有好将军的小兵，再逞能也把握不了全局，你明白了吗？"

"我明白了，"乔莉道，"我可以酌情告诉他，一来表示我信任他，二来可以动用老板的力量保证我在项目中的地位。"

"聪明，"老乔轻声一叹，"就是一想就想到歪路上去了。"

"我怎么想到歪路上去了？"

"唉，"老乔道，"有人下棋走明路，有人走阴路，有人攻有余守不足，有人守有余攻不足，你慢慢来吧，有事情就给我打电话。"

"知道了。"

"不要那么多的埋怨，埋怨别人只能说明自己无能，做事情要有大心胸，明白了？"

"明白。"

"吃了午饭没有？"

"吃过了。"

"不管工作多忙，都要注意吃饭和休息，还有，压力不要那么大，明白吗？"

"是，老爸。"

老乔笑了,他是多么疼爱自己唯一的孩子,尽管这个孩子与众不同的天分有时令他担心,但是他想,自己的女儿是聪明活泼、健康勇敢的,她不会做出有违社会、有违良心的事情,只要这样就好,只要她平平安安,能够在社会上立足就好。

乔莉放下父亲的电话,走到阳台上。屋外的阳光真好,每天都是那么灿烂,自己有父亲真好,有母亲也真好,在远远的美丽的城市,有她的家,有她的力量来源,她在心中默默祝愿父母亲身体健康,只要他们健康,她就什么都不怕,什么都敢从头再来。

她拨通了陆帆的电话:"嗨,陆总,有时间吗?我想和您聊一聊。"

陆帆刚刚起床,劳累了一个星期,再加上昨天晚上和云海小酌了几杯,他一觉睡下去一直没有醒,要不是乔莉的电话,他还在梦中游荡,他嗯了一声:"什么时候?"

"下午,您有空吗?"

"你想通了?"

"哦,"乔莉没想到陆帆这么直接地问,脸一下子红了,"我们在哪儿见面?"

"我家附近有个星巴克,"陆帆道,"你到这边来吧,我这一个星期跑得太厉害了,不想跑远。"

"好。"

"现在几点?"

"两点。"

"三点半在那儿碰头。"

乔莉放下电话,稍稍收拾了一下,便赶往陆帆家。北京的交通因为地方的扩大显得那么不便,幸好今天是周日,路上没有太多行人。她三点钟便找到了那家星巴克,点了杯咖啡,找了个靠窗的位置。天气真好,她打开电脑,一边晒着太阳一边在网上闲逛,等着陆帆。

突然,她的 MSN 闪了一下,一个橘红色的窗口闪了起来,她的心跟着一跳,莫名其妙地,她就直觉,这个人是树袋大熊。

她打开来,果然是树袋大熊,发着一排三个咧着大嘴的脸。

乔莉抿嘴一笑,写道:"你好啊?"

"你好,"树袋大熊写道,"我刚刚起床,你呢?"

"刚刚起床?"乔莉写道,"我早就起来了,已经在工作了。"

"今天是周日,你还要加班?"

"是啊,没有办法。"

"真辛苦,"树袋大熊发了一朵玫瑰花,"你昨天的约会怎么样?"

"约会?"乔莉一愣,"你怎么知道我昨天有约会?"

"你忘记了,"树袋大熊写道,"上次我约你周六去吃熊掌,你说有约会。"

"哦,"乔莉写道,"你还记得。"

"我当然记得,"树袋大熊写道,"我总是记得有人答应要和我去吃熊掌。"

"呵呵,"乔莉笑了,"熊掌没有放坏啊?这么多天了。"

"熊掌怎么会坏,现到现吃嘛。"

聊着聊着,乔莉一抬头,见陆帆端着咖啡正朝自己这边走,忙写道:"不聊了,我要工作了。"

"好吧,"树袋大熊写道,"再约你。"

乔莉发了个 88,关上了 MSN。陆帆见她满脸喜色,坐下问:"这么高兴,发财了?"

"没有啊,"乔莉笑道,"有人要请我吃熊掌。"

"请你吃熊掌?"陆帆一愣,也笑了,"净忽悠。"

乔莉看了一眼陆帆，大约昨晚休息得还行，他的气色明显好多了，脸上也有一点红晕，乔莉不好意思地道："老板，昨天对不起啊。"

"你想通了？"陆帆看着她，觉得她的表情也比昨天顺眼多了。

乔莉点点头，陆帆问："那你今天约我，不是光想向我道歉吧？"

乔莉拿出手机，翻出方卫军的录音文件，递给陆帆。陆帆一愣，摁了播放键后听了起来，他越听脸色越难看，方卫军恶狠狠的声音在录音中道："你不就是想要晶通的业务吗？你当我的情人，我就给你……以后我在北京，你要随叫随到……你先陪我一个晚上，我再给你开条件！……今天晚上！你开好房间等我！"

他抬起头，瞟了一眼乔莉，又唰地把眼光从她的脸上挪了开去，旁边坐满了喝咖啡的人，大约没有吃午饭，陆帆觉得有点恶心。

这就是方卫军为什么要告状的原因了，也就是为什么他后来又维护乔莉的原因了，他有把柄落在了乔莉的手上。而这个安妮，陆帆审视着她，她安静地坐在自己对面，脸上看不见委屈与悲痛，她真够强硬的，居然敢买东西送到方卫军家，想到这儿陆帆问："你买了一个手机送给了方卫军的夫人？"

乔莉点点头。

"方卫军什么时候知道你有录音的，是在告状之后？"

乔莉又点了点头。

"他什么时候开始骚扰你的？"

"就是上次陪欧总去石家庄。"

"陪欧总，那其他人有没有对你……"

"没有，"乔莉道，"只有一个方卫军。"

"你自己想到的这个主意？"

乔莉点点头，忽然，她意识到应该说出另一部分实情，她迅速判断了一下，欧总和陆帆都会保护她的，他们并不矛盾："陆总，有件事我觉得应该告诉你,但是我希望你能够保守秘密,因为很感激欧总,我不想让他难堪。"

"什么事?"陆帆的心往下一沉,怎么这事和欧阳贵也扯上了?他笑了笑,淡淡地道:"我肯定为你保密。"

"方卫军的家庭地址,还有他夫人的工作单位和手机,都是欧总的司机送给我的。"

陆帆看着她,没有开口,他在观察她的表情,以确定她说的是不是实话。乔莉接着道:"但是欧总的司机又说,那天晚上他没有见过我,也没有给过我任何东西,他让我忘记这件事情。"

陆帆看着她的眼睛,在阳光下,任何东西都可以一览无余,他确定她没有说谎,于是点了点头:"谢谢你告诉我这件事情。第一,我会为你保密;第二,你也要保密,就当一切都没有发生过,正常地和晶通和方卫军联系;第三,我们下面的工作重点是在石家庄的市场活动,你要密切保持和王贵林的联系,配合市场和售前把活动做好,其他的,你都不要担心。"

乔莉深吸了一口气,用力点了点头。

"以后再有类似的事情,"陆帆想了想,"要及时告诉我,不要一个人扛着。你还年轻,这一次算你幸运,及时录下了证据,而且方卫军也不是什么难缠的人,在晶通也不是一把手,但是你不能保证每一次都可以用这种方式解决问题,所以有事情一定要及时商量,你明白吗?"

"我明白,谢谢老板。"

陆帆向后靠着,盯着乔莉:"你买手机,花了多少钱?"

"两千多。"

"有发票吗?"

"发票也给他了。"

"你给鑫鑫公司的戴乐打个电话,让他给你搞一张两千多的吃饭的发

— 303 —

票，然后交给我。"

"老板，"乔莉感到内疚，"这是我自己闯的祸……"

"什么都别说了，过两天找个机会，我帮你报掉，下一次你不许擅自处理了，好吗？"

"好的。"

陆帆看了看手表："现在四点半，我快要饿死了，一天没有吃东西。这样吧，为了感激我这个老板，你请我吃顿饭吧。"

"现在？"乔莉笑了，"好啊。"

"前方有狼后方有虎，"陆帆笑道，"你现在把这头老虎消灭了，应该请一顿了。"

"陆总，"乔莉的脸红了，"我昨天不是有心的。"

"有心也好，无心也好，只要你能想得通，我就放心了。"陆帆看着她，"不管怎么样，我要为邮件事件向你道歉，但是我更希望你理解，我是为了项目的进展，并没有针对过任何人，尤其是你。"

"我理解，"乔莉道，"我更要谢谢你提醒我，你说得对，我会注意的。"

"注意什么？"

"向杰克同志学习。"

陆帆呵呵笑了，这个星期到了此时，他才真的放松下来。看来乔莉的状态不错，对外，王贵林对她印象很好，方卫军虽然贵为总工，却没有太多可担心的；对内，云海和欧阳贵都很帮她，她自己也意识到了某些问题。现在的重点，是石家庄的市场活动，还有针对SK和瑞恩布的局，市场活动有云海撑着，SK与瑞恩有何乘风和自己，总体来说，事情朝着顺利的方向推进着，应该会一步一步迈向成功。他打起精神，对乔莉道："走，找地方吃东西。"

第 八 章

这一年的冬天格外反常,自从元旦过后,乔莉就一再接到母亲的电话,又下雪了,又下雨了。渐渐地,整个社会也关注起这个问题,整个长江以南,大雪不再是美丽的景致,而是一场难以抵御的灾难,云贵和两湖一带停电停气,甚至阻断了交通,幸好"天堂"杭州除了有些酷寒之外,一切还能维持原样。

乔莉非常想念雪,她记得小时候只要一下雪,父亲就带她去西湖边看雪赏景,那时的西湖岸边没有什么高楼,顺着烟波迷蒙的湖面远远望去,只见到矮矮的人家,和满湖之上轻盈婀娜、飘然坠落的雪花。父亲喜欢找一家老旧的茶馆,带着她临湖而坐,屋内虽然没有暖气,但也是温暖的,她用手帕把玻璃上的雾气擦干净,老板送上一壶上好的龙井,那些大叶子一片一片地漂在水上,父亲把茶水冲进小碗里,递给她,她双手捧着,一边喝着热腾腾清香扑鼻的茶水,一边望着屋外的湖光山色。

现在回想起来,尤其是站在赛思中国的楼上,望着晴空万里但是仍灰扑扑、高楼密集的北京城,那真像神仙过的日子。乔莉轻轻叹了口气,那些一直留在杭州读大学并工作的同学们,依然这样享受着生活,虽然西湖边上少了住家，沿岸眺望多了高层建筑，但是他们只要高兴，就可以坐在湖边吃饭喝茶饮酒聊天，只要高兴，随时都可以在风景如画的地方流连。乔莉想，差不多从去年程轶群离开赛思，一直到今天，她几乎没有度过一个完整的周末，不要说湖光山色，她连离家不远的小公园都没有再踏足一步，享受生活是奢侈的愿望，至少目前对她来说是如此。元旦虽然放假三天，为了石家庄的市场活动，她又加了两天班。本来想乘此机会匆匆回一趟杭州，也被迫作罢，现在看来，只能寄希望于春节了。

幸好春节就在眼前了，再忙上三个星期，就可以回家，回到美丽的家乡了。

叮，手机响了，她摁了接听键："喂，方敏。"

"乔莉呀，"方敏道，"你在哪儿呀？"

"我在北京，你呢，还在上海？"

"是啊，你们什么时候放假，春节回不回杭州？"

"年三十吧，我回家呀，你呢？"

"今年我也回。对了，我老公有两个单身的朋友也和我们一起回去，到时候介绍给你。"

乔莉想起上次那个在小王府 AA 吃饭、为五分钱找来找去的男人，咯咯笑了："你又给我介绍男朋友？"

"拜托你也好好打扮打扮，"方敏道，"上次那个朋友回来说了，你长得还行，就是穿得太不入流了，一点都不时尚，我说你也是 IT 行业的小白领，有点时尚感好不好？"

"我哪有时间，"乔莉道，"比不了你这个在家当阔太太的。"

"神经病，我算什么阔太太，一年也就买三个 LV 的包。不跟你说了，到时候见。"

"好，拜拜。"

乔莉收了线，抿嘴一笑，在顶楼站了一会儿，她硬生生地把午餐后的困意给打发了。稍稍活动了一下,又要开始工作了,她拔腿下了楼,回到了办公桌。

"嗨,安妮,"她刚刚坐下,瑞贝卡就到了,"你上哪儿去了?我刚才都来过一次了。"

"我吃饭去了,怎么没打手机?"

"我想找你呗,"瑞贝卡道,"明天我和翠茜要先去石家庄,你们是不是后天就过来?"

"是啊。"

"我有好多材料,明天实在拿不了了,你帮我带一下吧。"

"好啊,"乔莉道,"材料在哪儿?"

"在我那儿,挺沉的。"

"我帮你拿吧,"乔莉想了想道,"有没有明天要用的?别耽误了。"

"没有。"瑞贝卡笑了笑,起身要走,乔莉又叫住了她:"我有样东西给你。"她打开抽屉,拿出一个精致的胸针,递给了瑞贝卡。

"你这是……"瑞贝卡奇怪地看着她。

"如果我没有记错,"乔莉道,"明天是你的生日,Happy birthday!"

"安妮?!"瑞贝卡又惊又喜,"你记得我的生日?"

"记得,摩羯座女生,"乔莉笑道,"你以前说最喜欢天鹅图案,所以给你买了这个。"

"谢谢!"瑞贝卡拿着胸花,心里说不清楚什么滋味,想不到这个看起来心气特高、讲话做事处处强硬的乔莉,也学会拍马屁了。这就叫世道,现在自己已经不是小小的市场助理,而是市场部的正式员工,整个石家庄的市场活动,除了薇薇安,就是她拿大头了。自从确定了石家庄的市场活动方案后,乔莉就像换了一个人,有事没事和她聊天,还经常约她去吃午饭。这一段时间市场部忙翻了天,确定场地、人员,印请柬、材料,请客户、专家,等等等等。乔莉除了晶通的客户,还帮着请了不少电子行业的相关专家、政府主管部门官员与相关企业负责人，每天翻资料打电话，跑前跑后忙得不亦乐乎，她这么拍自己马屁，无非想着把活动做好，可以顺利拿下晶通而已。想她以前一副公事公办的职场精英派头，想不到也是个为五斗米折腰的小人。瑞贝卡心中暗自嘲笑，但是表面上还是一副高兴的模样，俗话说伸手不打笑脸人，何况自己现在还升了一级，再说想整她，有的是机会和手段，犯不着落在面子上。瑞贝卡微微一叹道："可惜明天我要在路上过生日了。唉，像我这样的人，也无所谓什么生日不生日，天天打工，不知道什么时候是尽头。"

"你这么有才干，转市场不到半年就升了一级，还说没有尽头，"乔莉道，"我看你是春风无限呢。"

"哎呀哎呀，"瑞贝卡心中不免得意，笑道，"你什么时候变得这么会说话了。哎，安妮，你不会恋爱了吧？听说恋爱的女人心情特别好，嘴特别甜。"

"哦，"乔莉道，"我以前嘴不甜吗？"

"你？"瑞贝卡道，"你那嘴倒也算甜，不过浑身上下的味道嘛，却是酸的。"

"好啊，"乔莉道，"嫌我酸，明天我不帮你拿东西了，你另外找搬运工吧。"

"别价啊，"瑞贝卡道，"你反正有人追求，叫他帮你搬吧。"

乔莉知道她暗指刘明达，微微一笑，没再多说。瑞贝卡拿着胸针走了，乔莉望着她轻轻扭动的身体，轻轻舒了一口气。为了石家庄的电子行业大会，这一个月可把市场部，顺带着把戴乐整个公司的人，还有自己折腾惨了。几百个人的大会，要想面面俱到，真是不容易。幸好这一段时间晶通方面只需要打打电话，王贵林正在忙晶通的改制，偌大的企业，一方面清产核资、审计评估，另一方面要确定一个合适的方案，忙得也是人仰马翻，就连陆帆前两天去石家庄，都没有见到王贵林和于志德，更不要说她这个小销售了。不过他们对赛思中国的电子行业解决方案峰会，还是非常重视的，不仅王贵林、于志德、方卫军和厂里一批技术骨干要来，就连省和市里的相关领导都要来参加。这个市场活动对晶通业务的发展有着深远的影响，乔莉不敢有丝毫马虎。不要说瑞贝卡让她拿东西，就算指着她的鼻子说几句难听话，她也不会像之前那样针锋相对了。她不能拿晶通业务和自己开玩笑，即使瑞贝卡不敢在这个案子上有任何疏忽，乔莉也不想因为一时的意气用事，坏了公司的大事。

她还不太习惯用这种方式讨好身边的同事，但是已经努力在做了。这一个月，她有意地接近各个部门的同事，经常约了一起吃饭聊天，有时下班正好碰上有空的女同事，还能约了在公司附近的街道小逛一会儿。渐渐地，她听到了许多以前不知道的消息，比如薇薇安一直没有结过婚，她今年已经三十七岁了，现在在追楼下一家外企的台湾男人，那男人只有三十五岁，看起来非常年轻，薇薇安一到吃饭的时候就会约他；施蒂夫在香港有两个儿子，成绩都特别好，他的太太长得非常漂亮，是个中法混血儿；何乘风的孩子都在美国，一儿一女，女儿生了个外孙，他特别喜欢那个孩子，随身带着那个孩子的相片；欧阳贵坐牢的那段历史几乎无人了解原因，听说他一直在资助几个牢友的生活，不知是真是假；陆帆的前妻戚萌萌，是个十分疯狂的女孩，陆帆认识她的第一天就被"镇"住了，晚上打了两千块钱的车带着她围着北京城，从六环一直转到二环，又从二环一直转到六环；狄云海以前在美国有个女朋友，不知为什么那女孩不肯回来，也不知道现在到底是单身还是有女朋友；周祥最近在追翠茜，听说两个人关系挺火热的；瑞贝卡的男朋友一直不肯和她结婚，也不肯和她分手，两个人就这么僵着；琳达表面上一个人，实际上已经成了欧阳贵的情妇，欧阳贵帮了她不少忙，自从公司换老总之后，没有一个销售能完成业绩，只有她一个人超额，跟着她的售前刘明达是大大地赚了一笔奖金；刘明达的父母一直向他逼婚，他整天说着要买房，听说已经在东边看好了，只等着房子降价……

天啊，乔莉从不知道，原来公司里的人这么喜欢八卦，而且每个人说起来都是那么津津有味，各种小道消息每天都在办公室里飞来飞去，包括谁谁谁发了一个什么样的邮件，都能传得满天下都是。乔莉想起自己几个月前发邮件状告施蒂夫，每天还安安静静地坐在办公桌前，谁知道那会儿在公司传成什么样子了。难怪这段时间，她一找其他部门的同事，有时候根本不在一个楼层的，别人也说："啊，你是安妮啊，我知道你啊……"

乔莉在八卦中逐渐向职场的老油条方向靠拢，每天在网上看那么多八卦还不够，公司内部也要传递各路小道消息，这真是有违老乔的训导。老乔在机关多年，自幼教乔莉祸从口出的道理，不仅不要传是非，更要躲是非，想不到，在公司里八卦倒成了人与人沟通的巧妙手段。乔莉不愿意讲是非，但是又不能只听不讲，逼不得已，她找了不少网上乱七八糟的八卦，时常和大伙交换一下信息。幸好今年流年不利，开年第一个月又是雪灾又是香港艳照门，她倒也不缺话题。

八卦真是个好东西，它让乔莉一下子觉得周围所有的人都生动而立体起来，大到何乘风、欧阳贵、陆帆等，小到刘明达、瑞贝卡、翠茜等，反正他们都不再是职场中一个职位代号，而是一群活生生的人，由烦恼、欲望、失落、无奈等等组成，每每想到这儿，她就觉得生活是美好的，工作是有乐趣的，人生总是能通过别人的不幸找到自己的幸福（注：此话是翠茜的名言，目前正在被传为公司经典语录之一）。

她目送瑞贝卡离去后，又趴在电脑上干活了。一个电子行业解决方案峰会，为了请专家，光是北京的几大高校她就找遍了，还有一些大企业负责人和政府官员，她是不遗余力地找各种关系和他们联系，一遍又一遍确定能不能来。按照道理，这活不应该她干，交代给市场部就行了，乔莉却揽了过来，她觉得既然晶通身在电子行业，她就要尽最大力气去了解电子行业，哪怕有一点机会拓展行业内人脉，她都不能放过，谁知道什么时候,某个电子行业专家会对晶通的人说起赛思与 SK 的软件到底哪个更好呢?

电话响了,是陆帆,乔莉放下手边的活,来到他的办公室。陆帆正在发邮件,几分钟后邮件完成了,陆帆道:"你赶紧回去收拾一下,今天晚上赶到石家庄。"

"什么事?"乔莉吃了一惊。

"有消息说晶通的工人在政府门前静坐,这事不知真假,而且听说他们把王贵林和于志德的家给围了起来。你赶紧去一下,尽量不要暴露身份,看看事情的进展,"陆帆像是说给乔莉听,又像是说给自己听,"不能让它影响我们的市场活动。"

"陆总,"乔莉问,"这事儿和我们市场活动有关系吗?"

"我现在不知道,你尽快赶过去。"

"好,"乔莉站起身,"后天你们按计划去石家庄吗?"

"怎么了?"

"瑞贝卡让我帮她带一箱资料,我不知道今天要走,就答应她了。"

陆帆看了她一眼:"你把资料交给云海,他会帮你的。"乔莉嗯了一声,刚要出门,又被陆帆叫住了,"不要让任何人知道你提前去晶通,除了云海。"

乔莉应了一声,走了出去。她先来到市场部,把瑞贝卡的一箱资料拿过来,悄悄交给云海,云海似乎已经知道她要提前去石家庄,并没有多问,当听说这是她帮瑞贝卡拿的东西时,云海微微一笑,似乎在表扬她知道和气生财了。乔莉匆匆赶回家,把出差要用的东西拿好,又把会议上要穿的衣服装好,提着行李便出了门。

她匆匆赶到火车站,买了张票等在原处,一个小时之后,她上了车。等严冬的夜晚降临的时候,她已经站在了石家庄的马路上。她打了一辆出租,直奔宾馆,到了宾馆她放下行李,看了一眼时间,现在是九点半,她顾不上吃东西,把东西简单地收拾了一下便出了门,走进了晶通的家属区。

这里和陆帆说的并不一样,一切都是那么平静,住在这里的人们有进有出,还有老人带着小狗在小路上慢悠悠地走着。她走到王贵林家的楼下,也没有以往看见过的围观的人群,楼上那扇窗户里亮着灯光。她又走到于志德在晶通的房子楼下,也没有围攻,楼上不见灯光,听说于志德经常住在他夫人分的房子里,很少回晶通,看来家里没有人。

乔莉回到宾馆,给陆帆打了电话,陆帆也有些惊讶,难道李才厚的消息有错吗?他为什么要给自己一个假消息?他想了想,道:"你明天一早再去看一看,再到省政府门前去看一看,有情况立即给我打电话。"

"好。"乔莉挂上电话,洗漱了一下之后便躺倒在床上,坐了三个多小时的火车,真累。她把手机闹钟调到七点,想想又改到六点,然后盖好被子,不一会儿就睡着了。

第二天一早,她穿着羽绒服,围着厚厚的围巾,戴着一顶毛线帽,全身上下捂得只露出一双眼睛,又走进了晶通家属区。

进了门,和昨天晚上没有什么两样。她又朝前走,还是很平静,因为时间很早,天气又冷,连晨练的人都很少遇见。她来到王贵林家的楼下,楼与楼之间的空地上更是空无一人,她站了一会儿,觉得目标太大,便走进楼道里。现在给陆帆打电话还太早,要是回宾馆她又不放心,她一边轻轻呵着气,一边决定就这么等一段时间,看看会不会有什么新的情况。

楼上传来轻轻的脚步声,她朝里躲了躲,两个男人一前一后从楼上走下来,他们穿着厚厚的棉衣,走路的动作很小心,似乎不想发出太大的声音。他们到了楼下之后,没想到楼道还站着一个人,两个人都愣了一下,同时打量着乔莉。乔莉低下头,大约她穿得太普通了,又戴着帽子围着围巾,两个男人没有认出她,只瞟了一眼便走了过去。但是乔莉已经认出了他们,她不知道他们的姓名,但是上次她来这里,工人们围在这座楼下的时候，正是他们保护着王贵林下了楼，走在前面的那个人还和她说过话，通知她去王贵林的家里等王贵林。

乔莉看了看手表，六点四十分，什么工作要这么早谈？她更不敢轻易离开了，一边尽量小声地跺着脚，以驱除身上的寒气，一边耐心地等待着。

楼道外的空地上有人行走了，她听见二楼又有开门的声音，一个老太太搀扶着一个老大爷走了下来，老太太道："这么冷你就不要去了，回头把你冻着。"

"我要去，"老大爷固执地道，"人多力量大。"

乔莉听着这话中有话，先躲在楼道外，等他们出了楼梯口，上了小马路，这才远远地跟着他们。两位老人慢慢地在路上挪动着，老大爷似乎身体不大好，行动甚是不便。渐渐地，路上的老人越来越多，等到了家属区门口，已经差不多有六七十位老人了。

他们都穿着厚实的冬衣，有的背着包，有的背着水壶，还有的手里拿着一卷红色的布，乔莉不知他们要去哪儿，这是旅行还是游行？她只得远远地站着，而这时，围观的人们也多了起来，还有人上前给老人递早点、倒热水，看样子似乎是家里的人。

"他们这是去哪儿？"乔莉看旁边有个小保姆模样的女孩，问。

"去省政府大门口，"女孩冷得缩着脖子道，"今天是第三天了。"

"为什么？"

"俺也不知道，"女孩道，"听说上面人要把厂子卖了，还说要把这些房子都卖了，他们害怕了，就去找领导。"

"卖厂卖房？"乔莉不明所以，"你听谁说的？"

"都这么说，"女孩道，"俺家主人说这附近的房都要五六千呢，这块地值一大笔钱呢。"

乔莉估计她说的是五六千一平方米，遂点了点头。接着一辆大客车缓缓地驶了过来，老人们排着队，一个挨一个上了车。乔莉惊奇地问："他们还租了车？"

"哪儿呀，"女孩道，"是厂里配的，厂里说老职工们身体不好，不能让他们冻着摔着。"

乔莉觉得这事儿似乎不那么简单，职工闹事，阻止还来不及，干吗又是配车又是买早点？她走到门外，等老人们都上了车后，打了辆出租车跟在后面。果然，这车静悄悄地驶到了省政府门前，老职工们依次下了车，又有两个年轻人跟下来，给每个人发了一个小的折叠板凳。老人们在政府门前的空地上排队坐好，第一排的人拉出一个红色的条幅。乔莉下了车，走到近前一看，只见条幅上写着：支持工厂合理改制，请求政府保护家园。

乔莉轻轻吸了一口气，这话说得可真有水平。第一，你不能说工人不支持改制，他们只是要求合理改制；第二，合理改制的目的是为什么？是为了保护家园，保护什么家园？不就是晶通家属区的房子嘛；第三，有了这两句话，有了这些为了工厂辛苦一辈子的老员工，你还真不能给工人随便戴闹事的帽子，只能说晶通的工人们对改制有一定的希望，并且把希望寄托给了政府与党，只不过是用了一点过激的手段表达自己的心声。

这事儿办得不硬不软，不合法理但合情理，不能说全对也不能说全错，真是打也不是骂也不是，只能慢慢规劝，这劝来劝去，也不能没有一个说法。她联想起早上下楼的两个人，直觉这事情没有那么简单，难道工厂真的没有办法说通这些老员工？抑或就此可以和政府大叫撞天屈，把一些实际的要求落到实处？

这真是不早不晚，正好赶在赛思中国的市场活动这个关口上，对这次活动确实有一定的影响。但是乔莉又觉得，问题的症结并不在这个上面，到底问题出在哪儿，她也说不清楚。她默默地站在不远的一条人行道上，此时太阳渐渐地高了，地面的寒气退去了一些。她走到一个早点摊前，买了杯豆浆，就着寒冷的空气喝进了肚子里。

后天就是电子行业解决方案峰会的开幕式，晶通工人这样静坐请愿，王贵林、于志德还能来吗？还有省市的相关领导能来吗？乔莉心烦意乱，身上冰冷，额头却沁出一点汗意。她取出手机，走到僻静处，拨通了陆帆的号码："喂，陆总，我现在在省政府门前。"乔莉把清晨的经过详细地说了一遍，陆帆听着听着，心情沉重起来。这究竟是怎么回事？是晶通内部的问题，还是SK在搞鬼？

"你继续在那儿盯着，"陆帆道，"我们保持联系。"

陆帆放下电话，默默地想了一会儿，怎么回事，怎么会出这样的事情？他皱着眉头，给何乘风打了电话，何乘风听完之后道："弗兰克，我刚刚接到美国方面的通知，我三天后要去圣何塞（San Jose），晶通的事情我暂时不能帮你，但是我可以给你一个人的电话，他是我们在SK的眼线。"

"老板，"陆帆预感不好，"为什么突然去美国？"

"该来的总要来，"何乘风笑道，"施蒂夫不是去了美国不久吗？美国人总是不能放心，总得召见我一下。还有，我们的销售业绩这一段时间一直在滑坡，可是市场费用却在增加，施蒂夫估计做了不少文章。"

"那雷小锋……"

"暂时不要轻举妄动，"何乘风道，"弗兰克，我知道你这段时间非常辛苦，也知道这个峰会对晶通业务的开展非常重要，我对我这个时候要去美国感到非常抱歉。"

"不，老板，"陆帆感动地道，"应该是我很抱歉，没有在最短的时间打下晶通。"

"这不能怪你，晶通改制不可能在几个月内完成，但是我们想完成这个项目，就要把美国人应付过去。这次市场活动，你要尽量挑起雷小锋与市场部的矛盾，你明白吗？"

"我明白。"

"SK内线的身份,你要谨守秘密,不管对任何人,你都要保密,不管那个人是欧阳贵还是云海,你都要保密,就像我之前那样,对你、对任何人都在保密。"

"我明白。"陆帆感到美国方面的压力有点超乎寻常,否则何乘风不会把这条线交给自己。看来,石家庄的市场活动,要靠自己了。何乘风又道:"其他有什么情况,你可以和欧总和杰克多多商量,有事随时可以给我短信,只要我方便,我会给你回电话的。"

"好。"

"你记住,政府方面SK也有很深的资源,同时他们很擅长大阵仗的作战方式,所有表面的阳谋都是他们擅长的。汪洋这个人非常喜欢出风头,而且心高气傲,他不可能动用力量去支使工人闹事,拖后腿使绊子,都不是他喜欢的,付国涛一直是汪洋的好助手,两个人的性格非常相似,我感觉石家庄的这件事情不一定和SK有关。如果是晶通内部矛盾,又安排在这个时候,我们就要小心了。不管怎么样,SK和晶通你都不能放松,还有瑞恩,也要保持警惕。"

"放心吧,老板,"陆帆道,"我会谨慎处理的。"

"SK那个人会主动联系你的,"何乘风道,"你要小心把握,要充分地信任他,又要充分地不信任他,要无限地对他好,又要无限地对自己有利,你明白吗?"

"明白。"

"对他你要十分小心。还有周祥,如果这次峰会与SK短兵相接,就可以让他出场了。"

"好。"

"我三天后出发,这两天还要组织两三个可靠的人准备资料,我想抽调云海跟我几天,石家庄那边就不让他去了。"

"好的。"

"弗兰克，"何乘风笑道，"我去对付美国人，石家庄就交给你了。"

"好的。"

陆帆放下电话，心中一喜一忧，喜的是何乘风判断工人事件与SK无关，凭他对SK的把握，应该十分准确，而且他把SK内线交代给了自己，这对他日后与SK兵戎相见大有帮助；忧的是美国人不知道会怎么对待何乘风，而晶通，为什么又要在这个时候搬出老职工大提意见呢？

陆帆还有一件事情百思不得其解，晶通为什么要支持工人"保护家园"呢？不走房地产曲线救国，七个亿的资金又必须保证工人利益，试问晶通如何在企业改制初期获得大笔资金，用以技术改造？不技术改造，凭借它现有的技术力量，又如何在电子行业中打开新局面呢？

在陆帆看来，晶通对工人的支持无疑是一种自杀行为，一个人要自杀的原因多种多样，但落在心理层面，无非是觉得活不下去了。晶通改制虽然困难重重，但是大好前景正摆在前方，要不然，赛思与SK也不会为此杀得你死我活、难解难分了。它为什么要这么做？是王贵林妒忌于志德，要赶在下台之前把晶通的后路搞垮，还是另有隐情？

不管怎么说，这都给赛思的电子行业解决方案峰会蒙上了一层阴影，陆帆感觉很不舒服，但是他的本领再大，也不能控制另一个企业的另一群员工，他只能做好分内的工作，只能寄希望于尽自己最大的努力，如此而已。

乔莉坐在人行道边的一张板凳上。退休职工的请愿到中午十一点准时结束，没有喧哗，没有骚动，时不时还有政府工作人员从里面出来，给老人们倒开水，一切都是那么井井有条。到了十一点，老人们收拾好自己的东西，上了大汽车，乔莉打了辆车跟在后面，就见这一行人又回到了晶通家属区。

到了家属区大门前,老人们逐一下车,有些行动不灵便的,还有亲属在门前接,没过多久,老人们便散去了,只剩下走路、骑车的各色行人进进出出。乔莉有些恍惚,这事儿如不是亲眼所见,她还真有点觉得像做了一场梦。她匆匆赶回宾馆,给陆帆打了个电话,陆帆让她原地待命,她实在无事可做,便待在房间里发愣。她觉得事情有些可疑,到底什么地方可疑,她一万个想不明白。

乔莉觉得心里像被什么东西横着,上下一口气连接不通。事情肯定不对了,她异常困惑,坐在沙发上呆呆地想着,时间一分一秒地过去,她的大脑像连续开动的马达,在晶通这张混乱巨大的地图上移动搜寻着,想找出那个可疑的黑点。

就在乔莉面对着宾馆房间的床和写字台度过中午时光的时候,陆帆正在准备明天去石家庄的资料,他仔细地整理着,不想错漏一个文件和一张纸,这时有人敲门。"进来。"陆帆道。云海拖着一个大皮箱从门外走了进来。

"这是……"

"这是安妮答应帮市场部的人带的资料,她要提前去石家庄,托给我了,"云海道,"但是我明天走不了了,何总让我加班写个东西,我也不敢托给其他人,只好交给你。"

陆帆看着地上的大皮箱,苦笑了一下,点了点头。

"恭喜你呀,"云海呵呵一乐,拍了拍箱子,"捡了个'大便宜'。"

"都是你教的,"陆帆佯装生气,一撇嘴道,"这种活也要帮别人,我们是搬运工吗?"

"谁教的呀?"云海笑道,"我才没那么笨呢,这活儿要是托我,我早推了。"

"她要么是少林拳,要么是好人到底。杰克,你什么时候教她打打太极。"

"太极拳可不好打，"云海道，"她要是学会了，你这个老板就要头痛了。"

两个人有说有笑，但是眼里的神色并不轻松，一来石家庄活动受到干扰，二来何乘风突然被美国总部召去，恐怕赛思内部的斗争要逐渐明朗。从何乘风接管赛思到现在，销售业绩一直呈下滑趋势，美国总部嘴上一再强调管理，但只要你不赚钱，就说明你一切都是错的。

陆帆道："杰克，何总通知你了吗？"

"通知了，"云海苦笑一声，"我这个'便宜'也不小。"

"晶通也出了点问题。"陆帆把乔莉看到的情况说了一遍，狄云海皱起了眉："还有这种事？"

"你说会和SK有关系吗？"

"应该不会，"云海道，"SK可没有这个本事，这事儿不像他们干的。"

"我有点放心不下，"陆帆道，"这段时间一直在忙峰会的事情，SK那边一直没有任何动作，他们不会什么都不做吧？"

"虽然我们和SK都很重视晶通，但是我觉得SK不见得会有我们这么拼命。听说去年一年，他们的业绩涨了20%，汪洋和付国涛现在都是SK的大功臣。再说，付国涛这个人你很熟悉，他做事喜欢做得漂亮，发动工人群众可是件苦差事，而且也没有什么规律可掌握，这不像外企做事的风格，更不像SK和付国涛能做出来的。"

"我也是这么想，可他们什么都不动，我反而很担心。"

"他们不一定什么都没动，你可以问问何总，他有线人。"

陆帆点点头。云海想了想，慢慢地道："他们不动，我们可以动嘛。"

陆帆眼睛一亮，盯着云海，云海的意思明明白白写在一张微笑的脸上，他的皮肤虽然没有陆帆白，但是红润，透着明亮的色彩。陆帆一下子想到了对付SK的办法，不禁笑道："你真是太有才了。"

"哈，谢谢，"云海道，"现在有才的人要去干活了，你不要忘记了资料"。

"没有问题。"陆帆微微一笑，把皮箱推到屋子一角，后天去石家庄，如按云海的妙计，还有许多活要干。不过，这一切都必须等到何总的"线人"现身之时。

陆帆已经很久没有这样等过一个人的电话了。还是和戚萌萌恋爱的时候，他是真正体味到手机铃声一响，立即心跳加速的感觉。那时候戚萌萌一天要打七八个电话，早晨起床要打，中午吃饭要打，快下班了要打，下班了要打，大多数时候，都是她在说，陆帆在听，她叽叽喳喳的声音从手机那边不停地传过来，而且，她可以在任何情况下毫不顾忌地说出我爱你。有一次两人逛街，她希望陆帆说出这三个字，陆帆有点不好意思，她居然惩罚陆帆站在商场中央，然后走到十步远的地方，对着他大叫："弗兰克，我爱你！"

陆帆现在回想起当时自己站在商场中央，被所有的人盯着看的情景，都觉得耳根微微发热。和戚萌萌在一起，生活永远不会枯燥，自从两个人分开之后，他再也没有等待的感觉，对无休无止的探讨工作的电话甚至有一丝厌烦，然而今天，对SK内线的好奇心，还有对付国涛与薄小宁进一步动作的好奇心，都让他对这个电话充满了激情。他从中午一直等到下午，又从下午一直等到晚上，电话没有响，他时不时地看一眼手机，看看上面会不会有短信，然而收信箱也是空空如也，他又不好意思去催何乘风，只能在忍耐中等待着。

大约晚上十点半的时候，手机响了，他立即拿了起来："喂。"

"大帆，是我，萌萌。"

"哦，萌萌，是你呀，"陆帆道，"这么晚了，有事情吗？"

"我有一件事情很困惑。"

"怎么了？"

"你说，像我这个年龄适合当妈妈吗？"

陆帆一愣，心里泛起一丝复杂的东西："你怀孕了？"

"我也不知道，他催着我生小孩，可是我觉得生了小孩我就不能享受生活了，你是知道的，我不喜欢孩子。"

"有了孩子你就会喜欢了。"陆帆想起两人当初在婚姻中时，也曾经为了孩子问题大吵过一架，他希望有个孩子，而戚萌萌对此心怀恐惧，现在想起来，如果有了孩子，也许两个人就不会离婚，或者也未必，有了孩子离了婚，大人和孩子都更加痛苦，"我相信你会是一个好妈妈。"

戚萌萌长叹一声："又过了一年，我都二十九岁了，也许是应该生个孩子了，可是你也知道，现在公司里三十多岁没有孩子的多得是。"

"你现在不是不上班吗？"陆帆道，"正好有时间。"

"不上班也没劲，"戚萌萌道，"我要他给我开个咖啡厅，他说有了孩子就可以开，本来是想和他大吵一架的，结果，唉，我可能真的怀孕了。"

"恭喜你啊，萌萌！"陆帆脱口而出，声音中的真诚与祝愿连他自己都愣了一下，难道自己对她真的只剩下美好的祝福与平静了吗？戚萌萌闻言似乎也一愣，过了良久，她略带伤感地道："谢谢你啊，大帆。"

两个人默默地挂上电话，陆帆觉得有点不知所措，他走到床边找出一支雪茄，点了几次方把烟点着。今天晚上因为戚萌萌的怀孕让一切变得有些飘忽不定，既有一分温暖，两分感叹，还有三分淡淡的酸楚。也许对他们来说，离婚与再嫁，都没有切断两个人之间似有若无的纽带与绳索，而怀孕，却让他们都回到了现实：一个人真的离开了，要为另一个男人生孩子，而一个人还在原地，并且再也等不到她的归来。

叮——手机响了，陆帆看了一眼，是个陌生的号码，但是他心中鼓不起激动，平静地道："喂。"

"喂,"电话里传来一个细声细气的女孩的声音,陆帆有些不敢相信,又看了一眼号码,的确是个陌生人,"请问,是陆总吗?"

"我是。你是……?"

"是何总让我找您的,"女孩道,"如果有时间,我们见面谈一下吧。"

"好!"陆帆不假思索地道,"你现在有时间吗?"

"现在?!"女孩一愣,"现在有点晚吧。"

"事情重要,所以我想现在见面谈一谈,你约个地方吧。"

"我住在北大附近,这里有个咖啡厅,叫七月七日晴,你方便的话就去那儿见吧。"

"好,我开车过去,大约需要四十分钟。"

"嗯。"女孩轻轻地答应了一声,挂断了电话。

怎么会是个女孩呢?陆帆既好奇又惊奇,虽然公司里男女都一样,女强人更是层出不穷,但对于商业间谍这么冒险的事情,他从一开始就认为这是个男人,要么是个初入职场的小子,要么是个老奸巨猾的油条,他唯一没有想过这会是个女孩,而且有如此纤细温柔的声音。陆帆驾着车,沿着四环向中关村方向飞奔,半个小时后,他便找到了七月七日晴咖啡厅,这名字起得够怪,环境布置得却很温馨。陆帆拿出手机,上面有一条短信:我在21号包间。

陆帆走进去,由领座小姐把他带到21号包间,其实就是用半截的帷幔将它与外界隔了一下。领座小姐拉开门帘,一个穿着灰色毛衫的女孩坐在里面。陆帆点点头,她也点了点头,陆帆觉得她的气色十分不好,似乎正在病中。

"我点了一壶咖啡,陆总要什么?"她微微一笑,柔声问。

"我加个杯吧,"陆帆道,"你点的什么?蓝山吗?"

"是牙买加蓝山,"女孩一边说一边给陆帆倒了一杯咖啡,香气立即溢了出来,"这个咖啡店虽然名气不大,但是口味非常好,尤其是牙买加蓝山，虽然够不上极品，却是我喝过的最好的蓝山。"

陆帆有点不适应，他不太能把眼前这个瘦弱的女孩和SK内鬼联系在一起，他轻声道："你在SK做什么呢，可以介绍一下吗？"

"我是一个销售，我的中文名字叫车雅妮，英文名字叫妮妮，"车雅妮掏出一张名片递给陆帆，"你就叫我妮妮吧。"

陆帆看了一眼名片，是销售经理。他稍微调整了一下："你这么年轻，当年何总离开SK的时候，你还在读大学吧？"

妮妮微微一笑："陆总，打听女士的年龄似乎有点不妥。"

陆帆知道她不想多说和何乘风之间的关系，又问："你在SK做了几年了？"

"两年。"

陆帆想了一下，两年前汪洋已是SK的总裁，而付国涛也已是销售总监，那么，她应该是付国涛一手招进去的，他端起咖啡喝了一小口："你们付总的脾气现在怎么样了，有没有变得温和一点？"

妮妮看着陆帆："他的脾气没有变，和你一样喜欢转弯抹角。"

陆帆呵呵笑了，这个妮妮表面文弱，说起话来却很不一般，他又喝一口咖啡："这里的蓝山味道确实好，谢谢你的推荐。"

妮妮不再说话了，慢慢地品着咖啡，陆帆觉得她的性格有点奇怪，这似乎是个非常内向的人，怎么会变成销售，又怎么会变成商业间谍呢？虽然各个公司都有这样的人和事，但这毕竟是一种冒险，是要负法律责任的。

"付总现在在忙什么？"

妮妮放下杯子，从包里取出一个U盘："这是他们最近的市场计划，还有关于晶通的一些邮件。"

"除了晶通之外，他还忙什么？"

妮妮一愣："还有两家企业是付总总负责，一家是BTT，还有一家是 KJ。"

"他们想买什么方面的软件呢?"

"一个是关于购物管理方面的,一个是关于生产管理方面的。"

"薄小宁目前除了晶通,还有什么其他的客户?"

"他除了晶通,就是 BTT,其他没有什么了。"

"BTT,"陆帆道,"这次盘子有多大?"

"差不多七千万吧,"妮妮道,"他们是我们的老客户了,那家公司的人事经理和付总是校友,人事经理又是总经理的亲信。怎么,赛思对 BTT 也有兴趣?"

"BTT 目前的案子已经到什么程度了?"

"快签约了吧,"妮妮疑惑地盯着陆帆,"他们忙了大半个月。"

陆帆点了点头:"我们的销售周祥,和付总见得怎么样?"

"他们谈得不错,但是具体到哪一步,我就不知道了。"妮妮微笑道,"周祥很不喜欢你,说你妒忌下面人办事有能力,只喜欢一无是处的小销售。"

"是吗?"陆帆淡淡一笑,"他还说了什么?"

"他说,你和下面的销售关系非同一般,有个叫安妮的……"妮妮看了他一眼,嘴角微微往上一翘,"进了销售部就成了你的情人,你一直在帮她,晶通就安在她的头上。"

陆帆呵呵乐了:"你信吗?"

"我信,"妮妮的眼睛突然闪出一分亮光,"这年头,谁会白白帮谁?"

陆帆的笑容依然继续,心中的笑意却停住了:"兔子不吃窝边草,我怎么会嘛。"

"现在时代变了,"妮妮慢慢地拿着小匙,在杯子里搅着,"兔子专吃窝边草,男男女女,销售没有一个干净的!"

陆帆觉得这话耳熟,猛然想起来,这是戚萌萌的论调。当年她不喜欢自己做销售，闹着让自己创业，创业失败了，他的婚姻也完蛋了，戚萌萌到底嫁给了一个在她的定义范围内属于成功范畴的男人。

陆帆觉得周祥把这种论调传到SK也好，这样至少会让付国涛小看自己，小看了赛思团队扑在晶通上的人力："妮妮，你能弄到和BTT相关的资料吗？"

"能啊，"妮妮看着陆帆，"你要这些做什么？"

"我有用，"陆帆道，"明天中午之前能给我吗？"

"好吧，"妮妮放下小匙，"我尽力帮你找找。"

陆帆看了一眼时间，妮妮道："很晚了，你回去吧。"

陆帆一愣："你不走吗？"

"我想再坐一会儿。"

陆帆看她脸色阴沉，似乎非常不悦，不禁有些奇怪："妮妮，你没事儿吧？"

"没有，"妮妮心不在焉地道，"再见。"

陆帆猜不透她的心情，礼貌地告辞了。他来到吧台，结了账后悄悄离去，现在差不多快午夜一点了。他回到家，赶紧打开电脑，把车雅妮给的U盘打开了，里面有不少关于晶通项目往来的邮件，还有一份SK针对晶通的市场活动方案，以及邀请晶通相关人员出国考察的议案。陆帆仔细地看着，其中有一份邮件非常有意思，是付国涛发给所有销售人员的，大意是说SK一向善于团队作战，此次晶通项目虽然落在薄小宁的头上，但是每个人都要关心这个案子，有力出力有人出人，力保SK拿下这个大单子；还有一封邮件是薄小宁发给付国涛的，大意是说SK在对待晶通的问题上，只重视政府关系与大量的宣传，却没有把具体的事宜落实到人上，建议应该多亲近于志德，有些事情最好可以先决定，而付国涛的意思是，不要急于谈条件，要等赛思先开口，等了解清楚赛思的动向之后，再看晶通的改制速度，然后慢慢地谈妥条件。

陆帆越看越有精神，看来付国涛与薄小宁之间，并不像他看见的那样，是牢不可破的铁关系，两个人的沟通有一定的问题。付国涛还是老滑头，既要用人，又要用竞争的方式去挤压下属，这种榨油的方式在日常工作中不是没有效果，可是用在薄小宁身上，似乎有点不妥。而薄小宁显然有点着急了，但是他的经验不足以全盘对待晶通这个项目，而付国涛给他的支持就是这些官方口吻的邮件和发动群众斗群众吗？

另一件事情是这些邮件与方案，都是付国涛本人非常机密的东西，车雅妮是如何拿到手的？难道……陆帆联想起她对自己与乔莉个人关系的评价，想她是不是在情感上和付国涛出了什么问题？女人通常会这样，欠了她们的钱财和物品都还好说，若欠了她们情债，只怕你用什么都赔不清了。

这样折腾到大半夜，他实在困了，倒在沙发上睡了三个小时，便又醒了。今天要找欧阳贵谈一谈，从去年年底到现在，欧阳贵一口气签下几个大单子，这多少会让何乘风的美国之行减轻不少压力，但是，他还是希望这位副总大人能多转点精力到晶通上来。陆帆皱着眉头，一会儿想SK，一会儿想赛思，一会儿又想到晶通，这样躺到八点，他先给乔莉打了个电话："安妮，市场部的人今天就到石家庄了，你继续留意晶通的情况，不要公开露面，等我明天到了再说。"

"好的，杰克和你一起过来吗？"

"他有点事，要再等一天。"

"这样啊，可是市场部的同事托我带的东西，我交给他了。"

"我帮你带过去。"陆帆道，"你昨天下午忙什么了？"

"我到家属区里转了转，大家都说王贵林给省里提了一个非常好的方案，工人们都希望他当晶通改制后的一把手，于志德似乎没有什么民心啊。"

"什么方案？"

"主要是关于职工住房和用工这方面的,具体我也没有看见,但是晶通的工人们很关心这件事情,随便问个人似乎都知道。"

"我知道了,"陆帆道,"再联络。"

陆帆翻身起来,洗了个澡,收拾好东西,开车来到公司。时间还早,他准备了一会儿材料,又去休息间喝了杯酸奶。突然,手机响了,他拿出一看,是车雅妮的号码,上面只有五个字:邮件已发出。

陆帆连忙回到办公室,打开电脑,里面有一封从新浪邮箱发来的邮件,全部是BTT的资料,包括和BTT的联络邮件,还有针对BTT的相关活动。陆帆对了一下时间,基本上赛思在忙石家庄电子行业解决方案峰会的这段时间,付国涛虚晃一枪,又去搞了BTT。看来,周祥没少把这边的消息透露过去,知道他们这段时间在做桌子上面的动作,所以懒得理会。

他看完邮件,又拿出手机,搜索了一下车雅妮的手机号,网页上显示的是天津的动感地带,陆帆微微一笑,她倒是很谨慎。想到这儿,他把车雅妮的手机号存了一个名字:李小姐。

现在时间已差不多快十点了,他把BTT的邮件内容复制了一部分打印出来,然后给欧阳贵的办公室打了个电话,欧阳贵又沙又尖的声音响了起来:"喂!"

"欧总,我是弗兰克,有些事情想跟您汇报一下。"

"你来吧。"

陆帆拿着复印件走进欧阳贵办公室,他们两个人的办公室虽然隔得不远,但是陆帆进入这个房间的次数屈指可数,一来两个人都很忙,二来两个人都小心地保持一定的距离,其中微妙之处,很难细说。陆帆坐下来,看着欧阳贵,欧阳贵今天的心情似乎很好,面色微红,一对厚嘴唇在朝前突出的下巴上更是红得有点可爱。

"欧总,"陆帆道,"电子行业解决方案峰会何总去不了了,您是明天和我一起走,还是今天晚上过去?"

"我明天自己过去吧。"欧阳贵道,"晶通那边有什么麻烦吗?"

陆帆心道,既然李才厚给我打了电话,你肯定也知道了消息。陆帆把晶通工人闹事的事情汇报了一遍,又把乔莉前往晶通看到了一鳞半爪的事情说了一遍,欧阳贵面无表情地听着。接着,陆帆把BTT的复印件递给欧阳贵,欧阳贵看了看,微微一愣:"这是什么?"

"这是付国涛目前盯得很紧的一个项目,大约有七千万的盘子。"

"哦!"欧阳贵发出了声音,意思是七千万也不小啊,他看着陆帆,等着他说下去。陆帆道:"BTT的项目我们一直没有插手,其实从技术角度分析,我们的软件比SK更适合他们,而且BTT也是一个非常好合作的客户,资金足,重视技术更新,企业管理结构非常稳定。"

欧阳贵继续看着他,没有动作,没有表情,陆帆真是不喜欢他那股子泰山压顶的阵势,向后稍稍靠一靠,接着道:"从这个文件上看,BTT的购买计划非常紧急,如果我们现在介入,就很有可能拿下这个案子,就算拿不下来,我们也会给BTT一个好的印象,为下一次的业务打下基础。"

"你想派谁去?"欧阳贵哑着声音问。

"我想派琳达去。"陆帆道。

欧阳贵看着陆帆,嘴角泛起一丝不易觉察的微笑,好个陆帆,居然也想到了这招一箭三雕。用琳达去攻BTT,转移付国涛在晶通的注意力,就算琳达在BTT上面打不过付国涛,剩下一个薄小宁留在晶通,如何对付陆帆和自己?再说琳达也正缺好项目,把这个送给她,虽然会有困难,但诚如陆帆所说,至少让她多掌握了一个客户资源,如果付国涛对BTT与晶通首尾不能相顾,那么琳达也很有可能打下BTT,就算她一时半会打不下BTT,也可以先和BTT搞一搞关系。至少,她在晶通项目中帮了公司的忙,不管是何乘风、自己还是陆帆,都欠了她一个大人情,那么在今后的工作中,他们都必须关照她。欧阳贵知道以琳达的精明肯定能算清楚这笔账,这事儿只要他开口,她一定会去做。他用手指轻轻在桌子上叩了两下："好，就这么定了。"

"BTT 的资料是我转给他，还是您转？"

"你转吧，"欧阳贵道，"你是她的老板。"

陆帆放心了，有欧阳贵出面，琳达一定会服从这次指挥。他哪里知道，何乘风一直在等付国涛与 BTT 的接洽进入一个比较好的时间，然后让人横插一脚，以牵扯付国涛在晶通项目上的精力。欧阳贵知道这个差事听起来莫名其妙，其实是个肥差，早就替琳达争取了过来，而且也没有比琳达更适合的人选了。而何乘风在去美国之前，已经和 BTT 的高层铺好了关系，只等着在恰当的时候动作了。陆帆此时的建议，虽然比何乘风的设想早了一点，但欧阳贵觉得也算恰到好处，于是干脆卖个人情给他，让陆帆觉得自己很支持他的工作。陆帆感激地一笑："谢谢欧总，那我出去了。"

欧阳贵点了点头，忽然，他觉得事情有些不对，BTT？陆帆怎么会知道 BTT，而且有了一定的资料？尽管这些资料只是 BTT 的介绍，看起来就像从 BTT 的企业网站上复制下来的，但是没有这么简单！欧阳贵抬手支起了那个十分突出的下巴，难道何乘风把 SK 的线人交给了陆帆？他有一点点轻微的愤怒，也有一点点轻微的好笑，这只笑面老虎，居然还不是百分之百地信任自己，还要处处设防处处小心，他也不想一想，如果自己想知道谁是 SK 的线人，会很难吗?!

欧阳贵没有生何乘风的气。这就是何乘风，当初他被捕入狱，千里迢迢奔赴大西北去看望他的，只有一个何乘风；在他服刑期间，坚持给女儿汇钱的，只有一个何乘风；出狱后，劝他入行 IT，从销售起家进入这个朝阳产业的，只有一个何乘风；可是等他入行后，想找何乘风一起捞好处私分桌子下面的钱时，断然拒绝他的，仍然是何乘风；这么多年过去了，他们在 IT 行业彼此发展，互不相关。此时虽然与他荣辱与共、同甘共苦，但仍然要防他一招的，还是这个何乘风！欧阳贵起身给自己倒了一杯开水,世界多么美好,何乘风永远爱喝茶,他永远喜欢白开水,这就是人,能有这样一个朋友,此生无憾。

乔莉继续待在晶通旁的宾馆里,估计这会儿市场部的美女们已经在河北世纪大饭店准备峰会了。为避人耳目,她从下午开始没有离开房间。天气并不是很好,阴沉沉的,很冷,她觉得快要下雪了。

这难得的空闲让她无所事事,干点什么呢?她上网查收邮件,就算邮件再多,也不需要整整一个下午。她躺着,坐着,看电视,喝水,洗澡,泡方便面……唉,她长长地出一口气,还不如上班呢,无聊至极啊。

干脆拿手机给家里打电话,老乔正在家练习书法,父女二人聊了一会儿,乔妈妈也接了电话,问她大概什么时间放假,还有半个月就春节了。

"不知道呢,大约要到节前两三天才清楚,"乔莉道,"你们那边天气怎么样?"

"下雨,"乔妈妈道,"又冷又湿的难受死了,听说南京上海都在下雪,哎呀,今年南方日子难过。"

"我这边阴天,"乔莉道,"不知道会不会下雪。"

"最好下一点吧,北方再不下就坏了,"乔妈妈道,"你的票什么时候买啊?你早点定好日子订票啊,要不然迟了就麻烦了。"

"放心吧,"乔莉知道妈妈盼望她回家,"我一定好时间就给你和爸爸打电话。"

挂上电话,她又没有事情做了。打开 MSN,树袋大熊也不在线,她和网上几个朋友有一句没一句地聊了一会儿,又没事做了,于是,她决定立即上床。她看了一眼时间,现在不到晚上七点,她要从现在一直睡到明天早上,美美地睡上十二个小时,估计再下来的几天,她都不要想睡好觉了。

她闭着眼睛,闲适了一个下午的大脑与四肢都软软的很舒服,她在被窝里打了个滚,真是好啊。搞完这个市场活动,估计公司不会特别忙了,虽说晶通有点麻烦,但看样子它年前也不会把改制的事情定下来,这样就可以舒服几天,然后等到放假,她就立即回家,回到父母身边去。

她迷迷糊糊地睡着了,这一觉睡得异常香甜,直到七点的闹钟将她闹醒,她精力充沛地跳下床,伸了个懒腰,实在是太舒服了!

她洗漱完毕,换上西装,然后坐在桌前一边上网一边等陆帆的电话。不一会儿,电话到了,陆帆简单地道:"你八点半下来,我开车带你一起去世纪大饭店。"

乔莉应了一声,赶紧套上大衣拿上行李,下楼结了账,然后坐在大堂里。不一会儿,她看见陆帆黑色的奥迪车开了上来,便赶紧走到门前,打开后排座的门,把行李放进去,然后坐进副驾驶的位子:"早啊,老板。"

陆帆看了她一眼:"气色这么好,昨天休息得不错?"

"还行,"乔莉道,"市场部的皮箱呢?"

"我忘了。"

"什么?"乔莉尖叫起来,"你怎么忘了?我答应了瑞贝卡给她们带的,你这样也太不负责任了!"

陆帆又好气又好笑地瞄了她一眼,乔莉猛然住了嘴,半天才道:"原来老板也会开玩笑。"

"以后不要当搬运工了,"陆帆道,"这事儿她们完全可以交代给戴乐的公司,没必要让你拿。"

"我知道她们就是想麻烦麻烦我,"乔莉道,"我以前从不给她们机会占便宜,现在呢,总得好好表现表现。"

陆帆乐了:"明白吃亏是福了?"

"不,"乔莉道,"这叫以退为进,我帮她们忙是为了晶通的市场活动,要是活动做不好,我才不会饶了她们。"

陆凡听这话说得咄咄逼人,更乐了:"你能干什么?你又不是市场部的老板，连我都不好说什么。"

"我会发邮件啊，"乔莉笑道，"我连她们老板的老板的状都告了，我还怕她们！"

"你！"陆帆恨恨地瞪了她一眼，"你现在连我都不怕了，你还怕谁？"

"嘿嘿，"乔莉从包里取出一个面包，"这是我孝敬您老人家的，别生气啊。"

陆帆盯了一眼："哪儿来的？"

"买的。"

"什么时候买的？"

"昨天晚上啊。"

"在哪儿买的？"

"旁边的超市。"

陆帆摇摇头："不知道有多难吃。"

"拜托，"乔莉道，"我刚刚吃了一个。"

陆帆不吱声了，乔莉只得把面包收回去，她觉得陆帆太挑剔，而陆帆则觉得她对生活品质要求不高，至少，也要找一家星巴克，喝一杯咖啡，要一份芝士蛋糕。

两个人很快到了世纪大饭店，服务生帮忙把行李送到了指定的房间。陆帆道："我去餐厅吃早餐，你去吗？"

"我不去了，"乔莉道，"我去把箱子送给瑞贝卡，她们一定在等我。"

"好，"陆帆道，"会议这几天我们要保持联系，不管有任何细节上的事情，我们都要随时沟通。"

乔莉见他的表情异常严肃，也收起了轻松的心情，点了点头。她上了电梯，到了房间之后给瑞贝卡打了电话："我是安妮啊，我现在到了世纪大饭店，你们在哪儿？我把资料送过去。"

"我们在四楼的多功能厅。"

"我马上来。"

乔莉拖着箱子来到四楼的功能厅,还没有到门口,便看见了活动的指示牌,上面写着"赛思中国电子行业解决方案峰会"。她走进会场,只见瑞贝卡、戴乐正在试扩音器,瑞贝卡端坐在主席台上,戴乐站在会场最远的角落,瑞贝卡道:"尊敬的女士们、先生们,欢迎你们的光临。"说完,她看着戴乐,戴乐严肃地竖起大拇指,表示音质良好。瑞贝卡远远望见了乔莉,道:"嗨,安妮,你终于来了,天啊,我们等你的资料可等死了。"

戴乐转过头,望着乔莉,乔莉微微一笑,把资料递给他。戴乐一愣:"还有这么一大包没有拿吗?"

"是我主动要求的,"乔莉低声道,"为瑞贝卡总裁服务。"

戴乐又是一愣,差点笑了起来。乔莉见瑞贝卡正朝下面走,便问道:"怎么就你们两个人,你的丽莎小姐呢?"

"嘘——"戴乐道,"我哪儿敢带她来啊,你就饶了我吧。"

乔莉笑了:"放心,我帮着你。"

戴乐微微一笑,没有再说话。瑞贝卡已经来到面前,她穿着紫红色小西服,头发刚刚烫过:"你来了就好了,我们就差这一箱东西了。"

"我物归原主了。"乔莉道,"就你一个人忙啊,翠茜呢?"

"她?"瑞贝卡撇撇嘴,"她有别的事情呢。对了,你吃过早饭了吗?"

"吃过了。"

"吃的什么?"

"面包。"

"面包有什么好嘛,"瑞贝卡道,"走,我们去餐厅吃早饭。"

"你有票吗?"

"有,我多一张票。"

"你一个人住?"乔莉惊讶地道,"待遇可以啊。"

"我一会儿再告诉你。"瑞贝卡拉着乔莉来到餐厅,两个人找地方坐下来，乔莉看见陆帆坐在不远处，朝他微微一笑，陆帆也看见了她们，点了点头。瑞贝卡似乎不愿意与陆帆坐在一起，只是打个招呼，便拉着乔莉去端东西，两个人拿了咖啡、鸡蛋和一点炒饭，在桌前坐下。"你们准备得怎么样？"乔莉并不饿，一边吃一边聊天，"都还顺利吧？"

"顺利？"瑞贝卡看了看四周，小声道，"我告诉你一件事情，你千万不要说出去。"

"什么事？"

"这次来石家庄，我们市场部三个人是一人一个房间的。"

"哇！"乔莉笑道，"你们可真奢侈，出来开会居然一人住一间，难怪有票请我吃早饭。"

"不是啦，"瑞贝卡低声道，"你知道薇薇安喜欢楼下的那个台湾人吗？"

"知道啊，怎么了？"

"她把那个男人带来了。"

乔莉张大了嘴巴："啊？！"

"真的，开始我们也很奇怪，干吗一个人一个房间，后来才知道，她约了那个男人一起来的。"

乔莉悄声地乐了："他们不是在热恋吧？"

"才不是呢，"瑞贝卡道，"那男人怪怪的，你知道是谁去约的吗？"

"谁？不是薇薇安吗？"

"是翠茜去约的。"

"翠茜？"乔莉不明所以，"她去约他？"

"是啊，她把那个男人约来，然后那男人就和薇薇安住在一起，谁知道她们怎么搞的。我跟你说，翠茜可不一般，薇薇安从香港来没有几天，翠茜就抱住她的大腿，所有的工作都不如薇薇安的私事重要，我们来开电子行业峰会这么大的事情，她倒好，为了薇薇安，居然两个人都跑了，就我倒霉,剩下我一个人在这里收拾烂摊子。"

"跑了?去哪儿?"

"那个男人昨天和薇薇安大吵了一架,今天薇薇安和翠茜一个去机场,一个去火车站,找那个男人去了。"

"什么?"乔莉惊得说不出话来,"找那个台湾男人,在这个时候?!"

"是啊,我又不好说薇薇安,只好让翠茜留下来,你知道她怎么说?我可是真想不到,她小小年纪怎么会这副心肠。"

"她怎么说?"

"她说会开砸了不关我的事,但是我老板的事情就是我的事情。"

乔莉从嘴里缓缓吐出一口气:"够厉害啊。"

"厉害的不止这个呢,"瑞贝卡不满地道,"她来市场部才多长时间啊,不过是个助理,居然动不动给我发邮件,说这些事情第一要做什么、第二要做什么,搞得好像我老板,其实我才是她的老板,薇薇安是她老板的老板。当初求我把她从秘书推荐过来做市场助理的时候,又是送礼又是请吃饭,现在刚来几天,就知道拍大老板的马屁了。安妮,你说她年纪也不比我们小多少,大学刚刚毕业,怎么会有这些毛病?唉,现在的年轻人,真是现实啊。"

"现在三年一个代沟,乔莉笑道,八〇年和八二八三年,就差了一辈人了。"

"所有的脏活累活都推给我,我真是给气死了。"

"你不会把那些邮件再转回给她?就说你说得很对,请你在什么时间内把这些活做完。"

瑞贝卡冷哼一声:"她现在一口一个薇薇安,我有什么办法?"

"那你多吃一点儿,"乔莉道,"也真难为你,这么大的市场活动,让你一个人在这儿盯着。"

"这薇薇安讲起来是香港的市场活动专家,我看真是不怎么样,也不知道施蒂夫怎么想的,从香港挖个这样的人过来。"

"香港人怎么了,"乔莉笑道,"跟我们还不是一个模样。"

"就是,"瑞贝卡道,"累死我了,我再去拿咖啡。"

"我去吧,"乔莉站起来道,"帮你多加点牛奶。"

瑞贝卡叹了口气,这两天没少受翠茜的窝囊气,还有薇薇安。唉,她觉得自己很倒霉,居然摊上这么一个四六不靠的女老板,自己去香港接她的时候,还觉得她既时尚又能干,说起话来有条有理,没想到是这么一个玩意儿。

她看着乔莉小心地端着咖啡朝这边走,心里有一点小小的感动。说实话,安妮比翠茜和薇薇安好多了,以前自己一直不太喜欢她,现在有了比较,这个人还是不错的,至少比较职业化,做事情也比较能干。

陆帆远远地坐着,他已经吃完了早餐,看着乔莉和瑞贝卡嘀嘀咕咕说个没完,他暗想,看来乔莉已经学会了在同事中广结善缘。他微微一笑,用餐巾纸擦了擦嘴,转身离开了餐厅。

陆帆走到十九层,还未走到门口,便看见一个人蹲在那里,走过去一看,原来是张亚平派给他的小秘书李忠。李忠看见陆帆赶紧站起来,结结巴巴地道:"陆、陆总,不好意思啊,我听说您今天早上到,想起早接您的,没想到您到得这么早。"

"没事儿,"陆帆拍拍他的肩膀,"你们张总呢?"

"张总说晚上请您吃晚饭,他晚上自己在饭店包了一间房,这样明天开会就不用跑了。"

陆帆呵呵笑道:"你今天有什么工作?"

"陆、陆总到了石家庄,您的工作就是我的工作,我哪里还有工作。"

"我现在也没有工作给你做,"陆帆笑道,"这样吧,你先回去,让我休息一会儿,下午再来。"

"别啊,"李忠苦着脸道,"您让做什么都成,别赶我回去,不然我们张总要怪我的。"

"那你就出去转转,下午三点钟准时到我房间报到。"

"好嘞!"李忠的脸上绽放出笑容,"我下午再来。"

陆帆看着李忠消失在过道尽头,不禁莞尔,这个张亚平!他打开门,进屋休息了一会儿,然后给欧阳贵打了个电话:"欧总,我是弗兰克,我已经到了世纪大饭店。"

"我还有一个小时就到,"欧阳贵道,"琳达已经去 BTT 了,你是不是给周祥打个电话?"

"好的,"陆帆道,"我马上就打。"

"石家庄的大代理商张亚平晚上请吃饭,是不是也请你了?"

陆帆一愣,张亚平什么时候瞄上欧阳贵了?他笑道:"是的,欧总,刚刚通知我。"

"你叫上安妮吧,晚上有她在,活跃一下气氛。"

"好。"

陆帆挂上电话,又拨通了周祥的手机,周祥的电话一直没有人接,陆帆又拨了一遍,电话接通了,周祥的声音十分热情:"陆总,找我啊?"

"你和 BTT 的人关系怎么样?"

"BTT?怎么了?"

"琳达正在那边打单子,SK 也在瞄着,你要是有关系就帮帮她,不要让 SK 占了先机。"

"哦,我想想办法吧,"周祥道,"SK 不是在打晶通吗?怎么又瞄上 BTT 了?"

"他们早就盯上了,那个盘子也不小,有几千万呢,不过琳达挺厉害的,她一上手就盯上了那边的董事长,BTT 政府背景很深,你要是有相关的关系也替她介绍介绍。"

"你放心吧,陆总,"周祥道,"咱们谁跟谁啊,这事儿就交给我吧。"

电话结束了，陆帆冷笑了一声，这个周祥，一百八十度大转弯，恨不能和自己称兄道弟，他果然被 SK 收买了，一心想从自己这儿套出点情报。陆帆想了想，给乔莉的房间打了个电话，没有人接，他只好拨了手机："安妮，在哪儿？"

"我在多功能厅，帮市场部准备准备。"

"你搞什么呢？"陆帆有点不悦，"我是让你搞好和同事的关系，但也没必要处处帮他们当小工。你现在要面对的是客户、代理商还有政府官员，还有电子行业的专家和一些潜在的客户人群。你今天把你请到的人再落实一遍，把每个人的房间号、电话号码都记清楚，不要到时候手忙脚乱。"

"我知道了，陆总。"

"晚上张亚平请吃饭，你也一起来。"

"好。"

"你现在回房间去工作，就说我找你，OK？"

"我再忙一会儿吧，"乔莉离开多功能厅，走到一个角落，"我不帮她们，恐怕今天会场布置不完，到时候就麻烦了。"

"她们有三个人，还有戴乐他们，你能帮什么忙？"陆帆道，"赶紧回去！"

"是这样的，陆总，"乔莉为难地道，"她们出了一点差错，开会的主要目的不是为了我们吗，我再帮一会儿。"

陆帆听她话里有话，问道："她们出了什么事？"

乔莉有些为难，这事儿要是传了出去，不仅瑞贝卡，连同薇薇安都要把自己恨死。她犹豫着不开腔，陆帆恨声道："你又搞不清状况了！你忘记我怎么跟你说的？开会很重要，我们事事要通消息，市场部出了问题你还要瞒着我？！"

"那你保密？"

"你是不是三岁啊,"陆帆气得拍了一下桌子,"你怎么这么固执?"

乔莉只得把早饭时候瑞贝卡讲的情况说了一遍,这下陆帆也愣了,这种事情他以前也听说过,不过都是公司的老人才干的,这薇薇安刚来一个多月,这也太夸张了吧。他想了想道:"这事儿真的假的?"

"我也不知道,不过我来了很久了,没有看见薇薇安与翠茜,我给她们打房间电话没有人接,打手机也没有人接。"

"那你再帮一会儿忙,"陆帆道,"中午必须回去准备,听见了吗?"

"好的,老板,"乔莉道,"一定准备。"

陆帆收了线,出了房间,直接下到多功能厅,果然只有瑞贝卡、乔莉和戴乐以及戴乐公司的人。一看见他,戴乐忙走过来,呵呵笑道:"陆总,你什么时候到的?"

"我刚到,"陆帆道,"薇薇安呢?我找她。"

"她?"戴乐露出为难的神色,回头朝瑞贝卡挥手,瑞贝卡走了过来:"弗兰克,有事吗?"

"薇薇安呢?刚才何总打电话找她,"陆帆道,"说她不接电话,我也打了,也没有人接,她在哪儿?"

"她……"瑞贝卡踌躇着道,"她有事出去了。"

"什么事情?"

"我不知道,她没有告诉我。"

"她什么时候回来?"

"我也不知道。"

陆帆做了个无奈的表情:"那算了,我和何总说一声吧。"

他又下到宾馆总服务台,报出自己的名字和职位后,问前台小姐:"我们公司的陈璐(薇薇安的中文名)小姐和谁一个房间?"

"您稍等,"前台小姐查了一下电脑记录,"她一个人一个房间。"

陆帆又报出瑞贝卡与翠茜的中文名字,她们也是一个人一个房间,陆

— 339 —

帆差不多知道瑞贝卡所言不虚。想到公司花这么多钱、请这么多人办这个峰会，薇薇安却把这里当成了倒追男人的秘密会所，陆帆不禁又好气又好笑。他依稀记得在食堂见过薇薇安和楼下公司的那个台湾男人，那个男人长得还算可以，一看就是台湾人，一副特别清高的模样。陆帆不禁低声骂道："真他妈够烂的！"

他站在原处想了想，转身又回了多功能厅，一进去便指着乔莉："你过来！"

乔莉一愣，赶忙走到他面前，陆帆大声训道："我让你办的事情你为什么不办？我让你把晶通相关的文件全部传给欧总，你怎么不传？"

乔莉吓了一大跳："啊？传给欧总？！"

陆帆朝她使了个眼色，又骂道："你到底在干什么？这么重大的事情你也能忘记？！你不知道晶通的事情很重要吗？电子行业峰会这么重大的事情，欧总居然连一个相关的邮件都没有收到，当时我怎么交代你的，要一个字不少地传给他，你居然闯这么大的祸，你有没有脑子？！"

乔莉不明白他要干什么，只好闭上嘴巴不出声。戴乐见陆帆大发脾气，不劝也不是，劝也不是，半晌上来道："安妮，你有什么工作没有做赶紧去做，别站在这儿了。"

乔莉看了一眼陆帆，陆帆瞪着眼睛："赶紧去啊！"

乔莉看了一眼瑞贝卡，瑞贝卡从未见陆帆发过这么大的火，连连挥手，示意乔莉赶紧回房间办公。乔莉扭身走了，陆帆气得站在原地道："今天真是活见鬼！找人也找不到，叫人干的活也没有干！"

"陆总，"戴乐道，"事情太多了才会这样的，你消消气。"

"你们忙吧，"陆帆道，"我要回房间，还要给大老板打电话。"

"那赶紧赶紧，"戴乐道，"你不用管我们，这里有我盯着呢。"

陆帆一离开多功能厅，就拨了乔莉的手机，只说了四个字："去我房间。"

乔莉摸不着头脑,来到陆帆的房间,两个人差不多同时到了门口,陆帆打开门,乔莉走进去问:"老板,你什么时候叫我发邮件的?"

"做个戏嘛,"陆帆笑道,"怎么样,我还可以吧?"

"吓死人了,"乔莉道,"我还以为真有什么工作没有做呢。"

"你听着,有几件事情要你做:第一,你不要再帮瑞贝卡的忙,要她们忙中出乱,最好出点大差错,但是你要注意,有关晶通还有石家庄的政府官员,你要好好招呼,不能让他们受影响;第二,我要你把薇薇安的事情透露给售前。"

乔莉看着陆帆,她很想问为什么,又觉得此时问了也白搭,陆帆肯定不会说出实情。陆帆看着她的表情,迅速地叹了口气道:"你想问为什么?"

"对啊,"乔莉道,"如果你想告诉我,我很乐意知道。"

"也不知道我们谁是老板。"陆帆摇了摇头,"第三件事情,我要你留意翠茜的举动,注意和她保持交流,必要的时候,我需要你把一些有用的消息告诉她。"

乔莉点了点头,大脑像马达一样飞快运转起来。不帮市场部的忙,那就是要出市场部的丑,这是要对付施蒂夫,可这样做有什么好处呢?开峰会是为了帮助销售,市场部已经很努力了,干吗要和他们作对?再说又为什么要把这件事情透露给售前?是因为售前的负责人雷小锋吗?翠茜又为什么需要知道一些消息,难道是因为她和薇薇安走得近,还是她和周祥谈恋爱?周祥不是一直在晶通项目之外吗,怎么突然又扯了进来?

"你在想什么?!"陆帆突然轻喝了一声。乔莉吓得一激灵,这才发现陆帆狠狠地盯着她,似乎要从她的脸上把她刚才想的都挖出来。乔莉笑了笑:"我没有想什么。"

"你的大脑不要转,有些事情不是你操心的就不要多想。做好交代给你的事情,你要时刻记住,你是团队里的一员,不是团队之外的一个

— 341 —

分子。"

"我知道了。"乔莉不禁有些着恼,这个陆帆,管天管地还要管自己想什么,"我一定保质保量完成任务,像机器人一样。"

"你说什么?"陆帆扑哧笑了,"什么机器人?"

"我像机器人啊,"乔莉道,"不想不听不看,老板说什么我就干什么。"

"做机器人有什么不好吗?"

乔莉看着陆帆,心里道,做机器人有什么好吗?嘴上却道:"挺好的。"

陆帆见她脸上露出委屈的神色,知道刚刚在大厅骂她很没有给她面子,现在又一个字不解释让她执行,她一定很不舒服。但是陆帆想,她就是凡事太聪明了,要好好磨磨她的性子,于是忍下没有再说什么,而是笑了笑道:"等这一切过去了,我会解释的。"

"希望您说话算数,"乔莉道,"那我出去了。"

"安妮,"陆帆一听这话,知道她那股子犟劲又冒出来了,连忙又补了一句,"谢谢你。"

"不用谢,"乔莉心想真是服了这个老板了,"这是我应该做的。"

乔莉回到房间,开始再次落实客户的到场情况,然后将相关人员的名字、职务、背景等一一记清楚。还真的谢谢弗兰克,要不是他假装发火,自己还真不能有这些时间。到了中午,她怕出去吃饭遇见瑞贝卡,干脆在房间里叫了碗面条,也不知道为什么要对付市场部,总之,她今天躲着点她们就是了。

她一面记背景资料,一面呼噜呼噜地吃着面条,突然电话响了,她接起来一听,居然是瑞贝卡:"安妮啊,你的工作做得怎么样了?"

"还在做啊,"乔莉道,"我惨透了,这活儿他昨天夜里交给我的,今天早上就发飙。"

"弗兰克是不是有什么事情啊？早上他来找薇薇安，说何总找她，脸色可难看了。"

"不知道啊，"乔莉道，"反正我惨了。"

"你赶紧做事吧，"瑞贝卡道，"你老板也够戗，在大厅里就骂人。"

"我都习惯了。"乔莉道，"薇薇安回来了吗？"

"回来了，"瑞贝卡低声道，"她一个人回来的，把自己关在房间里哭呢。"

"那翠茜呢？"

"她？"瑞贝卡的声音里都透着一股厌恶，"她替薇薇安买了点吃的，在陪她呢。"

"真是要命，"乔莉道，"谢谢你关心我啊，我工作了，你也加油。"

"好啊，"瑞贝卡似乎觉得二人同病相怜，道，"加油加油。"

乔莉放下电话，长出一口气，这都什么乱七八糟的事情。这时，她的电话又响了，她一接通，却是刘明达："安妮啊，我到世纪饭店了，你到了吗？"

"我到了啊。"

"你在几楼？"

"我在十六楼。"

"我在十五楼，"刘明达道，"下午有事吗？"

"有啊，你有什么事吗？"

"还想约你出去逛一会儿呢，我以前只来过几次，都是匆匆地过一下，这次难得时间长。"

乔莉想了想："等我做完工作吧，到时候我电你。"

"好。"刘明达的心情似乎特别好，兴致勃勃地又聊了一会儿，才挂上电话。乔莉想着陆帆安排的任务，真是没有办法，为了完成任务，也得

— 343 —

陪刘明达出去转转了。

她来到窗外,拉开窗帘,睁大了眼睛,窗外居然飘起了雪花,但天空依然阴沉沉一片。乔莉打开窗户,呼吸着窗外清冷的空气,感到心情一阵舒畅。这个冬天终于下大雪了,整整一个冬天啊,她终于见到了大朵的雪花。

刘明达和强国军在一个房间,刘明达这次来并没有太多工作任务,不过是跟着雷小锋过来摆摆阵仗。现在雷小锋是大项目总管,售前售后的重要性一下子从幕后走到了台前,本来像这样的峰会,不会安排太多售前,但是这一次来了整整四个人,加上雷总,就是五个人。刘明达觉得公司现在很重视售前,加上雷总得势,他将来的发展真是无可限量啊。

想到这儿他就心情愉快,加上目前既无太多工作,又约得美人逛街,更是快乐得不行,一边哼着小曲,一边上网看看新闻,打发打发时间。强国军默不作声地坐在床上,他正在准备明天要讲的资料,这次电子行业解决方案峰会,对他来说至关重要,不仅要上台讲一个章节,大约有半个小时的时间,还要陪着乔莉去见晶通的客户。他斜了一眼刘明达,心情十分复杂,要不是陆帆非要把自己和刘明达对调,他也不至于损失两个月的奖金,为此还跟老婆吵了一架。不过也没关系,他安慰自己道,这说明公司从上到下都很重视晶通的业务,如果能打下晶通,不仅奖金有望,没准还能多拿点钱,发一笔小财。

强国军兢兢业业地工作起来,一分钟也不敢怠慢。

而此时坐在电脑前的陆帆,收到了车雅妮的一条短信:付国涛与薄小宁今天晚上到石家庄。

他回了一个字:谢!然后他合上手机,默默地想了一会儿,给欧阳贵打了个电话。欧阳贵听后也沉默了几秒,道:"我给琳达打个电话。"

"是,"陆帆道,"谢谢欧总。"

欧阳贵没有吱声，就把电话挂断了。

乔莉躲在房间，直到把所有的工作都准备完了，这才给刘明达发了个短信：在哪儿呢，出去逛吗？

不到二十秒，短信回来了：等你呢，出去吗？

乔莉想了想：旁边有个艺术中心，我们去那儿见吧，二十分钟后。

刘明达回了短信：好，一会儿见。

乔莉站起身，对着桌前的镜子照了照，真是职场如战场，什么事情都和公司的事扯在一处，她很不喜欢这种感觉。但是窗外下着雪，为了这雪，她的心情也会好起来，不管和刘明达约会的真正原因是什么，她都为能在下雪天出门，在雪中走一走感到高兴。她重新梳理了头发，补了补妆，然后穿上大衣出了门，走上了飘着雪的街道。

刘明达比她先到艺术中心，他不知道远近，是打车来的，结果司机只稍稍踩了几脚油门，车就到了艺术中心，刘明达这个气啊，心道你知道近和我说一声就完了，还拉着我跑一趟。他下了车，见这个艺术中心其实是一个巨大的白色建筑，门前是一马平川的广场，他顺着广场朝里走，走到门口找了个有明显记号的地方，然后给乔莉发了条短信。乔莉未回，打电话也没有接，估计在路上，刘明达只得耐下心来等候着。

他遥遥望着眼前宽阔的广场，远远地，就见一个身穿黑色大衣的女孩正急匆匆地朝大门方向赶来，刘明达忙迎了上去，乔莉笑道："你先到了。"

"我打车来的。"

"呵呵，"乔莉笑道，"我忘记告诉你了，这儿离宾馆不远。"

"这儿也没什么好玩的，"刘明达道，"我刚才看了一下，都是杂技演出，而且都在晚上。"

乔莉知道这个艺术中心在石家庄很有名，但也是第一次来。雪花越飘越密，看样子是真真正正地要下场大雪了，她想了想，道："我们随便逛逛吧。"

"我在来的路上看到有家咖啡馆，"刘明达觉得很冷，"去那儿坐坐吧。"

"好吧！"乔莉转身走进了雪中，她实在喜爱下雪的感觉。刘明达见她虽然穿得单薄，但神采奕奕，似乎一点也不冷，本来还想是不是脱件衣服给她披一披，以显得自己体贴入微，现在看来全无必要，倒是自己冷得有点难受，恨不能立即找个温暖的地方待着。

"安妮，你不冷？"刘明达问。

"不冷啊，"乔莉看着他，"你冷吗？"

"我不冷，"刘明达道，"我怕你受凉。"

乔莉笑了："我最喜欢下雪天出去玩了，一点都不冷。"

两个人走到广场附近一家咖啡馆，一股热气扑面而来，刘明达觉得舒服许多，赶紧找了个靠近暖气的位子坐下来，点了两杯咖啡。乔莉一边喝着咖啡一边望着窗外的雪，心情十分舒畅。刘明达道："你这么喜欢下雪？还是南方人呢。"

"跟你说过了，"乔莉道，"南方每年都下雪。"

"还是我们北方好吧？"刘明达得意扬扬地道，"南方的雪都太小了。"

乔莉懒得和他理论，她发现刘明达喜欢纠缠在一个问题上，而且非常固执，唯一不与他辩论的方法就是不和他谈论这个话题。她想着陆帆交代的任务，问："你们售前这次厉害啊，来了五个专家。"

"专家不敢当，"刘明达笑道，"我们雷总这次可要大出风头了，现在他是赛思几个大项目的总管，明天上午他一个人主讲。"

"你们雷总对你怎么样？"

"他对我可好了，"刘明达压低声音，得意扬扬地道，"他已经找我谈过话了。"

"谈话?"乔莉有点奇怪,"谈什么?"

"你不用担心,"刘明达道,"他是觉得我年轻有为,让我好好干,说等这个大项目完成以后,就好好地提拔我。"

乔莉微微一笑,心想我为什么要担心你呢?她习惯了刘明达说话的方式,也不着恼。而对刘明达而言,乔莉的沉默就表示了他的猜测是正确的,马上临近春节,这可是一个好机会,他清了清嗓子:"安妮啊,春节回家吗?"

"回呀,你呢?"

"我当然在北京过年了,"刘明达道,"你什么时候走?"

"不知道呢,看放假,还要看票好不好买。"

"其实你有没有想过,在北京成个家,将来再把你父母接过来,这样不就不用跑来跑去了吗?"

乔莉乐了:"成家还太远吧。"

"啊?"刘明达吃了一惊:"你今年多大了?"

"喂,"乔莉道,"问女士的年龄是不礼貌的。"

"要是我没有记错,你已经二十七了吧?"

"对呀,怎么了?"

"二十七,马上就要三十了,三十一过,女人就会失去优势了。说老实话,你爸妈是不是天天催你,特着急呀?"

乔莉慢慢把咖啡放下,抬起眼睛,看着刘明达,刘明达觉得她的眼睛一片冰冷,而且有一股子森然的威严,刘明达吓了一跳:"不要生气嘛,我说这话也是为你好。"

乔莉又慢慢低下头,看着自己杯子里喝了一半的咖啡:"我们家觉得女孩子晚婚一点比较好,到三十岁再说吧。"

"什么?!"刘明达道:"三十岁以后就找不到理想的对象了!好男人都结了婚,剩下的不是老男人就是太年轻幼稚的,你父母怎么会有这种

— 347 —

想法。"

乔莉没法儿和他理论，打了个哈哈道："公司里三十岁没结婚的多了，你着什么急？"

"怎么不急？"刘明达道，"现在的男人，哪个不想找年轻漂亮的，你现在是黄金时间，一定要把握好机会。"

乔莉心里这个气啊，心想这刘明达再怎么说也是受过高等教育的，说出来的话，怎么和社会上的小市民没有两样？她觉得要把话题引到薇薇安那儿去，便笑道："你说得太对了，我们公司楼下的那个台湾男人，你知道吗？就是薇薇安喜欢的那个。"

刘明达一愣："我知道啊，他怎么了？"

"他来石家庄了。"

"啊？"刘明达道，"这么巧啊，那薇薇安不是很高兴？"

"不是巧，"乔莉道，"是薇薇安想办法带他来的。唉，这也没有办法，女孩子到了她这个年龄想结婚，为了结婚不惜代价也是正常的，再说反正开会花的是公司的钱，也没有关系。"

"薇薇安带他来？"刘明达这才明白过来，连忙问，"那他们怎么住？"

"为了那个台湾男人，市场部一个人住一个房间，薇薇安为了他，也算痴情了吧，谁知道那个男人不领情，一大早跑了，薇薇安和翠茜兵分两路去找他，要不是戴乐帮着搞会务，我们明天的会呀，就要开砸了。"

"哇！"刘明达睁大了眼睛，"这也太过分了！你看，女人到了一定年龄就是吃亏，你要趁年轻赶紧为自己打算。"

乔莉心想这人真是没完了，非要逼着自己承认女人年龄大了就是完蛋，那么看重年龄不看重人品与素质的男人是不是更混蛋呢？她还真是不明白，想着父亲老乔和母亲因为历史原因，一直到了三十岁都是单身，后来别人把母亲介绍给父亲，介绍的时候就说，是个三十三岁的女人，父亲觉得这样很好，大家同龄，容易产生默契，不会有代沟，于是回绝了另一

— 348 —

个年龄美貌的女孩,和母亲恋爱结婚。要是按照刘明达的说法,母亲那会儿就完蛋了。乔莉从心里鄙薄此等想法,觉得不能让刘明达顺着这根筋再缠下去了,于是装作无所谓的模样道:"唉,要是会开砸了我也无所谓,反正晶通表面上安在我头上,还不是弗兰克的。不过雷总作为项目总管,第一次登台亮相,就被人架场子,也真够难看的,你有没听说什么啊,他是不是得罪了薇薇安?"

刘明达一愣,大脑开始转回到公司的事情上面来了。对啊,要是市场活动中老板出了差错,岂不是很丢人的事情?他看着乔莉:"你说薇薇安是不是有别的意思?"

"别的意思?"乔莉微微一笑,"我看薇薇安根本没把雷总当回事,本来嘛,他们是一个级别的,大家一起来开会,凭什么受雷总的管,所以整个市场部根本没有人管这件事情,早上我去多功能厅的时候,乱得是一塌糊涂,谁知道会能开成什么样子。"

"倒也真是的,"刘明达道,"以前也没有哪家公司会特别重视售前,只有何总英明,了解售前的重要性,再加上我们雷总的确年轻有为。唉,"刘明达叹口气,"职场里面就是这样,人红遭人恨啊。"

"是啊,"乔莉道,"你也要当心哟,整个售前你的技术最好,也最年轻,当心有人恨你,把你拖下水。"

"我没事,"刘明达道,"大不了走人,我有技术怕谁啊,"他看乔莉心情大好,便鼓起勇气道,"春节前你要是没事,去我家吃顿饭吧。"

乔莉一愣:"去你家吃饭,为什么?"

"我妈过生日,想大家一起聚一聚。"

"哦,是这样啊。"乔莉心想若是此时开口拒绝,以刘明达的思维方式,一定记恨在心,觉得自己没有给他面子,不知道惹出什么麻烦来;可如果答应了他,只怕将来更是说不清楚。一切在晶通未打下之前,都不好轻举妄动,她笑了笑道:"是什么时候?"

"是腊月二十八,"刘明达闻言大喜,"你答应去了?"

"二十八还没有放假呢,"乔莉道,"到时候只要手上没事就去。"

"不能到时候,要说定。"

"好,那就定下来。"

刘明达彻底放松了,他盯着乔莉,心中那个乐啊,还是自己老妈说得对,公司的女孩再漂亮能干也没有什么,他是北京人,有北京户口,家也在北京,哪个外地来的女孩不想找个像他这样的?按理说,乔莉的年龄都大了一点,要是早两年就刚刚好,不过她是南方女孩,长得比较年轻,加上模样姣好,工作待遇也不错,还是很好的结婚对象啊。

两个人又坐了一会儿,刘明达开始交代乔莉他父母亲的喜好和性格,乔莉无心再听,但是又不能不坐着。到了傍晚,天已经黑了,乔莉猛然想起陆帆说的晚上要陪欧总和张亚平吃饭的事,连忙对刘明达说还有工作没有做完。刘明达问她晚上在哪儿吃饭,乔莉说要和陆帆开会,刘明达有点不高兴,心想一口也吃不下一只热馒头,等把两人的关系确定了,就让她再从销售往其他部门转,销售这活儿一点都不好,特别不适合女孩子。

两人出了咖啡屋,乔莉打了辆车,然后给陆帆打了个电话,陆帆正准备找她,问她在哪儿,她说在宾馆附近,陆帆道:"你赶紧打车去楚天酒楼,欧总已经到了。"

乔莉连忙给司机说了地址,由于下雪,车不太好走,半小时后她才到了酒楼。这酒楼装修得十分有南方风格,可是楚天的名字,又不由让人联想到湘菜。乔莉走进包间,欧阳贵、张亚平已经坐在里面了,乔莉赶紧道:"欧总、张总,不好意思啊,下雪,一直没有打到车。"

"安妮啊,"张亚平热情地道,"快来快来,坐到你们欧总旁边。"

"哎,"欧阳贵道,"坐在张总旁边。"

乔莉看了看张亚平,又看了看欧阳贵,心想这两个人什么时候这么亲热了?她灵机一动,坐在张亚平的旁边。张亚平道:"你这孩子不懂事,应该坐在你们欧总旁边才是。"

"这次是我们赛思中国举办市场活动,虽然我们是从外地来的,可是会议期间我们是主人,您是贵客,"乔莉对张亚平道,"我要是为了巴结老板怠慢了贵客,我们欧总就要生气了。"

"哈哈!"张亚平乐道,"你这孩子,现在是越来越会说话了。"他对欧阳贵道,"强将手下无弱兵,赛思的姑娘厉害。"

欧阳贵微微一笑,乔莉的说法正合他意。这次他来石家庄,目的只有两个人,一个是王贵林,另一个就是张亚平。像张亚平这样的大代理商,熟悉当地的企业与政府关系,手上又有雄厚的资金,无论如何都是拉拢的对象。前面都是让陆帆和乔莉去和他打交道,目的是让张亚平一步一步熟悉赛思,树立赛思良好的企业形象,现在晶通改制渐有眉目,就必须由他亲自出马了。

三个人正说着话,门一开,陆帆和李忠走了进来,陆帆在欧阳贵身边坐下,李忠坐在门旁边的位置上。张亚平笑道:"李忠,陆总他们来开会,你有没有好好帮忙?"

"帮的帮的,"李忠忙不迭地道,"老板,您就放心吧。"

张亚平对包间里的小姐一挥手:"倒酒走菜。"小姐立即笑着上前给张亚平等人满上白酒。乔莉酒量很浅,只倒了一杯红的,张亚平也不敢强劝,欧阳贵与陆帆一向不喜欢让下级代酒,因此也不为难乔莉。这两个人其实都酒量惊人,唯一的区别是,欧阳贵名声在外,而陆帆却深藏不露。李忠不知就里,居然一定要给乔莉倒白酒,乔莉不好说他,只得由他倒上一杯。一时酒席开宴,张亚平与欧阳贵、陆帆推杯换盏,喝得是热闹非凡,乔莉也端着红酒敬酒,李忠却道:"乔小姐,你怎么能端着红的敬白的呢?"

乔莉看了一眼李忠,李忠毫不示弱地看着她:"倒了白酒就要喝嘛,这儿都是你领导,你不能这样。"

乔莉有些明白了，这李忠是把自己当成和他一样的人，要被人呼来喝去使唤用的，而且这使唤里面因为自己是女人，偏偏还多了一层三陪的味道。乔莉脸一沉，朝着张亚平道："张总，你好偏心啊，给我们陆总派帮手，怎么不给我派一个？"

张亚平朝李忠使了个眼色，心道这个笨蛋刚跟了自己两个月，就开始头晕了，外企能做销售的女孩个个伶牙俐齿，岂是你一个跟班能欺负的？他呵呵一笑道："李忠是派给你们这次会议用的，既是陆总的帮手，也是你的帮手。"

"是这样啊，"乔莉朝着李忠微微一笑，"李忠，你现在就帮我一个忙，你帮我敬你们张总一杯，谢谢他这么关照我们。"

李忠的脸腾地红了起来，他苦着脸看了一眼张亚平，见张亚平向他示意，要他喝酒，这才知道自己用错了功、表错了情，连忙端着酒对张亚平道："张总，我敬你。"张亚平也只好端着酒杯意思了一下，李忠干完了一杯，乔莉又道："你再满上两杯，替我敬一敬我的两位领导，谢谢他们对我工作中的照顾。"

李忠愣了，张亚平道："李忠，还不快一点。"李忠只好满上酒，敬了欧阳贵与陆帆各一杯。欧阳贵与陆帆知道一个小跟班喝得再多，张亚平也不会在意，根本无所谓，加上刚才明显是这小子不识时务，当下也只是端着酒杯碰了碰嘴唇。李忠三杯白酒下肚，一张小脸红得如关公，却再也不敢多话了，坐在旁边猛吃菜喝水，希望早点把酒劲过去。

"张总，"欧阳贵端起酒杯，"以后我们大家就是兄弟了，一家人不说两家话，干了。"

张亚平满干了一杯，他和欧阳贵打的交道并不多，却早就听说了赛思中国里面这位响当当的分管销售的副总裁。通过这几个月和赛思打交道，他早就感觉出来，晶通这笔单子，是安在了乔莉的头上，陆帆做一些实际的事情，何乘风打打政府关系，什么时候要到桌子下面交易，什么时候就轮到这位欧阳贵出场了。张亚平知道，和欧阳贵搞好关系，对生意来说是非常有益而且非常微妙的事。见欧阳贵说话喝酒都和外企的风格迥然不同，颇有些江湖气，他索性也摆出男人的豪情，两个人干来干去，张亚平架不住了，对李忠道："李忠，你赶紧敬酒啊。"

李忠连忙开敬，欧阳贵知道张亚平和李忠加起来也喝不过自己一个人，摆摆手道："张总，今天我们喝酒是情意，没有必要喝太多，对身体不好，而且今天我们要尽兴，你请我吃饭，我请你洗澡，我们大家要赤诚相见。"

"好一个赤诚相见，"张亚平笑道，"我们几个男人没有问题，那安妮怎么办呢？"

"张总，"乔莉看了一眼欧阳贵，他的脸上毫无表情，便猜测欧阳贵并不想人多，她顺手给张亚平搛了一块肉，"来来来，您尝尝这牛肉。"

张亚平呵呵乐了。陆帆道："张总，一会儿你和欧总去吧，我们还要赶回去准备明天的会议。"

"好，"张亚平道，"那让李忠送你们回去，有活儿派他干。"

"不用他跟我们回去了，"陆帆道，"让他陪着你们去洗澡吧。"

"呵呵，"张亚平道，"好，让他跟着我们去，帮我们看衣服，我和欧总要赤诚相见。"

几个人又坐了一会儿，由李忠陪着张亚平和欧阳贵去洗浴中心。李忠其实酒量很浅，走起路来已经不太稳了，但是他还是很勤快，一会儿帮张亚平提东西，一会儿帮乔莉开门。乔莉不知怎么，动了恻隐之心，轻声说了句谢谢。

她和陆帆两个人送走了欧阳贵和张亚平，双双站在酒店门口，此时雪下得正密，银白色雪花在夜幕中闪着点点的晶光。二人等了半晌，也没有出租车，乔莉道："走走吧，没准大街上会有。"

陆帆有些犹豫，他不喜欢在雨雪天走路，又等了一会儿，来了一辆

— 353 —

车，二人坐进去，陆帆问："你下午去哪儿了？"

"我和刘明达见了面，"乔莉道，"我已经把薇薇安的消息透露给他了，估计他会告诉雷总的。"

陆帆点点头，乔莉又道："老板，我想请你帮我一个忙。"

"什么事？"

"刘明达下午约我年前去他家里吃饭，我觉得这样不太好，但是他现在和雷小锋的关系很好，加上又在辅助强国军负责晶通的技术，所以不想和他把关系搞僵，我就假装答应了他，希望你到时候派我一个任务，把这事儿抹过去。"

"他约你去见他父母？"陆帆有些惊讶，"你们……？"

"事情不是你想的那样，"乔莉道，"他自己有一点一厢情愿，我想等晶通的事情有了眉目之后，再好好找他谈一次。"

"好，"陆帆答应了一声，"什么时间你通知我。"他侧过头看着窗外密集的雪花，不由得想起了和乔莉第一次见面的时候，她就像个初入职场上班快迟到的大学生，一副着急的模样，还有她明知上当受骗，也要买一份报纸，再想想今天，她逼着李忠喝酒，向刘明达传递情报，然后为了工作稳住刘明达，不让感情乱了工作节奏。陆帆瞧了乔莉一眼，心想，是自己的第一感觉错了，还是销售工作的确锻炼人呢？

陆帆有些心灰意懒，感到什么都提不起劲来。

与此同时，付国涛与薄小宁正在连夜驱车赶往石家庄，明天赛思中国为晶通举办的市场活动就要开始了，所有相关的人都会到场，从政府机关到晶通本身到大小代理商。付国涛在今天下午已经打过电话，明天中午约了张亚平和省里的几个领导一起吃午餐，于志德与方卫军也去作陪。这就叫赛思出钱帮他们请人，人请齐了就由不得要给他们分一点好处了。

"付总，"薄小宁一边慢慢地开着车，一边道，"BTT那边不会有问

— 354 —

题吧?"

"放心吧,"付国涛道,"那是我多年的关系了,哪那么容易出问题。"

"我听说那个琳达可有一手,赛思几届老板都被她搞得服服帖帖的。"

"不就是长得漂亮点儿嘛,"付国涛道,"我要是女人,早就发达了,也用不着混成她那个样子。"

"我看看,"薄小宁乐道,"您要是女人,估计也就是一个气质美女。"

"这年头气质不气质没关系,"付国涛道,"女人嘛,关键要懂情趣。"

"你说那个安妮长得漂亮吗?"

"听说长得还成,不然怎么把陆帆拉下水。"

"还是女人好混啊,"薄小宁道,"随便献个身就成了。妈的,哪像我们,就算要献身也得有人要啊。"

"那是你命不好,"付国涛笑道,"我要是个女人,你就惨了,小伙子一表人才,清清秀秀,你还跑得了?"

两个人一边说笑,一边驱除疲劳与困倦。突然,薄小宁觉得前方似乎有一道暗暗的红光,赶紧轻轻踩下刹车,车在光得像镜面一样的公路上滑行好久,才渐渐停住。薄小宁与付国涛半晌没有开口说话,两个人这时都看清了,前方堵着一溜汽车,要不是刹车及时,这会儿早就撞上去了。

第 九 章

一夜的雪后，整个石家庄笼罩在白茫茫的景致中，而世纪大饭店的门口，却洋溢着欢快的气氛，红色的条幅与红色的指示牌准确地指明了："赛思中国电子行业解决方案峰会"。欧阳贵、雷小锋、薇薇安、陆帆、乔莉、强国军、刘明达、瑞贝卡、翠茜等人都站在饭店门口，一一问候来到的贵宾。门外寒气逼人，门内温暖如春。八点三十分，王贵林、于志德、方卫军，还有晶通四位工程师全部到场。欧阳贵、陆帆与乔莉迎上前去，这是乔莉在性骚扰事件后第一次见方卫军，她与王贵林、于志德握手之后，来到方卫军面前，方卫军穿着深蓝色单排扣西服，鼻梁上架着厚厚的眼镜，表情木然，乔莉伸手过去，他微微一愣，眼镜架下的一侧肌肉不自觉地抖动了一下。乔莉握住他的手，笑道："方总工，好久不见啊。"

"哦，你好。"方卫军根本不握，只是让乔莉拿住了一下，然后迅速抽了出来。乔莉又和工程师们问好，他们当中有人是去过三亚的，都挺热情地与乔莉打招呼。一行人还未进去，省国有企业改革领导小组的相关领导也到场了，王贵林、欧阳贵等连忙迎上，欧阳贵紧握着领导的手道："欢迎欢迎，政府如此支持我们的工作，我们非常感激啊。"

"这个电子行业解决方案峰会，对我们河北电子行业的改革是非常有帮助的，这是好事，我们作为人民公务员，一定会支持到底！"

于志德笑道："还是领导说得好，一下子说出了群众的心声啊。"

众人相互说笑着走到电梯口，宾馆服务人员早就打开了两部电梯，等在门前。欧阳贵、雷小锋陪着改革领导小组的成员与晶通人等上了电梯，陆帆与乔莉又撤回了大门口，薇薇安等见最重要的客人已经到了，便返回楼上做最后的准备。这时从北京、天津、上海赶来的专家学者，还有其他电子行业的企业家也陆续到了，乔莉和陆帆与他们都素未谋面，但只要来人报出姓名，他们立即像熟人一样，一面寒暄着问最近的情况，一面将相关的资料袋交给他们，并由戴乐公司请来的礼仪员引他们去会议室。

陆帆赞许地道："你全都背过了。"

"我还以为只有我自己用功，原来老板更厉害。"乔莉悄声笑道。这时，一个矮个男人摇摇摆摆地走过来，乔莉迎上去："您是……？"

"我是亚太都华电子企业的总经理，我姓蔚。"

"蔚总，"乔莉笑道，"您辛苦了，先从广州飞北京，再从北京赶过来，真是太谢谢您了。"

"你怎么知道我先到的北京？"蔚经理一愣。

"您忘记了，一个星期前我们通过电话，您说您先到北京，如果有空就会来石家庄。"

"哈哈，"蔚经理道，"我记起来了，你真是有心啊，这都记得。"

"蔚总，这是我们的销售总监陆帆，陆总；这是亚太都华的蔚总。"

"陆总！"蔚经理与陆帆双双握手，陆帆与他闲聊两句，把他交给了礼仪小姐。陆帆对乔莉道："亚太都华以前是个小民企，这两年发展势头不错，不过就是出了名的小气，舍不得花钱。"

"慢慢来嘛，"乔莉道，"他既然肯来开会，没准就会在技术方面投入一点力量。"

"这可是个老会油子，"陆帆道，"每次北京只要有电子行业的会议，他都会去参加，我以前见过他好几次，不过没有打过招呼。"

"那也好，"乔莉道，"过来给我们撑撑场面。"

"你属狐狸的？"陆帆笑道，"吃不到的都是酸的，吃到的都是甜的。"

乔莉微微一笑。这时又来了七八个人，她连忙迎上去，这样足足忙了一个半小时。马上就要到十点了，陆帆返回会场，只留下乔莉一个人在大厅守候。乔莉累得说不出话来，与两个礼仪员站在指示牌边。这时瑞贝卡下来了，她一面清点长桌后的资料袋，一面问礼仪员："你们的签到表上还差多少人？"

礼仪员连忙去数："还差十五个人。"

瑞贝卡数着袋子："袋子怎么只有十份了？"

"哎呀，"礼仪员道，"我们不知道，我们是按人发的。"

"你们也真是，这要是再来人怎么办，难道要客人空着手开会吗？"瑞贝卡一边说一边拿出手机给戴乐打电话，戴乐大约答应赶紧去办，瑞贝卡道："最好半个小时之内就把资料准备齐，然后送到楼下。"

她挂上电话，见站在牌子旁的乔莉脸色不好，走过来问："安妮，你怎么了？"

"没事，"乔莉道，"没来得及吃早饭，有点不舒服。"

瑞贝卡打开随身携带的那个大公文包，从里面取出酸奶和蛋糕，乔莉赶紧接过来："瑞贝卡，还是你细心，包里什么宝贝都有。"

"早就跟你说过了，"瑞贝卡道，"白领白领，除了领子够白，就是包要够大，这样什么东西都能放进去，不然还不是自己吃亏。"

乔莉躲在牌子后，吃了点东西，顿时精神一振。瑞贝卡笑道："没见过你这样的，吃点东西就跟打了气一样，哎呀哎呀，脸蛋都红了。"

"人是铁饭是钢嘛。"乔莉笑道。

瑞贝卡看了看表："十点了，楼上已经开幕了。"

乔莉叹了口气:"终于开幕了,这一个多月忙得。"

瑞贝卡也叹了口气:"开幕没什么,只要能顺利闭幕就完事了。"

"瑞贝卡,"乔莉道,"春节回家吗?"

"回啊,"瑞贝卡道,"我回西安,你呢?"

"我回杭州。"

"你什么时候走?"瑞贝卡问。

"等公司放假的通知,你呢?"

"我还不知道呢,"瑞贝卡又长长地叹了口气,"我男朋友说让我去他家过年,我比较犹豫。"

这还是瑞贝卡第一次和乔莉说自己的私事,乔莉道:"那不是挺好的。"

"我不喜欢他妈,"瑞贝卡道,"他妈不太好说话。"

"怎么了?"

"他妈有一次来北京,说是请我吃顿饭,结果从开头到结束,都在交代我,什么她儿子在北京很辛苦啦,我要好好照顾他啦,要经常在家做饭,不要出去吃,会影响他儿子的健康。真是的,就她儿子是人,她儿子辛苦,我就不辛苦?!"

乔莉想起瑞贝卡当秘书的时候,整天盯着原来的销售总监,从不肯提自己的男朋友,轻轻一叹道:"这也太麻烦了。你男朋友,他对你怎么样?"

"他条件倒是不错,在一家外企工作,个子也挺高,对我也算不错,不过现在看看他也挺一般的。我反正不想去他家,过年不是还有几天嘛,到时候再说。"瑞贝卡道,"你过年就不去什么人家?"

乔莉吓了一跳:"我又没有男朋友,能去什么人家?"

"你不是有'莉丝'嘛,"瑞贝卡道,"一点都不考虑?"

"莉丝是你叫出来的,"乔莉道,"我看他更像卡丝!"

— 359 —

"卡丝?!"

"瑞贝卡嘛。"

"你?!"瑞贝卡指着乔莉,觉得这话又可气又有几分抬高自己,正笑着要说她,戴乐气喘吁吁跑过来,将十个手提袋放在指示牌后:"瑞贝卡,这是补好的资料。"

"谢谢你啊,戴总。"

"不谢不谢。"

瑞贝卡与戴乐收拾完毕,两个人回到了会场。乔莉又在门口等了一会儿,确定没有客人会来之后,一个人上了楼,多功能厅里基本上坐满了,几百个身穿西服与套裙的男男女女严肃地坐在里面,雷小锋正在台上发言,乔莉找了个靠后的地方坐下来,打开笔记本电脑,仔细地听了起来。

雷小锋的发言虽然枯燥,但是非常实在,对于到会的人来说,除了政府官员和一些不太懂技术的企业家外,都觉得非常有用。欧阳贵周围的政府官员们,全都一脸认真的表情听着这套半中文半英文的电子行业IT解决方案。工程师与一些专家们,则认真地记着笔记,或在资料上勾勾画画。张亚平因为听不懂英文介绍,拿着资料仔细地研究着中文版的翻译。王贵林一边听一边记,欧阳贵发现,他的桌前还放着一支银色的小录音笔,难道他能听懂雷小锋这不怎么样的中国式英语?欧阳贵有点好奇。他又看了看于志德,于志德不知在想什么,手里拿着一支钢笔,不停地翻过来又翻过去,就像一个上课开小差的学生。

这时啪的一声,投影仪断了,银幕上一片空白。雷小锋赶紧向台下的人挥手,示意抢修。瑞贝卡见状连忙从会议室后面走上台,和服务人员一起检修,原来是接线板坏了。众人松了口气,宾馆的服务人员拿了个新的接线板,又给雷小锋接上了。

十二点,雷小锋准时结束了自己的讲演,身穿玫红色套装的薇薇安走上台,宣布上午的会议结束,请大家去位于饭店顶层的西餐厅用午餐,下午会议于两点准时召开。观众席顿时松懈下来，有认识的约着一起上楼，有不认识的彼此寒暄，乱哄哄嗡声一片。于志德与张亚平要走，却被欧阳贵拦住了："于总，张总，我们一起上去吧。"

"我们中午还有点事。"于志德见张亚平不吱声，连忙道。欧阳贵微微一笑，由着他们簇拥着省企业改革领导小组的官员们去了。王贵林正在收录音笔，欧阳贵上前道："王厂长，怎么还录了音？"

"我的英文水平不高，有些能听懂，有些听不懂，所以录下来，听不懂的地方回家慢慢学。"

"不是有翻译吗？可以看翻译的。"

"以后的中国，做什么生意都离不开几句英语，我顺便学习学习。"

"哦，你觉得上午讲得怎么样？"

"很好，很有用，"王贵林道，"我学到了不少东西。"

"一起去楼上用餐吧，"欧阳贵道，"中午不能喝酒，只能喝饮料，王厂长不要见怪。"

"应该的，应该的，"王贵林呵呵笑道，"下午还要学习嘛。"

两个人上到顶层西餐厅，西餐厅所有的位子都被挪空了，只剩下十几张漂亮的圆桌，放在大厅之中，每张桌上都放着不同的食物，有中式炒菜、西式甜点，还有饮料咖啡等。欧阳贵与王贵林各端了一盘食物，站在角落里边吃边聊。

"我听说晶通报了两个改制的方案，什么时候能批下来？"欧阳贵问。

"唉，也是没有办法的办法，"王贵林道，"工人对住房、社保还有将来的工作这一块非常关心。改制改制，除了要发展企业回报社会，最重要的就是安置好工人，让他们能尽快适应新的市场环境，能够达到现代企业的用工标准。说实话，不要说他们，就连我，都觉得要拼命学习呀，不然和您还有何总一比，就要被淘汰了。"

欧阳贵从喉咙里刮出几片笑声："你看省里会支持哪个方案？"

"不好说,"王贵林道,"不过也应该快了,省里对企业改革还是非常重视的,而且我们之前试改了不少企业,都很成功。"

"晶通改革领导小组的组长定了吗?"

"还没有,"王贵林笑道,"估计是于总吧,他毕竟年轻,有业务能力,不像我,要努力才能跟得上时代了。"

"王厂长说错了,"欧阳贵道,"一个人只要愿意,他就能随时跟上时代,江主席怎么说的,要与时俱进。像我欧某人,原来什么都不是,如今也能管理管理外企,以您的能力和才干,我敢打赌,晶通改制非您莫属啊。"

"哎哟哟,"王贵林一只手端着盘子,一只手在盘子下面连连摇手,"我哪里敢当,欧总客气了,客气了!"

"王厂长,"欧阳贵道,"别的我不敢说,单是赛思对晶通的感情我就敢保证,这点对我们赛思来说,上到何总下到每一个员工,都是一致的。以后晶通改革成功、发展企业,你们的困难就是赛思的困难,你们的发展就是赛思的发展,不管你们有任何要求和任何条件,赛思中国都会鼎力相助,绝不食言。"

"好好好,"王贵林乐道,"日后晶通借助你们的地方很多啊,你们是大外企,经验多能力强,还要请你们多多关照。"

陆帆拿了一碟吃的,远远地望见王贵林和欧阳贵,却不见于志德等人,心知付国涛与薄小宁肯定到了石家庄。陆帆正朝两个人那儿走,冷不防后背被人拍了一下,他一回头,却是顾海涛。

"你小子怎么来的?"陆帆见他胸前挂着会议的牌子,笑道,"从哪儿混的?"

"你们开那么大一个会,我想混个牌子还不容易?"顾海涛道,"正好,省了午饭钱。"

"你一个人?"陆帆问。

"我哪来的两个人。"顾海涛道,"大哥,你也真沉得住气,我上来的时候看见张亚平领着于志德还有一帮领导出去了,我就悄悄地跟在后面一看,嘿嘿,付国涛和薄小宁就站在外面呢,您这不是花钱帮别人请客嘛。"

陆帆微微一笑,走到饮料桌前拿了杯可乐:"你这么好心来提醒我,是不是有什么新消息?"

顾海涛没吱声,跟着他走到一根装饰柱后面,悄声道:"我这儿有机密消息。"

"什么消息?"

"我们可说好了,打下晶通,可是有两个亿的外包,"顾海涛道,"不然我这个消息,至少要卖个一百万。"

"那你可别卖给我,"陆帆冷笑道,"赶紧出去看看 SK 的人,没准儿他要出二百万呢。"

"你这个人,那么大一男人心眼这么小,"顾海涛道,"我要想卖给他,干吗还来找你啊。"

"我们谁小心眼?"陆帆道,"张口闭口两个亿,这是什么地方?你小子不想活了,还想把我拉下水,我在瑞恩当了两年的销售总监,我说过不算话的话吗?"

"呵呵呵,我不是担心嘛,"顾海涛道,"我这个销售做得艰难啊,不就指着能喝两口剩汤嘛。"

"别诉苦了,"陆帆道,"我们现在是一条船上的,跑不了你也少不了我,赶紧说消息,别耽误了军情。"

"我告诉你,"顾海涛环顾四周,见无人注意他们,低低地道,"省里成立了工作组,要查于志德呢。"

陆帆皱起了眉:"哪儿来的消息?"

"庆丰公司的人说的,这两天他们正在转移账目,乱得一塌糊涂。"

"到底是查于志德，还是查庆丰公司？"

"那不是一样嘛，"顾海涛道，"查翻了庆丰公司，于志德就一起完蛋，庆丰公司这几年不就靠着他才做的生意，他能干净得了？"

"什么时候的事？"

"就这两天，"顾海涛道，"这事儿毒了去了，也不知道是什么人，已经盯了庆丰公司三年了，愣是一声没有出，就在前两天，把收集的三年的资料，还有一些账目，全部打了个包，交到省里去了，一桩桩一件件，全部有据可查！"

陆帆心里一冷，他眯着眼睛，穿过几百个吃饭、聊天、穿着黑灰蓝的人，瞄向站在欧阳贵对面、比欧阳贵矮了一个头的圆胖圆胖的王贵林。顾海涛顺着他的眼光望去，哼了一声道："这可不是省油的灯，大哥，要赶紧和他打关系啊。"

"这样，"陆帆道，"三点意见：第一，这事儿你不要再告诉任何人，庆丰公司你最熟，你继续跟进；第二，我们要继续紧跟于志德，要和平时表现的一样；第三，王贵林那边我会盯紧的，你就放心吧。"

"那 SK……"

"SK 你放心，"陆帆微微一笑，"我自有办法。"

"于志德能撑得住吗？"顾海涛贪婪地盯了王贵林一眼，"大哥，你们省里的关系比我们深，可以打听打听。"

陆帆观察顾海涛的神情，怕他就此转舵驶向王贵林，笑道："你也太沉不住气了，听风就是雨，不要说庆丰公司还没有查出事情，就算查出事情了，也不一定会影响于志德的前途，你要是这会儿站错了队，再想回头就难了。"他安慰顾海涛道，"你不用担心，我会去省里打听的，有任何新消息我第一个告诉你，庆丰公司的消息你也帮我打听着，有什么及时告诉我。"

"好！"顾海涛这才放下心来，点了点头。

这时付国涛与薄小宁正在向有关领导敬酒，于志德毕恭毕敬地陪在旁边，因为薄小宁父亲的缘故，省里的领导都很给付国涛面子，不仅把敬的酒都干了，而且连连回敬，付国涛心想你们全喝倒了才好，省得下午去听赛思中国什么解决方案。于志德一面应付着场面，一面小心地观察几位领导看自己的眼神、说话的语气，他费了半天心思，也没有觉得有什么不同，一切都像昨天，都像以往，他暗暗舒了一口气，看来庆丰公司的阴风还没有完全吹到省里，那只是个别人在搞小动作。

于志德在心里把王贵林恨出一个洞，不，是恨出了一个坑，一个能埋人的坑，他要亲手把王贵林扔进这个坑里，然后亲手把他埋掉，他要一铁锹、一铁锹亲自动手，把那些肮脏的泥土与石块扔向王贵林，亲耳听见他的惨叫，亲眼看见他的哀求，然后，他要毫不留情、绝不留情地把他活活地埋入土中，直到他窒息而亡！

三年了，一个人要恨他到什么地步，歹毒到什么程度，才能默不作声，甚至笑里藏刀、表面一套背后一套地查他三年，搜集证据，搜集人证物证，然后在这么关键的时候妄图一下子把自己打倒！于志德知道省里有专人彻查庆丰公司的时候，还以为是张庆做下了什么案子，后来一打听，才知道是有人举报，而且一弄就是三年的证据，他不用想就知道是谁，他就算把脑袋想破了还是知道是谁，那个整天看见他就笑眯眯的、整天人前人后表扬他的王贵林，这下子就要置他于死地啊！

想当初，为了谁当晶通的正厂长，两个人就交过一次手，王贵林表面上获胜，当了正厂长，但是他主管业务，厂里的经济与业务大权实际上掌握在他的手中。现在面临企业改革，哪个企业家不知道这是一次好机会，不想趁机登上大舞台大展一把宏图？于志德是攒足了劲来做这件事情，没想到又是王贵林死缠烂打，他先是借着工人担心房子与工作问题，给省里提了一个没有油水的报告，接着又在背后捅了一刀，想从庆丰公司下手，置自己于死地。于志德对他恨之入骨,却还要每天和他笑脸共事,这种感受真是让他说不出地痛楚与悲愤,他实在不知道,像王贵林这样的人,到底是用什么材料做出来的。

付国涛正在说一个外企的笑话:"两个非洲食人族到IBM上班,老板说:'绝对不允许你们在公司吃人,否则立刻开除你们!'三个月后,老板突然把两个食人族叫到办公室大骂了一顿:'你们居然还在公司吃人?!明天开始不要来上班了!'于是两个非洲食人族只好收拾东西离开了IBM,其中一个忍不住埋怨另一个:'说你多少遍了,要吃不干活儿的人,我们每天吃一个部门经理,什么事都没有,都是你,昨天吃了一个清洁工,立刻就被发现了!'"

众人哄堂大笑,一个官员道:"付总,照你这样说,资本主义还是大锅饭了?"

"呵呵!"付国涛笑道,"资本主义大锅饭也是香喷喷的。"

"看来还是我们国企好啊,"另一位官员道,"这几年国企一直在改革,目的就是要推向市场,不养闲人。"

于志德心头一跳,看了看那位领导,确定不是在针对他之后,稍稍舒服了一些。

"有电话呀!有电话呀!"付国涛的手机响了起来,他拿着手机,"不好意思啊,接个电话。"说罢,他走出了包间。

"付总,"电话那头的销售一副哭腔,"不好了,BTT下午要和赛思签合同了!"

"你说什么?!"付国涛的头一下子大了三圈,"你再给我说一遍!"

"我也是刚接到的消息,说是今天上午,BTT的老总跟底下负责的人说,要和赛思中国签合同,底下的人都蒙了,而且那个琳达,现在就坐在BTT副总的办公室里,押着他弄合同呢!"

付国涛狠狠地咬了一下后槽牙:好个琳达!好个赛思中国!这一招围

魏救赵还真的使成了！到底这琳达使了什么法宝，能强硬到这种地步？他想了想，说："你别慌，不惜一切代价，都要阻止 BTT 和赛思签合同。我立即给 BTT 的老总打电话，下午就赶回北京！"

付国涛合上电话，立即给 BTT 的副总拨了过去，大约琳达正坐在他旁边，他支支吾吾地道："你在哪儿啊，你不在很多事情不好弄啊，我们老总突然要签合同，你赶紧过来，另外赶紧让汪总给我们老总打个电话，这事情很突然，我也不知道。"

"我现在立即就赶过来，给我四个小时的时间，下午五点以前，我一定到你的办公室。"

"你现在人在哪儿？"

"我在石家庄，你一定要想办法拖住！"

BTT 的副总大约走出了办公室，付国涛听见了脚步挪动的声音，开门的声音，然后他的老同学的声音一下子大了起来："你们搞什么鬼啊，这两天那个琳达像鬼一样缠着我们老总，也不知道赛思中国动用了什么关系，他突然说要签下单子，我打你电话又不接，打你们汪总的也不接，没办法，我找到你们的销售。你赶紧回来，听见没有？不然这业务就泡汤了！"

"我明白！"付国涛咬着牙道，"你就放心吧！"

他合上手机，发现果然有两个未接来电，估计之前没有留意。他立即拨了薄小宁的手机，把薄小宁叫出了包间，薄小宁惊讶地问："怎么了，付总，你脸色怎么这么难看？"

付国涛把事情的原委讲了一遍，薄小宁愣住了："那现在怎么办？"

付国涛看了一眼时间，一点十分："我们不管用什么办法，二十分钟内，我们要结束这个饭局，然后你留在石家庄盯着赛思中国，我赶回去，一定要制止 BTT 签约。"

"你回去？"薄小宁道，"这几天是晶通的关键时候，不仅是赛思中国

— 367 —

在打关系,我听说省里的批复马上就要下来了,这可是牵涉到改制的大事情,你现在走……"

"没办法了,"付国涛看着薄小宁,"这几天就靠你了,我还是那个原则,赛思动我们再动,赛思不动我们也不动,只要紧紧地盯住他们就可以了。"

薄小宁没有吱声,心想你整天想着后发制人,结果被人家"制"死了。但他只是点了点头,然后和付国涛两个人强装出笑脸,一同回了包间。幸好服务员已经在上最后一道菜,付国涛笑道:"服务员,我们好像还有两道菜吧?"

"对不起,先生,"服务员道,"这已经是最后一道菜了。"

"什么?"付国涛的声音一下子高了,"这怎么行呢,赶紧把菜单给我。"

"付总付总,"周围的人赶紧阻止他,"够了够了,已经很饱了。"

"我难得请到大家吃饭,这也太简单了,不行,我要加菜。"

"哎,付总,"张亚平道,"吃饭在于心意嘛,再说我们下午还要开会,吃饭有什么,你可以再请嘛,我想省里的领导也会给面子的。"

"那是那是!"几个官员点头表示赞同。付国涛无奈地拿着菜单问:"那大家想吃点什么主食?"

"饺子吧,"一个人道,"他们的饺子味道很好的。"

"好。"付国涛点了饺子,"大家慢慢吃嘛,下午的会没关系的。"

"哎,付总,"另一个人道,"我们出来代表省里的形象,开会迟到可不好,再说这是有关电子行业的峰会,我们听一听也是大有好处的。"

"是啊,"又一个人道,"尤其是晶通马上面临改制,听听相关的技术,对我们来说是难得的机会。上次你们SK在石家庄搞的宣传,就让我们耳目一新啊,今天再听一听,真有更多的了解了。"

"要是省里的领导们不厌烦,下次我们SK也搞一次这样的活动,地点就不放在这儿,可以放到省外,甚至国外嘛,"付国涛道,"国外有很多优秀的电子企业都在使用我们 SK 的产品,我们可以一边讲解,一边深入地了解一下。"

"哦,这样的话太好了,"张亚平道,"到时候不要忘记请我哟,我别的方面不行,电子行业还是可以当半个专家,可以去当个陪同嘛。"

"一定一定。"付国涛道,"于总,几位领导,到时候一定要赏光啊!"

众人纷纷点头称好。一时饺子上来了,众人吃了一点,又讲了一番客气话,这才散了饭局。于志德、张亚平陪着几位领导回到了会场,付国涛与薄小宁径直走到停车场。付国涛拿着钥匙打开车门,坐了进去,又不放心地叮嘱薄小宁道:"小宁,这儿就交给你了,千万不要在赛思前面动手。"

"你放心吧,"薄小宁道,"公路上可能会有积雪,你一定要当心安全。"

付国涛点点头,启动了油门,在积满雪水的停车场上飞速掉了个头,朝着大街奔驰而去。薄小宁怅然若失地盯着已经走远了的付国涛的汽车,直到看不见了,这才摇了摇头,朝他们住的宾馆慢慢踱去。

赛思中国电子行业解决方案峰会,在各种微妙关系的交汇、交错、交融中度过了第一天。乔莉回到房间,已经是晚上十点了,她觉得说不出地累,整个人一下子倒在了床上。她多想就这么睡过去,想想不行,又爬起来洗漱完毕,然后打开电脑,看看有没有需要回复的邮件。

电脑亮了,邮件窗口弹了出来,又是几十封未读邮件。乔莉用一目十行的速度看了一遍,99% 都是没有用的破事,但是 40% 你还不能不回,至少你要表示你知道了这件事情,不然万一有什么事,落个不看邮件不关心工作的罪名就麻烦了。

她机械地回复着,等忙完这一摊事,已经过了十一点半,她困得上眼皮粘着下眼皮，恨不能倒头便睡，这时，一个比邮件窗口更明亮的橘红色窗口闪了起来。

她打开来，原来是树袋大熊。乔莉连发了三个打哈欠的小脸，意思是我太困了。

哗，十个打着哈欠的小脸跳了出来，树袋大熊估计也困得不行啊，乔莉乐了，勉强写道："加班？"

"加班！"

"我刚刚加完！"乔莉写道，"现在要睡了！"

"晚安！"树袋大熊发了一轮沉睡的弯月。

乔莉合上电脑，几乎是爬上了床。今天干了什么啊？这么累！幸好明天再熬一天，后天就轻松了；后天一过，整个市场活动就结束了，就可以打道回府；然后再过一个多星期，差不多就要放假过春节了。乔莉迷迷糊糊地嘟囔了一句"放假"，便沉入了梦乡！

今年北方的气候也是异常，好不容易下了一场雪，第二天乔莉起床，已是艳阳高照的好天气，暖洋洋的太阳照耀着路面，似乎想用最快的速度把雪水蒸发干净。乔莉站在窗前，眨了眨眼睛，想：这次会议的运气不错啊，第一天下雪第二天晴，那么第三天这帮人都能高高兴兴地去打高尔夫了！

她看了一眼时间，已经七点了，便赶紧收拾了一下，正准备去餐厅吃早餐，电话响了，是刘明达："安妮，一起去吃早饭吧？"

"好啊，"乔莉道，"我马上出发，一会儿餐厅见。"

乔莉穿上西服，由于换了件淡紫色衬衫，镜子里的人看起来很斯文。她拿着房卡来到餐厅，刘明达已经等在那儿了。两人找地方坐好，各自拿好东西，刘明达低声道："我看见他了！"

"谁？"

"就是那个台湾男人,"刘明达道,"昨天晚上吃过晚饭,我路过酒吧,看见他和薇薇安了。薇薇安穿着一件吊带裙,领子到这儿,"他在胸口以下的部位比画了一下,咋舌道,"真是可以啊。"

乔莉笑了:"你往哪儿比画?"

"真的,"刘明达道,"她真是敢穿,我还看见好几个客户,都在打量她。啧啧,简直不好说,这不是丢人嘛。"

"唉,"乔莉道,"她也有她的难处吧,不容易。"

"哎,我有件事情托你帮忙呢,"刘明达看着乔莉,"你一定要帮我。"

"什么事?"

"我们雷总听说了薇薇安针对他的事情,特别生气,他让留意一下市场部的举动,你也知道,我不怎么和市场部的人来往,一下子靠得太近了也不自然,所以我想让你帮我留意留意。"

乔莉心中暗笑,却把脸一绷:"你们雷总怎么知道的,肯定是你说的,我告诉你的话你怎么乱传嘛,还让我当间谍!"

"你别生气,"刘明达以为她真生气了,连忙解释道,"我这也是为了前途,你总是希望我越来越好的啊。"

"好吧,"乔莉道,"就看在你一直帮我的分上,我帮你一回,下不为例!"

"好好好,"刘明达喜道,"有什么消息你赶紧告诉我,不能再出差错了。"

"出差错?"乔莉问,"出什么差错了?"

"昨天早上,你忘记了?"刘明达道,"她们弄了个坏插座,这不是摆明了让雷总难看嘛!"

乔莉没有吱声,又叹了一口气,心想真是做人难,在职场中做人更难,在职场中做个头脑清醒的人是难上加难!见乔莉神色有异,刘明达关切地问:"你不舒服?"

— 371 —

"没有，"乔莉道，"这儿的炒饭还挺好吃的。"

就在晶通的会议按照日程一个环节一个环节开下去的时候，付国涛与琳达正面对面地坐在 BTT 的会议室内。付国涛昨天下午上演了一出末路狂奔，只用了三个半小时就把车开到了 BTT 公司的停车场，一路之上因为雨雪没有蒸发干净，真是险象环生。幸好他到得及时，BTT 答应让 SK 与赛思各自再做一个方案，然后再比较一次，选择一个最优的方案、最合适的公司签订合同。

付国涛明白，说什么 PK 方案那都是扯淡，BTT 两边都不好得罪，这才出了这么个损招，到时候随便和谁签都有个理由。不得已，他又连夜让售前改一遍方案，因为赛思中国一直没有插手这个案子，所以他们并不知道赛思中国的方案是什么样子，只得摸着石头过河，把自己的方案又完善了一遍。

售前大半夜没睡，付国涛也是折腾得一早便爬了起来，他提着电脑包来到 BTT，刚进会议室，便看见琳达气定神闲地坐在会议室中间。

两个人虽然不熟，但是也见过几面，还在一次大型的 IT 会议中一起吃过会餐。付国涛故意装出不知道是琳达在攻 BTT 的样子，又惊又喜地道："琳达，你怎么在这儿？"

"我在这儿交方案，"琳达嘻嘻一笑，画得弯弯的眉毛立即飞了起来，"怎么，付总，你也是来交方案的？"

"是啊，"付国涛笑道，"要是早知道赛思中国是你打这个案子，我就不来了嘛，怎么说也不能和大美女竞争啊。"

"我算什么大美女，"琳达道，"SK 才是美女如云。"

"哎，你应该把前面那个美字去掉，"付国涛道，"只有女如云，没有美女。"

"哟，要是我把话传到 SK，只怕那儿的美女要伤心了。"

"她们伤心没什么，"付国涛道，"只要你开心就成了，谁不知道你是我们 IT 圈的第一美人？古人千金买一笑呢，一个 BTT 的案子算什么。"

琳达微微一笑，心想你就贫吧，BTT 这个案子我就是抢不到，也让你晕头转向陷在里面出不去，你不是一门心思去石家庄捣乱吗，现在不也是乖乖地回来了？想到这儿琳达不禁有些得意，她自己也没有料到，攻 BTT 仅仅几天，就有如此之高的成就，虽说何总的关系起了很大的作用，但是琳达直觉，BTT 的老总对自己还是很有好感的。

唉，琳达在高兴之余也有点不高兴，喜欢自己的都是这些老男人。老男人的好处就是功成名就，用自己的青春和妻子的青春换来了成功与成熟；不好的地方就是，老男人要么已在围城中，要么就是看透了世界，不想再结婚。她虽然不在意大家交往，但是却不喜欢当个第三者，要是一个男人说要离婚娶她，她的第一反应就是躲得远远的，一个男人连结发妻子都能抛弃，对她又能好到哪里去？谁没有年老色衰的那一天？只有那些未经世事的小姑娘才会相信什么爱情，而她只相信，这个世界上好男人太少了，至少目前来说，她还没有碰到过。

付国涛打开电脑，瞟着琳达的表情，心道：这女人不知道在想什么，都说销售行业毁人不倦，这琳达当年多么年轻漂亮，小姑娘嫩得跟一根青葱似的，也就七八年下来，多老也谈不上，反正粉堆得厚，看不见皱纹，可是满脸的风霜啊，一种阅男人无数的气质，他妈的！这次不定又献了身，把 BTT 那个老男人搞定了。唉，女人就是麻烦，一个男人若是想凭着才干和一个凭着身体的女人去竞争，他不仅有麻烦，而且他还是个笨蛋。

可是 BTT 的单子跟了这么久，不要说七千万的数目不小，如果业务黄了，那么他和代理商以及老同学之间的烂账就扯不清楚了。去年股市高涨的时候，他把家里一大笔钱都投了进去，如今股市不妙，他老婆天天追着他要钱。得赶紧弄点钱出来把家里的窟窿填上，本来都和代理商说好了，钱马上可以挪出来，不料现在半路上杀出个妖精，真是倒霉透顶！

门推开了，BTT 正副几个老总、技术总监、市场总监都走了进来，付国涛与琳达赶紧起身，一行人寒暄后在座位上落定。有秘书过来接好投影仪等设备，付国涛打开电脑，把 SK 的方案讲了一遍。琳达也打开电脑，把赛思中国的方案讲了一遍。听着琳达的方案，付国涛放心了，不时地与坐在旁边的老同学交换一下眼神。赛思的方案也太普通了，实在没有什么可取之处，要是论方案，那无疑是 SK 赢了一局。

方案讲完，几个副总都不说话，看着 BTT 的老总刘俊，付国涛和他打的交道不多，只知道他不怎么插手底下人的工作，是个好脾气的男人，形象也不错，岁数在老总中间也不算太大，刚刚四十八岁。

"我觉得两边说得都不错。"刘俊道，"我们这个项目也是赶着要上马，到底确定使用哪一家的软件，已经是迫在眉睫的事情了，我建议大家再好好地比较一下，争取年前把这个事情敲定下来，大家安安心心地过个年。"

得，付国涛心想，这等于没说。几个副总互相看了看，除了付国涛的老同学，其他人并不分管业务，于是都不开腔，付国涛的老同学也不便在此时顶真，只得说了一通和稀泥的话，意思是两家软件公司再接再厉，争取早日完成工作。

于是会议结束，付国涛知道自己这下必须和琳达耗在这儿了，幸好年前也就十几天，再怎么耗，对晶通也不会有太大的影响。他看了看琳达，笑道："琳达，我们要一起努力了。"

琳达莞尔一笑："好啊，我奉陪到底。"

琳达彻底把付国涛耗在了北京，薄小宁也只能暂时按兵不动，随时打探赛思的消息。这一天赛思中国电子行业解决方案峰会无比顺利，再也没有坏过一个插座，瑞贝卡一颗悬着的心终于放下了。她想，今天过去之后,明天就是安排一些重要的老大们去打打高尔夫,除此之外便再无大事了,打高尔夫没有什么,球场早就订好了,明天只要用车把他们拉过去便完了,至于明天晚上的闭幕宴,也是早就订好了餐位,连抽奖的箱子、奖品等一切事宜都已准备完毕,好好地放在她的房间里。她想怎么都出不了什么岔子了,这次幸亏了自己与戴乐,生生地把这么大的一次活动扛了下来。至于薇薇安,瑞贝卡想,她至少要明白,离开自己是万万不能的,至少回到北京后,无论有什么活动都要重用她。

上午电子行业的专家演讲完毕,薇薇安穿着一套橘红色的套装上了台,宣布中午休会用餐。瑞贝卡觉得她穿的颜色实在太过抢眼,不过幸好这还是套装,比起她昨天晚上的服装不知好了多少倍。昨天晚上薇薇安在酒吧又和男朋友大吵了一架,要不是瑞贝卡和翠茜及时把她劝回房间,她就醉倒在酒吧里了。

下午会议再次开始,是信息产业部一个分管电子行业的政府官员主讲,接着又是一个大学的教授。很快,会议在平静的气氛中度过了一个又一个小时,到了傍晚六点,会议结束了,所有的人都松了一口气,都知道明天的日程非常宽松,高级客人去打球,一般的客人可以自由活动,晚上再大吃一顿,就没什么事情了。

瑞贝卡走到乔莉身边,让她帮忙收拾收拾。这事儿是不能指望薇薇安的,会议一结束,她就要带着翠茜去找台湾人。瑞贝卡也搞不懂那个台湾男人,你想谈恋爱就谈,不想谈就不谈,干吗一会儿好得不得了,一会儿又吵得不得了?而且一吵架就一走了之,把薇薇安弄得死去活来。瑞贝卡正给乔莉安排工作,冷不防陆帆走了过来,问:"你们在商量什么呢?"

"没事儿,"瑞贝卡道,"我说她今天穿的衣服真好看。"

乔莉心想你可真行,明明是叫我干活,却连一个好都不愿意卖给我老板。但她表面上只是微微一笑,没有作声。陆帆对乔莉道:"你赶紧吃饭,晚上我们要开会,九点钟,在欧总的房间。"

"好的，老板。"

陆帆略点点头，走了过去。瑞贝卡一撇嘴："什么嘛，这个弗兰克，脾气越来越大了。"

"算了算了，"乔莉道，"他也是压力大，你刚才让我做什么来着？"

"你帮我把一些要清点的东西再清点一遍，我不放心戴乐公司的人。"

"行啊，"乔莉道，"不过我只能帮你做到七点半，我要留点时间吃饭，还要准备一下。"

"哎呀，"瑞贝卡道，"不就是老板交代你开会嘛，跟什么似的。你可别跟翠茜学啊，整天把老板的事情当事情，拿工作不当回事。"

乔莉又好气又好笑，扑哧乐了。瑞贝卡一愣，恍然大悟自己的话有毛病，不禁笑道："我都被她们气糊涂了，还是你好。帮我干到七点半，我们一起去吃饭。"

"行，"乔莉看了看时间，"我们还有一小时十一分钟，赶紧干吧！"

两个人做到七点半，方到餐厅吃了点东西。乔莉回到房间后，心想其实自己并没有什么要准备的，她甚至不知道今晚的小会是为了什么，她只是想休息一会儿，以免在开会的时候疲态尽露，而且她怕到时候万一因为疲倦影响了思路，让自己陷入什么不好的局面。欧阳贵、陆帆，那都是顶尖的聪明人，她不打起精神，怎么敢和他们一起开会？想到这儿，她索性躺在床上，开了半个小时的闹钟，然后小睡了一会儿。她经常使用这种即时补充睡眠与体力的方式，效果十分显著。半个小时后，她从蒙眬中醒来，洗了洗脸，感觉精神焕发，就算有天大的困难放在面前，她也能一下子克服。她收拾好电脑包，提着它上到27楼，敲了敲欧阳贵的房门。

陆帆打开门，乔莉跟着他走进去，欧阳贵半坐半躺在一张沙发上，一张圆形小几上放着三杯白开水，陆帆示意乔莉坐到欧阳贵对面的床上，自己则坐到了写字台前的凳子上。乔莉坐下后，看着欧阳贵，笑了笑："欧总好。"

欧阳贵点点头，长而突起的下巴舒适地架在脖子上，看起来从容不迫，身体放松，姿势慵懒。陆帆坐在凳子上，前后都没有依靠，姿势显得很不自然。乔莉浅坐在床沿上，电脑没有地方放，只好放在旁边的床铺上。欧阳贵开口道："我们三个人开个小会，一是有几件事情需要讨论一下，二是分一下工，把下面的工作做好，"他看着乔莉，"安妮，你刚才不在，有些情况我已经告诉弗兰克了，让他说一说吧。"

陆帆听欧阳贵这么吩咐，便接过话道："晶通的情况现在有了新进展，今天下午，我们拿到了晶通电子向省里提交的两份改制方案，两份方案原则上都是提倡主辅业分离，职工持股，但是王贵林的方案则在地皮与职工安置上做了较大的牺牲和让步，这是第一条信息；第二条信息是，有人向省里举报于志德有贪污受贿、包二奶等现象，省里正在展开调查；第三条信息是，薄小宁现在人还在石家庄，SK和我们的较量逐渐从侧面转向了正面。"他看了看欧阳贵，"主要就是这几点。"

乔莉仔细地听着："陆总，什么叫地皮与职工安置上做出较大牺牲？于志德的举报对我们的工作会有影响吗？薄小宁现在人在石家庄？"

陆帆有点不耐烦："关于改制的内容，你可以自己上网查一查，我们没有必要完全介入到客户内部的政治斗争，这会很麻烦。于志德的举报不见得会对他有影响，但是我们在和他接触的时候，谈论的话题、讲话的方式都要注意，不要涉及这方面的内容。我们现在在做峰会，把客户与专家还有相关领导都请到了，SK肯定会来盯着，而且下面的工作只会越来越复杂。"

乔莉不敢再问了。欧阳贵笑了笑道："安妮，晶通的地皮目前很有市场价值，但是在王贵林的改制方案里，他请求先把职工住宅以房改房的形式出售给职工，然后请政府进行经济适用房的拆迁安置，把职工迁到开发区附近，而晶通电子在市区所有的地皮将全面还给政府，另到开发区重新租用土地，建设工厂。"

"那不是增加成本了吗?"乔莉仍然不明白,"白给的土地不要,自己再去花钱。"

"不是这样的,"欧阳贵道,"他们现在的土地如果改制后还继续使用的话,则必须花钱向政府购买租用,而且土地需要进行一定的评估,这样算起来,他们到开发区重建工厂,就省了一笔钱,而且晶通原来的基建都很落后了,去开发区租地、重新做基建,全部加起来的钱可能和现在市里的土地评估价格差不多。再说以后的市中心,也不会允许有这样的工厂存在,工厂搬家是早晚的事情。"

乔莉看了一眼陆帆,陆帆没有表情,她又问道:"那为什么于志德不可以提交这样一个方案呢?还有职工这一块,又有什么不同呢?"

"这是很冒险的。"随着欧阳贵的讲解越来越多,他的姿势也越来越僵硬,逐渐地他坐了起来,身体向前,既霸道又很有权威感。陆帆开始很奇怪欧阳贵怎么这么有耐心向安妮解释这些问题,忽然想到他早年当过老师,不禁在心中暗暗好笑,一个人干什么都会养成一种习惯,自己以前只注意他有一种黑社会似的积习,却把他这一条忘记了,不过好为人师也算一种优点吧。

欧阳贵娓娓道来,声音虽然难听,但是逻辑非常清楚:"如果他们在原厂址的基础上不动,那么晶通在城市中间这块土地,就可以做各种文章,企业也可以借此发展多种经营;如果完全迁入开发区,就等于把所有的机会都押在了企业本身上。在职工方面,于志德讲究主辅分离,把一些厂办的社会资源交给省政府,比如医院、子弟小学,都交还给社会,一些离退休员工可以由社保承担,与企业解除一定的关系。但是王贵林的方案却表示,原晶通所有职工全部转入改制后的新企业,职位、待遇等全部保留。"

"这就表示,他愿意承担一个大摊子?!"乔莉道。

"是的,"欧阳贵道,"尤其是职工住房通过房改房形式卖给职工,再由政府拆迁，这就表示改制后的晶通为了职工的住房利益，放弃了目前家属区一大片土地。而于志德的方案则提出住房基本收回，由改制后的晶通电子向职工们做出补偿，因为现在职工们都不是产权房，所以这个补偿本身就没有多少钱，职工们也会很抱怨，这才有了前几天职工闹事的事情。"

"那，王贵林不是比于志德好了很多？"乔莉道，"至少他考虑了职工与企业的利益。"

欧阳贵叹了口气："他是考虑了职工的利益，至于企业，却不见得，他背了这么大的包袱，而且把企业有可能经营的其他项目全盘封死，这对企业来说，不见得是一件好事情。"

陆帆听着欧阳贵的解释，不禁感到惊奇，欧阳贵对国企改制了解之深、认识之透，都是他从未想过的。早些时候，何乘风、欧阳贵、自己和云海，都认为晶通改制的第一桶金，就是最热门的地皮，可是王贵林的改制方案，却把这个优势自动放弃了。在陆帆看来，王贵林为了与于志德一较长短，等于是自断了一条后路。但是对于国企改制的细枝末节，陆帆是不感兴趣的。他第一次对欧阳贵有了另一个角度的了解，这个人做事情非常细心，除了围绕着他的那张奇怪的关系网外，他其实是一个非常努力学习的人，而且对后辈，也是很有耐心的。

欧阳贵总结性地道："所以，省里面应该也是从这两个方面考虑。两个方案各有好处，也各有坏处，王贵林与于志德，一个得民心、识大体，一个懂业务，会抓要点，两个人都有可能成为晶通改制后的新负责人，至于于志德目前遇到的问题，要看他自己解决的方式，也不见得就是什么大事情。"他看着乔莉，"这些事情你多了解是好事，但是没有必要太深入。这几天你还是要保持正常的工作姿态，多和王贵林交流，我发现他对这次会议十分用心，我和他聊了几次，发现他对电子行业的 IT 解决方案并不陌生，他已经做了不少的准备。"

"我会和他保持联系的。"乔莉道,"那于志德……"

"于志德方面就由弗兰克出面吧,"欧阳贵道,"我们要解决的,是SK的问题。"

乔莉看了看陆帆,又看了看欧阳贵。欧阳贵道:"安妮,晶通这个项目表面上安在了你一个人头上,实际上却是我们整个销售部门一个最大的案子,除了我、弗兰克、何总,现在北京的琳达为了拖住SK的付国涛,正努力与BTT周旋,市场部也投入了大量的人力物力,这件事情做不好,大家都不愉快,当然了,你可能会承担更多的责任,但是如果这件事情做好了,我们都受益,而且最大的受益者就是你!"欧阳贵的嘴角朝两边咧了一下,露出他招牌式的比哭还难看的笑容,"一个二十六岁从秘书转为销售的小职员,在短短半年之内,打下一个七亿的单子,试问整个IT行业,有谁创造过这样的奇迹?!"

他停了停,看着乔莉。乔莉被他说得热情激荡,而她在他的眼睛中,读出了同样的内容。欧阳贵充满激情地道:"为了这个奇迹,我们要团队一致,谁做什么,谁不做什么,都要头脑清楚,而且要坚韧不拔,千万不能犯糊涂,否则,谁影响了他的个人成败也就算了,但是要影响了大局,浪费了这么多人的付出,谁就是公司的罪人,不要说别人,我第一个不会放过他!"

乔莉吓得浑身一颤,好像有一把冰冷的刀瞬间放在了她的头皮上,她一秒钟之前还热血沸腾,一秒钟之后就浑身冰冷。

欧阳贵稍稍向后靠了靠,身体放松下来:"从现在开始,我们要联手一致对付SK。安妮,你要做一件事情。"

乔莉连忙点头,欧阳贵道:"你要想办法接近翠茜,告诉她我们已经向晶通开了价。"

乔莉愣住了,翠茜?她和SK、晶通有什么关系?她脑袋里电光石火一闪,猛地记起翠茜正和周祥谈恋爱,难道……?她望着欧阳贵:"您是说周……"

欧阳贵面无表情，用眼睛制止她再说下去。乔莉把周祥后面的"祥"字咽进了肚子里，道："我们开了什么条件？"

"我们答应给好处了，"陆帆见乔莉非常紧张，怕她再说错话，轻声道，"你只要把这个意思传给翠茜就可以了。注意，不要在公司里造成影响，只散播给她。要是周祥来问你，你还要推托说不知道。"

"多少好处？"乔莉轻声问。

"一百万。"陆帆道。

乔莉睁大了眼睛，虽然听说了不少关于回扣、好处、分红等传说，但这还是自身第一次参与，她觉得很刺激、很冒险，然后傻乎乎地问："七亿的单子，一百万人民币是不是少了点，他们能信吗？"

陆帆瞟了她一眼："是一百万美金。"

乔莉不吱声了。欧阳贵又道："会议只剩下明天一天，你要再想办法挑拨售前与市场部的关系，抓紧一切机会。"

乔莉机械地点点头。欧阳贵又咧了一下嘴："我知道你是个非常优秀的人才，而且一向守口如瓶，所以今天晚上我们的会议实际上超出了一定的范畴，我希望这些话除了我和弗兰克，不要再听到第四个人说出来。"

"我一定保守机密。"乔莉道。

"我相信你会的。"欧阳贵道，"不早了，早点回去休息吧。"

乔莉站起身，提着电脑包出了门，陆帆送她出去，然后又转回了欧阳贵的房间。

乔莉觉得欧阳贵对自己的评价很有意思：守口如瓶。他怎么会这么想呢？她哪里知道，整个公司看过欧阳贵女儿照片的人，除了何乘风、琳达，就只有她一个。欧阳贵并不是为了炫耀或者展示亲情，才把女儿的照片拿给她看。自从有了那个小小的细节之后，欧阳贵就不经意地与陆帆、云海和瑞贝卡聊起过女儿，他们每一个人的表情和所说的话，都表示乔莉

— 381 —

从来没有和他们谈论过这个话题。这件事情让欧阳贵对乔莉有了另一番认识，要么，是这个女孩性格内向，要么，就是她一向不多嘴多舌，能够探听秘密而不传播秘密。她显然不是一个内向的人，而且她善于自卫，她发邮件，不仅狠狠地给了施蒂夫一拳，而且某种程度上，也是还了何乘风与自己一招。此外，在面对方卫军的骚扰时，她也是交了一份与众不同的答卷，在欧阳贵看来，这是一个非常好的学生，是一个可用之才。

乔莉回到房间后，并没有休息，而上马上开始上网，搜索企业改制的相关话题。看来这是一个非常复杂的问题。她想起父亲老乔说的，各省、各个企业都有不同的规定与问题，那么晶通呢？她皱起了眉头，本来自以为多么了解情况，现在看来，自己了解的情况不过是冰山一角，大部分的内容都掌握在欧阳贵与陆帆等人的手中，她还是一个小小的卒子。不过，她还是很高兴自己能发挥一些真正的作用，比如向翠茜传递假情报，挑拨市场部与雷小锋的关系。这两件事情都有些奇怪的地方，周祥不是还在赛思中国吗？为什么要通过他向SK传递消息？他是被SK收买了，还是也参与了其中的工作？不对，如果说周祥参与了部分工作，那么就不用再通过翠茜了，直接告诉他就完了，弗兰克也不用叮嘱她不要在周祥面前流露信息。那么雷小锋呢？为什么何乘风要把他捧为大项目总管，而背地里，欧阳贵与陆帆又要挑起他与其他部门的矛盾呢？

乔莉久久不能平静，一会儿看网上改制的内容，一会儿想一想晶通项目，不知折腾了多久，实在是困极了，她连电脑都没有关，和衣靠在沙发上，居然就这么睡着了。

也不知睡了多久，电话铃声突然响了，她睁开眼，落地灯亮着，那么现在还是晚上了。她又闭上眼睛，过一会儿，房间里叮咚声大作，她又睁开眼，判断了一下，是门铃声，拿起手机看了一眼，居然是早上八点！她惊得一下子跳起来，幸好昨天夜里衣服没有脱，于是赶紧理了一下头发，打开了房门。

门还没有完全打开,瑞贝卡就急匆匆地冲了进来,她一边往里闯一边嚷:"你怎么不接电话?怎么不开门?!"

"我刚刚在洗手间,"乔莉道,"怎么了?"

"完了完了完了!!"瑞贝卡一屁股跌坐在沙发上,"这下全完了!"

"到底怎么了?"乔莉惊讶地道,"今天不是没有什么重大的事情了吗?"

"全完了!!"瑞贝卡一口气道,"今天的日程是带一些高级客户与官员打高尔夫,我们已经订好了洞场和时间,结果薇薇安居然忘记给球场打押金了,现在球场全完了,一个空位子都没有了!"

乔莉张了张嘴,一下子没说出话来,这个麻烦可搞大了,半天她问:"薇薇安呢?"

"她把自己锁在房间里,谁叫也不开门,她说她不想活了!"

"不想活了?"乔莉不知说什么好,"那么多人怎么办?怎么向公司交代?!"

瑞贝卡猛地一抬手,捂住脸朝后一倒,脖子仰在沙发靠背上:"我辛辛苦苦干了那么多天,全被她搞砸了!我千辛万苦搭好的台、唱好的戏,全被她搞砸了!她不想活,我还不想活了呢!"

乔莉站在原地,昨天晚上欧阳贵的话浮现在脑海里,她看着瑞贝卡痛苦的模样,突然觉得她很可怜。也罢,乔莉想,就当一回恶人,也当一回好人,既完成了工作也为瑞贝卡出一口恶气。想到这儿她关好房门,顺手给瑞贝卡递了一瓶矿泉水:"瑞贝卡,我有个主意。"

"什么主意?"瑞贝卡放下手,无力地望着她。

"她不是不想活了吗,你也可以没办法啊,就把人都晾在原地,公司一旦追查,都是薇薇安的责任,这样也怪不到你的头上,你也没必要为难自己。"

瑞贝卡没有说话,慢慢直起了身体,她狐疑地盯着乔莉,道:

"这……不妥吧?"

"有什么不妥?"

瑞贝卡想了想,是没有什么不妥,但是自己努力了这么多天,功夫就全都白费了,而且公司一旦追查,她就算没有过,也没有功了。何况这样一搞,万一薇薇安反咬一口,说是自己没有提醒她什么的,自己的麻烦就大了,不行不行。她心烦意乱地想,再说,她放着不管,翠茜也会想办法管的,这段时间自己已经失宠于薇薇安,怎么能再放手不管呢?她又看了看乔莉,这安妮也真歹毒,这么做对她有什么好处?薇薇安又没有得罪她,干吗置人于死地?瑞贝卡觉得有些心凉,职场里的人真是没有人性啊,这安妮,自己刚和她好一点,她就干出这样的事情,将来自己有什么把柄落在她手上,还不得死于非命啊。想到这儿,瑞贝卡道:"我不和你说了,我去球场想想办法。"

乔莉一愣,觉得瑞贝卡似乎把自己的意思理解反了,她不知所措地看着瑞贝卡慌张地逃出自己的房间,不禁轻轻叹了口气。早知道这样还不如不建议她,天天说薇薇安坏话的是她,关键时候要保薇薇安的也是她,真不明白她怎么想的。

乔莉机械地走到电话旁边,拿起话机,拨了刘明达的电话,这个时候,她内心几乎没有任何想法了。这个动作在她之后的人生旅程中,多次像电影一样闪回重放,让她百思不得其解,也让她对自己、对人生的认识更进一层。她为什么会这么做?如此迅捷坦然、毫不犹豫?那些从家庭里学到的、浸透了中国古典文化教育的优雅、礼让、清高与士可杀不可辱的倔强,在此时不仅土崩瓦解,而且似乎有着一脉相承的力量。乔莉不明白,这前后有什么联系,她只是凭直觉认识到,如果没有小时候的教育,她在此时的动作不会那么协调和流畅。

如果说,之前的邮件与方卫军事件,她只是出于本能所做的自保与出击,那么这次这个动作,则是一种能力的进步。从此时起,她把自己从小时候理解的"好人"范畴里划了出去。

"嗨,"乔莉道,"你们到球场了吗?"

"没呢,"刘明达道,"我在陪老板吃早饭。你呢,怎么还没下来?"

"你别出声,有件事情要你帮忙。"乔莉道,"市场部出问题了,薇薇安忘记把押金划到球场的账上,估计你们去了之后,球场已经不会再有空位了。你一定要帮我稳住局面,千万不能乱,不然,我们公司的脸就丢尽了。"

"什么?!"刘明达惊道,"那她们人呢?"

"她们都在球场。"乔莉想了一下,她担心刘明达会马上告诉雷小锋,雷小锋若此时去找薇薇安,那么瑞贝卡就会知道是自己把这件事说了出去,"你赶紧先过去,帮我盯着点,我去盯着晶通的客户。"

"好啊,"刘明达道,"你当心点。"

等刘明达挂上电话,乔莉马上给王贵林拨了过去:"王总,在哪儿呢?"

"我在房间,"王贵林道,"高尔夫我不会啊,正好还有几个专家也不去,我们打算上午在房间里聊聊天,中午一起吃饭,谈谈电子行业的发展。"

"这么好的事情!"乔莉笑道,"王总怎么不喊上我?"

"呵呵,"王贵林道,"你们年轻人不去打球吗?"

"打球有什么,我更愿意学习技术。"乔莉道,"我一会儿去您房间吧,参加你们的电子行业发展峰会。"

"好,好。"王贵林道,"求之不得,求之不得。"

乔莉挂了电话,又给陆帆打了个电话。陆帆知道后也大吃一惊,这事儿关系到许多客户与专家,还有部分领导。他连忙给欧阳贵打了电话,欧阳贵道:"你拖住于志德和省里的几个领导,我带着其他人继续过去,我们就装作不知道。"

陆帆说了声好，欧阳贵又问："安妮呢，她在做什么？"

"她陪王贵林和几个专家在酒店聊电子行业的事情。"

"嗯。薇薇安呢？"

"她把自己反锁起来了，"陆帆道，"听说很难过。"

欧阳贵冷冷地哼了一声："雷小锋知道了吗？"

"应该知道了。"

"好，就这么办吧。我去球场，你拖住于志德。"

陆帆挂上电话，来到大厅，于志德和一帮人站在一起，他正要过去寒暄，突然看见雷小锋沉着脸站在旁边。陆帆走过去说："雷总，一会儿去打球啊，今天我们好好比一比。"

雷小锋没有吭声。陆帆道："刚才我看见薇薇安去房间换衣服，听说她的高尔夫打得不错，新同事又是美女，我们都要手下留情。"

"薇薇安？"雷小锋问，"她还在宾馆？"

"应该在吧，我们的车不是九点出发吗？"

雷小锋走到一旁，和刘明达耳语了几句，然后转身离开了大厅。陆帆瞧着他的方向是朝电梯那边去的，于是微微一笑，走到于志德身边和他聊了起来。

雷小锋上到二十二层，走到薇薇安的房间门前，门上挂着"请勿打扰"的牌子。他不放心，摁了摁门铃，没有人开门，他又摁了摁，还是没有人开门，他等了一会儿，第三次摁下了门铃，心道这一次没有人开就算了。然而屋内静悄悄的，他觉得薇薇安已经不在房间了，摇摇头转身要走，突然，他听见屋内爆发出一个女人歇斯底里的尖叫声："Get out（滚）！"

雷小锋勃然大怒，立即开始反复地摁门铃，但随他怎么摁，屋子里都不再有回音。他气得用拳头砸门，但是门内依然没有反应。雷小锋吼道："薇薇安，你不要装了，我知道你在里面！"

"滚——！"又是一声尖叫，只不过这次换成了普通话版本。

"薇薇安，你太不像话了，"雷小锋厉声道，"你赶紧开门！"

薇薇安没有开门，也没有再发出声音。这时，一个服务员赶了过来："请问先生，发生什么事情了吗？"

雷小锋见引来了人，想想两个总监在酒店隔着门吵架终是一件丢人的事情，传出去名声也不好，便摇了摇头："没事儿，我以为同事在里面睡着了，怕他影响工作。"

"他……"服务员小心地问，"他还在吗？"

"他已经走了，"雷小锋道，"不好意思。"

他转过身，下了楼，此时接众人去高尔夫球场的大巴已经到了，雷小锋忐忑不安地上了车，这事儿要是解决不好怎么办呢？这一车子人怎么解决呢？他想不出什么好办法，又生气薇薇安对工作不负责任，思来想去，他都觉得无论如何都要写一封"电子行业解决方案峰会为什么会失败"的总结邮件，发送给相关的几个部门，让大家在做任何一件事情的时候，都要有责任心，有应变的能力，绝不能用薇薇安的态度对待工作。鉴于薇薇安是香港来的新同事，雷小锋决定再给美国总部发一封邮件，把这事儿说清楚。

车到了球场，一行人神清气爽地下了车。天气格外晴朗，经过前两天小雪的洗礼，空气中充满了清新的感觉。此时知道真相的只有陆帆、雷小锋与刘明达。陆帆不动声色地陪于志德和几位领导，雷小锋已经打定主意要向总部与何乘风告一状，便不再管事情的发展，而是慢慢地走在最后。刘明达想着乔莉的叮嘱，觉得自己应该做点什么，可是做什么似乎都帮不上忙，再说老板还走在最后，自己怎么能往前跑呢？便索性亦步亦趋地跟着雷小锋，什么都不管了。

这时，翠茜与瑞贝卡迎了出来，翠茜满面笑容地道："大家早上好啊，为了等会儿大家能打一次完美的高尔夫，我们事先帮大家订好了练习场，让大家先热身一个小时。"

众人听得一愣，这次峰会来了将近三百人，最后决定来打球的，却只有三十多人，这里面又有十几个是高尔夫爱好者，既然赛思中国请打高尔夫，又是石家庄最好的球场，怎么也能打个满场吧。但是市场部的小姑娘说得明明白白，是先热身一下，众人也不好说什么，有几个人从没有打过高尔夫，还很高兴地说："这样好啊，可以先学习学习。"

那些老打高尔夫的爱好者也只好随着下了场，有几个人脸色阴沉，原本在来之前，他们知道会议日程有高尔夫这一项，就彼此约好了切磋一下，现在倒好，成了练习场上的小兵了。他们索性不打，坐在旁边喝饮料，等着这一个小时结束后，正式上场打球。

刘明达第一次正式打高尔夫，觉得一切都是那么新鲜。为了这次活动，他在北京的时候还专门去一家高尔夫俱乐部学过一次，花二百块钱找了个教练，学了学姿势与基本打法，本来心中还带了怯，没想到占了便宜，一来就下练习场。他开心地站在发球台，挥舞着球杆，对着小球嗖嗖地挥出去。

陆帆陪于志德、张亚平等人坐着喝饮料，于志德道："陆总在美国待了那么多年，高尔夫肯定打得不错。"

陆帆笑了笑："我也一般，美国那边工作忙，一年也打不了几次。"

"陆总，"一个官员道，"我在美国打过高尔夫，很便宜的，二十美金打一次，听说也有好的，也要几百美金的。"

"呵呵，"陆帆道，"最好的球场要一千多，不过大部分很便宜，普通美国人打一次花个几十块钱，不像中国，基本上找不到便宜的地方。"

"中国人多地少嘛，"于志德道，"不像美国，地多人少，价格自然便宜了。"

众人纷纷点头，陆帆远远地瞧了一眼，见翠茜与瑞贝卡像两只蝴蝶一般，在练习场中飞来飞去，一会儿点头哈腰，一会儿从小包里掏出什么，戴乐和会务公司的几个女孩更是满场乱窜，不知在忙些什么。陆帆暗自摇头,心想瑞贝卡和翠茜也够倒霉的,摊上薇薇安这样一个老板,听说这个香港女人,长这么大还是头一次离开香港做事情,真是四六不靠啊。

这时,于志德的手机响了,他接了电话:"喂,是我,我在会场呢,什么?!"他的声音略高了一下,其他人没有在意,陆帆别过头,用眼角的余光瞟着他,只见于志德的脸色异常阴沉。此时太阳升上去了,一小块光的阴影落在他的脸上,于志德紧紧地拿着手机,贴在耳朵上,渐渐地,他的脸色越来越舒展,嘴角也向两旁翘起:"好,好,我知道了,方便的时候再通电话。"

他放下手机,轻轻向后一靠,眼角眉梢全都透着愉快的气息。陆帆暗自猜想这是一个什么电话,这时,张亚平也接听了电话,和于志德一样,他也先是一惊,继而一喜,放下电话后,他和于志德耳语了几句。陆帆隐隐听到一句:"恭喜啊。"就再也听不见了。

陆帆预感到是晶通企业改革方案有了结果,是批了于志德的?那于志德为什么在开始那么生气?是批了王贵林的?那于志德又喜从何来?陆帆若无其事地坐着,闲聊着美国顶尖的几个高尔夫球场,心里越来越好奇,到底出了什么事情?

他看向欧阳贵,就见他正陪着几个专家和企业家闲坐一旁。不知欧阳贵说了什么,众人哄然一乐,七嘴八舌地讨论起来。这时,欧阳贵也接了手机,陆帆看不清他具体的表情,只见他挂上电话,向自己这边瞄了过来,两个人对视一眼,各自把眼光挪开了。

一个小时很快过去了,瑞贝卡与翠茜却不见踪影,坐着等候的人开始不耐烦起来,有人问陆帆:"陆总,我们什么时候开始啊?"

"应该快了吧,"陆帆四处遥望,"我们市场部的美女呢?是不是去办手续了?"

"一直听说IT业无美女,"一个人打趣道,"我看赛思的几位美女都不错啊,"他朝戴乐公司的几个小姑娘望去,"都是年轻有为的人才。"

"那是会务公司的,"陆帆笑道,"我们公司的是刚才穿蓝西服的两个。"

众人又笑。张亚平道:"陆总的手下就很漂亮,那个叫安妮的……"他四下看了看,"陆总,你的兵呢?"

"我的兵今天病假,"陆帆皱起眉头道,"女孩子就是麻烦。"

"病假没事,产假就麻烦了。"张亚平苦着脸道,"我前几个月招了个秘书,刚签了正式合同,她就告诉我她怀孕了,我一不能开除她,二不敢让她干重活,现在连电脑都不敢让她多看,我哪是请秘书啊,我整个请了一个妈。"

"张总,这就是你不对了,"旁边走过来一个人打趣道,"人家进了你公司就怀孕,这恐怕是你的责任吧。"

众人哈哈大笑。

"你们都说安妮好,"于志德心情大好,居然也当众说起了女人的话题,"我看市场部的那个小姑娘就比她漂亮,那个个子高高的、皮肤特别白、腿特长的那个。"

"你是说翠茜?"陆帆笑道,"她是市场部最年轻的一个。"

"女人的漂亮本来就不一样,"张亚平道,"关键还是看个人喜好。于总喜欢大美人,我喜欢小美人,就像打球,于总没有十八洞从来不打,我经常和别人打小九洞,有个半场就开心喽。"

"我哪有那样,"于志德道,"今天是为了陪你和陆总嘛。对了,陆总,我们什么时候开始啊?坐得手都痒了。"

正在这时,瑞贝卡领着戴乐公司的两个女孩走了过来,瑞贝卡满脸堆笑地道:"各位领导,不好意思啊,是这样的,刚刚我们才知道,球场的安排出了一点问题,我们现在有二十张十八洞的卡,还有十六张九洞的卡,请问有没有哪位领导不喜欢打时间长的,可以选择九洞啊?"

众人俱是一愣,哄地笑了起来,于志德差点把一口饮料喷出来,他咳了几下,指着张亚平道:"这位领导,这位领导喜欢打九洞,有半场他就够了。"

张亚平又好气又好笑,轻轻拍了于志德一下,学着四川方言道:"于总,做人要厚道。"

"有没有人打九洞呀?"戴乐公司的一位年轻漂亮的小美女嗲声道,"如果有人打九洞,我们是全程陪同,帮忙拎包哟。"

"真的假的?"顿时有人来了兴趣,"你们陪着一起去?"

"当然了,"另一个小美女道:"球场自己安排错了,只好同意我们也一起去喽。"

"我们去,"有几位外省的企业家走了过来,"九洞也无所谓了,只要美女陪就可以了。"

于志德、张亚平都不作声,陆帆知道他们想好好打一场,便道:"瑞贝卡,我今天要好好陪于总他们打一场球,一定要让他们见识见识我的球技,你们九洞的有美女陪,把我们几个十八洞的牌子留下来。"

中午时分,打高尔夫的一行人还在球场上,尤其是打全场的,陆帆与张亚平、于志德等人有说有笑地扯着闲篇。

留在酒店的众人照例吃了一餐自助,王贵林和几位专家谈得十分投机,乔莉混在他们当中,给他们拿拿饮料,偶尔随便说点什么,倒也不觉得闷。她不知道球场那边的问题解决得怎么样了,便抽空给瑞贝卡打了个电话,瑞贝卡没有接,乔莉只得作罢,陪着王贵林他们在餐厅边吃边聊。

这时,她的手机响了,她拿过来一看是瑞贝卡。"嗨,"乔莉低声道,"问题解决了吗?"

"解决了,"瑞贝卡道,"我都快累死了,我们在高尔夫球场和所有来打球的人好说歹说,高价买到了一些全场的,还有一些半场的,求爷爷告奶奶的,唉!"

"解决了就好啊,"乔莉道,"吃午饭了吗?"

"你帮我一个忙,"瑞贝卡道,"我刚才给薇薇安打电话,她也不接,我已经发短信告诉她事情解决了,你帮我叫点东西送到她房间,顺便看看她,就说我很担心她。"

"好。"

"安妮,"瑞贝卡严肃地道,"你不要和她多说话,尤其是一些不应该说的话。"

"好,"乔莉笑道,"你就放心吧。"

"我要是放心就好了,"瑞贝卡道,"稍微松一口气事情就乱成这样,你千万别再给我惹祸了。"

"好好,"乔莉道,"我这儿陪客户呢,一会儿就去看薇薇安。"

"别一会儿啊,马上,马上。"

"好,马上。"

乔莉打了酒店的订餐电话,让他们送一碗牛肉面和一份甜点去薇薇安的房间。半个小时以后,酒店居然又把电话打回来了,说薇薇安的房间没有人,问乔莉是不是弄错了。

"应该有人的,"乔莉道,"这样吧,我过来看一看。"

她放下电话,和王贵林等人打了个招呼,然后来到薇薇安的房间前,一个服务生推着餐车正站在走廊里。乔莉看着门上挂着"请勿打扰"的牌子,便道:"这不是有人嘛,叫服务员来开门。"

一时服务员到了,却不肯帮乔莉开门,说是未经客人允许。乔莉只得摁门铃,也没有人接,乔莉无法,只得打电话到总台,说明了自己和薇薇安是一个公司的,现在需要进她的房间。总台的服务生大约请示了值班经理,又过了十分钟,一个穿制服的男人赶到了,他示意服务员开门。服务员刚刚把钥匙插进锁孔,门里就传来一声尖叫:"谁?!"

"薇薇安,"乔莉道,"我是安妮啊。瑞贝卡让我告诉你,事情已经解决了,她们现在还在球场,她很担心你,让我送点吃的来。"

门内没有动静,乔莉冲服务员点点头,服务员继续扭动钥匙。门刚刚打开,一个枕头就飞了过来,吓得服务员往旁边一躲,险些撞翻了餐车。薇薇安在房内尖叫道:"滚!我不要吃东西!谁都不许进来!"

乔莉只得退后一步。值班经理赶紧关上门,为难地看着乔莉。乔莉气不打一处来,笑了笑道:"那麻烦把这些送到我房间吧。"她把房间号告诉了服务生,"你们帮我开个门,放进去就可以了,我现在还有事,不能跟你们去了。"

"好吧,"服务生把单子拿出来,"麻烦您签个字。"

乔莉把单子签了,继续回到餐厅。她边走边想,这个薇薇安,之前在公司都挺正常的,怎么说发疯就发疯?大家都是同事,又不是家人,哪能由着你这样发神经?真是讨厌!想到这儿,她想起了瑞贝卡,只得打电话给她说已经告诉了薇薇安,也给她点了吃的,但是薇薇安想一个人待着,不想吃东西。

"她情绪怎么样?"

"她不肯开门,"乔莉道,"听声音还行。"

瑞贝卡长出一口气:"那我就放心了,谢谢呀。"

"不谢不谢。"乔莉返回了餐厅,王贵林等人正朝外走,乔莉笑道,"王总,你们吃完了?"

"我们聊得很投机,"王贵林道,"我打算下午请大家去咖啡厅吃茶,你去不去?"

"我当然去了。"乔莉笑道,"我听了一个上午,学到了很多东西。这样吧,就由学生请客,请诸位老师喝一杯吧。"众人都说可以,于是一行人来到咖啡厅,叫了茶水点心,又开始闲聊起来。

大约下午两点,全场的高尔夫结束了,陆帆与张亚平、于志德等人下了球场，打半场的人早在休息区等候了。李忠上午虽然跟来了，却不敢提自己上场的事，一直等在休息区内，此时点头哈腰地走过来："陆总，打得怎么样？"

"还是于总最厉害，"陆帆笑道，"我和张总打平了。"

"陆总让着我，"张亚平笑道，"不然我哪是对手。"

李忠一边点头，一边给他们递饮料。于志德道："早上我吃得多，还不觉得饿，老张你呢？"

"我饿了，"张亚平道，"我没有经验，吃得比较少。"

"你是按半场吃的吧？"于志德笑道，"今天我们要是不在，你肯定跟着美女打半场去了。"

张亚平哈哈大笑。陆帆觉得于志德自从接了电话之后，心情十分畅快，和他接触了不少次，从未见他像今天这样活泼有趣，不停地说笑话。陆帆陪着他们小憩了一会儿，等人到齐之后，全体人员上车回到世纪大饭店。世纪大饭店特地在一间小厅给他们留了自助餐，众人边吃边聊，一直折腾到下午四点，方都散了，各人回自己的房间休息。

陆帆刚刚回到房间，电话响了，是欧阳贵："弗兰克，晶通的事情有眉目了。"

陆帆嗯了一声，欧阳贵继续道："省里已经批了报告，是王贵林的。"

陆帆轻轻啊了一下，意思是，难怪于志德上午刚接电话时脸色那么难看，果然事情有变。欧阳贵以为他是因为王贵林得势而惊讶，道："晶通电子改革小组的组长是两个人，一个是省国企改革领导小组的邱主任，另一个是于志德。"

陆帆又啊了一声，道："这么说，虽然省里批了王贵林的方案，但日后掌握晶通电子大权的人还是于志德？"

"对，"欧阳贵道，"明着是王贵林赢了一局，暗里他又败了一次。不过于志德这个掌门人也不好当，王贵林这个方案，对他没什么好处。"

"那我们现在……?"

"你赶紧找到安妮,让她把情报传出去。琳达那边我来安排,一定要逼着 SK 在我们之前先开口。"

"好,"陆帆道,"我马上办。"

陆帆拨通了乔莉的手机:"安妮,你在哪儿?"

"我陪王总他们在咖啡厅。"乔莉道,"你们回来了?"

"你听着,"陆帆道,"今天开始找机会,把消息从翠茜那儿传出去,晶通的事情已经有定案了。"

"你等一等啊,"乔莉笑着站起来,离开座位,走到一个角落,"什么定案?"

"你跟着王贵林一天,他有什么变化吗?"陆帆没回答,反过来问道。

"变化?"乔莉一愣,"没有啊,他跟以前一样,"她想了想,道,"他好像从来没有什么变化。"

"省里批了他的改革方案,但是晶通改革领导小组的组长是于志德。"

"这是什么意思?"

"意思就是,晶通改制后的第一把手铁定了是于志德,但是改制方案基本上按王贵林提的走。"

乔莉又是一愣,她闪电般地回想了一下今天王贵林的表情,却找不到哪怕一丝的流露,而且他还是那么热情地在讨论电子行业的改革问题。她的心情不禁有些沉重,不知为什么,王贵林的失势让她感到怅然,虽然王贵林不是理工科科班出身,对业务的理解也没有于志德精准,但是乔莉觉得,他比于志德更热爱晶通电子,更符合未来第一把手的形象,她喟然道:"哦,是这样。"

陆帆的眉头轻轻一皱,乔莉的声音传递出很多信息,她似乎在为王贵林感到不公,刚才的回答也一点都不职业化,跑销售怎么能和客户建立起真正的感情呢?何况晶通电子局面如此复杂,她只和王贵林见了几面,怎

— 395 —

么能把情感天平倾倒于一边？陆帆没有深究，道："你想办法去办吧，这事儿越快越好，有消息马上通知我。"

"好！"乔莉挂断电话，回到桌边，王贵林正激情洋溢地讲着晶通未来发展的可能，乔莉轻轻坐下来，感到一种说不出的无奈。

这天晚上的晚宴，是赛思中国电子行业解决方案峰会的最后的晚餐，晚宴在大宴会厅举行，不再是自助餐的形式，而改为圆桌，来宾们按照安排坐在属于自己的位置上。由于一些人不想参加晚宴，最后留下的有二百一十二人，正好二十一桌。面对众多圆桌的，是一个小舞台，舞台的背景是一座抽象的高高的山峰，一排醒目的红字压在山峰之上："赛思中国电子行业解决方案峰会"，红字下方还有一把刀与一把剑的灰色的剪影，剪影旁边有两行小字："武林至尊，宝刀屠龙！倚天不出，谁与争锋！"

"呵呵，"张亚平对陆帆道，"你们这是武林大会啊？"

陆帆道："我们的市场总监是香港人。"

两个人会心一笑，都不再议论了。这时灯光暗了下来，一束追光打在舞台旁边的小讲台上，一个盘着高得不能再高的发髻、穿着一件吊带低胸晚礼服的女人款款走到小讲台前，她微仰着下巴，轻轻环顾四周，台下的人不明白她的意思，都盯着她看。她继续保持沉默，再一次环顾四周，翠茜坐在市场部的桌前猛地鼓起掌来，于是掌声稀稀拉拉地在各个桌前传播开来，直到宴会厅里响声一片，薇薇安这才满足地一笑，轻轻朝台下点了点头。

雷小锋想起她上午在房间里对着自己尖叫出的"get out"，气不打一处来。这个薇薇安，把难题踢给下面人，现在跑上来装腔作势了。他看着她的低胸晚礼服，领子低得不能再低了，整个胸前开了一条小衩，一直露到腰带处，乳房大半都露在外面，只掩住了重点部位。他不禁哼了一声，对刘明达道："像个妓女！"

"就是，"刘明达也觉得她露得太多了，"这又不是娱乐圈的会议，这是电子行业峰会。"

张亚平坐得比较靠前，他碰了碰陆帆："陆总，波涛汹涌啊！"

陆帆嘿嘿一笑："你有兴趣？她可是未婚。"

"未婚？！"张亚平惊讶地打量着薇薇安，"她多大，四十？"

"你真该打！"陆帆笑道，"你下次见了她，就猜她二十八。"

"到底多大？"张亚平道，"透露一下。"

"三十七，"陆帆道，"还有兴趣吗？"

"你才该打呢，"张亚平笑道，"这模样猜她二十八，我还有没有良心。"

"你还有良心？"陆帆乐道，"你要有良心，她就真的是二十八了。"

大约见台下大部分人都在窃窃私语，薇薇安猛地抬高了声音："这是一次非常高水平的、盛大的会议，是一次电子行业的伟大的会议！"

扩音器吱的一声啸叫，台下的人吓了一跳，立即安静了下来。幸好大家下午吃饭都比较迟，肚子并不饿，但也有人面对佳肴美酒，却迟迟不能动筷子，感到很不耐烦，抱怨道："妈的，不就是开个会嘛，又不是婚礼！"

好不容易薇薇安的演讲完毕，然后她宣布，为了活跃气氛，赛思中国提供了三次抽奖机会，每一次都有一个大礼送上，抽奖以各位的房间号为准，现在抽第一个大奖。一个礼仪小姐将一个小木箱送上台，薇薇安道："现在，我们要请一个抽奖嘉宾，他就是河北省信息产业厅的赵处长。"

底下的人纷纷鼓掌，一时赵处长上了台，抽中了一张纸，薇薇安示意他念出来，大约他离薇薇安太近，红着脸擦了擦汗道："2088！"

张亚平掏出房卡，乐道："是我啊。"

陆帆、于志德等人纷纷朝他鼓掌，表示祝贺。张亚平快步上台，薇薇安问了他的姓名与职位，嗲声道："张总，你猜，这个奖品是什么？"

— 397 —

"我猜不出来。"张亚平站在薇薇安身边,见她浓妆艳抹,两只眼角全是皱纹,实在有些不堪入目,但是她的身材不错,一对乳房在自己眼前白得耀眼,他不禁稍稍朝后退了小半步,笑道,"我猜不出来。"

"这个大奖就是——"薇薇安轻声一笑,音效师连忙加了一小串鼓点,薇薇安道,"我给你的一个拥抱!"

未等台下人和张亚平明白过来,薇薇安近身上前,将张亚平紧紧抱住,顿时,台下掌声一片,不知是哪个角落,还传出一声尖锐的呼哨。张亚平血朝上涌,一张脸立即涨成了猪肝色。于志德轻轻一拉陆帆,两个人拼命忍住了,在台下扑哧扑哧地笑。

良久,薇薇安松开了张亚平,笑道:"刚才,是我和张总开了一个玩笑。我们的第一个大奖就是,赛思中国的促销大礼包!"

台下笑声一片,再次响起了掌声。张亚平心想,什么不好给,给我赛思中国的促销大礼包,我仓库里堆着几十个呢!他笑着从礼仪小姐手上接过礼物,对着台下挥了挥手,便要下台,薇薇安道:"张总,你不送我下去吗?"

张亚平一愣,薇薇安已经挽住了他,拿着话筒道:"我们第一轮抽奖结束,请大家开始用餐。第二轮大奖稍后抽出,敬请期待!"

张亚平和薇薇安成双成对地下了台,张亚平陪着她走到市场部的桌前,还要帮她拉一下椅背,看着她在位子上坐下,又说了几句好话,这才脱了身,赶紧朝自己的座位走过去。他到了近前一看,陆帆与于志德已经笑得不行了,其他人也是面露笑容,哈哈地看着他。

张亚平一屁股坐下来,把大礼包递给陆帆:"陆总,这奖品我还你了。"

"你这个还给我没什么,"陆帆笑道,"那个拥抱就没法还了。"

众人又是一阵大笑。张亚平实在没法,笑道:"拥抱也算大奖,"他在胸前比画了一下,"确实够大!"

晚宴正式开始，乔莉坐在市场部旁边，想着陆帆交代的任务，便不时地打量翠茜。为了配合薇薇安的大红礼服，翠茜穿了一件红色的连衣裙，脖子上又戴了一根造型别致的项链，看起来非常漂亮。翠茜紧紧挨着薇薇安，一会儿为她夹菜，一会儿为她倒酒，体贴入微，无比关切。瑞贝卡穿着黑色套裙，从服装上就被翠茜比了下去，她又不好隔着翠茜帮薇薇安夹菜，只能敬几杯酒，说几句动听的话。

众了吃了一会儿，薇薇安又起身走了。乔莉端着杯子走过来，坐在薇薇安的位置上，翠茜道："安妮呀，你来敬酒也不挑个时候，我们老板不在啊。"

"那我只好敬敬戴总和几位美女喽，"乔莉道，"今天的晚宴真的不错啊。"

"哟，"瑞贝卡处处被翠茜挟持，一口恶气没有地方出，对乔莉道，"这话听着像总裁嘛。"

"我哪儿敢呀，"乔莉笑道，"我这辈子能当好一个小销售就不错了。"

"安妮，"翠茜道，"这话可不要这么说，俗话说得好，不想当将军的小兵不是一个好兵嘛。来来来，我敬你呀。"

瑞贝卡阴着脸不作声，戴乐等人更是不便说话，这市场部里打内战，他们是谁都不敢得罪。乔莉略坐了坐，见瑞贝卡不悦，只好和翠茜扯闲篇，眼睛一转道："翠茜，你这裙子挺好看的，在哪儿买的？"

"国贸啊，"翠茜得意地道，"不错吧？"

"你真有眼光，"乔莉道，"我就买不好连衣裙，总是不知道穿什么好看。"

"买衣服你找我呀，"翠茜道，"我最喜欢逛街了。"

"真的？"乔莉道，"那我们回北京去逛一次，我还想在春节前买件新裙子呢。"

"那容易，我周末就去国贸，你去不去？"

"当然去了，"乔莉低声笑道，"我们约定了。"说着，她略略一抬头，便瞧见瑞贝卡充满恨意的眼光，她心内一惊，猛地想起这样约翠茜肯定会让瑞贝卡不舒服，便笑了笑道，"瑞贝卡，你去吗？"

"周末我要加班，"瑞贝卡道，"你们去吧。"

乔莉知道自己又得罪了瑞贝卡，她有点后悔这会儿跑来套话，应该趁晚宴结束后的空当去约翠茜，但现在后悔也迟了。她想了想，自己以后要注意这方面的事情，八面玲珑可得好好练习，现在先把工作完成了再说。想到这儿，她也坦然了几分，和戴乐等人聊了几句，回到了自己的座位上。

薇薇安此时又上了台，开始第二轮的抽奖，这次得奖的是戴乐公司的一个小美女。小姑娘乐得赶紧跑上台，薇薇安矜持地和她握了握手，把一个电脑包送给了她。

晚宴到此时已经接近尾声，除了外地的客人，石家庄本地的客人大部分都撤出了宾馆。而此时的付国涛还和琳达在 BTT 的案子上焦灼，薄小宁正在和他通电话，晶通电子改制大局已定，于志德即将成为新企业的一把手。付国涛与薄小宁都分析了庆丰公司的风波，他们认为省里面如果一心要查于志德，就不可能再把他捧为改制小组的组长之一，看来于志德的家庭帮了他大忙，庆丰公司的事情仅止于庆丰公司，于志德依然是最大的赢家。

"付总，"薄小宁道，"于志德那边的接触，是不是要加快？"

"我们不着急，"付国涛道，"等打听出赛思的价码我们再出价。"

"万一他们也在等我们呢？"

"应该不会。"付国涛道，"改制讲起来复杂，做起来也快，晶通的技术改造是发展的重点，省里不是批了王贵林的方案吗？如果照方子抓药，那是无论如何要进行技术改造的，而且越快越好；再说了，我们今年的业绩完成得好，多个晶通的单子，我们是大功一件，不打这个单子，我们也没有危险。赛思中国可不一样，上至何乘风，下至陆帆，去赛思几个月了，数字少得可怜，听说何乘风这两天就要去美国，现在他们卖鲜鱼，我们卖咸鱼，要拖，他们肯定拖不过我们。"

"那我们就再等几天？"

"等着！"付国涛斩钉截铁地道，"哎，这两天你和晶通的人接触了吗？"

"他们最后有一场高尔夫，于志德是高尔夫爱好者，去打球了，张亚平也陪着去了，不过，他们那个总工方卫军倒一直和我在一起，赛思的人可能得罪他了，一到吃饭时候他就给我打电话。我请他吃了两顿饭，他一个劲地夸我们的技术好、服务好，邪了门了。"

"你没问问他？"

"问了，他说赛思的人都很好，但是他是负责技术方面的总工程师，要从技术上来说话。付总，我们的技术比赛思没高太多吧？"

"估计是和赛思有矛盾，"付国涛道，"不过他讲起来是负责技术的总工，最后也得听大老板的。但是这样也不错，晶通内部就有人从技术上帮我们说话了，而且省里面以后问起来，晶通也会说，确实是因为我们技术好，才买我们的产品。"

"陆帆这个白痴，"薄小宁道，"连个工程师都摆不平。唉，老板，你什么时候过来啊？别老把我一个人扔在这儿啊！"

"快了，"付国涛道，"BTT这边我再耗几天，等签完合同就完了。"

薄小宁挂上电话，感到一阵轻松，只要于志德当上一把手，凭着父母和他岳父的关系，再加上SK自身的实力，以及大手笔的公关费用，要打下晶通应该不是一件难事。他把手机在手心里转了一圈，付国涛的能力没问题，就是做事情比较小家子气，前一段时间怕自己不肯发动家里的资源，给销售们发邮件，说晶通虽然安在了自己的头上，但是需要大家的帮助，摆明了要发动群众斗群众，现在又不肯向于志德开价，非要等赛思中

— 401 —

国先开价,就凭陆帆那个窝囊废,凭什么和自己斗?现在这样最好,付国涛被耗在北京过不来,石家庄的事情就由他做主了,既然要他等,那就等几天,反正快过年了,他可以到处玩玩,顺便等等赛思所谓的"价码"!

赛思中国电子行业解决方案峰会的最后一个大奖也抽完了,得奖的居然是翠茜,她激动地上了台,薇薇安当众宣布,这个奖是价值三千元的沃尔玛超市的消费卡,可以在全中国的沃尔玛超市使用。台下的人反应平平,毕竟抽了半天,都是小奖,而最后这个奖项,实在有点不上台面,就是发一个新鲜有趣的小 IT 产品,也会比消费卡听起来好一些。

陆帆不动声色,心里却猜到这抽奖肯定做了手脚,除了第一个大奖是真抽的外,第二个和第三个奖,全部被薇薇安拿着当人情,一个送给了戴乐的公司,另一个给了自己的手下,看来这个翠茜很会讨她的欢心,就连衣服都穿一样的颜色。于志德却被翠茜的美貌吸引,悄声对张亚平道:"这个女孩挺漂亮的!"

张亚平对陆帆道:"陆总,什么时候介绍一下?"

"她是市场部的,"陆帆道,"改天找个机会。"

"不用不用,"于志德笑道,"欣赏一下就可以了,有些东西只可远观,不可近玩,女人也一样。"

张亚平微微一笑,心想这话倒是有感而发,自从几年前于志德和那个小情人好上之后,就再也甩不掉了,又是帮着开公司,又是帮着照顾"小舅子",石家庄上上下下,谁不知道?要不是于志德的老婆温柔贤淑,换一个会闹的,早就闹翻了。平心而论,这个于志德倒是个讲感情的人,不像王贵林,做人做事滴水不漏,着实厉害啊!

瑞贝卡坐在台下,看着翠茜兴高采烈地拿了最大奖,心里像打翻了的四川酸辣酱,又是愤怒又是嫉妒,自己引狼入室,把翠茜弄到了市场部,不但没多一个助手,反倒多了一个竞争对手。现在的女孩个个人小鬼大,

— 402 —

就像安妮，刚刚看见翠茜得势，就立即跑过来拉关系，还约好了一起逛国贸。瑞贝卡紧紧咬着后槽牙，想，总有一天，这两个贱货会落在自己手上，到时候有她们好受的！

晚上十点半，晚宴结束，大会正式闭幕，众人纷纷起身与石家庄当地的客人告别，王贵林、于志德、方卫军等人都表示要回家去了，欧阳贵、陆帆、乔莉等人一直把他们送上车。乔莉忽然想起这几天除了开会，除了今天晚上的晚宴，吃自助餐的时候都不见方卫军，她觉得有些诧异，又不好发问，只得和方卫军握了握手，方卫军冷冷地看了看她，什么话也没说就上了车。乔莉知道这个仇自己算结下了，恐怕一时半会儿，甚至更长时间，她都别想解开了。她轻轻叹了口气，目送着晶通的厂车缓缓驶出宾馆大门。

"安妮，"陆帆不知什么时候走到了她身边，"翠茜的事情怎么样了？"

"我约了她周末去逛街，"乔莉道，"明天是周五，估计不是后天就是大后天。"

"要快，"陆帆道，"想尽一切办法把消息传出去。"

"放心吧，老板，"乔莉道，"我会努力的！"

"明天一早我们就赶回公司，"陆帆道，"七点钟在这儿集合。"

"好。"

欧阳贵正在接电话，不一会儿电话讲完了，他走到陆帆身边："你跟我出去一下！"陆帆点了点头。乔莉忙道了个别，走回宾馆大厅，回到自己的房间。

这么晚了，陆帆跟着欧阳贵去哪儿呢？她想着这两天陆帆不时告诉她的消息，不禁对欧阳贵与陆帆的行踪充满了好奇。还有方卫军，她有点担心自己得罪的这个人会不会给晶通项目带来麻烦。再一个就是瑞贝卡，晚宴上她那充满恨意的目光，让自己和她之间好不容易缓和了一点的关系，重又变得紧张起来。

第 十 章

乔莉躺在床上，胡思乱想着进入了睡眠。一夜之中，她不知做了多少梦，直到第二天起床的时候，她的大脑还在被各式各样的梦境充满着，她晕头转向，觉得睡了一夜比没有睡的时候还要劳累。但是马上到七点了，她赶紧收拾好东西，然后到餐厅。餐厅刚刚开门，她三下五除二喝了一杯咖啡，吃了一个鸡蛋，提着行李快步走出了宾馆大门。陆帆与欧阳贵已经站在了大门外，乔莉脸一红："欧总，陆总。"

陆帆点点头，欧阳贵道："上车吧。"三个人走到停车场，欧阳贵上了自己的车，乔莉上了陆帆的车，两辆车一前一后驶出停出场，沿着石家庄的马路朝北京开去。

车驶上高速的时候，陆帆让乔莉从车后取过一个塑料袋，那里面有两块包好了的三明治，还有两听摸上去尚有余温的星巴克咖啡。乔莉睁大了眼睛："你什么时候买的？"

"有人送的，"陆帆道，"我昨天晚上就交代李忠了，让他买好了给我，他六点半就等在宾馆门外了。"

乔莉知道他是在责备自己，脸一红，道："我不知道有早点吃，跑到餐厅喝了点东西。"

"你可真行！"陆帆气得瞪了她一眼，"让老板饿肚子站在外面等，自己跑去吃东西。"

"对不起，"乔莉道，"我肚子一饿就晕车，怕在路上犯毛病。"

"赶紧吃吧，"陆帆摇了摇头，"我真是带了个好兵！"

乔莉赶紧把三明治的纸剥开，递给陆帆，陆帆哼了一声，似乎是说这还差不多。然后，乔莉又把咖啡递给他，陆帆一边吃一边开车，乔莉也把咖啡喝了下去，两个人的精神都好了许多，车也越开越快。快到中午的时候，车到了赛思中国的楼下，陆帆道："你赶紧上去吧，有事情就电话。"

乔莉点点头，下了车，拿着行李到了公司，销售区办公室几乎没有人在，她把行李放在办公桌下面，拿出了电脑。这时，狄云海笑嘻嘻地走了过来："嗨，安妮，回来了？"

"回来了，"乔莉道，"你怎么没有去啊？"

"临时有点事情。怎么样，会议成功吗？"

"成功，"乔莉道，"挺顺利的。"

"是吗？"狄云海道，"昨天我在办公室算了一下，好像会议中出了点问题。"

"什么嘛，"乔莉知道他在逗乐，"你又知道什么了？"

"你打开邮件看一看吧。"

乔莉打开邮件，里面不少新的，她笑道："我得一个一个找呢，到底什么事？"

"你慢慢找嘛，"狄云海道，"一会儿就会知道了。哎，薇薇安她们什么时候回来？"

"不知道啊，她们可能坐火车，要到下午吧。"

云海点点头："那你辛苦了，一早赶回来工作。弗兰克呢？"

"他可能在停车，马上就上来了。"

"行，那你慢慢找吧，"云海微微一笑，"有什么好玩的事情别忘记告诉我。"

"好。"乔莉笑了笑，见他离开，赶紧坐下来仔细地看着每一封新邮件，突然，一封雷小锋发出的标题为"I need an excuse for what has happened in the summit（对峰会发生的一切我需要一个解释）"的邮件引起了她的兴趣。她连忙打开邮件，一大堆英文跳了出来，乔莉逐行地看下去，慢慢睁大了眼睛。雷小锋在邮件中严肃地指出：薇薇安以权谋私，带男朋友参加市场活动，造成了工作中的失误，而且在工作出现失误的时候躲在房间里大骂同事，把工作推给下面的员工，同时在公司举行的晚宴中举止失态，有损公司的企业形象。乔莉看罢内容，连忙去看这封邮件发给了多少人，不看不要紧，一看她更是吃了一惊，除了何乘风、欧阳贵、施蒂夫、陆帆等公司里的所有中高层管理人员，还有像她、瑞贝卡、翠茜、刘明达一级的普通员工，这些还不打紧，在这封邮件的收件人中，还有美国总部的三个人的人名，真是惊天动地！乔莉看着电脑，暗道这下雷小锋可是狠狠地告了薇薇安一个大状，她想起薇薇安大声骂"滚"的神情，不由轻轻一乐，这才好呢，现世报啊。

乔莉偷着幸灾乐祸，不由想起陆帆让她尽量挑起市场部与雷小锋的矛盾这件事。现在这个矛盾倒不是被挑起的，而是薇薇安自己做得不好。不过为什么要让雷小锋与薇薇安作对呢？难道还是因为上次的邮件事件？为了销售部能够顺利地做各种活动，利用雷小锋去打压市场部？不过事情闹这么大，就不能通过一句简单的打压或者提意见来收场了。

这事儿是不是闹得太过分了？乔莉有些不安，不知陆帆知道了会有什么反应。这个时候，陆帆已经坐在了办公室里，刚才云海给他打了电话，告诉他有这样一封邮件，他到了办公室就立即打开电脑，仔细地查看邮件内容与收件人姓名，他一面看一面暗自叫好，这下省事了，不等他们动作，雷小锋直接捅到美国总部去了。正高兴时，有人敲了敲门，陆帆道：

"进来!"门被推开了,云海走了进来,顺手关上了门。

"坐啊!"陆帆高兴地道。

云海笑道:"干得漂亮啊。"

"不是我们干得漂亮,"陆帆道,"那个薇薇安也太不靠谱了。"

"我已经给何总发了短信,"狄云海道,"他今天到美国,正好赶得上。"

陆帆微微一笑:"那就热闹了,美国人正好要理由,我们就送他们一个台阶,让他们下得漂亮。"

"呵呵,"云海道,"晶通的事情怎么样了?"

"我正要告诉你呢,大有进展!"

"哦?说说看!"云海立即坐下来。陆帆把于志德当上组长、省里批了王贵林的改制方案,并且开始调查庆丰公司的事情细细说了一遍。狄云海听了半天,又愣了一会儿,"这事儿蹊跷。"

"为什么?"

"要是省里摆明了支持于志德,就不应该再调查庆丰公司;如果不支持于志德,就不应该再批准他为改制组长。"云海皱起了眉头,"我看晶通胜负未明。"

"调查庆丰,可能是做做样子,"陆帆道,"于志德这个董事长,照常理是跑不了了。"

"我们接下来的安排是什么?"

"琳达在BTT上拖着付国涛,我们会通过周祥,把一个假的报价递过去。"

云海轻轻吐出一口气:"要是按照王贵林的改制方案,晶通还有能力做技术改造吗?"

"应该是有困难,"陆帆道,"但是那么大的企业,肯定会想办法弄到钱的,他们不做技术改造,就无法真正在市场上有竞争力,这件事情是肯定要做的。"

云海扬了扬眉毛："这事儿年前打个底，一切都要等年后再起动了。"

"是啊，"陆帆道，"还有一个多星期就过年了。"

"春节你回哪儿？"云海问。

"我想带父母去海南转一圈，在那儿过个节。你呢？"

"这个主意不错，"云海笑道，"要不我也去，把家里人带上，我们搭个伴。"

"好啊，"陆帆道，"这当然好了！"

"那说定了。你是找的旅行社吗？"

"对，"陆帆道，"回头我给他们打电话，让他们增加三个人。"

"不是三个人，"云海笑道，"还有我妹妹妹夫，他们俩过年也没地方去，我妹夫家在湖南，大雪重灾区，路全封上了，干脆带上他们都到海南去。"

"那就加五个人，"陆帆道，"然后我让他们给你打电话。"

"行，"云海站起来，"我先出去，写了几天的报告，累死我了。"

"别走，"陆帆拿起外套，"马上到中午了，一起去吃饭吧。"

"行啊，"云海道，"你不说我一会儿也要找你，今天你请客啊！"

"你还真不客气，"陆帆道，"凭什么我请客？"

"呵呵，"云海道，"我今天把皮夹丢在家里了，身上一分钱都没有。"

陆帆哈哈一乐："要不要我借你一百块？"

"吃完饭给我吧。"云海打了个哈欠，"我的报告一直到老板走之前才写完，几天没睡觉了。"

陆帆没有吱声，心里明白云海这几天承受的压力以及工作量的巨大，他伸出手，在云海的肩膀上轻轻一拍，两个人一前一后走出门去。

乔莉一个人去食堂吃了午饭。离春节还有一个多星期，食堂里的人少了不少。这座大厦里除了赛思中国,还有好几家外企与几家国有大中型企业,春节的到来使人们无心工作,但是又不得不工作。大家都盼望着把这一个星期用最快的速度结束,然后回到家乡,回到亲人朋友中间。

她吃完饭,也没有什么工作,难得啊,一个工作日的下午居然如此清闲。她想了想,给家里打了个电话,乔妈妈一再追问她回家的时间,乔莉只得说,到下个星期就知道了。

"到了下个星期就不好订票了,"乔妈妈道,"能赶上年三十吗?"

"实在不行就飞咯。"乔莉笑道,"你放心吧,大年三十的飞机肯定没什么人坐,我肯定赶回去吃年夜饭。"

"那你好好照顾自己,不要受凉。"

"受什么凉,"乔莉笑道,"北方天天晴天,你和爸爸要当心身体。"

"哎呀,今年真是造孽,天天雨雪,这才刚晴了两天,说雨雪又要来了,又要防冻了!你说,要是大年三十杭州下雪,你还坐得了飞机吗?机场恐怕不开吧?"

"不会的,"乔莉道,"反正我会想一切办法回来的,你不用担心。"

"好的,"乔妈妈道,"你爸爸今天去单位了,参加老干部团拜会,等他回来我告诉他,你打过电话了。"

"好呀,"乔莉道,"那就先这样,我先挂了。"

她挂上电话,实在无聊,便上起了网,又和 MSN 上的几个老同学聊了几句,几个人问她过年回不回家,她说回啊,又问她什么时候回,等等,这样聊了一会儿,她看见一个人上线了,显示是树袋大熊,上面还有一行字:我想做一只考拉!

乔莉哈地一乐,发一个笑脸!

树袋大熊却发了一个打着哈欠的脸。

"怎么,加班没有睡觉?"乔莉问。

"没有加班,"树袋大熊道,"是去做小偷了!"

"做小偷？"

"对呀，我想偷一个女孩的心，可惜怎么也偷不到。"

"你想偷谁的心？"

"这是一个秘密。"

"哦，你是不是有了暗恋的对象？"

"呵呵，我都是明着恋还恋不上别人。比如，我想在二〇〇七年请一个认识了很久的女孩吃一顿饭，见一次面，可是她总是没有空，我很伤心。"

乔莉乐了，写道："不就是吃饭嘛，我们可以约一天啊。"

"真的？你年前有时间？"

"不一定，年前没有时间也可以年后嘛。"

"太棒啦！"树袋大熊发了三朵红玫瑰。

乔莉心里感到一丝愉快，她已经很久没有这样和树袋大熊聊天了。记得两个人刚认识的时候，乔莉还在做前台，工作虽然忙，但是忙得有规律，而树袋大熊好像在国外忙一个什么项目，两个人东拉西扯的，有时可以说很长时间。那个时候乔莉觉得有这样一个网上的朋友挺好的，没有任何交往上的负担，不需要见面也不需要讲很多私生活层面的事情，甚至不需要知道对方真实的姓名与长相，这也许就是她拖了很久都不愿意和他去吃饭的真实原因吧。距离产生美，在这样的社会里，能有人去说一些日常生活层面之外的话题，是非常幸福的。

"看了《长江七号》吗？"树袋大熊问。

"没有，"乔莉写道，"你呢？"

"也没有，听说《集结号》也很精彩。"

"我已经很久没有看电影了，天天忙工作。"

"我也是，我觉得《哈利·波特》挺好看的，特神奇，你说那个作者是不是很有想象力？"

"是啊，我也喜欢《哈利·波特》，"乔莉写道，"我有全套的书呢。"

"《加勒比海盗》也不错，我喜欢那个海盗。"

"我喜欢《魔戒》里的那个金发神射手!"

"那可是帅哥!"

"是啊，我喜欢帅哥!"

树袋大熊发了号啕大哭的脸，写道："你喜欢帅哥，可惜我不是啊!"

"我也不是美女!"

"我不喜欢美女!"

"你就贫吧，"乔莉扑哧一笑，写道，"鬼才信呢。"

"真的，"树袋大熊道，"这年头是女人都能叫美女，我妈也叫美女。"

"哈哈，那你妈一定很漂亮。"

"没看出来，不过叫她美女她特高兴。"

两个人正聊着，乔莉偶然间一抬头，吓了一跳，只见薇薇安穿着一套黑色西服，正阴着脸看着她这一片的办公区。乔莉不敢多看，用余光瞄着她，只见薇薇安一步一步慢慢地走了过来，从乔莉身边走了过去，一直走到售前的区域，接着，她慢慢拐到了雷小锋的办公室门前，抬手在门上敲了敲。

乔莉从座位上伸直了脖子，见薇薇安一扭门把手进去了，门又被关上。她还发现刘明达与强国军不知道什么时候回来了，正规规矩矩地坐在座位上，还有其他部门的人，也回来了几个。大家安静地坐着，谁也没有说话，就好像薇薇安刚才根本没有出现过，也没有从这里走过去，一切都是幻想，或者那是薇薇安的鬼魂。

乔莉轻吐一口气，轻轻放下身体，她刚想和树袋大熊接着聊天，便听见前方区域传出一声尖厉而响亮的港式英文："How dare you do that? You fucking stupid!（你怎么敢这么做！你这个蠢货!)"

乔莉一愣，她想了想，才听懂了薇薇安骂的话，嘀嘀！这话骂得够狠的！接着一会儿是薇薇安的声音，一会儿又没了声音，估计她和雷小锋一

— 411 —

个大声一个小声地在争吵,再接着是一声凄厉的尖叫,只听啪的一声,雷小锋办公室的门一下子打开了,薇薇安黑着脸走了出来,再啪的一声,把雷小锋的门摔上了!

所有的人全部坐着,办公区域内鸦雀无声,两个总监在办公室大吵了一架,底下的人个个自危,谁知道这股邪火什么时候烧到自己的身上?大家全部低着头。

薇薇安走出这片办公区,直接到了施蒂夫的办公室前,敲了敲门。

"进来!"施蒂夫道。

薇薇安用手轻轻捋了捋头发,让自己的头发一丝不乱,然后推开门,走了进去,她坐在施蒂夫的面前,低下头。施蒂夫正在看邮件,见她坐在对面半天没有说话,一抬头,便看见两行眼泪簌簌地从薇薇安的脸上落下来。

"薇薇安,"施蒂夫吓了一跳,连忙把旁边的抽纸盒递给她,"有什么话慢慢说。"

"我怎么说呀,"薇薇安抽泣道,"为了这次会议,我付出了多少努力,从方案制作到落实具体的人员,到会议的每一个流程,我都是兢兢业业!您知道,我一向是非常注重专业水平与职业操守的,这是我从工作的第一天起,就严格把握和力求做到的品质,否则我也不会在香港做到这个位置。您看重我,把我从香港调来北京,来到赛思中国,我当然要好好表现,向大家证明我的实力,这不仅关系到公司的 image(形象),关系到老板的面子,更关系到我在赛思的 career(职业发展)。没有想到啊,我辛辛苦苦做了这些工作,不但无功,反而被泼了一身的脏水。"薇薇安说到伤心处,泣不成声,"我觉得我不适合在大陆发展,您帮人帮到底,把我送回香港吧!"

"你不用担心。"施蒂夫见自己一手调来的人痛哭成这副模样,不由想到自己刚来赛思中国时,何乘风等人是如何表面上给自己接风,却暗地里让安妮给总部发邮件,给自己一个下马威的。看来这次他们又故技重演,想要整薇薇安,如此下去,市场部的工作还有人敢做吗?想到这里,他沉声道:"我是相信你的,而且我相信美国总部也会信任你,trust me(相信我),我会还你一个公道。"

"那我现在怎么办呢?"薇薇安抽出一张纸,擦了擦眼泪。

"你写封邮件,把你们做市场工作付出的努力都写一写,然后说不知道公司的谣言,再把这封邮件发给我和美国总部,我会让美国总部的同仁再发一封邮件,说明对你的了解,我自己也会发邮件给总部担保。总之,你放心,我不会不管你的。还有,在大陆做事情不比香港,有些事情你要想开一点,不要和他们计较,要时常留心。"

"好的,老板。"薇薇安又擦了擦眼泪,"我真没想到,在大陆做事情这么难,他们一点都不 professional(专业)。"

"你赶紧去发邮件吧,"施蒂夫道,"我给美国的朋友打个电话。"

"好,"薇薇安站起来,"对了,老板,您上次说您太太想买东北的紫貂皮大衣,我已经帮她搞到了,去石家庄之前,已经寄过去了。"

施蒂夫微微一笑,他非常喜欢下属用这种方式表达忠诚。是他给了她这份工作,在香港她的年薪不到八十万港币,现在来到赛思中国,一下子提到了一百三十万人民币,这才是知恩图报的好下属,不管老板有任何事情、任何需要,都会放在第一位、第一时间去解决。"谢谢你呀,薇薇安,我会把钱打给你。"

"老板,"薇薇安道,"这是我送给嫂子的礼物,钱的事情不用放在心上。"

"好啦,"施蒂夫道,"你不要再伤心啦,有什么想不通的可以给你嫂子打打电话,女人之间说说心里话,对你的心情会有帮助。"

薇薇安站起身来,出了施蒂夫的办公室,轻轻地吐出一口气,又用手摸了摸头发。有老板撑腰,她还怕什么?想让她难看,不知道到时候谁更

— 413 —

难看！她早就听说了，施蒂夫和何乘风不和，市场部与销售部表面上一盘棋，骨子里早就互相盯着了，雷小锋一个管售前的，自以为得了何乘风的欢心，当上大项目总管，就目中无人，早晚有他倒霉的时候。

她回到办公室，立即开始写邮件，而就在这个时候，翠茜已经听说薇薇安和雷小锋大吵一架的事情。她拿着手机，偷偷走到楼梯口，给周祥打了电话，周祥一接通就笑道："宝贝，想我了，一回来就找我？"

"你别嬉皮笑脸了，"翠茜道，"我告诉你一件事情，薇薇安和雷小锋吵起来了，雷小锋把我们在石家庄的事抖出去了，薇薇安找了雷小锋，现在又去找施蒂夫了。"

"这女人真变态，你管她呢。"

"那不行，她是我老板，我总得表现表现。"

"你别太顾着她，当心得罪了雷小锋。"

"我这一辈子也做不了技术活，"翠茜道，"做市场是我的职业发展方向，不行，我一定要表现表现，你赶紧想想办法。"

"我想想啊，"周祥道，"你就写个工作总结嘛，就说这事你们做得多好，发给薇薇安不就行了。"

"那带男朋友的事呢？"

"你不会不提啊？"

"这主意不错。哎，我不多说了，马上去写报告。"

"哎，"周祥道，"美国人最相信数字，你多写一点。还有，你是不是约了安妮明天逛街？"

"是啊，明天，"翠茜道，"怎么，你很关心她嘛。"

"你帮我听着点晶通的进展，能打听就多打听一点！"

"干吗？"

"你别问了，"周祥道，"千万别把我扯进去。"

"帮你听消息，有什么好处？"

"唉,明天你逛街买的东西我全报销,够了吗?"

"亲爱的,你真棒!"翠茜对着手机吻了一下,"那我明天可要让你出血本哟。"

"你别光顾着逛街,一定要把消息问出来。"

"放心吧,"翠茜冷笑道,"我是谁呀,就安妮那点智商,对付她我绰绰有余。"

翠茜收了线,在空荡荡的楼道里做了个鬼脸。她想起戴乐公司有一份关于峰会到会人员的满意度调查表,好像在去之前就做好了,这种事情,不会有人填不满意的,想到这儿,她立即给戴乐打了个电话,让他把调查表在一个小时内发给她。戴乐满口答应,翠茜赶紧回到座位上,开始写起了邮件。

与此同时,瑞贝卡正心烦意乱地坐着,雷小锋发了这样的邮件,薇薇安又去大吵了一架,她这个下级是不是应该帮老板做点什么?可是做什么呢?带男朋友、忘记交押金都是事实,她现在要是发封邮件帮薇薇安说话,万一上面较起真来,彻查这件事情,她不是一起跟着卷进去了?而且,日后不管到哪里,都会给人留一个说谎话、不顾一切拍老板马屁的话柄,可是如果不帮她,万一薇薇安渡过了这个难关,以她的性格,肯定会不高兴自己。左思右想,她一抬头,见翠茜趴在桌上,不知写些什么,瑞贝卡觉得有些不对,走过去道:"翠茜,在忙什么呢?"

"周祥啦,"翠茜道,"他又让我帮他打报告,烦死了。"

瑞贝卡将信将疑地看着她,翠茜瞅着她的神情,眼珠子一转,道:"我打完报告赶紧下班,我可不想现在看见薇薇安。哎,不和你聊了,我干活咯。"

听着翠茜完全没有帮薇薇安的语气,瑞贝卡稍稍放了一点心,她退回办公桌,又坐着想了一会儿,觉得翠茜三十六计走为上也不失为一个妙计。本来薇薇安说今天下午没事可以早回家的,她现在走了,等到周一来

— 415 —

的时候事情都过去三天了,她再装作不知道,糊弄过去就完了。想到这儿,她收拾好东西,等时间一过六点,就悄悄地溜走了。

翠茜长篇大论地做了一个PPT,说了之前她们在薇薇安的领导下干了多少工作,会议如何精彩,客户们如何满意,薇薇安如何会领导,她们如何努力,等等,最后,她贴了几张会上的照片,又把戴乐发来的调查表附了上去,然后她熟练地打开邮箱,把这个邮件发给了薇薇安。

薇薇安见电脑提醒有一封新邮件,忙打开来,她仔细地看了一遍,脸上露出满意的笑容。翠茜的邮件发得很及时,有了这个证据,再加上施蒂夫与美国总部的人,雷小锋就是再告状,上面的人也不会相信了。她想了想,拨通了瑞贝卡的分机,电话没有人接,她又拨了瑞贝卡的手机:"喂,你在哪儿呢?"

"老板,我在回家的路上,"瑞贝卡道,"我有点不舒服。"

薇薇安笑了一声:"这几天辛苦你了,回去好好休息。"

瑞贝卡站在街上,空气寒冷,她听着那一声清脆的挂机声,把薇薇安那句简短的问候在心里过了几遍,确定老板没有不高兴之后,瑞贝卡松了一口气。整整忙了一个多月,也应该好好休息两天了,再说这段时间都没有和男朋友在一起,趁这两天有空,再把他妈的问题好好沟通一次,不管自己怎么盼望结婚,也不能找一个爱指手画脚又偏心眼的婆婆。

薇薇安又给翠茜打了电话:"翠茜,晚上有空吗?"

"有啊,老板,您有什么想法?"

"北京连卡佛商场今天有个活动,听说张曼玉也去,有没有兴趣去看看?"

"当然有了,"翠茜激动地道,"谢谢老板!"

"一会儿我们去吃饭,"薇薇安道,"晚上跟我去连卡佛。"

翠茜放下电话,又给周祥拨了一个。周祥听她说完后不高兴地道:"你又要去陪那个老女人,唉,为了她连老公都不要了?!"

"你还不是我老公呢,"翠茜道,"等你是我老公的时候我就不去了。"

"小样儿,"周祥道,"你去吧,晚上早点回家,别忘了明天的事。"

"哎呀,你不要那么黏我嘛,"翠茜嘻嘻笑道,"你不是有一堆女朋友吗?可以找她们呀。"

"真是的,"周祥道,"自从和你恋爱以后,我还找过其他人没有啊?你不要这么没良心。"

"好嘛,我尽量早点回家。对了,亲爱的,连卡佛的东西我能不能买啊?听说很贵耶。"

"你今天别买,"周祥道,"你一个月几个钱?这样买东西,当心那老女人算计你。"

"我今天肯定不买嘛,"翠茜道,"连卡佛离家又不远,我看好样子隔两天去呀。"

"行,"周祥道,"只要你把晶通的事给我办好了,要什么都答应你。"

"谢谢老公哟!"翠茜开心地挂断了电话。她想着瑞贝卡刚才鬼鬼祟祟逃出办公室的模样,抿着嘴乐了,瑞贝卡真是个窝囊废,这点事情就怕成这样,不过这样也好,总比有个伶牙俐齿的竞争对手强。早就听说那个乔莉不一般,又是发邮件又是打晶通,一把抱上了陆帆的大腿,当了他的小情人。自己倒要会会她,看看她有什么三头六臂,到时候把晶通的情报套过来,坏了她的好事,看她在公司还有什么颜面。想到这儿,翠茜真是心情大好,收拾完东西便去办公室找薇薇安了。

乔莉和树袋大熊聊到下班时间,这才愉快地下了线,今天周五,明后天的休息日除了要和翠茜逛逛国贸,也没有其他的工作。乔莉想了想,自己已经有几个月没有逛街了,真是应该去逛一逛,看看有什么好东西买给父亲,也给自己添点东西。

第二天上午十点,翠茜的电话就来了,两个人约好下午一点在国贸碰头。天气晴朗，依然是整整一个冬天保持不变的模样。乔莉懒得做饭，干脆到国贸旁边的茶餐厅叫了点东西，边吃边休息，等到快一点时才来到和翠茜约好的地方。

　　大约一点十分，翠茜到了，她上身穿一件黑色小貂皮外套，下面是一条蓝紫色牛仔裤，将修长窈窕的身材衬托得分外娇美，一头长发束得整整齐齐，白得晶莹的脸蛋上淡抹脂粉，显得十分清丽。乔莉笑道："翠茜，你可真漂亮！"

　　"嘿嘿，"翠茜笑道，"你也是美人一个啊。"

　　"我没有你会打扮，"乔莉道，"今天得好好向你学习。"

　　"哎呀，时尚嘛，就是那几个品牌的事，只要穿大牌，再找着适合自己的款，一定不会有错。"翠茜顺手挽起乔莉的胳膊，亲亲热热地边走边道，"像你这么清秀的江南美人，不用打扮就已经很漂亮了，打扮对你来说，就是锦上添花嘛。"

　　"你可真会说话，"乔莉笑了，"难怪大家都喜欢你。"

　　"谁喜欢我了？大家都说你好呢。"

　　"翠茜，"乔莉问，"你是哪里人？"

　　"我是天津人，你不知道？"

　　"我一直以为你是北京人。"

　　"唉，我十几岁就在北京上学了，父母都在北京。"

　　"你喜欢北京还是天津？"

　　"当然北京了，不过天津我也经常回去，那儿挺好玩的。"

　　"是吗？"乔莉道，"天津是曲艺之乡，郭德纲就是那边的。"

　　"是呀，郭德纲真逗！"聊着聊着，翠茜突然指着一家专卖店说，"它家的连衣裙特别好，我们进去看看。"

　　乔莉跟着她进去，翠茜熟练地挑选了四条连衣裙，一条一条让她试。乔莉发现，翠茜对于服装的确很有眼光，比如她帮自己挑的一款淡咖啡色韩版连衣裙,腰线在胸线之下,面料是极为轻软的羊绒,但是在裙边处又有一根装饰的细链子,将裙子坠得有型有款,再加上脚上的咖啡色皮靴,就像一个可爱知性的女郎。乔莉照着镜子,很吃惊自己的变化:"你眼光真好,要是我自己来,肯定连试都不敢试。"

"你漂亮嘛,挺适合穿娃娃装的。"翠茜给自己挑了一条黑色吊带式具有希腊风格的曳地长裙,在前胸处又装饰了波西米亚风格的咖啡色图案,她换上裙子走出试衣间,洁白无瑕的肩膀与两根纤细的锁骨将她衬得如一个高贵的王妃,不要说乔莉与营业员啧啧称赞,就连逛店的顾客都停下来偷偷欣赏她。乔莉赞道:"你身材太好了,应该天天穿连衣裙。"

"我有好几条黑的了。"翠茜将它扔到一边,又试了几条,挑中一条淡紫色的。乔莉一问价格,吓了一跳,自己这条咖啡色的要六千三百块,翠茜那条更贵,打完折还要八千七百块,乔莉实在觉得有点贵,犹豫要不要买,翠茜看了她一眼:"犹豫什么呀,想办法回去找男朋友报销。"

"我没有男朋友,"乔莉笑了笑,"六千多,半个月的工资都没了。"

"没有男朋友还有男人嘛,"翠茜道,"女人花钱男人买单,这是天经地义的事情,你看看我,"翠茜一扬手,一条细细的金链子闪了一下,"除了这根链子是我给自己买的生日礼物外,全身上下没有一件东西是自己花的钱。"

乔莉惊讶地笑了:"你可真行,怎么做到的?"

"这还不简单?男人嘛,你得让他上赶着,我们是千万不能惯着他们的。"翠茜压低了声音,"像瑞贝卡那样,倒贴着送上门,男人怎么会把她当回事嘛。"

"你小小年纪,还是个爱情专家,"乔莉笑道,"你这个本事,不转做销售太可惜了。"

"我哪有什么本事,"翠茜笑道,"销售太辛苦了,我这个人爱玩又懒,只能做做市场活动。"她见乔莉没有下决心要买的样子,心底暗地不屑,

— 419 —

还以为她多神通广大呢，买个几千块的裙子都搞不定，脸上却堆满笑容道："这裙子也不见得特别适合你，我们再去逛一逛。"她又摸了摸自己挑中的裙子，"你说，这条裙子我穿好看吗？"

"好看啊，"乔莉道，"很适合你！"

"那我就买了吧！"翠茜装作好像是听了乔莉的建议才下定决心的模样，让营业员开了票。两个人东逛西逛，到了下午四点，乔莉觉得腰酸腿疼，不得不请求找个地方休息一会儿。两人走到星巴克里面，买了咖啡与甜点，找了个地方坐下来。

"累死我了，"乔莉低头看了看翠茜的细高跟鞋，"你可真行，穿这样的鞋居然不累。"

"这算什么，"翠茜道，"我和我妈可以从早上十点一直逛到晚上十点，这鞋的跟儿也不算高，才六厘米嘛。"

"晕倒！"乔莉道，"多高才算高呀？"

"我有好几双十厘米的，在公司没有穿过，下次我们出去玩的时候，我穿给你看。"翠茜道，"我特别喜欢《绝望主妇》里的一句话：我只要站在高跟鞋上，就能看见全世界。"

"这话怎么那么像'男人征服世界，女人通过征服男人征服世界'呀，"乔莉笑道，"而且一定要穿着高跟鞋。"

"这才是真理嘛，"翠茜道，"上帝造了男人又造了女人，我们本来和他们就是两种生物，男人就应该流血流汗，女人呢，只要流流眼泪，朝他们眨眨眼睛笑一笑，就什么都有了。"

乔莉微微一笑，她不知道翠茜是如何做到的，不过这套理论虽然在网络与一些杂志上看见过很多次，但她这是第一次亲耳听见一个女孩这样说出来，看起来她不仅信奉这些话语，而且充满了执行力。翠茜也笑了："你觉得销售工作有意思吗？"

"嗯，怎么说呢，"乔莉道，"开始的时候觉得很有挑战性，现在觉得挺辛苦的，而且不太容易做好。"

"你们晶通到底怎么样了，"翠茜道，"有眉目了吗？"

"有啊，"乔莉心头一跳，赶紧喝了一口咖啡，"这次去石家庄我们收获很大。唉，都说外企卖东西桌子下面交易多，原来我还不信，现在我可是知道了，就我们这次给晶通开的好处，你知道是多少吗？"

"多少？"

"哦，"乔莉犹豫了一下，"这可是商业机密。"

"哎呀，我们一个公司的，说说怕什么。"

星巴克的小圆桌非常小，乔莉只要一抬头，就能看见翠茜细长的丹凤眼，看来不仅陆帆想把情报传给周祥，周祥大约也急于知道。乔莉笑道："你能帮我保密？"

"那当然了，"翠茜道，"说说有多少好处？"

"一百万。"

"一百万？！"翠茜道，"太少了吧。"

乔莉呛了一下，连咳了几声，看来周祥没少跟她抖搂销售的事，她笑了笑道："是美元。"

"晶通可是七亿的项目啊。"

"这是开始的钱，是下的定金。"

"哎，你们是给了那个胖胖的王厂长，还是那个个子高高的于总？"

"当然是于总了，"乔莉道，"他现在是晶通改革的组长，将来就是一把手。"

"我觉得他不错哎，"翠茜道，"个子高，长得英俊，而且高尔夫打得也好。"

"英俊？"乔莉道，"我怎么没有觉得。"

"男人要有企业家风度就行了，"翠茜道，"不在乎年龄的。"

哎呀，乔莉心想，那周祥岂不是完蛋了？翠茜似乎猜到了她会这么想，道："周祥不一样，他家在北京，关系深着呢，反正家世背景或者自身的实力，最少要有一样，像你就有眼光，那个人不错哦！"

"哪个人?!"

"哦，我随便说的，"翠茜道，"大家都这么猜，是不是我就不知道了。"

"猜？"乔莉更摸不着头脑了，"到底是谁呀？"

"弗兰克呀，"翠茜心想你不想承认，我也不能硬说，她笑嘻嘻地道，"大家都说他喜欢你。"

"喜欢我?!"乔莉呵呵笑了，"真是没有影儿的事。"

"就是嘛，"翠茜道，"公司里的人就爱八卦，看你和弗兰克单身，就乱说闲话，不过他的条件真的不错，你不考虑？"

"他是我老板，"乔莉笑道，"我可不想和老板恋爱。"

"那他要不是你老板呢？"

乔莉一愣："我没想过，也想不出来。"

"哎，好了，"翠茜见套不出话来，道，"我们休息得差不多了，赶紧接着逛吧，你还没有买到衣服呢。"

两人直逛到晚上八点多，乔莉试来试去，还是觉得第一条裙子好，终究下狠心买了那条咖啡色连衣裙。翠茜又买了一双鞋和一个包，花了两万多块。乔莉知道肯定有人为她买单，倒也不替她心疼。翠茜的言论触动了她内心女人的小虚荣心，乔莉坐在回家的出租车上，看着窗外繁华的城市灯火，不免有一点犹豫，自己这样努力辛苦地打拼，是不是没有什么价值？但是转眼，她便开始谴责自己，她宁愿这样吃苦，也要证明自己可以在社会上独立，而且可以生活得很好。她苦笑了一下，也许女人太要强了不是什么好事情，可是自己已经变成这副模样了，想改变也来不及了。这就是现在的社会，可以让各式各样的人按照他们对人生的理解去生活、去索取，这就是一份宽容。乔莉想起翠茜说的，弗兰克喜欢自己，她不由笑了一下,这是不可能的事情吧。

她拿出手机,给陆帆打了一个电话,告诉他消息已经传了出去。陆帆很高兴:"干得漂亮!怎么样,逛了一下午,有什么收获?"

"没什么,"乔莉道,"随便看了看。"

"你也辛苦一年了,多买点好东西慰劳慰劳自己,等我们打下晶通,你的奖金不会少,这几个月委屈你了。"

"没什么老板,"乔莉笑道,"不赚钱也不要紧,只要能学到本事。"

"不对,"陆帆道,"在这个社会,就要又学到本事又赚到钱,两者缺一不可。"

"好啊,谢谢老板指点。"

"早点回去吧,"陆帆道,"好好休息。"

两个人挂上电话,陆帆给车雅妮的手机发了一条短信息:消息已送出,请及时注意。信息一直没有回,他有点忍耐不住,给车雅妮的手机打了个电话,电话里传出机械的女音:您所拨打的电话已关机。

陆帆沉默了一会儿,那张苍白的脸浮现在他的面前。那个女孩说得没有错,那个名叫七月七日晴的咖啡馆里的蓝山咖啡,确实是北京最好喝的蓝山咖啡。陆帆从抽屉里取出一支雪茄,慢慢地点上。也许车雅妮只是一个普通的女孩,她和付国涛之间有什么情感纠葛,从而想报复这个SK的销售总监,这个说法很俗,让人厌烦。但是陆帆觉得,那个女孩的身上有一些朦胧的东西,它不确定,神秘,易于受伤害,不管她在现实世界做了什么,她的眼睛里有梦,她对咖啡有品位,她令人有说不出的感受。

陆帆拨了顾海涛的手机,电话接通了,一片嘈杂声从电话那边传过来,顾海涛在电话那头号叫:"大哥,等会儿啊,我去一个安静的地方。"

陆帆听着嘈杂的声音越来越弱小,最后变成了顾海涛有几分醉意的油滑的腔调:"大哥,有什么好消息?"

"我今天听说了一个消息,于志德于总当上了晶通改制的组长,也就

— 423 —

是未来的老总。"

"弗兰克,"顾海涛口齿不清地道,"你简直太神了,上次你让我不要离开庆丰,我立马回去表了兄弟情谊,其他那些销售都他妈不敢去了。你知道吗?这一下,兄弟我赌准了,他们现在又牛起来了,庆丰根本不会有事儿,我正和张总还有他们几个朋友在唱歌庆祝呢!"

"你知道了就好,"陆帆道,"看来你比我先知道。"

"哎哎,大哥,"顾海涛道,"我也是刚知道的,这不是一高兴喝上酒了,打算明儿一早就向您报告嘛。咱们这回无论如何要打下这个单子,兄弟以后买法拉利就靠它了!"

"好,"陆帆笑了笑,"你接着玩吧,再联络。"

这是春节前的最后一个半星期,所有的人都不想干活了,盼望着假期早点到来。付国涛坐在BTT的会议厅里,感觉自己就像当年刚刚跑销售的时候那样,为了一个单子可以死缠烂打,一直到把它做成。现在的问题是,他坐在这儿,琳达就坐在BTT老总刘俊的办公室里,这女人是不是在他房间办上公了?他跑销售这么多年,像这么不顾脸面的女人还是头一回见,不要说他看不下去,就连BTT的人这些天眼神都暧昧起来,一个漂亮的三十多岁的女销售,天天坐在四十多岁的老总办公室里,傻子也觉得有问题了。

付国涛咽不下这口气,他和琳达死杠上了,赛思中国为了单子什么事情都做得出来,他们现在把他困在这儿,不就是为了晶通的单子吗?等他先摆平了BTT,再回去整治晶通。马上就要过年了,他就不信,赛思这会儿能把天翻过来。

刘俊坐在办公桌前,琳达坐在他对面的长沙发上,她抱着电脑,沙发前的茶几上摆着开心果、话梅、巧克力、酸奶、咖啡、可乐,左手旁边还放着一本时尚杂志。她虽然穿得像个职业经理人,但是此时的神情十分放松,她一边喝着咖啡,剥着开心果,一边懒洋洋地浏览网页,大约长头发束得太紧,她将盘好的头发略松了松,几缕长长的头发从额前垂下来,在脸前晃来晃去,她不时地用手将它们扫到旁边,但一会儿它们又挂在了她的眼前。

刘俊微微一笑,琳达头也不抬地道:"您别老看我,这样多不好意思。"

"呵呵,你又没看我,怎么知道我在看你?"

"一个男人有没有在看一个女人,"琳达抬起头笑道,"不需要通过眼睛。"

"哦,那要通过什么?"

"感觉。"

刘俊又是一笑:"你还想吃点什么?"

"不用了,"琳达道,"您这些天天天这么招待我,还没到过年呢,我都要年饱了。"

"何总派来的大将,我可不敢怠慢,"刘俊朝会议室的方向指了指,"你打算把他耗到什么时候?"

"年三十我就放假了,"琳达道,"到时候就再也没有人麻烦您了。"

刘俊叹了口气:"看来,我和SK的合同,要到大年三十才能签了。"

"刘总,"琳达道,"真是很感谢您,无缘无故把你们的方案拖了十几天。"

"唉,也不能这么说,我很愿意帮何总一个忙。再说,我们这个技术升级方案,是准备年后实施的,你们的要求只是拖一拖,对我来说压力不是太大。"

"真的不大?"琳达笑了笑,"我看连您的秘书都不好意思看我了。"

"没关系嘛,"刘俊道,"大家都是为了工作,只要最后和SK签了合同,一切都会归于平静,再说我还要谢谢你。"

"谢我?"琳达奇怪地道,"谢我什么?"

"我从工作到现在,从来没有体会过有人陪着上班是什么滋味。上次我听说,方达公司的老板天天带着夫人上班,我还想这不是给自己找麻烦嘛,现在来看,我倒觉得挺有意思,挺温馨的。"

"呵呵,"琳达一乐,"那等年后您把您夫人带来上班呀。"

"她来不了的,"刘俊道,"她现在在加拿大。"

"哦。"琳达淡淡地应了一声,心想自己猜得没错,这又是个围城之内的优秀男人。

刘俊盯着她脸上的神色,这时桌上的电话响了,刘俊赶紧去接,琳达又开始了自己的"工作"。刘俊见她杯中的咖啡所剩无几,一放下电话便又给秘书打了一个电话,让再送一杯饮料进来,琳达望着他一笑,表示了感谢。

与此同时,薄小宁如同热锅上的蚂蚁。赛思把付国涛拖在了北京,在石家庄这边却加快了动作。他实在不明白付国涛为什么这么沉得住气,人家已经去找于志德开价了,他仍然让自己按兵不动。春节就是一个关,你节前很多工作做到位了,年后的工作方好开展。他左思右想,还是给付国涛打了个电话。

"付总,是我,小宁啊。"

"什么事?"

"我想了很长时间,觉得还是应该去找于志德谈一谈,如果他们在春节前把很多事情谈出了一点眉目,我们节后的工作就会很麻烦。"

"你放心好了,于志德是个老江湖,他不可能只听一边报价的,"付国涛道,"他们出一百万,我们不吭声,他就会想,到底这个一百万是不是一个好的价格?等他来找我们出价,我们就占了先机了。"

"他怎么可能来找你出价,"薄小宁烦乱地道,"他现在是炙手可热的人,我们不去贴他的热屁股,倒叫人家来找我们吗?"

"小宁啊,"付国涛见薄小宁语调不稳,强忍住心头的不耐烦,道,"还有一个星期就到春节了,你暂时忍过这几天,春节时候我们好好商量一下。不要急,这是一笔大买卖,出价还价有得谈呢!"

薄小宁压着没有吱声,半晌道:"你再问一问周祥,赛思现在到底到哪一步了,知己知彼百战不殆嘛。现在于志德那边他们跑得近,庆丰公司被顾海涛把着,我一步也进不去,要人人没有,价也不许开,这工作我怎么做嘛!"

"好,一有消息我就告诉你。你千万不要轻举妄动,你要想清楚,赛思的业绩现在一塌糊涂,他们打晶通,是等着救命,等着向美国人交差,他们永远比我们着急,而且于志德不可能和他们一家谈的,让他们急着先谈,我们跟在后面一点一点加价,肯定能拿下来,你千万要稳住,不要轻举妄动……"付国涛说了半天,一直听到薄小宁答应了之后,这才挂上电话。他开始后悔把赛思中国出价的事告诉薄小宁了,他太急躁了,就算晶通年前要和赛思签合同,七个亿的数目,那笔下去有多重?怎么着也要找人比价、比货、比好处,怎么可能随随便便开个一百万,就把单子抢过去!好个赛思中国,业务做得不怎么样,搅局的本事不小。他实在不放心薄小宁,又给他发了条短信:"稳住!千万千万!"

薄小宁丧气地把手机扔在了桌子上。付国涛是不是不想自己做成这笔业务,抢了他的头功?一切要等到他到了之后才去决定怎么做,这他妈什么老板!处处不让自己发挥,要是这样下去,丢了晶通的单子,不赚钱事小,将来他还怎么在圈里混?既有家庭关系、政府背景,又有大公司做靠山,条件好得不能再好了,却把单子丢了。丢给了谁?旁人不会说他输给了陆帆,输给了赛思中国,只会说他输给了乔莉,一个刚入行的屁都不懂的黄毛丫头!

他想了半天,给车雅妮打了个电话:"雅妮呀,付总这两天还在忙BTT的案子?"

"是啊,"车雅妮半死不活地道,"他很忙。"

"晶通的事情他和你说过什么吗?"

"说什么?"

"就是他的工作意见呗。"

"他说等他有空了再说,现在他先忙 BTT。"

"那晶通呢?"

"晶通不是有你嘛,"车雅妮道,"怎么,工作不顺?"

"没有,问问情况嘛,我现在天高皇帝远,总得把老板的想法搞搞清楚。"

"他没有什么想法,"车雅妮道,"他现在顾不上。"

"好好。"薄小宁挂了电话,打开手机短信,看着付国涛那句"稳住!千万千万!"不由怒从心头起。你现在顾不上,也用不着拦着我!他想起当初付国涛发的那封请大家帮助他的邮件,更是觉得自己的猜测有理。付国涛就是不想让自己独立打下晶通,不想让自己建功立业,他要把这个功劳牢牢地抓在自己手上,至于手下人的前途,就不在他的考虑范围之内了。

薄小宁站了起来,又坐了下去,自己到底是进一步还是退一步?是冒着得罪付国涛的风险去打晶通,还是听付国涛的话,等他来了再说?薄小宁把自己关在房间里踱来踱去一个上午,也没折腾出结果。这时,他的手机响了,一看来电显示,是家里打来的,他没好气地接了电话。"小宁啊,是妈妈。"

"有事儿吗?"

"你忙吗?"

"有事说事,没事儿挂了啊!"

"哎,你这孩子,"薄妈妈道,"我们是想问你,你晶通的事情办得怎么样了?"

"不怎么样,还待着呢。"

"你爸爸明天去石家庄,顺便要去于厂长家里,你要不要一起去,和他们联络联络感情?"

"他明天来?"

"是啊,我跟你说实话啊,你爸这次去石家庄,是可去可不去,他可全是为了你。你要好好把握机会,把工作做好,做出成绩来,这样你才能在社会上出人头地,这样你才对得起爸爸妈妈对你的期望……"

"哎呀,你又来了,唠里唠叨没完了。我知道了!明天我爸几点来?"

"十一点到,你去接他一下,中午就有省里的几个干部陪他吃饭。"

"行,"薄小宁道,"那我明天给他打手机。"

"哎,石家庄天气怎么样啊?你冷不冷啊?……"薄妈妈还要絮叨,薄小宁啪地挂上了电话。这可真是天意,既然明天老爸要来,还要和于志德的老丈人碰面,那自己何不借此机会,套套他的口气,把价格试探试探?至少要表明 SK 给好处的决心。他拿起电话,想和付国涛说一声,转念一想,他如果再叮嘱自己不要和于志德谈价钱,岂不是烦死了?再说了,我跟我老爸去别人家做客,那纯属私事,我不报告你也是正常的。想到这儿,薄小宁的心情放松下来,他愉快地吹了声口哨,拿起外套出了门,马上快中午了,约两个朋友吃午饭去。

第二天一早,薄小宁给父亲打了个电话,知道他们已经上车了,因为他们要先到人大接于志德的女儿于卓然,所以估计会比预定的时间晚到一些,大约十二点才能到石家庄。

于卓然坐在薄小宁的父亲薄司长的车上,她蜷在后座一角,耳朵里塞着耳机,胸前别着一个 MP3。如果有人和她说话她就点点头,或者摇摇头,再不就笑一下,她尽量把眼睛闭上,或者把头转向窗外。薄司长与另外一个干部都觉得她不想与人交流,便不再和她说话了。

要不是姥爷给她打电话,她才不想坐什么顺风车回家。她厌恶见到姥爷的朋友、父亲的朋友、母亲的朋友,她不想见到一切熟悉她的家庭情况的人,觉得他们都非常虚伪,明知道她的父亲在外面有情人,夫妻分居已经好几年了,却每次见面都亲热地问:"你爸爸还好吗?你妈妈还好吗?什么时候你们一家人来玩啊?"

要不是过年,她连家都不想回。

家里也充满了虚假的、冷冰冰的客套,每次她回家,父亲就会提着行李住回姥爷家,他喊姥姥姥爷"爸爸妈妈",喊母亲的小名"琳琳",一家人围在一张餐桌上,说说见闻趣事,问问自己的生活与学习情况,一切好像真的是这样,好像他们从来都没有吵过、没有闹过、没有分开过,男人在外面没有别的女人,女人也不是一个回到娘家的怨妇。于卓然觉得恶心,从小到大,社会、书本、民间的种种灌输给她的关于家的概念——温暖、亲情、值得奋斗与信赖,都被这些人糟蹋了,而这些人,却是她的至亲,她的父亲、母亲、姥姥和姥爷。

她讨厌所有有关父母的一切,讨厌接她回家过年的人,什么薄司长、北京的领导,都令她不舒服,她极力抑制着内心的不满,把所有的心思都转移到英语歌词上,她喜欢英语,疯狂地学习英语,只要大学一毕业她就出国,永远不再回来!

她闭着眼睛,跟着歌词在心里默念:But if you walk the footsteps of a stranger(但如果跟着陌生人的脚步寻觅),you'll learn the things you never know, you never know(你会收获意想不到的新东西). Have you ever hear the wolf cry to the blue corn moon(你没有听到过蓝色月光下野狼的哭嗥)? Or ask the grinning bobcat why he grinned(或问张牙舞爪的山猫为什么会笑)?

不知过了多久,车缓缓停住了,她睁开眼,姥爷家那座熟悉的小楼就在眼前。薄小宁迎了过来,替她打开门。她连看都没看他一眼,从后备厢取出自己的双肩背大书包,扭身便往家里走。薄小宁迎向自己的爸爸,低声问:"那是于厂长的女儿?这么怪!"

"多嘴!"薄司长道,"快点,把后面的礼物拿出来。"

父子俩到了门前,于卓然已经进去了,却没有给他们留门。薄司长笑了笑,刚要摁门铃,大门便打开了,于志德的岳父——已退休的前赵副省长夫妇,还有于志德的夫人赵琳,以及于志德都来迎接他们。"薄司长,"赵副省长道,"谢谢你把然然送回来。这孩子,一点礼貌都不懂,把你们关在外面了。"

"赵省长、阿姨、于厂长、大姐,"薄小宁把礼物递进去,"给你们拜早年了!"

"客气客气,"赵副省长把他们接进家来,保姆已经摆好了一桌菜,"今天我们就不到外面去吃了。我也知道,你们都不缺去外面吃饭的机会,倒是家里的饭菜对你们来说更可口一些。"

"家常菜最好,"薄司长道,"我现在看见饭店的圆桌都害怕啊。"

几个人围坐桌边,赵琳道:"不好意思,然然她不舒服,我们先吃吧。"

"可能有些晕车,"薄司长道,"刚才在路上她脸色就不好。"

于志德道:"薄司长,今天你能来,爸爸他特别高兴,特地为您开了一瓶红酒,您尝一尝,这酒的味道非常好。"

"呵呵,"薄司长道:"早就听说你是红酒专家,你推荐的肯定不会有错。"

于志德小心地给薄司长倒了小半杯,又给岳父倒了一点,他看着晶莹剔透的红色的液体在杯中转动,心情就像这酒一样,滋味丰富、可口迷人。晶通大局初定,今天因为然然回家,他又从张庆那儿搬了回来,没想到一进门妻子就向他表示,愿意与他离婚,并且拿出一份签好的离婚协议书。他开始很意外,但是妻子表示已经有了另一个男人,岳父也说那个男

— 431 —

人对赵琳很好，是赵琳在美国的老同学，同时表示支持他们离婚，关键是，全家人都统一了意见，不将此事告诉然然。于志德暗藏喜悦，唯恐岳父母与妻子看出自己离婚后的轻松与升职后的得意。薄司长带着薄小宁前来拜年，明里是看望岳父，实际上膜拜的是自己目前的权力与地位。他尽量让自己的表情显得稳重谨慎、谦虚平和。赵琳冷眼旁观，不禁有些鄙薄，又有些难过，这就是她当年千里挑一选中的丈夫。她看着他，心里又想到楼上待在自己房里的然然，要是没有这个孩子，自己早就解脱了，有了孩子就是不一样，婚姻不再是两个人的，而是三个人的，两个人可以聚也可以散，可是两个人散了之后，还要有第三个人终生面临这个问题：一个是父亲，一个是母亲，他们彼此不信赖，彼此不相爱，那么他们为什么结婚？为什么要生下我？为了女儿，赵琳选择了不离婚，她尽量维持着一个家庭的假象，但饶是如此，她还是觉得然然的脾气越来越怪。如今局势突变，她不得不立即与于志德离婚，但是关于晶通的问题，她还是没有想好自己应该怎么办。不管怎么样，于志德终究是然然的父亲，她可以不为自己考虑，但是她不能不为女儿考虑，她到底应该怎么办？

　　于志德看了一眼已经离婚了的妻子："琳琳，你要不要倒一点？"

　　"我不用了，我头疼。"赵琳轻声道，"我弄点饭给然然送上去。"说完，她朝薄司长点点头，盛了碗饭，夹了点于卓然喜欢吃的菜，慢慢地走上楼去。于志德觉得有点不对劲，这可不像有喜事的模样，他看着岳父："爸，琳琳是不是身体不好？"

　　"她这段时间老是头疼，"赵琳的母亲忙道，"医生说她可能是到年龄了，女同志嘛，四十多岁的时候身体是不好。"

　　于志德感慨地点点头，女人就是这样，二十多岁欢得像朵花，四十岁一过就走下坡路了。"于总，"薄小宁道，"以前我们老是因为公事在一起，今天是私人场合，我敬你一杯。"

　　"哦，"薄司长道，"你们怎么会因为公事在一起？"

"我们SK正在尽力争取为晶通改制做出一点贡献,所以见过于厂长几次。"

"呵呵呵,"薄司长道,"你这小子,见了也不告诉我,我还以为你们不认识呢!"

"志德,"赵琳的父亲道,"我们都老了,以后的社会要靠你和小宁这样的人,你们彼此有什么能帮助的,要互帮互助,彼此促进。"

"爸爸,你放心!"于志德道,"来,小宁,我们再干一杯。"

几个人哈哈一笑,又继续吃喝起来。于卓然听着楼下隐隐的欢笑声,恨得又把耳机戴起来,她似乎听见有人敲门,拿下耳机,便听到母亲赵琳的声音:"然然,是我啊,妈妈。"

"有事儿吗?"于卓然既嫌她烦,又于心不忍,"我睡一会儿。"

"吃点东西吧,"赵琳道,"我给你端来了。"

"我不想吃。"

"吃点吧,对身体不好。"

"我真的不想吃。"

"那我端下去,你有胃口了就下来。"

"好。"

"你睡觉的时候把被子盖上,不要受凉。"

"好!"

门外没有了声音,大约母亲已经下楼了。于卓然一阵伤心,愤怒地将枕边的书砸了出去,这个家连喘气都是这么困难,从现在起到过年,至少要待十三天,每一天都是度日如年!她闷闷地盖上被子,蒙住脑袋,把从窗帘缝里射来的一丝阳光挡在了被子之外。

这时薄小宁正在和于志德讨论红酒知识,他今天的表现十分得体稳重,赵琳的母亲连连夸奖薄家有个年轻有为的儿子。薄司长冷眼旁观,也觉得自己的儿子有一点变化,除了夸海口和冲动,他比之前的确成熟了不少。还是外企锻炼人,当初托关系把他弄进 SK,看来是完全走对了。

几个人慢慢地吃着聊着,大约下午四点,薄小宁父子起身告辞,于志德着急把离婚的消息告诉张庆,推说厂里还有点事情。薄小宁道:"那我开车送你吧,我们正好顺路。"

于志德点头称好。三个人上了车,薄司长让儿子先把自己送到省政府,他还要去看几个好朋友。薄小宁开车先送了父亲,等父亲下了车,他才问于志德:"于总,去哪儿?"

"我去厂里,"于志德向后一仰,明显地放松下来,"你把我送回晶通吧。"

"晶通改制什么时候开始?"薄小宁一边开车一边问。

"年后吧,现在还有一些审计的工作,很麻烦。"

"于总,"薄小宁道,"有些话论理不应该我说,可是我们两家的关系不比一般人,我要是说错了什么,您可别怪我。"

"你有什么想说的就说嘛,"于志德道,"晶通改制,还需要 SK 的技术支持呢。"

"于总,你觉得赛思中国和 SK 谁的技术更可靠?"

于志德微微一笑:"你想听实话?"

"当然!"

"差不多,"于志德道,"对于晶通来说,你们的软件技术都非常合适,而且各有优势,赛思中国在电子行业方面做得比较广,但是你们的软件更加大众化,而且我看了你们的资料,在这两年,你们有两个电子行业的大方案,都做得比较成功。"

"说得精辟啊,于总,"薄小宁昨天晚上就想好了怎么和他开口,慢慢地道,"以前晶通是国企,赚也好、赔也好,说起来是干部的事情,其实都是国家的事情。搞国企,可以不赚钱,但是不能犯错误,大到违法乱纪,小到生活起居,不能有一点错。可是以后晶通电子就进入市场了,市场看什么？看经济、看数字，企业赚钱了，工人就说你好，就给社会带来了安定，给国家带来了繁荣，这一点您说我说得对吗？"

"呵呵，"于志德乐了，"你说得也不错。"

"以后，您就是一个大企业的老总了，这和政府、和企业界人士、和传媒，还有和外企都要交际，哎，于总，您别怪我说得难听，我们国企的老总一个月拿多少钱？他们拿的钱，不够上五星级酒店摆一桌的。当然了，企业也有一些费用，但也是花得抠抠搜搜的，工人还不高兴。像您这样风度翩翩的企业家，带领这么大一个企业，这方方面面花钱，第一，少了不合适，第二，这也太有损您的形象。"

"唉，"于志德听他话里有话，轻轻一叹，"没办法，企业穷，改制也是为了激活机制，能够转亏为盈嘛。"

"企业穷不要紧，我们做经济、做市场，不就是要活泛嘛。于总，我跟您透个数，只要您看中我们SK，相信我薄小宁，我们一起把晶通的技术改制做起来，您的交际费用包在我身上，一定不会让晶通、让您丢了面子。"

于志德又笑了笑："交际费也没有多少，也就是打打车、吃吃饭，我们晶通省一省还是能行的。"

"这话说得可不像您，您是谁啊，清华无线电专业的硕士生，像您这个年龄，这可是高学历。英语您没问题，高尔夫您是行家，红酒您也是行家，我给您透个底，您从现在到年后改制的第一步，我们可是给您准备了一百五十万美金的交际费，您别告诉我，这钱您花不完。"

于志德心中一动，一百五十万美金，看来这七个亿的技术改造，油水很丰厚。早就听说IT行业，尤其是软件行业的内幕多，他和SK、赛思交往了这么多，还没有见着真家伙，现在SK开了口，赛思肯定也不会少于这个数，现在他们两家打得难解难分，自己不如坐山观虎斗，让他们慢慢抬价，自己捞一笔快钱。薄小宁说得对，自己以后是大企业的老总，没有钱，很多事情就很难运作，何况晶通改制又批了王贵林的方案，最缺少的就是资金，如果能从SK与赛思身上榨出钱，倒也是条捷径。想到这儿，他开口道："小宁啊，这事情不着急，我会考虑你的意见，我们从长计议。"

"好！"薄小宁也知道不可能自己一开价，于志德就马上会答应做生意。他瞄了一眼于志德，觉得他心情不错，暗想自己一下子比赛思高开了五十万美金，于志德肯定会将天平向自己这边倾斜，看来自己的判断是对的，此时把局面稳一下，对年后的工作开展是大有好处的。

于志德让薄小宁把他送到晶通的厂门口，然后目送薄小宁离去，薄小宁见他一直在厂门外朝自己挥手微笑，更是感到自己这一步走得非常高妙！他心情大好，觉得没有必要向付国涛汇报，所谓将在外军令有所不受，这事儿没有必要告诉他，省得他像个老大妈一样絮絮叨叨烦他。薄小宁哼着歌，然后给老爸打了个电话，他要在石家庄陪父亲再待几天，然后就一起回北京过节了！

于志德见薄小宁的车越驶越远，直到看不见了，这才打了一辆车前往张庆家。张庆的家离晶通不远，他一面给司机说地址，一面给张庆拨手机："你赶紧回家，我有事儿跟你说。"

"什么事情啊？我正忙着呢。"

"好事，全是好事，听话！赶紧回家！"

于志德回家与张庆庆功，自是风光无限。而他的女儿于卓然却在梦中感到了饥饿，她生生地饿醒了，睁开眼睛一看，窗外一片漆黑，屋子里也黑乎乎一片，看来母亲怕打扰她休息，一直没有叫醒她。她慢慢伸出手，打开灯，竖起耳朵听了听，屋外居然一片寂静，她看了一眼床头柜上的闹钟，九点四十分，这一觉睡得可真长啊。她翻身坐起来，悄悄打开门，把拖鞋抱在怀里，光着脚往楼下溜去。她可不想惊动母亲，母亲肯定会惊动保姆，再惊动姥爷姥姥，然后全家人惊天动地地为她准备一顿晚饭。因为她爱吃方便面，她记得厨房里一直有个放碗仔泡面的箱子，只要她回来，那箱子铁定是满的，放满了各种口味的碗面。她溜进厨房，拿了碗泡面，又提了一瓶开水，悄悄地往楼上走。突然，她发现姥爷的书房里亮着灯光，一阵隐隐的极其压抑的抽泣声从里面传来。她皱起眉头，母亲又想不开，在姥爷那儿哭诉了，她实在想不通母亲为什么一副苦大仇深的模样，还不到五十岁，就显得那么苍老。不就是一个男人吗，干吗非要为了一些回忆把自己一辈子的时光都搭进去。

于卓然懒得理会，她早就习惯了母亲背着她对姥姥或者姥爷哭诉自己的爱情失败史，全家人把自己当个傻瓜，还以为她是个三岁的小孩，以为她至今不知道父亲的出轨与母亲的痛楚，全家人都在装，她也在装。她苦笑一声，悄悄地往楼上潜去，这时，她听见母亲说了一句："他早就想签了，今天我一给他，他表面上还推一推，心里其实不知道有多高兴，一顿午饭喝了那么多红酒。"

于卓然心中一凛！怎么，父母离婚了？她放下水瓶与泡面，轻轻靠过去，只听姥爷道："你年后就赶紧办去美国的手续，我也加紧请人帮忙，联系然然的学校，你们最好能在两个月内去美国。"

"爸，"赵琳苦兮兮地道，"虽然我和志德离婚了，但他毕竟是然然的父亲，要不要……"她犹豫了一下，"要不要通知他一声？"

"你不要糊涂！"于卓然从未听过姥爷如此严厉地与母亲说话，"省里既然下了决心要查他，你通知他，就会把自己牵连进去。再说，你现在通知他什么？通知他省里征求我的意见，我说女婿的事情我不管吗？唉，真是女生外向，你、你就算不为你自己考虑，也应该为我和你妈考虑，为然然考虑！志德这几年到底做了什么，你清楚吗？我清楚吗？我们什么都不知道。我听说，他没少打着我是国资委陈启光班主任的事儿在外面胡说八道，没少要别人的好处，人家陈主任有涵养，什么都不说，可人家心里有

— 437 —

数啊，人家是想往上升的人，凭什么帮他捞好处？你爸爸我已经老了，已经退休了，我管不了那么多的闲事，可是现在王贵林把人证物证全都准备齐了，这是下了决心要整他！我还听说，王贵林在北京有过命的战友，现在是纪委的高层，这个人不简单啊，于志德，我看，他早就色令智昏了，他凭什么和王贵林斗？要不是你对他心心念念，要不是他是然然的父亲，要不是我们顾着这点脸面，我早就想和他划清界限了，现在正好，你就彻底死了这条心吧！"

"爸，我不是和他离婚了吗？"赵琳又是一阵哽咽，"可他万一要是被抓了进去，我、我怎么面对然然？"

"我让你赶紧带然然出国，就是这个意思。"赵琳的父亲压低了声音，"不要让她知道她父亲的事情，你现在还想着志德，你……你真是糊涂啊！"

"爸，要不……要不我们带着志德一起跑？"

"什么？！"赵琳的父亲向后一仰，险些跌倒在地，"你是不是为了这个男人，要毁了然然和这个家！你也不想想，你早就知道他不干净，知情不报是其一，你还可以推说你不知道，大家也知道你们这几年感情不好，你和他离了婚，带着然然一走了之；可你现在不仅知情不报，而且还要包庇！还要和他亡命天涯！你！你！我看你才是色令智昏！"

"我是怕我不通知志德一声，太对不住然然，"赵琳压抑地哭泣着，"省里现在把他稳在晶通，一边征求你的意见，一边调查他。他这个人我清楚，他斗不过王贵林，将来然然问我，我怎么回答？我……我实在没有办法。"

"他留在晶通，就算有天大的问题，有国法有党纪，实在不行，我还可以厚着老脸，去求求情，再说他就算坐牢，然然也没有失去父亲啊，他还可以改造嘛。可是如果他逃到了国外，成为一个没有身份的人，那然然这一辈子，都不会再有父亲了，你想一想，她能和自己的父亲联系吗？联系，她就是包庇罪，不联系，难道让她一辈子对逃亡的父亲牵肠挂肚?!"

"爸爸，"于卓然听着母亲的声音颤抖着，"我不是怕他坐牢，我是怕他丢了这条命!"

于卓然的大脑嗡的一声，耳朵里满是"嘤——"的啸叫声，她觉得心脏收紧，胸腔里所有的器官都紧紧地抽动着，让她不能正常呼吸。她拼了命地努力，才没有让自己倒下来，或者朝后退一小步。她机械地在黑暗中站立着，过了许久许久，她才听到书房里有对话声，还有自己沉重的呼吸声，她把水瓶与泡面送回原地，然后摸着黑上了楼。一进房间她立即关上房门，生怕母亲或者姥爷知道自己曾经离开过房间。她觉得嘴里阵阵发干，眼睛阵阵发痛，整个鼻腔里都是热气，一层一层的冷汗顺着额头朝外冒，胃也开始疼痛，像被人用绳子紧紧捆了起来又四面扭动，疼得她无法忍受。她蜷着身体倒在床上，紧紧地咬着牙齿。她不能出声，不能让母亲和姥爷发现自己的异常，她极力扛着疼痛，直到她实在受不了了，把被子的一角塞进了嘴里。

于志德此时也睡在床上，他正和张庆聊天，张庆穿着一件半透明的睡衣，心情无比舒畅地躺在他怀里。等了三年时间，他终于离婚了，以后名正言顺地是她的男人，而且又是大企业的总裁，她真是高兴啊。于志德把薄小宁的话原原本本地告诉了她，张庆眉头一皱："喊，七个亿的项目，SK 用一百五十万美金就想搞定啊，他们也太小气了吧。我实话告诉你，顾海涛可是和我说了，将来要是和赛思做生意，除了给我们做代理，赛思还要从里面拿出两个亿的服务给我们做外包，你不想想，这是多大的生意，"她娇笑道，"你不要觉得你这个老总了不起，到时候你老婆我，就是石家庄数一数二的 IT 精英了!"

"哈哈哈!"于志德一把抱住她，大笑道，"那这么说，你的企业比我的还大喽?!"

"当然了！"张庆头一扭，用做好的法式花指甲尖尖指着于志德的下巴，"到时候不是你要不要我的问题，是我要不要你的问题了！"

"好好好，"于志德道，"我的 CEO 太太，等晶通改制一完成，我们立即结婚！"

"真的？"

"那还有假，"于志德道，"技术改造的事情你不要着急，我们慢慢和 SK 开价，让他们争嘛，争到后来，还不是我们最有利？这就叫什么相争什么得利！"

"什么相争什么得利？"张庆媚眼如丝，轻轻抱着他。于志德觉得全身发热，正待伸手去抱张庆，手机响了。张庆不高兴地道，"谁啊，这么晚了？"

于志德拿过手机一看，忙向张庆打手势："嘘——是然然。"

张庆不耐烦地翻了个身，用手捂住耳朵。于志德赶紧接听了女儿的电话："然然啊，有事吗？爸爸正在开会。"

电话那头没有声音，于志德听见一阵很奇怪的声音，似乎是什么东西在轻轻地撞击着，半响，他才意识到，女儿似乎在发抖，那是上下牙打战的声音："然然，你怎么了？不舒服？"

"没事儿，"于卓然道，"我刚才吃了点东西，有点不舒服。爸爸，你在哪儿？我要见你。"

"现在？你还是好好休息吧，身体不舒服吗？要不要我给妈妈打个电话？"

"你要是给妈妈打电话，你就会后悔一辈子。"于卓然低声道，"你听着，半小时之后，我从家里溜出去，你到门口来接我。"

"到底什么事情？"于志德紧张了，"是关于你妈的？"

"是关于你的，"于卓然的牙齿停止了颤抖，她冷静而清晰地道："关于晶通的。"

第十一章

今天离春节只剩下三天了,赛思中国却遭遇了自何乘风接任大中华区总裁以来最大的一次人事变动。何乘风上周末从美国归来,过了一个周六、一个周日,周一清晨,雷小锋向何乘风递交了辞职信,在所有人都没有反应过来到底发生了什么的时候,一封通告所有员工的邮件以何乘风的口吻发到了每个人的邮箱里。

乔莉反复地看着这封邮件,以期望能从这封充满程式化语言的信件中看出一丝端倪:

> 我很遗憾地告诉大家,雷小锋已经决定离开赛思中国,寻求个人的职业发展。雷小锋在赛思中国工作期间,取得了很多优秀的业绩,我代表公司向他表示感谢,并希望他在今后的职业发展中,诸事顺利、一切好运。雷小锋分管的售前与售后工作目前暂交售前的陈东辉经理代管,直到我们找到合适的人选接替为止。希望大家支持他的工作。

乔莉看了一遍又一遍,她觉得眼睛酸涩,便用手在脸上狠狠地抚了抚。这是怎么回事？当初何乘风一手提拔雷小锋当大项目总管，暗地里又似乎通过销售部挑起雷小锋与市场部不和，在乔莉看来，这种不和应该是针对市场部和施蒂夫的，怎么会把雷小锋扯下马，让他离开公司呢？难道是何总没有保住他，抑或是何总不想保他？市场部做了什么小动作？乔莉百思不得其解，她想起当初雷小锋当大项目主管的时候，她误以为是陆帆等人想把自己踢出晶通项目，现在看起来，这事儿压根和自己没关系，自己离错综复杂的政治斗争还有远远的一段路。

她想不通，一千个一万个想不通，何乘风这盘棋到底在和谁下？对手是谁？目标是什么？为什么雷小锋会这么快地被干掉？

为什么雷小锋会这么快被干掉？这个问号不仅挂在乔莉的脸上，也挂在所有赛思员工的脸上。中午时分，乔莉拿着饭卡去食堂吃午餐，碰到所有的同事，都要聊几句这方面的话题。薇薇安与翠茜意气风发地坐在食堂里，两个人一边吃一边叽叽喳喳地聊着，不时发出爽朗的笑声。一个负责电话销售的小姑娘碰了碰乔莉："看看，市场部的人得罪不起呀。"

"那么夸张，"另一个女孩道，"不至于这么高兴吧。"

"这还不高兴？上来就干掉了一个总监，而且又是负责售前与售后的，这下还不得意死了。"

"安妮呀，"负责电话销售的女职员问，"他不是你们的大项目总管吗？除了得罪了市场部，没出别的事吧？"

乔莉摇摇头，她无意之中看见刘明达灰心丧气地坐在一个小角落里，便端着饭走了过去，刘明达抬头见是她，脸色一白。乔莉坐下来问："你怎么了？不舒服？"

"雷总走了，"刘明达窝着一口气，道，"公司太黑了，说几句真话就逼着人走，太黑了！"

"他不是为了自己的职业发展吗？"乔莉悄声问道。

"不是的，是何总回来让他走的，"刘明达也压低了声音，"今天上午他找我谈话了,说以后我要千万注意,不要得罪市场部的人,现在连何总也惹不起他们。雷总说,要不是何总在美国当面解释了很多事情,现在走的就不是雷总了,而是何总本人,反正雷总也挺难过的,觉得连累了何总。"

乔莉皱起了眉头:"他这么容易答应辞职?"

"公司的补偿不错,"刘明达道,"何总还答应帮他留意其他公司的职位。唉,幸亏跟了个好老板,不然雷总就惨了。"他看着乔莉严肃的模样,道,"安妮,以后你也多让着点市场部的人,千万别得罪他们,我们惹不起还躲不起吗?"

乔莉心中冷冷一笑,何乘风真的是个好老板吗?如果是这样,他为什么要授意销售部挑起雷小锋与市场部的矛盾,一下子把雷小锋捧上天,一下子又让他离开公司?真的是美国人的主意?这到底是为了什么呢?雷小锋什么时候得罪了赛思中国最大的老板?

"唉,雷总走了,新上任的陈总我都没有和他说过话,"刘明达继续唠叨着,"也不知道他能在这个位子上坐几天。不过也没关系,反正我们是凭技术吃饭,公司再怎么样,也得用我们……"

乔莉点点头,刘明达又道:"你明天晚上怎么样?我妈约你去吃饭呢。"

"哦,明天晚上啊,"乔莉笑了笑,"好啊,只要公司没有事我就去。"

"公司还能有什么事,"刘明达道,"没几天就过年了。唉,又走了一个总监,反正啊,我们这些当小兵的注意一点就完了。"

乔莉瞄着薇薇安与翠茜,忽然发现瑞贝卡端着午饭走到她们身边,两个人亲热地和瑞贝卡打招呼,邀她坐下,但是薇薇安与翠茜已经吃完了,两个人没讲几句,便挽着手离开了,只剩下瑞贝卡一个人坐在原处。

瑞贝卡埋头吃饭,心里懊悔不已,早知道薇薇安在公司的后台这么硬,就应该跳出来为她说话,现在倒好,她更加疏远自己,与翠茜亲近

— 443 —

了,可是翠茜不是也没有做什么吗?唉,也许她是觉得自己是她的下属,应该帮她说话,翠茜毕竟是助理,不说话也没有什么吧。瑞贝卡难忍心中的烦乱,加上男朋友早上给她打了一个电话,说他父母因为老家天气不好,决定来北京过春节了,而且明天人就到,让她做好准备。瑞贝卡一想起未来的婆婆坐在她心爱的客厅里和沙发上,啰里啰唆地训斥她如何照顾儿子的模样,就头大一百倍。听说今年属猴的人流年不利,自己还是万事小心吧。

吃罢午饭,乔莉坐在办公桌前,一个劲地琢磨雷小锋的事情。她觉得自己怎么也想不通,这让她十分难受,想问父亲,可这事讲起来实在费劲,再说外企的事情父亲也搞不清楚;想问陆帆,估计除了挨一顿臭骂外也没什么好果子吃。乔莉想着陆帆这两天脸色不好,像谁欠了他钱不还似的,躲还躲不及,还跑去问这种问题,岂不是要吃不了兜着走?想来想去,她忽然眼睛一亮,这事儿也不是无人可以打听,她站起来,朝狄云海的办公桌前走去。

狄云海正在网上看去海南旅游的注意事项,乔莉走过来"嗨"了一声,云海关上网页,笑道:"安妮,吃过午饭了?"

"吃过了,你呢?"

"吃过了。"

云海打量了一眼她的神情:"有事儿要我帮忙吗?"

"嗯,有点事情。"

"什么事?"

"嗯……"

"怎么了,吞吞吐吐的?"

乔莉觉得有点问不出口,何况旁边不断有人走来走去,她笑了笑:"没事儿了,一点小事情,回头我自己处理吧。"

云海摸不着头脑,想想这个安妮喜欢自作聪明,不会是晶通方面出了什么问题吧?他放心不下,隔了一会儿给陆帆打了个电话:"弗兰克,晶通的事情进展顺利吗?"

陆帆正为这事儿烦恼,等了几天了,车雅妮只给他回了一条短信:付不让薄开价,薄急,此后无进展。

付国涛是老江湖,不让薄小宁开价是很可能的,这薄小宁着急又无进展,这事儿怎么搞的,看来年前要想往前推进一步是不大可能了。陆帆道:"谈不上顺利不顺利,付国涛不让薄小宁开价。"

"薄小宁那个人怎么样?"

"他是个高干子弟,脾气挺大,但是人还可以,还是挺想做出点业绩的。"

"那就是说他很容易贪功冒进了,"云海道,"这事儿关键看付国涛能不能镇得住薄小宁,我估计不大可能,付国涛那个人脾气也不好,两个人脾气都不好……你说,会不会他已经开了价,但是没有告诉付国涛?"

"有这个可能,"陆帆道,"不过,还是有确切的消息比较好。"

"好,晶通顺利就好。"狄云海道,"我没事儿了,挂了吧。"

狄云海觉得这事儿不会和乔莉有关系,他想了想,还是站起来走到乔莉的桌前,见她一手拿着笔,一手撑着脑袋,不知在想什么,两眼一片空白,连自己走到面前了,都一无所知。云海轻咳一声:"安妮。"

乔莉吓了一跳:"杰克,是你呀。"

"你刚才找我帮忙的事情处理完了?"

"哦,"乔莉尴尬地笑了,"好像没有。"

狄云海见没什么人,便问:"到底什么事?"

"嗯……"乔莉吐了一口气,"雷总为什么要走?"

"呵呵,"云海一笑,"邮件不说了吗,要追求更好的职业发展。"

"你信?"乔莉看着他。

"我信!"云海道。

— 445 —

"那我没有问题了。"乔莉快速地道。

云海点点头,转身要走,想想又回过身来:"有什么想不通的地方,为什么不问问弗兰克?他是你的老板。"

"我会问的。"乔莉道。狄云海看着她的表情,就知道她不会去的,他在心里叹了口气,她确实聪明,也聪明得让人头疼。他笑了笑:"我要是你我就会去,也许老板不一定会告诉我实情,但是至少我去问了。我在一件事情没有表现出来之前,不会着急给它下一个判断的,就像你问我信不信,我说信一样,在我没有说信之前,你其实根本没有答案。"

乔莉一愣,看着他。云海满面笑容:"哎哟,我说了什么呀,听起来真无聊。哎,安妮,你春节回杭州吗?"

"回啊。"

"杭州的龙井茶不错,能帮我带一包吗?"

"可以啊。"

"要那种小包装的,一小包可以泡一次的,买个一斤两斤都可以啊。"

"好的,"乔莉笑了,这个杰克,真会指使人,"行,保证帮你买。"

云海点点头,转身走了。乔莉叹了口气,杰克说得有道理,自己为什么不去问问弗兰克呢?她猛然感到,杰克的这番话其实另有意思,在一件事情没有表现出来之前,不要着急下判断!乔莉皱起眉头,这不是说我不要自作聪明嘛,这个狄云海,拐着弯地数落人,还要我帮他买茶叶。自作聪明……她忽然想起父亲小时候对她的评价,一个人聪明是好事,但是自以为聪明就是愚蠢了。乔莉哭笑不得,难道自己的想法很愚蠢吗?

去问陆帆,就有挨骂的风险,不去问陆帆,恐怕自己晚上连觉都睡不好了,乔莉实在难耐这个困惑与好奇心,站起身朝陆帆的办公室走去。

她来到门前,敲了敲门。"进来。"陆帆在门内说了一声,乔莉走了进去。陆帆道:"安妮,有事吗?"

"是这样,刘明达明天晚上约我去他家,你明天晚上给我安排一个工作吧。"

陆帆笑了："可以，那我给你发邮件？"

"要发你明天下午发，这样他们就没法改期了。"

陆帆一愣："什么意思？"

"我答应人家要去吃饭，你今天通知我，我又不告诉人家，不是显得没有诚意吗？"乔莉道，"可是万一告诉了他们，他们说改期，我不是麻烦大了？你最好明天傍晚给我发，我就万事大吉了。"

"你想得还真周全！"陆帆越来越觉得她心思缜密，嘲笑了一句。

"嗯，老板，"乔莉犹豫地道，"你说，要是我有问题想不通，是不是可以请教你？"

"想不通？"陆帆怔住了，"什么想不通？"

"嗯，那个……那个……"

"你到底想说什么？"

"我想不通雷总为什么要走。"乔莉道。

陆帆皱起眉。乔莉道："你不要告诉我他是为了追求职业发展，同事们都说他是因为得罪了市场部，这个我也不信。"

"那你信什么？"

"老板，说实话，开始何总让雷总当大项目总管的时候，我还以为是你们觉得我不够好，可是后来，你又让我尽量把市场部的事情告诉雷总，然后雷总就走了，我觉得这事情不那么简单，我真的想不通！"

陆帆看乔莉言辞诚恳，知道她起了疑心，她到底算一个聪明人，还是一个愚蠢的下属？这种问题居然也能跑来问老板！陆帆暗自摇头："那你什么地方想不通？"

"何总……"乔莉犹豫了一下，下定决心问，"他，为什么想让雷总离开？"

陆帆吸了一口气，这事情让他怎么回答？难道他能告诉乔莉，这是何

— 447 —

乘风决定以晶通电子为近期重要业务的时候，就已经做好的决定？程轶群突然离任，何乘风接手赛思，大局初定人心不稳，而且晶通电子是一个改制的项目，需要时间慢慢完成，一切外部与内部的条件决定了何乘风不可能在短期内向美国人交出一张优秀的成绩单，他需要一个人来帮忙承担后果；而美国总部也清楚短期的业绩增长也许不现实，但是大家都需要一个借口，一个要为此负责的人。在赛思中国的部门中，财务与人事分管内务，市场部又是美国总部调来的亲信，销售部的自己和云海是力撑赛思业绩的大将，唯有雷小锋，第一是程轶群时代留下的人，在总部也没有靠山；第二，他虽然分管技术，但是因为个人性格原因，与其他部门关系一般，确实存在过分强调技术，而忽略市场推广与客户关系的毛病；第三，交出雷小锋，随时可以找一个技术过硬同时有一定管理能力的人取代，可以把对公司内部的影响降到最低。所以，何乘风将他提为大项目总管，就是要让他充分暴露他的问题与缺点。果然，他过分强调自己的权力，引得销售与市场部的同仁不快，在石家庄的峰会上，他既不出面解决问题，又不安抚员工，而是掉转头向所有的头儿们告了市场部一状。种种信息，会让何乘风在向美国人做报告的时候，只强调雷小锋的技术才华，一句他重视技术不重视其他，就足以让美国人提出让他走人的建议。这至少会让市场部人员安定，而为销售部门迎来宝贵的几个月的时间。

陆帆不能把这些告诉乔莉，他相信云海也不会透露半个字，他笑了笑："你知道吗？这次雷总说薇薇安的工作有问题，但是薇薇安却给美国总部回了邮件，说明市场活动很成功，至于公司内部的谣言，她一概不知；而市场部上至施蒂夫，下至翠茜，都发了邮件证明她是一个很好的市场总监，同时美国总部也有人出面说情，说非常了解薇薇安的能力。这样一来，作为大项目主管的雷小锋，就要为自己制造谣言承担责任。虽然我们都知道，事实不是这样的，可有时候，隔着一个太平洋，那边的人只会相信他们知道的事实，而何总，也不能决定所有的事情。"

"这么说，"乔莉隐晦地道，"确实是因为市场部了？那为什么要让雷总知道市场部的事情呢？"

"其实这很简单，我们和市场部已经关系不好，而雷总毕竟以前和她们没有矛盾，所以希望通过他去调整市场部的工作，但是他这么着急，而且把邮件发到了美国，所以大家都没法收拾了。"

乔莉抿了抿嘴，陆帆的回答十分令人信服，她不得不信。她轻轻吐出一口气："我明白了，谢谢老板。"

"别胡思乱想了，"陆帆道，"你什么时候回家？"

"后天，"乔莉道，"我买了后天晚上的机票。"

"那就开开心心过个节，不要让工作影响生活，好吗？"

"好的，"乔莉站起来，"谢谢老板。"

"那出去吧！"陆帆听见手机响了一下，一边示意乔莉离开，一边赶紧打开手机，却是一条广告短信，看来春节前不会再有什么消息了。

乔莉已经把能打包的行李全部打了包，有给父母买的礼物，还有用了半个月薪水买的连衣裙，还有给表姐家的孩子买的北京小玩意，林林总总一大包。机票也已经拿到手了，就是后天晚上除夕夜，二十点起飞，两个小时之后，也就是晚上十点，她就能站在杭州的土地上了。从机场到家大约需要四十分钟，她怎么也能赶在新年钟声敲响之前到家了。

工作上的事情全部告一段落，除了晶通，其他的客户也基本上没有什么事情了。忙了整整一年，经历了从前台到销售，经历了程轶群的离任到何乘风的接任，经历了与陆帆、欧阳贵这样的大老板一起打客户，经历了邮件斗争、方卫军的性骚扰，经历了以进为退、拿捏证据、争吵威胁、传递假消息、挑起真斗争，乔莉觉得自己这一年，真是当以前的三年来过，许多许多的职场味道在这一年尝到了，梦想突然变成了现实，现实又是如此让她说不出什么滋味。而所有的这一切，在这里汇成了两个字：回家！

她收拾东西弄到很晚,第二天十一点才来到公司。刚过十一点半,就被电话销售的一群女孩拉出去搞年前聚餐,大家都很愉快,说说八卦,谈谈年怎么过,一直到下午两点,她才回到办公桌前。她打开电脑,没有太多的邮件,老板也没有找她,看来过完今天,明天就可以放假了。她正想着,电脑叮地响了一声,她连忙打开信箱,不禁乐了,发信人是陆帆,只见邮件里写着:"安妮,今晚七点晶通王总到北京,请做好一切技术准备,七点三十分准备到王总的宾馆会餐、洽谈!弗兰克。"

她把邮件转给了刘明达,然后给他拨了个电话:"嗨,是我,安妮。"

"怎么样?没工作了,可以下班了?"刘明达欢天喜地地道。

"不是啊,倒霉透了,我老板刚给我安排了工作,我已经转给你了。"

刘明达那边沉默了一会儿,大约在看邮件,他的声音明显低沉了:"能不能不去啊?你和弗兰克说一说。"

"不行啊,晶通的王总来,我要是不去,那就要走人了。"

"销售的工作有什么好嘛,"刘明达道,"你这样,我怎么和我妈交代。"

"我有工作也是实情啊,你就实话实说吧。"

"那你后天呢?"

"后天我就走了,已经买好机票了。"

"后天几点钟?"

"晚上六点。"

"白天有空去我家吗?"

"这不大好吧。这样吧,等年后呢?"

"那我们可说好了,"刘明达道,"本来我父母对销售就有偏见,觉得好女孩不应该做这一行,我可是替你说了不少好话的,结果你第一次就弄成这样。我好好和他们说一说,你年后一定来,还有,可不能再出现这样的情况了。"

— 450 —

乔莉听了这话，人就坐不住了，她心道我什么时候真的成你女朋友了？我们是牵过手还是接过吻，是海誓山盟了还是谈婚论嫁了？我们只是同事，你怎么说起来一副我要求着嫁到你家的口气？她感到必须和刘明达严肃地谈一谈了，但是马上就过年了，何必呢？她忍住一口气："年后再说吧。"

"还有，"刘明达又道，"你晚上和弗兰克出去小心点，现在公司的人都那样说你们了，我是相信你的，但是你不能不顾及大家的想法。"

"对不起，"乔莉道，"我有个电话进来，再见。"

不等刘明达再说，乔莉挂上了电话，心里窝了一肚子的火，她狠狠地敲了敲桌子，"嘿"了一声，然后在心里大喊了三遍：气死我也！！

她不想再和刘明达纠缠，索性收拾好东西下了班，然后给陆帆打了个电话："老板，今天没什么事了吧？"

"有，"陆帆笑道，"你晚上要见王总呢。"

"唉，"乔莉叹了口气，"谢谢你。"

"怎么，不好搞定？"

"没事儿，谢谢老板。"

"你自己小心一点，回家过年高高兴兴的，多陪陪父母。"

"好的，"乔莉挂上电话，"再见。"

这时，她的手机响了，她一看，是刘明达的，真是烦啊，不想接电话，想想不接又不妥："喂？"

"安妮，你生气了？"

"没有啊，"乔莉道，"刚刚陆总让我去给王总买点礼物，我正在路上呢。"

"那就好，你自己小心点，"大约感觉出乔莉之前的不悦，刘明达不敢再唠叨，"再见啊。"

"拜拜。"乔莉挂上电话，长出一口气，不行！她对自己道，春节之后无论如何要找他谈一谈，这样下去自己还怎么工作?！简直烦透了！！

她抬起头，看着北京冬日下午晴朗的阳光和街道，感到说不出的轻松，终于放假了！终于放假了！！终于终于放假了！！！

就在离赛思中国大约六站路远的地方，BTT总部所在的大厦，还有一个人，不，应该是很多人，心情愉快。付国涛终于拿下了BTT的单子；琳达终于结束了牵制付国涛的任务；付国涛的同学，BTT的副总终于又做成了属于自己的生意；刘俊终于实现了对何乘风的承诺，终于对自己的下属与同事有了一个圆满的交代，不过，他有点小遗憾，这段有趣的职场经历就要结束了，以后办公室里就不会再有琳达了。

他在与SK的合同上签了字，让秘书把合同送了出去，琳达微微一笑："刘总，再见了。"

"嗯，琳达，"刘俊道，"晚上一起吃饭吧，就当庆祝一下我们的办公生涯。"

"是庆祝我再也不来烦您了吧？"琳达道，"今天晚上不行，我约了人。"

"那明天？"

"明天可是除夕，您不会一个人过节吧？"

刘俊笑了笑，他不想多谈自己的家事："那你明天怎么过？"

"回家，和父母一起。"

"哦，他们在北京？"

"对啊，在北京。"

刘俊伸出手："那就祝你节日快乐！"

"节日快乐！"琳达伸出手，与他握了一下。刘俊的手干燥而温暖，琳达心中一跳，她看了看刘俊，提醒自己没有必要心动，这只是一个短暂的感觉，随着晚上他回到家里，随着时间的推移，一切都会消失殆尽。她莞尔一笑，提着包走出了刘俊的办公室，欧阳贵的车正在下面等她，他们晚上会一起吃饭，明天他就和女儿单过了，而她也将和父母一起，度过自己人生中第三十六个春节。

乔莉独自吃了晚饭，把冷藏柜里的东西尽量都吃了，豆腐红烧，一块冬瓜煮汤，干切牛肉赶紧吃了，还有四盒酸奶也赶着喝了一盒，然后她给母亲打了电话，告诉她明天晚上就出发。乔妈妈又问她行李收拾得怎么样，飞机好不好走，又聊了一会儿天气，便挂了电话。乔莉觉得无比享受，自己从冰箱里摸出一小瓶果汁酒，一边看着电视一边慢慢地小饮，等自己有了困意，就收拾一下躺在床上。明天不用早起，不用担心有工作，不用管老板与客户，而且，这将是一个有七天时间的长长的假期。

"睡觉睡到自然醒，太阳照在屁股上！"她乐得哼着小曲，钻进了被窝。

一觉睡醒，已是天光大亮，她赖在床上不起来，找了几本旧杂志，放着音乐翻着杂志，又把剩下的面包放在床头，一边吃一边看。到了中午，她爬起来，把剩菜剩饭一扫而光，给自己留了一包泡面，晚上只需要吃很少一点，等下了飞机回家吃大餐吧！

整整一天，没有邮件，没有电话，只有来往不息的祝贺新春的短信，还有零星的鞭炮声。乔莉无比悠闲，她看着窗外的光线从明转暗，夜色淡淡地笼罩着北京，她再一次检查完门窗、水电，便拖着行李箱走出了家门，她用钥匙快乐地在门锁里转动着，然后下了楼，来到大街上。北京城此时已经是一片欢庆的海洋，到处是砰啪的爆竹声，还有大朵的烟花在天空中炸响，然后变成七彩的流星满满地坠落。乔莉见远远来了辆出租，伸手拦下来。"去哪儿？"司机摇开窗问。

"机场！"

"上车！"司机道。乔莉一上车，他就大声道，"你运气好，去机场，刚才有几个去火车站的我都没有去。"

"为什么?"

"不为什么,想拉趟远的就回家了,我家离机场近。"

"呵呵,今天好热闹!"

"是啊!又是一年了,真快啊!"司机在一片爆竹声中问,"你是回哪儿?"

"杭州!"

"好地方!"司机驾着车在街上飞驶,"人都走空啦!这路开得真爽!"

乔莉望着车窗外不时从密集的楼群中间爆开的烟花,看着这些人造的色彩把一座城市渲染得喜气洋洋,内心里有着说不出的欢乐与感慨,车开得非常之顺、非常之快,这在"堵城"北京是多么难得啊。很快,车到了机场,乔莉拿完行李,对司机道:"给您拜年,祝您万事如意!"

"谢谢,谢谢!"司机道,"也给您拜年!牛年发财!"

乔莉拖着行李箱慢慢走进机场大厅,人真的很少,只有少量的旅客。今年因为提前放了一天假,很多人腊月二十八、二十九就走了,而此时已是团圆饭的时间,该回家的都回了,没回家的有的就不回了。乔莉换了登机牌、过了安检,然后坐在候机处,她不时地看着时间,十九点十分,十九点二十,手机响了,肯定是妈妈,乔莉接听了电话:"你起飞了吗?"乔妈妈问。

"没呢,"乔莉道,"再等一会儿。"

"飞机会不会晚点啊?"

"应该不会,我一开始登机就给你打电话。"

"好,"乔妈妈道,"爷爷他们都来了,我们都在等你呢。"

"好,我晚上就到家了。"

乔莉挂上电话,翻看着短信,有些短信即时回复。十九点三十,十九点四十,十九点五十,坏了,乔莉的心渐渐凉了,不会飞机不给飞吧?这时，一个空姐走过来，用杭州口音的北京话道："有去杭州的旅客吗？请你们去 26 号窗口登机！"

乔莉一阵激动，所有的旅客全都行动起来，有拿包的，有牵孩子的，大家跟着那个空姐快速地朝 26 号移动，到了那边一看，登机口已经打开了，有位空姐站在那里，已经开始检票登机。乔莉跟在队伍后面，一点一点朝前移动，到了检票口，空姐用杭州口音的普通话道："春节快乐！"

"春节快乐！"乔莉顺口冒出一句家乡话，空姐看了她一眼，两人相视一笑。等乔莉穿过长长的通道，进了机舱，才发现今天飞机上的乘客少得可怜，估计不到三十个人，偌大的飞机空空荡荡，一眼望去全是空的座位。乔莉找到自己的位置坐下来，给母亲打了电话："我已经上了飞机了，一会儿就飞了！"

"好好！"乔妈妈开心地道，"到了杭州就打电话，我们等你！"

晚上十点钟，乔莉踏上了从杭州机场进城的大巴，巴士上坐了不到一半的人，空气中满是潮湿与冰冷。经过了一个冬天的雨雪，这座天堂城市从未如此寒冷，乔莉把大衣裹得紧紧的，还是抵挡不住从窗缝中钻入的寒气，真冷啊。她回想着北京室内温暖的暖气，微微笑着。北京与杭州比，没有淡雅的景致，没有清新的空气，没有可口的水源，但是冬日的暖气与干燥明朗的阳光，却是和南方截然不同的优点。此刻她的身体虽然很冷，心却滚热滚热的，要回家了，她不停地给妈妈回短信，到哪儿了，到哪儿了！

大巴又靠站了，乔莉下了车，从第一排座位上取下自己的行李。今天是除夕，客人很少，司机让大家把行李都堆在前排。她拿了行李，站在街上，用力呼吸着家乡潮湿的空气，立即觉得皮肤在这种滋养下湿润起来，然后冻得冰冷冰冷的。没有空出租车，只有在远远空中绽放的烟花，乔莉跺着脚、伸着脖子，盼望着能看到一辆亮着红色小灯的的士。终于，一辆车停了下来，她上了车，说了地址，司机用杭州话问："刚下机场大巴？"

"对，"乔莉也用杭州话道，"刚刚下车，今年天气这么冷，真是难过。"

"已经难过一个冬天了，"司机道，"几十年的雨雪都在今年一次下完了。"

"没办法，"乔莉道，"这边下雪北方晴天，说是旱年。"

"匀一匀就好了，"司机道，"你从北方回来过年？"

"是啊，从北京来。"

"北京嘛好地方，就是空气不好，"司机道，"我去年送女儿去读书，哎呀空气太难受了，到处是灰，水嘛全是水碱，我跟女儿商量，让她留在杭州读书，离家又近照应又方便，再说我们浙大也是好学校。女儿不听，说一定要去外地读书，要离家远一点，自由一点。"

"呵呵！"乔莉道，"女儿回来啦？"

"回来了，"司机道，"放寒假，过完年又要去北京了。"

说话间车到了乔莉家的小区门口，乔莉付了车钱："新年快乐、牛年发财！"

"发财发财！"司机笑道，"事业、爱情两丰收！"

乔莉乐了，拖着行李箱，背着包朝小区里走。这是一个年代稍久的小区，道路两边种着许多植物，现在虽然是冬天，还是有些绿叶子，不过晚上看起来黑乎乎的。她又看见了小区中间那个熟悉的小亭子，还有几张石头圆桌，还有一小方荷花塘，荷塘四周围着高高的栏杆。乔莉穿过小区中间，再往前走不多远，就能看见父母家四楼的灯光了。

乔莉感到口袋里的手机在震动，一定是妈妈了，她没有回短信，一直往前走，楼道的防盗门居然没有关严。她用力拉开门，摁了电梯摁钮，这部电梯也是够老的了，要不是带着行李，她还真不想坐。她进了电梯，电梯轰隆轰隆往上爬，好不容易爬上了四楼，乔莉走出电梯，来到最靠东的房门前，按了门铃。

"来了来了！"她听见屋内一片欢腾，门拉开了，乔妈妈的脸露了出来，"我刚刚还给你发短信，你没有回，你爸爸还说没准到了，果然就来了。"

"妈妈！"乔莉喊了一声，乔妈妈赶紧把行李接了过去，一时姑妈家的表姐也迎了出来，帮她卸下背包："带这么多东西，也不说一声，我让你姐夫去接你。"

"东西不多。"乔莉看见父亲老乔陪着爷爷坐在沙发上，两个人面带微笑地看着她。"爷爷，爸爸，"乔莉道，"我回来了。"

"回来就好！回来就好！"乔爷爷有点激动，乔莉是他唯一的孙女儿，"快，快吃饭！"

"快吃饭吧。"老乔道，"路上都顺利？"

"顺利，"乔莉道，"飞机上都没有人，大巴上也没有人，我说今晚能买到票吧，我妈还老担心。"

乔妈妈此时已经进了厨房，老乔也站起来，跟了进去。乔莉走到饭桌边："哎呀，清蒸小黄鱼、东坡肉、西湖醋鱼、醉泥螺，万岁万岁！全是我爱吃的！"

"你快点吃饭吧，"乔莉的姑妈与姑夫从里间走了出来，"你不回来，我们都没敢多吃。"

"嘿嘿，"乔莉笑了，"姐夫和小囡呢？"

"小囡在里面睡觉，"乔莉的表姐道，"你姐夫去他父母家了，一会儿来接我们。"

"我给小囡带的东西，在包里面。"

"什么东西不东西，"乔莉的表姐道，"你快点吃饭。"

这时老乔端了一碗热腾腾的米饭出来，放在桌上，乔莉道："你们都吃过了，就剩我一个了？"

"是啊，"老乔道，"你快点吃。"

— 457 —

"那我快乐了,"乔莉道,"这么多好吃的我一个人吃!"

"你快吃吧,"全家人一起催她,"那么多好吃的还堵不上你的嘴?!"

乔莉彻彻底底地饱餐了一顿!哪里的饭菜也不如家里的好,哪里的饭菜都不如父母做的好吃。她吃得实在是吃不下了,这才丢下筷子,一边用餐巾纸擦着嘴,一边恋恋不舍地看着桌上的剩菜:"哎呀,实在吃不下了,太可惜了!"

全家人都笑,表姐道:"你在北京没有东西吃?好坏也是外企的白领,一副没有饭吃的模样。"

"北京哪有这些好吃的,"乔莉道,"再说北方做的杭州菜也不如家里好吃。"

"那你回来好哇,"姑妈道,"你一个女孩子,单身在北京,这是你爸爸妈妈不担心,要是我,我是不会同意的。"

乔莉嘿嘿一笑,这时乔莉的表姐夫来了,众人又互相打了招呼,乔莉把从北京给小囡带的礼物交给表姐,于是乔莉的姑妈姑父、表姐夫妇带着小囡,还有乔爷爷,都告辞走了。乔爷爷和姑妈一家还住在老宅里面,乔爷爷站在门口对乔莉道:"你明天来看我吧?"

"来,一早就来!"

"七点钟,"乔莉姑妈道,"来家里吃早饭。"

"好,"老乔看着时间道,"你们走吧,一会儿到了零点,到处都放鞭炮,太危险了。"

"是啊是啊,"乔莉的姑父也催促道,"快走快走,等会那个鞭炮炸得就不能走路了!"

一时亲戚们都走了,剩下乔莉和父母三个人。乔莉帮着妈妈收拾碗筷,乔妈妈不让:"我不要你帮我,你去和爸爸说话。"

"我就帮你一下嘛。"

"我不要,"乔妈妈道,"现在你难得回家一趟,不算劳动力。"

乔莉哈哈一笑,知道妈妈心疼自己,便泡了两杯龙井,和老乔坐在沙发上聊天。"这茶怎么样?"老乔道,"年前朋友送的,上好的龙井。"

"味道好极了,"乔莉道,"茶叶好,水更好,还有我们家的杯子好。"

老乔乐了:"一回家什么都好了。对了,你工作还顺利吧?"

"顺利。"

"和同事、老板关系好不好?"

"蛮好蛮好。"

"晶通的案子后来怎么样?"

"爸爸,"乔莉快速地喝了口茶,道,"我们老板太精明了!他让我去接近晶通一把手王贵林,而他自己一直陪着晶通分管业务的二把手于志德,你猜怎么样?年前省里的批复下来了,改制方案是王贵林的,组长是于志德,这下我们老板赌对了,我看晶通一定会把项目给我们做。"

"组长是于志德,方案是王贵林?"

"对啊。"

老乔眉头一皱:"这事奇怪。"

"奇怪?"乔莉道,"什么奇怪?"

"如果组长是于志德,方案是于志德,这是正常的;要是组长是王贵林,方案是于志德,又让于志德管理改制,这也正常;可是于志德当组长,方案批准王贵林,就奇怪了。"

"为什么?"

"你想啊,要是支持于志德的工作,就要给他名分,也要给他实权,要是支持王贵林的工作也是如此。现在给了于志德名分,但是方案却批了王贵林,这说明省里并不打算支持于志德未来的工作,这说明什么?"

乔莉愣住了:"说明什么?"

老乔张了张嘴,又忍住了:"当然,具体情况我不了解,我的意思是，你不要急于下结论，还是要走一步看一步。"

"爸爸，你真是老机关，"乔莉笑道，"听个名称安排也有这么多名堂。"

"这不是名称安排，这是很有深意的。"老乔还要再说，乔妈妈走出了厨房："哎，你是什么爸爸，女儿刚刚回家，不说让她休息休息，看看电视聊聊天，上来就谈工作，工作工作，我看女儿变成这样都是你的责任。"

"好好好，"老乔与女儿相视一笑，"不谈工作，只谈生活。"

"生活也不许谈，"乔妈妈道，"只许看电视说闲话。"

"好好，"老乔道，"看电视，看电视。"

这时，时间已经走到了零点，随着春节晚会的主持人报出倒数的数字，窗外的鞭炮与烟火已经响成一片。乔莉与父母走到窗边，看着满小区内炸开的烟火，都非常高兴。乔莉道："快看快看，那边的烟花漂亮！"

"这边的也好看！"老乔道。

"又过去一年了，"乔妈妈道，"这下真的是又过去一年了！"

初一一大早，乔莉跟着父母去老宅看望爷爷。陆帆、狄云海带着各自的家人已经坐在了北京首都机场。陆帆的父母与云海的父母还是初次相见，四个老人分别打了招呼，云海的妹妹与妹夫都见过陆帆，也不很陌生，两家共八口人，倒也颇为壮观。一时开始登机，陆帆陪着父母，云海让妹妹妹夫陪着爸妈，他拿着所有的票走在最前面，一行人检好票，上了飞机，在座位上坐好。云海道："有手机的都关了，不然要被轰下去的。"

云海的父母乐了："这孩子，一把年纪了还瞎开玩笑。"

陆帆的父母微微一笑，掏出手机关了机。

云海的妈妈道："别人都是成双成对，你这个单身汉，什么时候去陪着媳妇？"

"儿子陪你还不好啊,"云海笑道,"别人都埋怨儿子陪媳妇,你这个老妈倒埋怨儿子陪你了。"

"你有媳妇陪,我才埋怨,你没有媳妇,我当然更埋怨。"

"哎哟哟,"云海道,"我这不成了照镜子的什么了,里也不是人,外也不是人。"

众人都乐了起来。陆帆的妈妈跟着道:"你们把女朋友找好了,带着一块走,我们才高兴呢。"

"妈,"陆帆道,"你也念叨上了。"

"好好,"陆帆妈妈道,"我不说了,不说了。"

"你们公司这么多女孩,"云海妈妈道,"你们就没一个人看得上?"

"妈,"云海妹妹道,"外企女孩心高呢,要问人家看不看得上咱们。"

"所以,"陆帆妈妈道,"现在大龄女青年已经是一个社会问题了,而且越来越严重,现在社会上叫什么……"她碰碰陆帆爸爸,陆帆爸爸道:"那个词很不好听的,我觉得用得很不好,怎么能叫剩女呢。"

"对,"陆帆妈妈道,"开始我还以为是圣洁的女人,心想女孩子大了不找对象,就是圣女了,后来才知道是剩下的剩。"

"剩女也不错啊,"云海妈妈道,"条件好人才挑嘛。哎,云海啊,你们公司有没有合适的剩女?"

"哎呀,我的老妈啊,"云海抱着脑袋,"我们公司全是剩男,你想找儿媳妇,等过了年成不成啊?"

云海的爸爸笑了:"你就饶了儿子吧,花钱带你去度假,你还要唠叨他!"

云海苦着脸看了看陆帆,陆帆也回应了一个苦脸,两个人悄悄一笑,都觉得心情温暖而愉快。平常没有时间陪家人,这样热热闹闹地出一回门还真是不错,至少,可以让他们把平常积累的唠叨在这几天一次性地唠叨个够!

春节期间是三亚旅游的高峰，几乎所有的酒店都不打折，尤其是那些风景好环境优越的酒店。云海与陆帆一行到了三亚，坐着早就联系好的酒店巴士，直接开到了酒店。云海生怕父母看见房价说他花钱，示意陆帆带他们上去，自己一个人在下面办手续。陆帆先把四个老人哄上了电梯，云海的妹妹与妹夫负责拿行李，众人到了八楼，不一会儿，云海拿着早就订好的房间钥匙上来了。八个人，正好是陆帆父母一间，云海父母一间，云海妹妹与妹夫一间，剩下的就是云海与陆帆一间。云海的母亲道："两个单身汉住在一起了。"

　　众人纷纷乐了，各回各的房间。云海进门就脱了鞋，坐在沙发上："这一路可把我念叨得晕死了，哎，弗兰克，我现在觉得跟你和你父母一起度假是犯了个大错误，这四个人互相提醒共同促进，念叨起来可是没完没了啊。"

　　"行了，"陆帆道，"你少说几句不就行了，他们唠叨，你还要陪唠，有来有往的，说个没完没了，平常你在公司也没那么多话啊。"

　　"难得过年，"云海道，"陪老人高兴高兴。哎呀，三亚好地方啊，一会儿下楼吃饭，我得好好地喝一杯。"

　　"我可没兴趣，"陆帆道，"这SK到最后也没有准消息，也不知道年后的工作能不能顺利。"

　　云海苦起了脸："天啊，出门要听我妈念叨找媳妇，进门要听你念叨工作，我真是倒霉啊，这么多唐僧啊。"

　　"不说了！"陆帆气得站起身，收拾好行李，然后去洗手间换上休闲的短袖衫与短裤，他出来后见云海还穿着长裤坐着，便问："你不是打算穿成这样在这儿旅游吧？"

　　"谁说的。"云海脱下长袖衬衫，露出一件短袖T恤。陆帆一愣，扑哧笑了："你就这样穿着来的？"

　　"是啊，多省事！"云海脱下牛仔长裤，里面居然是一条短的休闲裤。

陆帆望着他，想起平常他在公司一本正经的样子，实在觉得有趣。他哈哈地乐个不停，最后实在不行了，跌倒在床上："哎哟，我的妈啊，笑死我了！"

"还有呢！"云海从短休闲裤的口袋里取出一样东西，然后打开来啪一甩，便成了一把圆圆的扇子。他一面呼呼啦啦地扇着风，一面问："陆总，可以出发了吗？"陆帆站起来往外走，嘴里扑哧扑哧地笑着。云海实在看不下去，问："有这么好笑吗？"

陆帆连连摆手："杰克，不要再说了，我肚子都笑痛了！"

春节的日子真是好，乔莉每天除了吃就是睡，除了睡就是吃，一张脸迅速圆胖起来。初三一大早，她还赖在床上，便听见自己的手机叮叮地响了起来，她拿过来一看，是杭州的一个陌生的号码。她觉得有点怪，便接听了电话："喂？"

"乔莉，是我，方敏，你在哪儿呢，回来了没有？"

"回来了，在我父母家呢。"

"快出来出来，中午我们一起吃饭，我和我老公，还有我老公的朋友。"

"啊，你不会又那什么吧？"

"那什么呀，不就是吃个饭嘛，多认识几个朋友有什么不好？快出来。哎，对了，你打扮得漂亮点儿啊，要给我们杭州女孩长长面子嘛。"

"好好，中午在哪儿吃？"

"新新饭店新新厅，你快一点啊，我们一会儿就出发了。"

"几点钟？"

"十二点。"

乔莉看了看手机，已经十点了，她赶紧起床，梳洗打扮一番，从衣橱里取出那条咖啡色的连衣裙，外面套了一件米色大衣。乔妈妈看见她打扮便问:"出去?"

"我老同学方敏,你还记得吧,她回来了,约我一起去吃饭。"

"就你们两人?"

"还有她老公和她老公的朋友。"

"她结婚了?"

"对啊,你忘记了?她嫁到上海的嘛。"

"哦,那你去吧,化化妆,小朋小友聚一聚。"

"爸爸呢?"

"他和几个老朋友出去吃饭,中午也不回来。"

"那中午剩下你一个人?"

"我去你表姨家,你就不要管我了。"

"好!"乔莉飞快地化好妆,围上一条咖啡色围巾,穿上皮靴,来到新新酒店。这是杭州一家老牌酒店,她在领座小姐的引领下进了新新厅,时间刚好指向十二点。她找了个位子坐下,又等了一会儿,便看见老同学方敏夫妇和几个不认识的男男女女走了进来。乔莉站起来,方敏立即朝她挥手。乔莉走过去,方敏给她一一介绍了,接着她又开始介绍乔莉:"这是我同学乔莉,在大外企工作,现在单身哟。"

"噢!"所有人都发出了同一种声音。乔莉感觉这是一帮彼此非常熟悉的老朋友,她想起方敏说的要给自己介绍对象的事情,可是看这模样,似乎并没有人来和她相亲,她不禁笑了笑,也许这一次没有特别合适的人吧,所以方敏也没有特别提起这件事情。她跟着他们来到圆桌前,方敏坐在她旁边:"哎,这条裙子不错嘛,在哪儿买的?"

"在国贸。"

"不错不错,"方敏道,"你的工作还在做吗?"

"在做。"

"哎,快点找个人结婚,不要再做了,像我这样多好,女人的事业就是家庭，像我老公对我多好，我现在什么都不用愁，饭来张口衣来伸手，多快活。"

乔莉微微一笑，点了点头。方敏的一个朋友道："国贸现在的品牌挺全的，我这个包就是上次去北京的时候在国贸买的。"

"是啊，"另一个朋友道，"北京还是不错的，不过上海的商业氛围更浓一点，是吧？"

"对，"乔莉点点头，"上海比北京要更加商业化一些。"

"外企现在的待遇不错吧，"一个人道，"尤其像大外企。"

"还行，"乔莉笑了笑，"都还可以。"

"唉，"方敏乐道，"外企待遇再不错，也没有老公给的待遇好，是不是老公？"

方敏的老公频频点头。方敏道："你们有什么好对象，都留意一点，要留给我这个老同学。"

"好啊好啊！"众人纷纷点头。乔莉不好意思地笑了笑。吃完午饭，又和方敏聊了聊家常，一时大家也就散了。方敏见她兴致不高，道："你得加油啊，不要这样。"

"我加油，"乔莉笑了笑，"你也加油。"

"我加油？"方敏一愣，"我还有什么可加油的，有了好老公，我是万事足矣。"

"好啦，你这个幸福的小女人，"乔莉笑道，"你就慢慢享受，我慢慢加油！"

"不要忌妒我哟，"方敏道，"谁叫我老公是万里挑一呢。"

"我晕倒，"乔莉乐道，"哪有你这样夸老公的！"

"本来就是嘛，"方敏道，"你承不承认？"

"承认承认，"乔莉道，"我一定加油找个好老公。"

"就是，快点闲下来，我们好约了出去旅游啊玩啊购物啊什么的，把

— 465 —

职场留给那些找不到老公的女人。"

"这话要是让职场女性听了,还不打掉你的牙,"乔莉道,"在我面前说说也就算了,到外面少说哟。"

"行,"方敏道,"我们晚上就开车回上海了,有什么事就打电话,我坚决支持你!"

"好的,"乔莉道,"我也坚决支持你。"

方敏一愣:"你支持我?我有什么好支持的,我有……"乔莉看着她的表情,就知道她下面要说什么,干脆张口陪她道:"有老公支持就行了!"

两个人哈哈大笑,方敏跟着老公走了,乔莉一个人走出新新饭店。此地离西湖很近,她顺着湖边慢慢地散着步,觉得一丝小寂寞爬上了心头。虽然她不赞成方敏的观点,找个好老公就不用工作了,但是她对方敏与老公的恩爱也是很羡慕的,爱情这个词,是不是来得有点晚?乔莉看着烟波迷蒙的湖面,突然有了渴望,如果自己也成立了家庭,会不会互相扶持、彼此鼓励,共同渡过人生的每一个难关?

而此时的陆帆与云海正在海水里舒畅地泡着。他们对三亚都不陌生,此行的目的都是为了陪伴家人。两家四个老人并排坐在太阳伞底下晒太阳、吹海风,享受着这冬天里夏季的感觉。最开心的其实是云海的妹妹与妹夫,两个人在海滩上捡贝壳、戏水、打打闹闹,像两个少年情侣。陆帆和云海套着救生圈,只剩下头和胳膊浮在水上,两个人偶尔才动一下,任由海风与海水带着他们漂漂荡荡。

"何总什么时候回北京?"云海闭着眼睛问。

"初七吧,"陆帆也懒得睁开眼睛,"他一家人现在在香港。"

"欧总呢?"

"他一直在北京。"

"唉，"云海长长地叹了一口气，"时间真快啊，今天都初四了。"

"是啊，"陆帆道，"没有几天了。"

"我们是初六的飞机，"云海道，"加上现在，不到五十个小时了。"

"那就尽情享受吧，"陆帆道，"难得有这样的机会。"

云海睁开眼，远远地瞄了一眼海滩上的人群，又把眼睛闭上了。

两人在水里泡了个够，然后慢慢地爬上岸，冲完凉换好衣服。陆帆习惯地看了一眼手机，突然，他的眉头拧了起来，他有四个未接来电，于志德打了两次，张亚平打了两次。他看了一下时间，于志德是下午两点半和两点四十三分打的，张亚平是两点五十分和三点打的，也就是说，是于志德找不到他，又去问张亚平，然后张亚平又给他打了两次手机。

陆帆对云海道："于志德和张亚平找我。"

云海一愣，坐在更衣室的板凳上没动。陆帆先拨了张亚平的电话："张总，你找我？"

"是于总找你，"张亚平道，"他问我有没有你其他的电话，我也只有你这一个手机。"

"那我给他回过去。"陆帆道，"谢谢你呀，张总。"

"行。"张亚平挂断了电话。陆帆给于志德拨了电话："于总，是我，陆帆。"

"陆总啊，在哪儿过节呢？"

"我在三亚，刚刚不好意思，我正在游泳。"

"哦，是这样。"于志德道，"那么远的地方，不太好办。"

"您有什么事，尽管说。"陆帆呵呵笑道，"我们谁跟谁呀，不要说在三亚，就算在月球，我也马上飞下来。"

于志德也笑了："是这样的，陆总，你也知道我现在任项目组长，很多地方都要用钱，现在晶通改制资金也很紧张，所以，看看你这儿能不能预支一点公关费用，当然了，等晶通改制以后，这些费用我全部还给你。"

陆帆又惊又喜,看来薄小宁年前还是擅自出了价。他镇静地道:"于总,这是肯定的事情,不知道您现在缺多少?"

"二百五十万美金。"于志德道。

"这个没有问题,"陆帆道,"随着晶通项目的深入,不管是前期的资金,还是以后需要的公关费用,我们都会随时提供。您尽管放心,我们赛思中国会全力支持您的工作。"

"这笔费用我要得比较急,"于志德道,"你能不能在初十前给我?"

陆帆心中一愣,嘴里道:"哦,费用方面肯定没有问题,至于时间方面我一定尽力争取,您这几天都在石家庄?"

"是的。"

"好啊,我明天一早的飞机回北京,我们随时联系。"

"哦,"于志德道,"明天一早就回来了?"

"是的,"陆帆道,"我带女朋友过来玩,明天是初五,我们一起回家过破五。"

"好啊,那我们随时联系。"于志德挂上了电话。

陆帆看着云海:"我有一个好消息,还有一个坏消息,还有一个不好不坏的消息,你要听哪一个?"

"呵呵,"云海道:"你先把那个不好不坏的告诉我。"

"我明天一早就要回北京,恐怕要把这两家人全部交给你了。"

"那坏消息呢?"

"于志德主动提出要我们支持第一笔费用,要求初十之前打款。"

"好消息呢?"

"于志德主动提出要我们支持第一笔费用,二百五十万美金!"

云海看着陆帆,思索他这个奇怪的归类,也就是说,于志德提出好处费是正常的,二百五十万美金也是正常的,但是初十之前支付,的确是让人有点纳闷,为什么要得这么急?

"你上次说有人在查他,"云海道,"会不会是去公关?"

"有可能,"陆帆道,"如果那样,我们的风险就太大了,真的和他拴一条船上了。"

云海沉默不语,陆帆看着他,半晌陆帆问:"你怎么看?"

"我建议你还是回北京和欧总商量一下,我想凭他在石家庄的关系,可以有更多的信息帮助判断,"云海苦笑了一下,"我们现在业绩平平,没有二百五十万美金可以赌。"

陆帆咽了口唾沫,觉得喉咙有点痛,他想了半天,也只有这个答案了:"我晚上和爸妈打个招呼,这两天就麻烦你了。"

"没问题,"云海道,"我一定把他们开开心心地带回北京。"

两个人开始往外走,走着走着,云海道:"你估计付国涛开的多少?"

"我在想,"陆帆道:"估计不会超过二百万。"

"你说,"云海道,"他会不会两家都要?"

"有可能,"陆帆叹了口气,"我马上向欧总和何总汇报一下,这事情有点麻烦。"

"不用着急,"云海道,"没准明天你一回北京,就明朗了。"

"也对,"陆帆道,"也听听何总和欧总的意见。"

陆帆当即给欧阳贵和何乘风分别打了电话,并汇报说自己准备明天一早就飞回北京。何乘风表示同意,让他尽快与欧阳贵商议。欧阳贵说晚上他让人打听一下情况,然后明天与他碰头再细说。陆帆陪着父母在海滩上坐了一会儿,晚上吃饭的时候才说北京有工作,明天一早就走,让父母跟着云海玩到假期结束。两位老人虽然不愿意,但也不敢影响他的工作,只得点头同意。陆帆晚上草草收拾了一下行李,改签了机票,第二天一早,穿着长袖衬衫与棉布长裤,提着行李来到机场,飞回了北京。

— 469 —

第十二章

陆帆下了飞机，就感到异常寒冷，他连忙走到一间洗手间，从行李里翻出羽绒服，套在身上。他走出机场，便看见了欧阳贵的司机。"陆总。"司机一面打招呼，一面把陆帆的行李接过去，"车就在外面，欧总正在公司等您呢。"

陆帆跟着他上了车，觉得浑身冷得打战，他怀疑自己有点发烧，便靠在后座上休息，司机也不多问，沉默地开着车。此时的北京也是艳阳高照，却没有三亚那种温热的气氛，车外不时传来零星的鞭炮声和腾地升起的烟火，一切都是那么热烈、冰冷而干燥。

车到了赛思楼下，陆帆拿着行李上了楼，在门口的保安那儿做了个登记，便走进办公区域。整个区域空无一人，只有灯光、隔断墙壁、矗立在墙脚边的绿色植物。他来到欧阳贵的办公室门前，敲了敲门，欧阳贵的嗓音在门内响起："进来！"

陆帆推门进去，点了点头："节日快乐。"

欧阳贵咧了咧嘴，示意他坐下。陆帆坐在他的桌前，缩在椅子里。欧阳贵道："昨天晚上他们尽量问了问，说现在是过年，不太好问，省里查他是真，抬举他上了组长的位子也是真，听不到更多的消息。"

"那您的意思是……?"

"我的意思是给他，"欧阳贵道，"一来显得我们有诚意，二来可以堵一堵 SK，看看他们能不能立即给出这笔钱，三嘛，"他朝左边咧了一下嘴，"他要是拿了钱不办事，我可以把钱拿回来!"

陆帆吸了一下鼻子，他觉得自己的身体软弱无力，但是话还是要说："欧总，是不是多考虑几天，等十五过了之后，大家都上班了，看看石家庄的情况，然后再做决定!"

"如果于志德是这几天等着送钱给什么人，"欧阳贵道，"而 SK 出了钱，我们却没有，这就有点麻烦，以后想解开这个心结就没那么容易了。我知道你顾虑什么，可是错过了这个村就没有这个店了，我觉得可以赌一把。"

"我们的业绩不好，万一赌输了，我们对总部不好交代。"

欧阳贵看了陆帆一眼，他奇怪这个销售总监怎么今天看起来像个软蛋，难道他不知道这笔钱不可能从赛思中国的账面上出去，就算落了空，一样有办法找补回来吗?

"弗兰克，"欧阳贵道，"你是不是太犹豫了?"

"我觉得于志德如果没有把握上台，我们就没有必要给他这笔钱，"陆帆道，"而且最好听一听 SK 与省里的消息。这事儿来得太快了，有些不合逻辑。"

欧阳贵这次是真的笑了一下，陆帆觉得他的表情与嘴角都有了与平常不同的变化，而且他的眼睛里也流露出一丝略带嘲讽的东西。欧阳贵想起每次与何乘风讨论问题，他都会强调"逻辑"二字，要从常情常态反复分析，这种带有西方思维方式的习惯让欧阳贵觉得很有意思。他觉得东方人不太考虑这些，某种程度上，东方人对事物的理解带有一点超理性的东西，比如中国人喜欢说胜者为王败者为寇，这其实是忽略了过程的一个总

— 471 —

结,意思是不管你用何种方式创造了奇迹,你就是胜利者。

他猛然意识到,陆帆也在美国接受了正规的教育,并且生活了多年,他不可避免地要顾及逻辑问题,要从 1 向 2 推导,如果从 1 到 3 的过程省略了 2,这就是为难他。欧阳贵将身体前倾,手支撑着台面,语气尽量平稳:"如果我们因为犹豫失去了机会,那我们怎么向美国人交代?之前的力气会不会都白费了?弗兰克,我理解你说的逻辑问题,但有时候事物的逻辑不是平直的,它有跳跃的成分,而且在这个成分背后,它一定有一个合理的解释。我们虽然没有明确的消息,但是于志德需要钱帮他巩固地位,这是我们大家都能够想到的事实。除此之外,一个人要钱的理由多种多样,只要他在石家庄一天,只要他还坐在晶通的办公室里,我们就不怕他,但是如果因为我们不肯出钱,让 SK 帮助了于志德,招致他的埋怨,那我们要费太多力气去弥补这个关系,这是不是得不偿失?"

陆帆感到欧阳贵身体里那股咄咄逼人的气息散发出来,压得他很不舒服,但越是这个时候,自己越必须坚持自己的想法,这是对赛思负责,对何乘风与欧阳贵负责,更是对自己负责。想到这儿,陆帆勉强坐正了:"问题在于,我们不知道那个合理的解释是什么,不管有多少种想法,我们并没有证实,这是第一;第二,于志德为什么需要钱,是不是真的因为庆丰公司的原因,那么这个危机到底有多大,我们也并不百分之百清楚;第三,他为什么要提出在初十之前拿到钱,这个目的是什么?我认为一切都需要调查研究,如果您需要,我可以马上去石家庄,去尽量了解情况。"

"那么你宁愿失去七个亿的单子,也不愿意冒二百五十万美金的风险了?"欧阳贵看着陆帆问。他从昨天下午陆帆的语气中,就感到了他的犹豫,但是没有想到,说服陆帆如此麻烦,难怪何乘风一直说他比狄云海果敢,看来这个文质彬彬的总监,的确有他过人的地方。

陆帆用手摸了摸喉咙:"是的欧总。"

"就因为你的逻辑?"

"不,"陆帆道,"是因为里面有不清楚的地方。"

"弗兰克,"欧阳贵道,"你在西方学习了许多好的、优秀的知识,而且这些知识会让你养成一个良好的思维习惯,比如强调逻辑、强调证据,但是这些东西不一定完全适合中国国情,尤其是中国的很多事情,是说不清道不明的,如果你一味套用西方的思维习惯来考察中国的一些事情,那么你的判断就会有偏差,甚至会有一些奇怪的结果,我们何不把事情简单化来处理?不要想得太多太清楚,我们最坏的结果就是于志德用了钱,但是他没有把项目给我们,或者他没有坐稳晶通的宝座。那么不管是前者还是后者,我都说了,我愿意动用我的私人关系,去把钱追回来。我这么做的目的,并不是为了我自己,而是为了公司,为了何总,为了你和整个销售部,所以,我希望你能听取我的建议,不要错过良好的战机。"

"欧总,"陆帆也很奇怪欧阳贵的固执,他长篇大论的叙述让陆帆差点喊他欧阳老师了,"作为赛思的销售总监,我真的渴望能打下晶通,但是我真觉得这事有风险。非常抱歉,我不得不坚持我的想法。"

欧阳贵看着陆帆,陆帆也看着欧阳贵,两个人都觉得头痛起来。虽然欧阳贵的位置在陆帆之上,但是他知道陆帆的这一张赞成票,是非常重要的;陆帆也很清楚,只要他坚持反对,欧阳贵就不得不请何乘风来做决定,这是一个领导者非常微妙的品质,能够统领所有人而不独断专行,善于听取不同的意见。虽然欧阳贵如此强势,但是陆帆知道,他是一个好领导。

欧阳贵叹了口气:"云海的意见呢?"

"他觉得有了具体的信息才好把握。"

欧阳贵又叹了口气,又是一个"美国派":"那么,我们听听何总的意见。"

欧阳贵拨通了何乘风的手机,何乘风心里的斗争与矛盾并不比他们少，事情来得突然，又在春节期间，给钱有给的理由，不给钱有不给的理由，事关七亿的项目，费了那么多心思、牺牲了那么多人力物力的开头，不能让这二百五十万美金给浪费了。

"欧阳、弗兰克，你们讨论的结果是什么？"

"我们没有结果，"欧阳贵道，"一票赞成一票反对，现在要问你的意见。"

"云海呢？"

"他在三亚，"陆帆道，"我父母和他父母都交给他一个人了。"

"他的意思是什么？"

"他需要更多的信息。"

"我的意思是这样，"何乘风道，"我建议你们都去石家庄，一方面和张亚平、省内的官员，还有一切相关人员联系，看看于志德为什么一下子开口要钱，这方面由欧阳出面；另一方面由弗兰克出面，尽量拉拢于志德，告诉他赛思一定给这笔钱，但是一定要拖过初十。他既然定了这个日子，拖着不给，他一定会着急，只要着急，就会露出马脚，我们可以把钱准备好了等他，一直稳到最后，看看到底是为什么。"

欧阳贵与陆帆听着电话免提里何乘风的声音，都默默地在心中点头。何乘风又道："我们还可以再等等 SK 的消息，估计于志德如果是为了用钱，会向两边都开口，我们可以向付国涛透个底，就说我们不打算急着给钱，看看能不能联手稳到初十之后，如果付国涛不愿意，先给了于志德，我们就可以查他到底用钱干什么。总之表面上要快、要全盘答应，骨子里要慢、要尽量摸清楚情况，等有了更多信息的时候可以再做一个决断，你们认为呢？"

"就照你说的办，"欧阳贵道，"我和弗兰克兵分两路，同时去石家庄。"

"呵呵，"何乘风道，"辛苦你们了。"

欧阳贵挂断电话，看陆帆的状态还是不好，便关切地问："弗兰克，你是不是病了？"

"没事儿，"陆帆道，"那我们吃点东西，下午就出发吧？"

"好，"欧阳贵道，"我就估计要出差，行李都带来了。"

"我的行李倒在，不过是夏天的，还要回去一趟。"

"吃了饭去拿吧，"欧阳贵道，"然后就直接从你家出发。"

陆帆点点头，突然手机一响，他打开来，是车雅妮发来的短信：于向薄开口，二百五十万美金。

陆帆没有马上把这个消息告诉欧阳贵，而是转给了何乘风。不一会儿，何乘风给欧阳贵打了电话。欧阳贵放下电话后对陆帆道："于志德果然也向 SK 开了口，数字相等。"

"好啊，"陆帆道，"又有好戏唱了。"

陆帆坐在欧阳贵的车上，昏昏沉沉地朝石家庄进发，与此同时，付国涛与薄小宁已经到了石家庄。于志德意外的开口、明确的数字与时间，都让付国涛惊讶，他怀疑薄小宁事先露了底，但是事到如今，追问此事已经无益，他现在关心的是，为什么于志德要在初十之前拿到这一大笔钱？

薄小宁对这个结果则扬扬得意，要不是自己抢先一步，哪里会有这个结果，于志德主动张口要钱，晶通的业务岂不是定了大半？他一面嚼着口香糖，一面哼着歌，毫不理会付国涛阴沉的面孔，他不高兴就不高兴呗，只要事实证明自己对了，合同拿到手，钱赚到家就可以了，老板的心情嘛，就让他自己慢慢调整吧。

两人刚到宾馆，张亚平已经等在那儿，并帮他们开好了房间。付国涛与薄小宁停好车，在张亚平的陪同下上了楼，三个人一进房间，付国涛就问张亚平："老张，到底怎么回事？你在石家庄过的年，就没有一点消息？"

"能有什么消息,"张亚平道,"现在是春节期间,我上哪儿去问啊?再说了,年前和现在也就差了五天,五天又没有办公,能有什么变化?"

"于志德为什么一下子要用这么多钱?"付国涛百思不得其解,"是他晶通的位子出了问题,还是有什么意外?"

"他能有什么事?"张亚平嘻嘻一笑道,"要么是拿钱去打点,要么是为了张庆,那姑娘可是花钱的祖宗,于志德这几年弄的钱全都是为了她,年前宣布他当了晶通的组长,张庆还不知道要怎么嘚瑟呢,再说他俩又没有结婚,不图钱还图什么,没准儿买房子买地都有可能。"

"于志德能受张庆管?"付国涛道,"我没看出来啊。"

"哎呀,付总,你也不想想,"薄小宁道,"他现在当了晶通的大官,这边还不哄着小情人?万一张庆把他的事情抖搂出去,他还怎么混?"

"就是就是,"张亚平道,"我看也是这个原因。"

付国涛一言不发地盯住薄小宁,脸色越来越暗,薄小宁不吱声了。张亚平观其脸色,打了个哈哈道:"反正你们也来了,不着急,他不是定了时间吗,你们就慢慢等着。不过有件事情我要告诉你们,欧阳贵和陆帆现在就在来的路上,你可要做好准备。"

付国涛的脸色又是一变:"你说什么?他们也来了?"

"于志德是谁,他怎么可能在一棵树上吊死,"张亚平慢条斯理地道,"他肯定要开口和两家要钱,最后看谁能给他。唉,你们找我,赛思也找我,我也难办啊,你们都是我的朋友,我帮谁好,不帮谁好?"

"张总,"付国涛道,"我们是老朋友了,不在意这个,你就是帮了他们我也不生气,不过,这笔钱你可要帮我想办法,无论如何要在赛思之前搞到。"

"哈!"张亚平从嘴里打了个呼哨,"二百五十万美金啊,付总,我是有点钱,可也没有到这种地步,一下子让我拿出这么多钱,我实在是有困难。"

"唉，"付国涛道，"我也知道你有困难。小宁啊，这生意我们做不成了，走吧，我们回北京。"

"哎呀，"张亚平立即满脸堆笑，"你这是干吗，兄弟之间开个玩笑也生气，摆出一个娘娘腔了。"

"那你叫我怎么办？"付国涛拉下脸，"哦，现在 SK 和赛思两家求你，你就成了爷了，我付国涛就要把脑袋拧下来给你当球踢。张总，我们不说这么多年的兄弟情谊，就是看在我辛辛苦苦为你准备的合同的分上，你也不能这么对我！得，我啊，不受这个气！"

"呵呵呵，"张亚平道，"是我错了，我错了，我给您赔礼道歉。"他上前谄媚地给付国涛递过一杯水，又绕到他身后给他又是捶肩膀又是揉胸口的。付国涛把他的手挡开来："你少来这套，我看你才是娘们呢，为了钱恐怕你脱裤子的事情都肯干！"

"你要我脱也行啊，"张亚平道，"我这张老脸不好看，估计屁股也好不到哪儿去，付总要要，随时拿走啊。"

"你少恶心了。"付国涛一面和张亚平开玩笑，一面也知道此时不得不借助他的实力，尤其不能让赛思抢了先机，他看着张亚平，"说吧，你要什么条件？"

"条件简单，"张亚平道，"您的合同不是准备好了吗，时间上给我填一个三年，数字上给我填一个两个亿。"

"美金？"

张亚平吓了一跳，立即意识到是付国涛在嘲讽自己，忙笑道："人民币，人民币！"

付国涛从包里取出一份合同，翻到最后一页，在张亚平面前晃动着："你看好了，这可是我们汪总的亲笔签字，效力等同于公章，你赶紧把钱给我准备好，我什么时候付钱，就什么时候和你签这张代理合同，一手交钱一手交货，怎么样？"

"我看看，我看看。"张亚平把脸凑到付国涛的手边，看清了果然是汪洋的亲笔签字，SK 这几年经常从他公司走货，他早已熟悉了这个简单的名字。张亚平满心欢喜地道："你放心，钱我一分不少地准备，你说一声给，我立即送到于志德的账上，一秒钟都不会耽误。"

"那好，"付国涛把合同装进包里，"晚上和谁吃饭？是不是要去抱陆帆的大腿？"

"哎呀，你说哪里话，天下最难做的就是我们代理商，要帮你们卖货，还得自己养家糊口，你说好不容易有个大生意，又不能得罪你，又不能得罪陆帆，我就是夹着尾巴做人，也是天天犯错误。付总你放心，晚上我陪你吃饭，不过有一条，我不见陆帆，陆帆也会找我，我也不能像个女人躲起来不见人。再说了，我了解他们的情况，对你们不是也有帮助吗？"

"对对对，"付国涛道，"了解我们的情况，对他们也大有帮助！"

"我可冤枉死了！"张亚平叫起了屈，一副倒了血霉的模样。薄小宁笑道："付总，你就饶了张总吧，他肯定陪我们吃饭。"

付国涛哼了一声："快点订饭店，我快饿死了，然后我们快点吃，吃完了你赶紧去见陆帆，有什么消息立即告诉我。"

"行行行，哎呀，我的付总、付大爷、付爷爷，"张亚平一阵风似的哄着付国涛出了门，"我不仅给你订好了饭店，还给你找了一个能洗澡、休闲、唱歌的好地方，你就放一百二十个心吧，我就是不听你的，我也得听那两个亿的，我和谁有仇，还能和钱有仇吗？"

不知过了多久，陆帆睁开眼，车窗外已是一片淡淡的暮色。欧阳贵道："醒了？"

"哦，"陆帆支起了身体，"睡了一觉。我们晚上住哪儿？"

"世纪大饭店，"欧阳贵道，"晶通宾馆不太好。"

陆帆点点头，给张亚平拨了个电话，电话里传出一个小心翼翼的声音："陆总啊，我是李忠啊，您到哪儿了？"

"你们张总呢？"

"他家里有点事，让我等您呢。"

"我们住世纪大饭店，你赶紧去订下房吧。"

"好的好的，我在那儿等你们。你们要不要订餐？"

"到了再说吧。"陆帆疲惫地挂上电话。欧阳贵沉默着，隔了一会儿，陆帆道："付国涛已经到石家庄了。"

欧阳贵嗯了一声，车继续朝前飞驶着，还未进市区，便听见鞭炮与烟火齐鸣，空中到处是绚丽的景色。欧阳贵道："今天是破五，财神爷的生日。"他命令司机在一个卖烟花爆竹的摊前停下，对陆帆道，"我们放挂鞭再进城！"

陆帆一愣，他没想到欧阳贵也有迷信的一面。欧阳贵的司机跑到摊前问了问价，买了十挂小鞭，又买了五大盒礼花，他在空地上将小鞭与礼花呈两排排好，中间间隔三四米的距离，这阵势顿时吸引了不少人，立即有十几个人围了过来，站在远处看热闹。

欧阳贵的司机从第一挂鞭开始，哗地点上，然后飞速跑到第二挂面前，再点上，第一挂鞭已经炸了起来，他在爆响与火星中一个接一个地点下去，顿时半条街炸成了一片，他就像个打仗的战士，又奔跑到第二排烟火面前，第一个、第二个……巨大的烟花此起彼伏地在天上炸开，一朵还未全开完，另一朵已经蹿上天空，连绵十几朵大型礼花将街道照得如同白昼一般。陆帆抬头看着，这还是他今年春节第一次这么认真地看烟花，直到十几个大礼花全部炸完，陆帆才留意到周围的人们正在鼓掌欢呼，不少人一边欢叫着一边望着他们，站在欧阳贵旁边的一个当地居民问："老师傅，还有吗？"

欧阳贵哈哈一笑，钻进了车，陆帆也坐了进去，司机启动了车，他们飞快地朝城区驶去,将一群叹为观止又觉得惊异的人们留在了身后。

他们到了世纪大饭店,李忠已经等候多时了。订好房,李忠将他们送进房间。欧阳贵道:"弗兰克,我们叫两碗面到房间吃吧,吃完你赶紧休息一会儿。"

陆帆实在不想动,点了点头。李忠还在唠叨:"我们张总家里实在有事走不开,他马上就来,马上就来。"

"小子,"欧阳贵从皮夹里拿出一千块钱,"过年了,压岁钱!"

"欧总!"李忠睁大了眼睛,"这……这不好吧!"

"拿着,"欧阳贵把钱塞给他,"在社会上做事情不容易,尤其像你这个年纪,刚刚开始打拼嘛。但是我看好你,你小子有前途,"他压低了声音,把嘴凑到李忠耳边,"你也有点眼色,陆总病了,赶紧去买点感冒药。"

"唉,"李忠连忙道,"陆总,你休息一会儿我去给你买点感冒灵。"

陆帆知道是欧阳贵关心自己,点点头。欧阳贵道:"不要挑贵药,最普通的就可以。"

李忠一愣,看着欧阳贵,欧阳贵道:"太好的药都是新产品,吃了容易让人增加对药品的耐受力,以后再吃普通药就没用了。"

李忠得令而去,陆帆再一次体会到欧阳贵的细心,这实在是有违逻辑的。陆帆躺在床上想,他如此细致入微,却为何对于志德不明确的行为报以无所谓的态度?难道真的如他所说,东西方的思维差异确实非常巨大,连自己这样的只是在那边待过几年的人,就已经有了不同的行为与思维习惯?

一时饭店把面条送来了,李忠也买药归来。陆帆吃了一碗热汤面,又吃了一颗感冒药,感觉好了许多。这时门铃一响,李忠赶紧去开门,喝得满面通红的张亚平哈哈笑着走了进来,他一进门就深鞠一躬:"欧总、陆总,给你们拜年了!"

"亚平,"欧阳贵道,"签了大单子了?这么高兴!"

"哪有啊,"张亚平道,"这不是高兴嘛,你们来了,我能不高兴?"

"李忠,"欧阳贵道,"去给你们张总叫一杯果汁,再泡一杯浓茶。"

"唉!"李忠立即照办了。张亚平看着浓茶,端起来刚要喝,欧阳贵道:"你等一会儿,先喝果汁再喝茶。"

张亚平放下了杯子,看着欧阳贵,欧阳贵也不说话。一会儿服务员把果汁送来了,张亚平一口气喝干了,把杯子还给了服务员,然后坐过来,嘿嘿笑着端起了浓茶。欧阳贵又道:"李忠,这附近有卖香烟的吗?"

"有,"李忠道,"饭店就有。"

"你去帮我看看,"欧阳贵道,"买一条你们张总最中意的。"

李忠又吓了一跳,看了看张亚平,张亚平点点头,李忠一溜烟地跑了。

欧阳贵看着张亚平:"张总,酒醒了没?"

"醒了醒了,"张亚平坐了这半天,又喝了果汁,确实清醒了一点,他喝着温热的浓茶,精神抖擞地道,"欧总有什么吩咐尽管说!"

"付国涛给你开的条件不错吧?"欧阳贵咧嘴一笑。张亚平坐得离他近,见他突然皮笑肉不笑地盯着自己,吓得浑身一颤:"没、没有的事。"

"SK的实力我知道,"欧阳贵道,"付国涛虽然是汪洋的亲信,但他毕竟只是个销售总监,能给你做的业务不可能太多。我替他算了,他最多给你三年时间两个亿的代理,你小子赚个两千万,再垫出去一千多万,最后也就是一年拿个几百万。"

张亚平笑了,他现在是彻底清醒了:"欧总,您说的这个恐怕不包括晶通吧。"

"我知道,"欧阳贵道,"现在我们和SK都要你垫资,这钱你肯定是会帮忙的,而且两家的忙你都会帮。人嘛,在家靠父母,出来靠朋友,我们要是让你帮了我们,不帮付国涛,那我们就是为难你,就是断了你的财

— 481 —

路。但是有些事情，有一点小小的细节，比如你刚才如果先喝了浓茶，再喝果汁，不仅醒酒的效果不好，而且非常伤胃，可是你只需要调换个次序，先喝果汁再喝浓茶，你不仅不会伤胃，而且还能坐在这儿和我们聊天，这就是细节的问题、次序的问题，最后导致了结果的问题。"

"说得好！说得好！"张亚平连连点头，"欧总、陆总，我知道你们不会为难我，你们要的钱我一定帮忙准备，什么时候要就说一声。"

"你要的合同我们会准备好，"欧阳贵道，"国难财也是财，该发就要发，但是我给你变个数字，时间仍然是三年，总量给你涨到三个亿，而且不包括晶通。"

张亚平愣了，陆帆也愣了，这是不是太多了一点？欧阳贵道，"但是我有一个小小的条件，既不会让张总为难，得罪朋友，又会让我们的合作更加愉快！"

"什么条件？"张亚平干巴巴地道。

"如果 SK 决定付钱，你要通知我，要保证我们在他们之前把钱交到于志德的手上。"

张亚平低头想了想："如果是你们决定不付钱呢？"

"那我不怪你，合同照样和你签，"欧阳贵道，"如果你明知道他们要付钱，帮着他们隐瞒，让我们延误了时间，合同不仅会取消，而且我想，张总这几年的生意恐怕也不会做得太愉快！"

张亚平的心脏猛地跳了几下，他一直习惯性地把欧阳贵当成赛思的副总裁，这会儿才意识到，他还有另外的身份，一个总是在听说，却从来没有真正面对过的身份，而刚才那句话，无疑是向自己发出了另一个身份的信号！张亚平看着欧阳贵突起的下巴，沿着脊梁骨出了一层细密的冷汗："欧总，您放心，我说话算话。"

"我知道，"欧阳贵道，"我最放心的就是张总了。"

陆帆蜷在床上，见张亚平被欧阳贵吓得不轻，心中暗自发笑，这个欧阳总还真是有一套，生生地把张亚平摁在了里面，他钱也赚了、好处也得了，但是必须向着赛思而不是 SK。陆帆叹了口气，付国涛的行事风格他最清楚了，跟自己过招，还能平分秋色，碰到欧阳贵这样的，也只能处于下风了。

这时李忠回来了，毕恭毕敬地把香烟递给了张亚平。张亚平道："这烟留给欧总他们。"

"我不喜欢吸烟，陆总不舒服，最好也不要抽。"

"陆总不舒服？"张亚平这才转过头问。

"没事儿，"陆帆道，"刚吃过药，好一点了。"

"那我不打扰了，你们早点休息。"张亚平站了起来，"欧总、陆总你们放心，有任何情况我都会和你们联系。"

第二天一早，付国涛从睡梦中被电话铃声惊醒，他看了一眼来电的名字，怔了一怔，居然是陆帆，他清了清嗓子："喂，陆总。"

"春节好啊，付总，"陆帆道，"在哪儿呢？"

"地球上啊，"付国涛道，"你在哪儿？"

"我也不在月球上。"陆帆笑道，"有事情找你，方便见面吗？"

"这几天有点小忙。说吧，什么事，电话里不是一样吗？"

"电话不方便，时间不长，只要十分钟，对你对我都有好处。"

"你现在在哪儿？"

"我在石家庄，你呢？"

"巧，我也在石家庄，那你过来，我请你吃早饭。"

"好，"陆帆道，"你在哪家宾馆？"

"世贸广场。"

"半小时后见。"陆帆挂上电话，吞了颗感冒药，走出了房间。半小时后，他和付国涛面对面坐在世贸广场酒店的早餐厅里，付国涛见他面容

— 483 —

消瘦，笑道："还是你好，不用减肥，不像我，说胖也不胖，但是有肚子。"

"你哪儿来的肚子。"陆帆笑了笑，开门见山地道，"我找你是想和你联手做一件事情，这件事情对你、对我的好处是相同的，不知道你有没有兴趣？"

"什么事？"付国涛吞了一口面包，问。

"我们联手把于志德的钱拖过初十，正月十一开始，我们各凭判断再拿主意。"

"怎么，"付国涛哼道，"陆总现在还没有打算给钱？"

"你有打算吗？"

"有没有打算我不知道，不过我觉得你很奇怪，为什么要找我一起不付钱？"

"这钱不是二百五十万人民币，是美金，虽说现在美元便宜了，可算算也不少。"陆帆慢慢地剥着鸡蛋壳，"我们都是销售总监，钱给出去了，我们是要对老板、对公司负责任的。要是你先给了，我压力很大，我先给了，你压力一样大。付总，我们从常理上分析一下，于总为什么要在初十之前拿到钱，我们都不清楚，如果我们压他一下，过了初十，我们就知道到底是怎么回事了。不管是你知道了原因，还是我知道了原因，至少对我们都是有帮助的。"

"道理上没有错，"付国涛道，"可是我凭什么相信你？"

"凭我敢来相信你，"陆帆道，"凭我们都是一样的职位，面临一样的问题。"

"不，我们面临的问题不一样，"付国涛看着陆帆，"这钱我给了，我有把握赚回来，我有业绩；你给了，你和何乘风都搞不好要下台走人，我们的问题差得太远了。"

"这么说，你是肯定要在初十之前付款了？"

"肯定。"

"那我没有办法了,"陆帆道,"我只能背水一战了。"

"下战书?"付国涛笑了,"我接受啊,不过你最好注意一下你们的业绩。"

"我会考虑的,"陆帆把鸡蛋塞进嘴里,"哦,这儿的鸡蛋味道不错。"

"是吗?"付国涛站起来,"我也去拿两个。"

两个人再也没有提起这件事,客客气气地吃完了早饭,付国涛把陆帆送出了宾馆,目送他上车离去,然后回到了房间。整整一个上午,付国涛都在惦记着这事儿。陆帆来找自己的目的到底是什么?是真的想联手,以保证钱花得安全,还是想试试自己会不会冒险打款,在初十之前把钱交给于志德?抑或是为了告诉自己他会提前打款,让自己提前把钱交给于志德,他们后发制人,探听于志德的用途,再把钱打出去?这事儿透着一股子怪味道,付国涛心里没底,虽然汪洋签的合同装在自己的包里,但是付国涛很清楚,这笔钱实在不是个小数目,能不能花在刀刃上,是非常关键的,就连一向对他信任有加的汪洋,在他此次前往石家庄之前,都一再叮嘱他要小心行事。

现在张亚平的话根本不可信,他这个老滑头,抓住了SK与赛思的软肋,一边讨好一边挑拨,正好乘此机会和两家大外企签下长达几年的代理合同,一来大赚一笔,二来此后几年他都有了生意,而且不管做任何事情,都可以牵制SK与赛思,他现在只会把正话反说、反话正说,恨不得两家公司马上让他把钱打给于志德,然后他抱着两份合同回家睡大觉去。SK在石家庄的关系,多在汪洋手上,但是汪洋到目前为止,并没有问出什么具体的内幕,一切都和年前没有什么两样。这笔钱到底是出还是不出,付国涛觉得自己思路有点乱,如果决定出,他是说什么都要赶在赛思之前的,如果决定不出,那他一定会逼着赛思把这盆"水"给泼出去。就是这要出不出的折磨人啊,付国涛长长地出了一口气,坐在沙发上左思右想，找不到明确的答案。

这时，门铃响了，付国涛走过去打开门，薄小宁哼着小曲走了进来："付总，中午去哪儿吃饭？我请客。"

"别请了，"付国涛回到座位上，"烦着呢。"

"怎么了？"

"没怎么，"付国涛道，"你在石家庄的朋友多，有没有问出什么？"

"问了，"薄小宁道，"都是老话，什么要查他，查完就完，他继续干晶通。"

付国涛沉思不语，薄小宁道，"付总，你怎么心事重重的？"

"我在想这钱到底什么时候出比较好，"付国涛道，"拖过初十也是一个办法。"

"拖过初十?!"薄小宁吓了一跳，"为什么要拖过初十?!"

"他为什么定在初十？"

"这还不简单？"薄小宁道，"初十之前要用呗。"

"用在什么地方？"

"肯定是打点啊，"薄小宁道，"这事儿也不好问，您说，要是您开口要钱打点，完了我问您，您要钱干吗，打算向谁行贿，您不得一耳光拍死我啊。"

"我就是有点不放心。对了，早上陆帆来过了，他想让我和他一起联手拖过初十。"

"陆帆?!"薄小宁急道，"他的话你也信？这摆明了是想让我们在他们之后付钱，他们先送了钱当了好人，我们再巴巴地跟在后面送钱，到时候人家觉得咱们SK小里小气的，影响多不好。"

"拖过初十也没有什么，"付国涛道，"如果是给别人钱，早一天晚一天应该问题不大。"

"天啊！天啊！"薄小宁道，"问题大了，您知道那边收钱的人拿钱干什么用？有没有急用？于总开出这个时间，肯定是别人给他的时间，要是坏了人家的事，就是坏了于总的事，事后再把钱拿出来，还有什么用啊？付总，您一向干脆利落，这回您是怎么了？您还真被那姓陆的忽悠住了？您不想想，这姓陆的多损啊，前一段用 BTT 死活把您拖在北京的是谁啊？这人凡是跟您说的话，一百句里面没有一个字是真的！"

"这样，"付国涛道，"今天不是初六吗，我让张亚平先帮忙准备着钱，你再打听打听，他到底干吗用，不行请你父亲帮帮忙，我和汪总这边也会去问一问。唉，主要现在是春节，消息很不畅通，要是时间不那么紧，一切都好说了。"

"您放心吧，"薄小宁见他话里的意思有松动，连忙道，"我一定给您打听得清清楚楚。"

薄小宁坐在自己的房间里，越想这事越不对劲，晶通电子好不容易有了眉目，没准就要被陆帆的搅局与付国涛的糊涂搞砸了。付总也真是，汪总都把合同签给他了，他还怕什么？居然还要听陆帆的忽悠！薄小宁思来想去，觉得这事儿不能停在这儿，他眉头一皱，计上心来，这事儿倒是可以这么办！想到这儿，他打了个呼哨，自己是谁啊，薄小宁啊！哈哈！他愉快地想，陆帆啊陆帆，你就赌等着眼红吧。

陆帆觉得付国涛表面上拒绝与自己联手，而且回答得斩钉截铁，要付钱，但是从内心来说，付国涛是犹豫的，自己和他同处一个职位，送钱容易，送出去之后的后果却是要由他们自己承担的，这不可能是个轻率的决定。

陆帆拨了顾海涛的手机，两人随意聊了几句。顾海涛正和几个朋友在上海过春节，陆帆打听了一会儿晶通的事情，发现顾海涛说的信息还没有自己掌握的多，便问候了几句，挂上了电话。现在只能把希望放在欧阳贵与何乘风的身上，看看通过另外的渠道和政府关系能不能问出多一点的内

— 487 —

容。而陆帆唯一的工作就是保持与于志德的联系，于志德似乎很忙，只是在电话中催促他赶快准备钱，并不肯与他见面。李才厚的兄弟天天守在于志德的家门口，从初六到初七，从初七到初八，于志德只是每天陪着张庆，偶尔也去厂里，并没有什么大的举动，其间去过两次银行、一次旅行社。李才厚的人去问了，说是打听清明节有没有短途旅行，一切都显得那么平静，似乎没有任何征兆。

初八一早，薄小宁就来到了付国涛的房间，付国涛毫无睡意，正躺在床上看电话，薄小宁进门便道："付总，好消息！"

"什么好消息？"

"我爸那边问到，说于志德那钱是要到北京疏通关系，让北京方面的人出面，说服省里面年后还按照他做的改制方案进行改制，他要一次扳倒王贵林，年后开始正常改制。"

付国涛正准备钻回被窝，听到这个消息不动了："消息准确？"薄小宁兴高采烈地道："你不想想，按照王贵林的改制方案，他这个一把手当得有什么劲？本来搞搞房地产、搞搞技术改造，不声不响地钱就赚回来了，按王贵林的搞法，拖着个大蜗牛壳一步一步往前爬，他爬到哪天是个头？！"

"这么说，他要钱是急于搞关系，抢在改制之前把省里的决定扳回来？！"

"对！"薄小宁道，"所以他急啊，不然一旦改制启动，他再想扳就来不及了。"

"那他春节期间怎么不动？"

"怎么没动啊，"薄小宁道，"不是我们把他耗着嘛，没钱他动个屁啊！"

"小宁，"付国涛严肃地看着薄小宁，"消息准确吗？"

"准确！"薄小宁道，"我爸亲口说的。"

"事情重大,你要慎重!"

"这我亲爸爸说的还有假吗?"薄小宁急了,"我的老总,你再犹豫,消息传到赛思咱们就完了!"

"好!"付国涛立即来了精神。他一个箭步蹿到床前,从枕头边取出手机,拨了张亚平的电话。"张总!"付国涛沉声道,"你立即帮我准备钱,今天下班之前,我要付给于总,合同我随手带着,你看是去你公司还是……?"

"来我公司吧,"张亚平道,"不过上午我要准备一下。对了,付总,你怎么想通的?"

"我怎么想通的你别管,你只要准备好钱就行了。"

"行行行,我一天都在公司,你随时过来。"

付国涛想了想,又给汪洋打了电话,汪洋听完他的解释,道:"国涛,我一向知道你的能力,你的决定我肯定支持,既然消息可靠,你就这么办吧!"

"好!"付国涛挂上电话,吐出一口气,朝着薄小宁展开了一个灿烂的笑容。

张亚平一面命财务准备好钱,一面给欧阳贵打了电话,欧阳贵闻说SK决定今天傍晚之前付款,吃了一惊,连自己都没有打探出的消息,SK从什么渠道听到了什么风声?他问张亚平:"你没有问他是什么原因吗?"

"问了,"张亚平苦笑道,"他哪儿肯说。"

"会不会是通过你试探我们一下?"

"不像!"张亚平道,"看样子是动真格的了。"

"你先办着,但是速度要放慢,我会给你一个准确的消息。"欧阳贵放下电话,立即给何乘风打了过去,何乘风已经在北京的办公室上班了,他听了欧阳贵的汇报,也觉得吃惊。欧阳贵道:"你的内线有消息吗,能

— 489 —

不能问问?"

"我来安排。"何乘风挂上电话,立即给车雅妮发了一条短信:付决定付款,速问原因,半小时内必须有消息。

不一会儿,何乘风的手机响了,何乘风打开一看:薄小宁父亲内线消息,于要用钱买通北京关系,在改制前换回他原来的方案。付说消息可靠。

何乘风想了想,回复:北京什么关系?

车雅妮回:不清楚,问不到。

何乘风回复:谢谢。

之后车雅妮便无消息了。何乘风把这条消息转发给陆帆,然后给他打了电话,陆帆正准备去欧阳贵的房间,看见消息后大吃一惊:"何总,你怎么看?"

"局势还是不明,"何乘风道,"我觉得还是要慎重。欧阳呢?"

"我马上去他房间,"陆帆道,"要他听电话。"

"好!"

陆帆来到欧阳贵的房间,把手机的免提打开,对着手机道:"何总,可以了,我把免提打开了。"

"欧总,"何乘风道,"我转了一条短信给你,收到了吗?"

欧阳贵打开短信看了一眼,然后又仔细地看了两遍:"收到了。"

"你怎么看?"

"我们不送自然有人送,早送晚送都是送,何不趁早?"

"弗兰克的意见呢?"

"他在北京见什么人,要送什么人礼?"陆帆道,"这钱要得太多太急,我觉得不合情理!"

欧阳贵哼了一声:"何总,这事儿还是你拿主意吧!"

"我同意弗兰克的意见,后发制人,看他拿了 SK 的钱到底到北京来干什么，要见什么人，打通什么关节，然后我们可以在北京帮他疏通关系，在北京送给他。"

欧阳贵叹了一声，半晌没有说话。陆帆也心情郁闷，没有言语。何乘风似乎能感觉他们的心情，呵呵笑道："怎么，好像你们都反对我的决定？"

"于公来说，你是一把手，"欧阳贵阴恻恻地道，"反对也没有用；于私来说，我把你当大哥一样尊重，你的想法就是我的想法，我没有意见。"

"那弗兰克呢？"

"送，心里不踏实；不送，还是不踏实。"陆帆苦笑道，"老板，旁观者清，当局者迷，我支持你的意见。"

"现在的关键是，怎么向于志德解释？"何乘风道，"你们有什么好主意？"

"我看这样，"欧阳贵道，"钱必须由张亚平支付，我们可以说您有不同意见，想当面在北京见到于总之后，再和张亚平签订协议，让张亚平付款。"

"就是说，我不信任你们了？"

"这也没什么，"陆帆道，"数额比较大嘛，再说他反正初十以后要在北京，到了北京再把这个关系慢慢理顺。"

"跟张亚平打声招呼，让他初十以后也来北京，而且带着准备好的钱来，再跟于志德打一声招呼，就说我初十之后在北京请他吃饭，他什么时候有空我什么时候请客。还有，他在北京有任何困难，我都会不惜一切代价地帮忙，请他尽管放心。"

欧阳贵与陆帆点头称是。何乘风挂上电话，欧阳贵与陆帆四目相对，两个人都露出既沉重又轻松的微笑。欧阳贵道："张亚平那边我去说，于志德那边……"

— 491 —

"我来吧,"陆帆道,"我和他解释。"说完他慢慢地回到房间,又静静地坐了几分钟,拨了于志德的电话,"于总,那笔钱我们准备好了。"

"是吗?"于志德的心情听起来很不错,"今天能到账吗?"

"是这样,这笔钱要从张亚平那边出,而何总明天才回北京,所以我们想请张总到北京签订一份代理合同,然后让他把钱给您。"

"明天?明天不就是初九了吗?"于志德的声音一变,"后天还来得及吗?"

"您看是不是明天和我们一起走?这样明天就可以到北京了。"

"到北京?我去北京干什么?"

"哦,是这样,有朋友说您年后要去北京,我还以为您这些天会去呢。"陆帆打着哈哈道,心里却觉得不对了,"我们何总想让我转告您,这笔钱您放心,只要您需要,我们随时给您,另外您在北京方面有什么需要帮忙的地方,他一定会尽全力帮忙。您什么时候到了北京,他请您吃饭。"

"再说吧。"于志德问,"你什么朋友说我年后要去北京的?"

"哦,一个生意场上的朋友,无意中聊起的。"

"那钱初十能给我吗?"

"您初十不去北京?"

"我考虑一下,再给你电话吧。"

于志德挂断了电话。陆帆觉得要么是于志德想私密地办理这件事,要么就是有什么不合理的地方。他摇了摇头,心情十分复杂,要是这事真的被SK抢先办了,帮了于志德的大忙,他们再想扳回一局,就要费太多力气了。陆帆想,是不是因为自己这几天感冒了?为什么这么犹豫,连一点决心都没有呢?

而欧阳贵,也是闷坐在房间里,他和张亚平联系完毕,通知他初十和自己、陆帆一起去北京签合同。张亚平一听去北京,就知道这事儿悬了,但他满口答应，并表示自己会把钱准备好，然后和他们一起回北京。

乔莉懒洋洋地坐在办公桌前，回到北京上班已经几天了，她还是有点提不起劲儿来，还是杭州好啊，虽然又冷又潮，但是家乡话、家乡菜、父母亲人，都让她留恋，本来以为一回来就会投身到晶通火热的项目中，谁料回来几天了，一点事情都没有。陆帆说是在石家庄有事情，欧阳贵也不在公司，她就天天坐在办公桌前上网。大概春节时候吃得太多，公司好多同事都说她胖了，她决定少吃一点，以达到减肥的目的。

树袋大熊也不知在忙什么，几天之中只聊了一次，大概工作也很忙吧。唉，乔莉唉声叹气的，觉得一点儿劲都没有。不过整个公司都是懒洋洋的，估计要再过一个星期，大家才能从春节的美梦中逐渐回到现实。

她翻开一个网页，又翻开一个网页，真无聊啊。忽然，电话响了，她拿起电话，居然是陆帆，乔莉一下子有劲了："老板，有什么安排？"

"你立即回家准备一下，然后回公司，跟何总的车一起来石家庄。"

"去晶通?!"乔莉又惊又喜，"要准备什么材料吗？"

"什么都不要，带两套衣服，可能要待几天。"

"好。"

"听着，"陆帆道，"不要告诉任何人，下午一点你们从公司门口出发。"

"好。"

乔莉立即收好电脑，回家拿了两套衣服，赶回了公司。她到食堂随便吃了一点东西，然后提着电脑和行李来到公司楼下。不一会儿，何乘风的车开了过来，何乘风已经坐在里面了，乔莉把行李放在后备厢中，打开副驾驶的车门上了车："何总好。"

"好啊，安妮，"何乘风笑容满面地道，"吃过午饭了吗？"

"吃过了。"

"过年回杭州了?"

"是的。"

"父母身体都还好?"

"挺好的。"

"你们天天在外面忙工作,难得回去,父母很高兴吧?"

"挺高兴的。"

"杭州的天气怎么样?"

"不怎么样,隔三岔五地就下雨,烦死了。"

"喜欢北京?"

"不,"乔莉笑道,"喜欢杭州。"

何乘风哈哈大笑。两个人有说有笑地聊了一路,乔莉觉得何乘风的性格棒极了,既亲切又平和,而且知识非常渊博,相比较之下,欧阳贵让人紧张,陆帆有几分乏味。果然是大总裁,才华、水平、能力都不一般啊。乔莉不禁想,自己什么时候能成为何乘风这样的人呢?想到这儿,她偷偷一笑,要是陆帆知道自己有这个想法,一定会气昏过去;而欧阳贵呢,肯定只会冷冷地点点头,什么话都不说;要是父亲呢,哎呀,肯定会觉得自己又自作聪明了;要是瑞贝卡,估计会尖刻地道:"你要是能当总裁,我就能当美国女总统了!"要是刘明达,肯定又要啰唆一堆唠叨一片;要是薇薇安,估计就要尖叫着喊"滚!"要是狄云海……乔莉猛然间想起,自己答应帮他带茶叶,唉,居然忘得一干二净,等这次出完了差,就回北京找个茶叶店买一点,只当是从杭州带回的送给他。

何乘风见她不怎么说话了,也就不说了,两个人闭眼休息了一会儿。车开得很快,而且行驶平稳,大约傍晚的时候,他们就到了石家庄世纪大饭店。

欧阳贵与陆帆都在门口迎接何乘风,何乘风下来与二人握了握手,乔莉也从车上下来。她看见欧阳贵与陆帆满面笑容,似乎有什么喜事发生,也不好多问。她拿着自己的行李，从陆帆手中取过自己房间的钥匙，这时陆帆道："你回房间收拾一下，晚上去晶通吃饭。"

"去晶通？"乔莉笑了，"谁请客？"

"王总请客，"欧阳贵道，"他一个劲地说你好，你要好好表现。"

"好。"乔莉跟着他们上了电梯，在自己的楼层下了。欧阳贵与陆帆一直把何乘风送到房间，一进门陆帆就忍不住兴奋，道："何总，还是你的决定正确，我们不付款是完全对的！"

"那天弗兰克问于志德是不是准备去北京，估计他害怕了，"欧阳贵道，"他连夜带着张庆走了，到现在无影无踪，局里的朋友查了几天，说可能他们早就办好了假证件，人现在可能已经在国外了。"

"张亚平汇的 SK 的钱是打在离岸银行（离岸银行特指设在海外金融中心的、用来逃避国内金融监管的银行或其他金融组织）账上的，"陆帆笑道，"这下 SK 损失惨重。哎，何总，这几天我和欧总都在分析，分析来分析去，都觉得可能是薄小宁好大喜功，怕付国涛不打钱，编了一个假消息，结果，全赔进去了。"

"我们差一点！"何乘风坐下来，叹了一口气，"现在想想都危险。"

"这下我们跑到 SK 前面去了，"陆帆道，"王贵林这条线我们从来没有放弃过，SK 又给了于志德好处，如果查不出来也就算了，要是查出来，张亚平都要跟着倒霉。"

"你这么想？"何乘风看着陆帆。

欧阳贵用力一咧嘴，哈哈一乐："他不仅这么想，还想到了 SK 泼出去这么多钱，一定会想尽办法打下晶通，好把损失的钱赚回来。我们的任务很重啊，但是我们的确也很高兴，幸灾乐祸是人的天性嘛。何总，你可以理解吧。"

何乘风也笑了，他看着自己最得力的下属，道："我现在担心的是王贵林。你们还不知道吧，王贵林今天请的，可不止你我，还有付国涛、薄小宁，还有一个人，你们猜一猜？"

欧阳贵的脸沉了下来："是汪洋？"

何乘风点点头："不错，是汪洋！"

"这不是鸿门宴嘛，"陆帆也不高兴了，"怎么，把以前的事都给抹了，现在开始重新竞争？"

"我看他有这个意思，"何乘风道，"于志德一跑，晶通的所有事务都掌握在王贵林的手上。"何乘风看了看欧阳贵，又看了看陆帆，"我现在正式宣布，革命刚刚开始，同志仍须努力！"

欧阳贵与陆帆都笑了。"好啊，"欧阳贵道，"现在大家棋逢对手、将遇良材，那就他妈的好好打一仗。"

乔莉此时已经换好一套套裙，她把头发盘起，显得更加职业，然后提着公文包、挽着大衣下了楼。现在已经是六点半了，没过两分钟，她看见西装革履的何乘风、欧阳贵、陆帆从电梯拐弯处走了出来，何乘风走在最前面，陆帆与欧阳贵走在旁边，乔莉连忙走过去，加入了他们的队伍。

四个人上了三辆车，浩浩荡荡地开到了晶通宾馆的楼下。乔莉正准备下车，被陆帆叫住了："今天晚上不论你听到什么、看到什么，都不要自作聪明，不要多说话，记住了吗？"

"记住了。"乔莉见他神情严肃，不禁忐忑不安地道，"陆总，晚上有什么特别的事情吗？"

陆帆眉头一皱，乔莉不敢开腔了。两人下了车，跟着何乘风和欧阳贵走到宾馆门前，王贵林正笑逐颜开地站在门前："何总、欧总、陆总，哈哈，小乔莉，欢迎你们！"他一面带着大家往里走，一面道，"今天还有几位客人，都是你们的老朋友，一块儿热闹热闹。"

何乘风也哈哈笑道："我最喜欢人多了，是什么老朋友，王总透露一下？"

"见了就知道了。"王贵林带着他们走到一个大包间门前，亲自打开了门。乔莉走在最后，一进门便愣住了，SK的大中华区总裁汪洋正在与何乘风、欧阳贵握手，陆帆与付国涛、薄小宁也在打招呼。她愣愣地走了进去，见薄小宁在打量自己，忙微笑了一下。一时众人寒暄完毕，分宾主落座，乔莉坐在最下首，旁边是晶通的一位办公室主任，还有一个秘书，乔莉认出那个秘书就是她在电子行业解决方案峰会之前，调查晶通工人闹事的时候，清晨在王贵林家的楼道里遇到的其中一位，但是那个秘书并没有认出乔莉，他朝乔莉点头微笑道："我姓邱，叫我小邱就可以了。"

"我叫乔莉，"乔莉掏出名片递给他，"同事们都叫我安妮。"

这时，包间服务小姐已经给每个人都倒好了酒，王贵林与欧阳贵面前是满满的白酒，汪洋、何乘风等人全部是红酒。王贵林看了看大家，举起酒杯道："今天是一个团圆的好日子，我这第一杯酒，要祝所有的朋友牛年万事如意！阖家幸福！"说罢，他满干了一杯，欧阳贵陪了一杯，其余人都喝了一口红酒，包间小姐赶紧上来斟酒。王贵林又道："我这第二杯酒，要代于志德同志向各位朋友道歉。我知道大家都很关心晶通的改制与发展，而且这段时间也付出了很多努力，不管是SK的市场活动，还是赛思中国的行业峰会，都让我们学到了很多知识。但是，于志德同志却做出了上对不起国、下对不起家的事情：携款潜逃！目无法纪！给党和国家、给晶通的干部工人、给各位朋友造成了损失！这都是我这个当领导的没有做好，"王贵林说到惨痛处，满是悲楚之情，"我自罚三杯，向各位朋友谢罪！"

乔莉大吃一惊，险些叫出声来。于志德携款潜逃，这是什么时候的事？为什么？逃到哪儿去了？为什么陆总没有告诉自己？她看着何乘风、汪洋、付国涛、欧阳贵、陆帆等人，整整看了一圈，没有一个人的脸上有吃惊或不解的神色，大家都静静地看着王贵林满满地干了三杯酒，屋子里静得连一根针掉在地上都能听见。

王贵林斟上了第五杯酒："这杯酒，我要敬汪总和何总，你们都是中国最大外企的大中华区总裁，为了一个小小的晶通，你们能拨冗前来，我王贵林是万分感激，我自己干了这杯，以向你们表示感谢与尊敬！"

说罢，他又干了一杯。汪洋与何乘风连忙举杯，各自喝了一口。王贵林放下酒杯："大家吃菜，吃菜。"

气氛一时松动起来，有敬酒的，有聊天的。汪洋回敬了王贵林之后，第一个便敬何乘风："何总，我敬你。"

何乘风看着这个自己一手提拔培养的SK大中华区总裁，内心十分高兴，不管赛思与SK的关系如何，他都很高兴自己当年的下属能有今天的成就。何乘风道："祝你事业越来越顺利，家庭幸福！"

"那我就祝何总越来越年轻，阖家欢乐！"汪洋笑道，两个人都喝了半杯。

付国涛举起杯："欧总、陆帆，我们喝一杯吧？"欧阳贵与陆帆都笑着举杯，各自喝了下去。乔莉见这种情况，也把杯子举了起来，对着薄小宁道："薄经理，我敬您！"

薄小宁看了她一眼，端杯喝了一口。他是今天这桌酒席上心情最复杂的人，因为自己的贪功冒进，因为自己的假消息，导致SK一次性经济损失二百五十万美金。幸好从汪总到付总都没有发现他的过错，他们都安慰他不要着急，鼓励他把下面的工作做好，这让薄小宁十分服气，也让他对付国涛有了新的认识。从他跟着付国涛开始，付国涛就是个坏脾气的老板，但是这一次，他不仅没有说过他半句，而且在大老板汪洋面前替自己开脱，这让薄小宁十分感激，也从内心深处，找到了努力工作的一点动力与能力。

"安妮，"邱秘书端起酒，"我敬你。"

乔莉喝了一口。这时晶通的办公室主任站了起来，一手拿着酒杯走到汪洋身边，汪洋连忙站起来，他敬了一杯，接着他又走到何乘风面前，何乘风也连忙站起来，他一个一杯地敬着，直到走完了一圈。随后秘书小邱也站了起来，同样满场敬了一圈，借着酒和菜，桌上的气氛越发热烈起来，有说有笑的，要是不知内情，还以为他们都是一家公司的好同事呢。

酒过三巡，已是酣畅之际，王贵林给小邱使了个眼色，小邱站起来对包间的服务小姐说了几句，小姐走出去关上了门。小邱拿着酒瓶站到了王贵林的身边，王贵林示意他满上，道："我有几句话想告诉大家！"

满桌的人都安静下来。王贵林看了看大家，端起酒杯笑了："我王贵林上过战场、当过厂长，一辈子有半辈子的时间都在晶通，晶通的效益不好，工人拿不到钱，我急啊。我的丈母娘长期患病，因为我挣不到钱，住不上高级病房，只能在家里静养，我急啊，可我就是再急，我也不拿不属于我的一分钱！为什么？"他看了看汪洋，再看看何乘风，"汪总，何总，我知道和你们比，我很土，没有留过洋，没有学过MBA，不懂红酒为什么好喝，不知道高尔夫应该怎么打，但是我王贵林相信，凭我的努力，凭党的政策，凭晶通一千多户工人家庭都想过上好日子、想当上有钱人、想和你们在外企的员工一样拿上高工资的美好愿望，我们就一定能把晶通电子做好，我们一定能通过改制，在市场经济中赚到属于我们的钱！我们的钱是从市场来的，是利润，不是受贿！是本事，不是权钱交易！我王贵林在这儿向二位老总表个态，SK和赛思的一分钱好处，我都不要！"

众人全都看着他，汪洋与何乘风轻轻伸出手，鼓了鼓掌，众人忙补充性地鼓了几声掌。王贵林笑了，眼睛里透出犀利的光芒。小邱又给他倒满一杯。

"大家不要急着鼓掌，"王贵林嘿嘿一笑，道，"我实话告诉你们，晶通改制国家拨款七个亿，这些钱要租新的土地、盖新的厂房，要给所有的工人办理社保，要把已退休的工人安安稳稳地移交社会，另外，我还要还清所有的三角债，不能债转股的银行债务，我也要还清，这些钱用了之后，我是倾家荡产，身无分文！那么，晶通的技术改造还要不要做？我告诉大家，一定要做，不做，就不能适应市场需要，不做，晶通的改制就是一纸空文！"王贵林看着汪洋与何乘风，"我知道，你们都是搞经济工作多年的行家，资本运作你们比我懂得多，只要二位能帮我解决了这七个亿的资金，晶通的电子改制方案就由两位来做，而且我相信，在未来，晶通一定会给两位的企业带来更多的利润！"

王贵林的声音从激动转为了平稳，他伸出端着酒杯的手，放在桌子前："我现在想知道的是，我有可能和两位老总合作吗？"

汪洋看着何乘风，何乘风也看着汪洋，桌上所有的人，除了王贵林与他的两名员工，全部目瞪口呆。这是摆明了要 SK 与赛思帮他运作七个亿的资金，用于晶通电子的技术改造，他是一分钱都不要，他要了整整七个亿！乔莉震惊的心情简直无法用语言表达，这……这……这不是空手套白狼吗？！她盯着汪洋与何乘风，看着哪位总裁会把桌前的酒杯举起来！

第一部 完